감정평가사가 알려주는
정년 없는 부동산 경매

감정평가사가 알려주는

정년 없는 부동산 경매

차건환 지음

한국경제신문*i*

　우리는 살아가면서 가슴속에 묻어두기엔 너무나 어려운 일들을 겪게 되면 몹시 당황하게 됩니다. 체면이나 소심한 마음 때문에 혼자서 방황하고 억울해서 눈물이 앞을 가리기도 하지요.

　이같이 괴롭고 힘든 일을 당할 때 누구나에게 친근하고 쉽게 설명하고 상담해주는 '차건환'님을 옆에서 보면서 정말 실무 경험이 많은 분이라고 느꼈습니다.

　20년간 감정평가 업무와 경매 관련 일을 하면서 그에 얽힌 삶을 살아오던 중, 그 일부를 책으로 서술했다기에 많은 사람들에게 큰 도움이 될까 싶어 추천해드리고 싶습니다.

경매투자법인 (주)에스디알

대표 조재팔

20여 년 전, 평가사 합격생들이 모여 연수를 받을 때 같은 동기로 평가사님을 처음 뵈었습니다.

  우선 평가사님의 20년 감정평가 경력의 일부가 묻어난 책을 출간하게 됨을 축하드립니다. 항상 도전하고 안주하지 않는 평가사님에게 박수를 보냅니다.

  평가사님만의 비법을 이렇게 책으로 발간하는 것이 과연 합리적인 행동인가 의문이 들지만 항상 도전하시는 선한 평가사님의 가치관에는 맞구나 하는 생각을 하게 됩니다.

  법전에 나와 있는 복잡한 내용과 우리 평가사들끼리만 알고 있는 비법을 이리도 자세히 쉽게 설명한 책을 발간하시니 경쟁자를 키우는 게 아닌가 하는 생각이 들 정도입니다.

  평가사님의 끝임 없는 도전에 찬사를 보내며 앞으로도 왕성한 활동과 함께 늘 협력하는 친구가 되기를 바랍니다. 다시 한번 출판을 축하드립니다.

변호사, 감정평가사

박상목

"기본을 쌓는다는 것"

경매를 하기 위해서 가장 먼저 해야 할 것은 무엇인가? 기본을 갖추는 것이다. 이는 경매뿐만 아니라 모든 영역에서 일맥상통하는 진리다. 경매 투자에 관심을 가지고 입문하면서 누구나 빨리 돈을 벌고 싶은 마음이 간절할 것이다. 기본에 충실해야 한다는 것을 알지만, 선뜻 경매에 관한 책을, 그것도 사례와 무용담으로 독자들을 흥분시키는 그런 내용과는 거리가 있는 이 책을 보는 것이 그리 쉬운 일이 아닐 것이다.

그렇지만 필자는 강요하고 싶다. 세상이 쉽게 가는 경우가 없기 때문이다. 실전 투자에서는 몇몇 성공담으로 해결할 수 없는 다양한 사례들로 인해 예상하지 못했던 뜻밖의 일들이 발생한다. 체계적이지 못한 단편적인 지식으로 대처하기에는 곤란한 경우가 많다. 기초를 생략하지 마라. 빠른 시일 내 밑천이 드러난다.

"아는 만큼 보인다. 초석을 넓게 다져라"

시대의 변화와 더불어 경매 투자에서도 투자자들의 지식이 나날이 업그레이드되고 있다. 독자들도 이에 맞춰 실전 투자를 병행하면서 관련 분야를 꾸준히 공부하는 자세가 필요하다. 처음부터 남들의 성공담을 듣고 조바심이 앞서 기본 학습을 생략한 채 특정 영역에만 올인하는 경우를 많이 보았고 또한 고전하는 경우도 많이 보았다. 튼튼한 뿌리는 언젠가 열매를 맺지만, 그렇지 않다면 손실만 남기고 경매계를 떠나는 수많은 투자자들 중의 하나가 될 수 있다. 투자를 위한 부동산 경매를 시작하면서 시중의 교재로 체계적인 공부를 해보려고

해도 전반적인 내용을 골고루 다루고 있는 책을 찾아보기 어려웠다. 그렇기에 필자가 부동산 경매를 처음 시작했을 때의 심정으로 독자들의 고민을 조금이라도 줄이고자 이 책을 준비했다.

"공부를 위한 공부가 되어서는 안 된다"

많은 이들이 부동산 지식을 마스터한 후, 실전 투자를 하려는 듯 시중의 다양한 부동산 강의를 쫓아다닌다. 내가 알지 못하는 많은 위험이 도사리는 부동산 투자를 하기 전에 이론적인 체계를 정립하려는 생각은 바람직하지만, 광범위한 부동산 분야를 체계적으로 정립하고 투자를 하기란 현실적으로 쉽지 않다.

기본적이고 전반적인 부분은 필요하지만, 지금 당장 하지도 않는 종목별 투자 강의를 쫓아다니는 것은 비효율적이라고 말하고 싶다. 공부만 하지 말고 기본이 되면 쉬운 물건부터 시작해라.

"특수물건에 도전하자"

이 책을 다독해서 내 것으로 만든 후, 특수물건, 예를 들면 법정지상권물건이면 법정지상권 관련한 강의나 교재를 권한다. 법정지상권이나 지분물건의 이론에 대한 윤곽이 설정되면 실전 투자를 병행해보자. 물론 현실적으로 실전 투자의 진행 과정에서 부동산 전반에 대한 지식과 법정지상권 및 지분에 대한 단편적인 부족함을 느낄 것이다. 이런 부분에 대한 해법을 찾아보고 연구하다 보면 트리구조의 치밀한 이론과 실천체계가 정립될 것이다. 차후 특수물건 투자의 실전 강의에서 뵙기를 기대한다.

"이 책의 공부 방법"

초심자는 이해가 부족한 부분은 그냥 넘어가라. 즉 속독과 다독을 권한다. 이와 병행해서 온·오프라인의 기본강의를 수강하면 효율적일 것이다. 이 책에 수록된 내용을 꼼꼼하게 숙지한 후, 본인의 투자 기호에 맞는 분야를 학습하기 바란다.

경매를 시작한지는 오래되었지만, 이론의 빈곤함을 느낀다면 처음부터 전체를 읽어보라. 그리고 내용을 숙지했다면 다음부터는 정리가 되지 않는 부분만 찾아서 활용하면 될 것이다. 고수는 가끔 헷갈리는 내용을 찾아서 보면 될 것이다.

"이론과 실무의 결합"

이론적인 부분을 기본바탕으로 실무적인 부분을 접목했지만, 지면의 한계로 다소 이론적인 부분에 치중한 느낌일 수 있을 것이다. 다만, 이론이 서야 제대로 된 실무를 할 수 있으리라는 필자의 합리화를 독자들도 이해해주길 바랄 뿐이다. 내용 중 아쉬운 부분은 독자들의 애정 어린 질책이 있다면 보완할 기회가 있을 것이다. 한두 개의 성공사례가 모든 케이스에 맞지 않는다. 탄탄한 기본이 다져졌다면 본격적인 경매 투자에 뛰어 들어라. 공부를 하다가 막히는 부분이 있거나 투자 시 어려운 점이 있으면 메일을 주시기 바란다.

"감사와 소망의 인사를 드립니다"

이 책이 나오기까지 많은 분들이 도움을 주시고 수고해주셨습니다. 먼저 다음 카페 '조재팔 경매'의 운영자이시며 저자의 스승이신 조재팔님께 영광과 감사의 인사를 드리고자 합니다. 저에게 부동산 경매의 영감을 주셨으며, 스승님과의 인연이 없었다면 이 책이 세상에 나왔을지 의문입니다. 또한 베스트셀러《한 방으로 끝내는 부동산 소액 경매》의 김정규님과 일일이 열거하지 못해서 죄송한 주변의 많은 분들이 저에게 진심어린 조언을 주었습니다.

졸저의 출판제의를 흔쾌히 받아주신 두드림미디어 한성주 대표님, 원고의 교정에 심혈을 기울여주신 직원 여러분께도 진심으로 감사의 말씀을 올립니다. 감사합니다.

끝으로 모든 독자들이 포기하지 않고 행동하는 부자가 되기를 소망합니다.

차건환

Part 1

부동산 경매의 개요

1장
부동산 경매

부동산 경매는 금전채권의 만족을 얻기 위한 채권자의 신청에 의해 「민사집행법」의 규정에 따라 법원이 부동산을 강제적으로 매각하는 제도이다.

채권자의 경매 신청이 있으면 법원은 절차상 경매개시결정을 해서 목적부동산을 압류하고 관할 등기소에 경매개시결정의 기입등기를 촉탁해 등기관으로 하여금 등기부에 기입등기를 하도록 하고 있으며 경매개시결정 정본은 채무자에게 송달한다.

다음으로 배당요구종기를 결정해서 공고하고 부동산의 점유관계와 차임 또는 보증금의 액수, 그 밖의 현황에 관해 조사를 명하고 감정인에게 부동산을 평가하게 해서 그 평가액을 참작해 최저매각가격을 정하게 된다.

* **실질적 경매** : 채권자가 자기채권의 만족을 얻기 위해 실행한다는 의미.

* **형식적 경매** : 채권자가 경매를 통해 권리의 만족을 얻기보다는 환가(재산의 가격보존, 정리)를 공정하게 하기 위해 국가기관이 관여하는 데 불과하다고 해서 '형식적 경매'라 하며, 담보권 실행을 위한 경매(임의경매)의 예에 따라 실시한다.

실질적 경매
- 강제경매 – 집행권원에 의한 경매
- 임의경매 – 담보권 실행을 위한 경매

형식적 경매
① 유치권에 의한 경매(광의의 형식적 경매)
② 공유물분할을 위한 경매
③ 자조매각
④ 단주의 경매
⑤ 타인의 권리를 상실시키는 경매(타인의 권리상실에 의한 경매)
⑥ 청산을 위한 경매

1. 강제경매

집행권원(채무명의)을 가진 채권자의 신청에 의해 법원이 「민사집행법」 절차에 따라 채무자의 재산을 압류해서 매각하는 환가절차

* 집행권원(채무명의)이란 채권자가 채무자의 재산에 대해 강제집행할 수 있음을 확인하는 공정증서로 이에는 확정된 이행판결, 확정된 지급명령, 가집행선고부 판결, 확정판결과 동일하게 의제되는 화해조서나 조정조서 등이 있다.

2. 임의경매

채무자가 채무를 이행하지 아니한 경우 담보권자가 우선변제를 얻기 위해 담보권을 실행해 그 매각대금에서 배당절차를 통해 채권을 회수하는 절차

* 담보물권이 본래 지니고 있는 환가권에 의해 경매 신청이 인정되므로 담보권의 존재를 증명하는 서류가 필요하며, 집행권원은 필요치 않다.

3. 유치권에 의한 경매

민법 제322조 제1항은 "유치권자는 채권의 변제를 받기 위해 유치물을 경매할 수 있다"고 정하고 있다. 유치권은 목적물을 유치함으로써 간접적으로 채권의 변제를 강제하고자 하는 취지에서 인정되는 것이지만 채무자의 변제를 강제할 힘을 가지지 못할뿐더러 채권자로 하여금 유치물을 보관해야 하는 부담에서 해방되기 위해 유치권자에게 부여된 현금화 권리의 행사절차로서 요건이 까다롭고 우선변제권도 보장되지 않아 실무상 많이 이용하지 않는다.

4. 공유물분할을 위한 형식적 경매

공유물분할판결에 기해 공유물 전부를 경매에 붙여 그 매각대금을 분배하기 위한 환가 절차

5. 청산을 위한 형식적 경매

채무자의 파산으로 각 채권자들에게 일괄해서 변제하기 위해 청산을 목적으로 당해 재산을 현금화하는 경매 절차

6. 강제경매와 임의경매

이 2가지는 채무자의 경매 취소 방법이 다르다. 임의경매의 경우

채무자가 채권자에게 대여금을 변제한 사실에 대한 입증자료를 가지고 해당 경매계에 찾아가서 채권자의 동의여부와 무관하게 이의신청을 통해 취소시킬 수가 있지만, 강제경매의 경우 채무자가 채권자에게 돈을 변제했다는 입증자료 가지고 별도로 '청구이의의 소'를 제기해야 한다.

따라서 강제경매의 경우 당사자의 불일치나 부동산 현황 등이 다른 경우에는 이를 근거로 법원의 직권취소는 가능하지만, 그 외에는 채무자가 별도의 청구이의의 소를 통해 경매를 취소해야 한다.

※물권의 종류

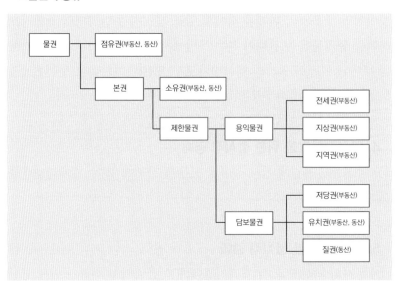

2장

경매 신청의 대상

부동산 경매에서 대상은 부동산이다. 여기서 말하는 부동산은 넓은 의미의 부동산으로 토지와 건물, 광업재단, 공장재단, 광업권, 어업권, 소유권보존등기된 입목, 지상권 및 자동차, 중기, 항공기 등이다.

1절 토지

1. 토지의 정착물

토지에 정착된 공작물이면서 독립된 부동산으로 취급할 수 없는 부합물 즉 담장, 구거, 수목 등은 토지의 일체물로 취급된다.

경매 신청의 대상이 된 토지 위에 생립하고 있는 채무자 소유의 미등기 수목은 토지의 구성부분으로서 토지의 일부로 간주되어 특별한 사정이 없는 한 토지와 함께 경매되는 것이므로 그 수목의 가액을 포함해 경매 대상 토지를 평가해야 한다.

다만, 입목에 관한 법률에 따라 등기된 입목이나 명인방법을 갖춘 수목의 경우에는 독립해 거래의 객체가 되므로 토지에 포함되지 않는다.

> **※ 명인방법**
> 수목의 소유권이 토지의 소유권으로부터 분리되어 타인에게 귀속되어 있다는 사실을 제3자에게 명백하게 인식시킬 수 있는 상당한 방법을 말한다. 명인방법의 실시는 계속성을 가지고 있어야 하며 목적물인 입목이 특정인의 소유라는 사실을 공시하는 팻말의 설치로 다른 사람이 그것을 식별할 수 있으면 명인방법으로서는 충분한 것이다. 명인방법의 존재여부는 등기에 의한 공시방법과 충돌하는 경우 엄격하게 해석해야 한다.

2. 미등기 토지

토지대장, 수용증명서, 소유권확인판결 등을 제출해 채무자 명의로 즉시 등기할 수 있음을 증명해야 한다.

2절 건물

1. 건물

단독으로도 경매 신청의 대상이 될 수 있다. 이때 건물이라 함은 최소한의 기둥, 지붕, 벽으로 이루어진 것이어야 한다.

2. 건물이 증축된 경우

부합물은 경매 신청의 대상에 포함된다. 하지만 증축부분의 기존 건물에 대한 부합여부는 기존 건물에 부착된 물리적 구조 뿐만 아니라 그 용도와 기능면에서 기존건물과 독립한 경제적 효용을 가지고 거래상 별개의 소유권의 객체가 될 수 있는지의 여부와 증축해 이를 소유하는 자의 의사 등을 종합해서 판단해야 한다(대판 1996.6.14. 94 다53006).

3. 미등기 건물의 포함 여부

1) 물리적 대상의 판단

모든 미등기건물이 경매 대상이 되는 것이 아니라 건축허가 또는 건축신고를 마친 뒤 사용승인을 받지 못한 건물에 한한다.

대법원은 미완성 건물은 경매의 대상에서 제외하되, 완공되지 않은 건물이라도 "골조가 완성된 건물"은 그 대상으로 삼고 있다. 따라서 독립된 부동산의 단계에 이르렀으나 골조가 완성되지 않은 건물은 부동산집행의 대상이 될 수 없다.

결국 「민사집행법」 81조 1항2호 단서에 의해 부동산 경매의 대상이 될 수 있는지의 판단은 채무자의 소유로서 건물의 지번·구조·면적이 그 건물에 대한 건축허가 또는 건축신고와 사회통념상 동일성 여부에 있다고 할 것이다.

2) 경매 신청 시 제출서류

건물의 사용승인을 받은 건물은 「건축물대장의 기재 및 관리등에 관한 규칙」 12조 1항에 의거 생성된 건축물대장을 첨부해 제출하면 경매 신청을 위한 등기는 문제없이 진행된다.

하지만 건축허가나 건축신고를 마쳤으나 사용승인을 받지 못해 건축물대장에 등재되지 못한 건물인 경우 「민사집행법」 81조1항2호 단서의 신설로 미등기 건물의 경매 신청시 요구하는 서류를 제시하고 있다.

(1) 서류의 준비

① 채무자의 소유임을 증명할 서류, ② 그 건물의 지번, 구조, 면적을 증명할 서류, ③ 그 건물에 관한 건축허가 또는 건축신고를 증명할 서류를 첨부해야 한다(민사집행법 81조1항2호 단서).

이에 「민사집행법」 81조 2항에 ② 채권자는 공적 장부를 주관하는 공공기관에 제1항제2호 단서의 사항들을 증명해줄 것을 청구할 수 있다고 해 제출서류의 확보방법에 관해 규정하고 있다.

문제는 이의 규정에도 불구하고 공공기관에서 성명과 주민등록번호를 스크린해 공개하는 것이다.

이러한 경우에는 집행법원의 보정명령서를 첨부해「공공기관의 정보공개에 관한 법률」 9조1항6호의 단서의 다목(공공기관이 작성하거나 취득한 정보로서 공개하는 것이 공익이나 개인의 권리 구제를 위해 필요하다고 인정되는 정보)의 규정에 따라 정보공개를 요청해야 한다.

(2) 집행관의 현황조사

건물의 지번, 구조, 면적을 증명하지 못한 경우에는 채권자는 경매신청과 동시에 그 조사를 집행법원에 신청할 수 있다. 그 경우 법원은 집행관에게 그 조사를 하게 해야 한다(민사집행법 81조3항).

이에 집행관은 건물의 지번, 구조, 면적 등을 실측하기 위해 건축감정인에게 의뢰해 건축물의 구조, 면적, 위치 등을 조사하도록 하며, '건축물현황조사보고서'를 제출받아 현황보고서에 첨부해 경매계에 제출한다.

3) 보존등기 및 경매개시결정기입등기

미등기부동산에 경매개시결정을 하면 경매개시결정등기의 촉탁에 의해 등기관이 소유권보존등기를 하고 경매개시결정기입등기를 하게 된다.

4. 무허가(신고)건물에 대한 경매 신청의 남용 금지

무허가건물에 대해서도 부동산집행을 허용함으로써 이를 위한 보존등기가 가능하게 되면 불법건축물이 양산되는 측면이 있고, 절차적인 면에서도 무허가건물의 소유자를 확인하기 어려운 문제가 있으므로, 건축허가(신고)를 마친 건물이 사용승인을 받지 못한 경우에만 해당된다.

- **원칙**-완성된 건물만
- **예외**-미완성된 건물(대법원: 허가된 층수만큼 골조가 완성된 건물)

3절 기타

1. 공장저당법에 의한 공장재단과 광업재단저당법에 의한 광업재단
   1개의 부동산으로 취급되어 경매 신청의 대상이 될 수 있다.
2. 광업권, 어업권
3. 소유권보존등기된 입목, 명인 방법을 갖춘 수목
4. 지상권, 존속기간이 남은 전세권
5. 자동차, 건설기계 및 항공기, 선박

3장

경매 절차상 용어정리

☑ 가등기

절차적으로 종국등기를 할 수 있을 요건을 구비하지 못한 경우나 권리의 설정, 이전, 변경, 소멸의 청구권을 보전하려고 할 때 본등기를 위해 그 순위를 보존하게 하려고 미리 해두는 행위다. 원활하게 소유권 이전을 하기 위해 등기순위를 확보하는 제도로 가등기에 기해 본등기를 하게 되면 본등기의 순위는 가등기의 순위로 올라가게 된다.

☑ 가압류

금전채권이나 금전채권으로 바꿀 수 있는 청구권을 위해 소송을 제기하고 강제집행을 실행하고자 할 때 소송기간 동안 채무자가 재산을 도피, 은닉하지 못하도록 묶어두는 보전수단이다.

☑ 가처분

소유물 반환청구권, 임차물 인도 청구권 등과 같이 특정물에 대한 각종 청구권을 가지는 채권자가 장차 집행보전을 위해 현재의 상태대로 현상을 고정할 필요가 있을 때 제3자에게 양도 등의 처분을 금지시키고 그 보관에 필요한 조치를 해두는 처분이다.

☑ 강제집행

강제집행은 채권자의 신청에 의해, 집행권원에 표시된 사법상의 이행청구권을 국가권력에 의해 강제적으로 실현하는 법적절차다. 강제집행을 하기 위해서는 집행권원이 있어야 하며, 이를 위해서는 집행사실을 기재한 공증을 받거나 지급명령, 조정, 화해 등을 통해 판결이나 동일한 효력을 받아야 한다. 경매에서는 인도명령을 통해 그 효력을 인정받으며, 인도가 용이하지 않을 시 집행까지 진행하는 경우가 있다.

☑ 공동경매(병합사건)-독립적인 사건들을 하나로 합쳐 동시에 진행

여러 채권자가 동시에 경매 신청을 하거나 경매개시결정을 하지 않는 동안에 동일한 부동산에 다른 채권자로부터 경매 신청이 있는 경우, 여러 개의 경매 신청을 병합해 1개의 경매개시결정을 해서 단일사건으로 진행하는 것.

병합사건으로 진행이 되면 한 명의 채권자에 대한 압류, 정지, 취소, 취하가 있더라도 그 집행절차는 단독으로 신청한 사건과 동일하게 진행되어 다른 압류권자에게는 영향을 미치지 않아 경매는 계속 진행되며, 각 채권자들은 독립해 배당을 받게 됩니다.

즉 여러 채권자 중 한 명의 채권자에게 채무자가 돈을 변제했다 하더라도 경매가 계속 진행되어 다른 채권자들에게는 경매의 진행에 있어 불이익이 없음.

☑ 공동입찰

여러 사람이 공동으로 하나의 부동산을 매수신고할 수 있다. 공동입찰신고서와 공동입찰자목록 작성한다. 공동입찰의 경우 각자의 지분을 표시하나 지분이 표시되지 않았다면 평등한 비율로 부동산을 매수한 것으로 된다.

☑ 공매

국세징수법에 의해서 국가기관에 체납된 세금을 징수하기 위해 한국자산관리공사라는 공공기관에 의뢰해 강제 매각하는 절차로, 압류재산 처분과 비업무용 부동산의 처분이 주가 되며 한국자산관리공사가 밀린 세금을 대신 받아주는 대리인이 되어 대상 부동산을 처분하는 제도다.

☑ 과잉경매

공동담보의 목적부동산 중 1개 또는 일부를 경매로 매각해도 경매신청채권자에 우선하는 채권에 변제하고 절차비용을 상환함에 충분함에도 불구하고 공동담보권(근저당 등)의 권리자가 일괄해 경매를 신청해서 진행되는 경매

☑ 기각

민사소송법상 신청의 내용을 종국재판에서 이유가 없다고 해 배척하는 것을 말하며, 기각의 재판은 본안판결이며 형식재판인 각하와 구별된다.

☑ 기일입찰

경매 매각방법의 하나로 정해진 매각기일에 출석해 입찰표와 매수신청보증을 제출하는 방식으로 진행하는 경매 방식을 말한다. 매수희망자로 하여금 입찰가격을 기재한 입찰표를 제출하게 하고 개찰해 최고액의 입찰가격을 기재한 입찰자를 최고가매수신고인을 정하게 된다.

또한 기간입찰은 기일입찰과 달리 1주일 이상 1개월 이하의 범위 안에서 입찰기간을 정해 원거리에 거주자도 등기우편의 방법을 통해 입찰에 참여할 수 있도록 하는 방법도 있지만, 대부분의 법원에서는 기일입찰만 진행하고 있다.

☑ 대위변제

채무자가 아닌 제3자(공동채무자 등)가 채무자 대신 변제를 해주고 변제를 해준 사람은 구상권을 취득한다. 이때 그 구상권의 범위 내에서 종래 채권자가 가지고 있었던 채권에 대한 권리가 법률상 당연히 변제자에게 이전하는 것을 변제자의 대위 또는 대위변제라고 한다.

통상 후순위임차인이 소액의 선순위채권이 있는 경우, 이를 대신 변제해 선순위임차인의 지위로 향상시켜 대항력을 유지해 보증금액을 온전히 보존받기 위해 하는 경우가 많다. 최근에는 저금리로 인해 일부 금융권에서 채무자의 동의하에 1순위 근저당 채권을 그대로 승계받으면서 대신 변제하고 경매를 취하시켜 일정기간 시간을 버는 경우도 있다.

이러한 대위변제는 낙찰자가 그 잔금을 완납하기 전까지 가능하다.

☑ 대지권미등기

원래 대지사용권이 없으면 낙찰 후 대지권을 취득할 수 없지만, 미등기 집합건물에 대해 경매 신청이 있는 경우 대지사용권을 매각목적물에 포함되는 것으로 보고 그에 대한 감정평가액을 최저매각가격에 포함시켰다면 일반적으로 문제가 없는 것으로 본다.

대지사용권은 원칙적으로 전유부분 건물의 종된 권리로, 단순한 절차 미비로 대지지분이 미등기되어 있는 경우라면 대금을 납부하면 대지지분의 소유권 이전이 가능하기 때문이다. 다만 신도시지역의 대지권미등기의 경우 분양대금 미납분에 따라 추가적으로 금액을 부담해야 경우도 있으니, 주의가 필요하다.

☑ 매각물건명세서

법원은 부동산의 표시, 점유자의 권원, 점유할 수 있는 기간, 차임 또는 보증금에 관한 관계인의 진술 등을 작성해놓은 서류다. 여기에 등기된 부동산에 대한 권리나 가처분 등 매각으로 효력을 잃지 않는 것과 지상권의 개요, 토지별도등기, 특별매각조건 등의 내용이 작성되며 매각기일 1주일 전까지 법원에 비치해 누구든지 볼 수 있도록 하고 있다.

☑ 매각기일

경매법원이 목적부동산에 대해 실제 매각을 실행하는 날로 매각할 시각, 장소 등을 매각기일 14일 전에 법원게시판에 게시함과 동시에 일간신문에 공고할 수 있다. 매각기일이 잡히면 법원은 매각기일과 매각결정기일을 이해관계인에게 통지해 불이익이 없도록 하고 있다.

☑ 매각결정기일

입찰을 한 법정에서 최고가 입찰자에 대해 낙찰허가 여부를 결정하는 날로 입찰법정에서 선고한 후 법원 게시판에 공고만 할 뿐, 매수인 채권자 채무자 기타 이해관계인에게 개별적 통고는 하지 않으며 통상 경매기일로부터 7일 이내에 결정한다. 낙찰허가 결정이 선고된 후 1주일 내에 이해관계인(매수인, 채무자, 소유자, 임차인, 근저당권자 등)이 항고하지 않으면 낙찰허가 결정이 확정된다. 이후 매수인은 법원이 통지하는 대금납부기일에 낙찰대금을 납부해야 하고 대금납부기일은 통상 낙찰허가 결정이 확정된 날로부터 1개월 이내로 지정한다.

☑ 배당

매각대금으로 각 채권자를 만족시킬 수 없는 경우에 권리의 우선순위에 따라 매각대금을 나누어주는 절차이며 법에 명시된 순서에 대해 배당받게 된다. 이를 위해 집행법원은 배당기일 전에 배당표를 미리 작성해 이해관계인과 배당요구한 채권자에게 열람시켜 의견을 듣고, 정정할 것이 있으면 수정해 배당표를 완성한 후, 배당기일에 확정하게 된다.

☑ 배당요구

강제집행에 있어서 압류채권자 이외의 채권자가 집행에 참가해서 변제를 받는 방법으로 민법, 상법 등에 의해 우선변제청구권이 있는 채권자나 집행력 있는 정본을 가진 채권자, 경매개시결정등기 후에 가압류를 한 채권자가 법원에 대해 배당요구를 신청할 수 있다. 배당요구종기까지 배당요구를 해야 하며, 이때까지 요구하지 않으면 매각대금으로부터 배당받을 수 없고, 그 후 배당을 받은 후순위 채권자를 상대로 부당이득반환청구를 할 수도 없다.

☑ 배당이의

배당기일에 출석한 채권자는 자기의 이해에 관계되는 범위 안에서 다른 채권자를 상대로 그의 채권 또는 채권의 순위에 대해 이의를 할 수 있다. 이의를 제기한 채권자가 배당이의의 소를 제기하고 배당기일로부터 1주일 내에 집행법원에 대해 소제기증명을 제출하면 그 금원에 대해서는 지급을 보류하고 공탁을 하게 된다. 이의제기 채권자가 그 증명 없이 기간을 도과하면 이의에도 불구하고 배당금을 지급되게 된다.

☑ 변경

경매 절차가 진행되다 절차상의 흠결, 경매 기록의 보정 또는 중대한 새로운 사항의 추가나 매각조건의 변경 등 권리관계의 변동사유가 있는 경우 지정된 경매기일에 경매를 진행시킬 수 없을 때 직권으로 매각기일을 변경하는 것으로 채무자가 채무를 갚겠다는 노력이나 의사를 보이면 채권자가 경매기일 연기신청을 하면 법원에서 받아들일 수 있다.

☑ 부동산인도명령

부동산인도명령을 신청할 수 있는 자는 낙찰인과 낙찰인의 상속인 등 일반 승계인에 한하며 경락대금이 완납되었으면 소유권이전등기가 되지 않았어도 인도명령을 신청할 수 있다.

인도명령신청은 경락대금을 완납한 경락인에게 부여된 집행법상의 권리이므로 경락인의 경락 부동산을 제3자에게 양도했다 하더라도 경락인만이 인도명령을 구할 수 있는 권리가 있다. 종전 소유자가 인도명령에 기한 인도를 거부하는 경우에는 경락인은 법원으로부터 송달받은 인도명령 정본과 송달증명서를 집행관에게 제출해 집행을 위임해서 처리할 수 있다.

☑ 분할매각(개별매각)

하나의 매각절차에서 여러 개의 부동산을 매각하는 경우에 사건번호는 하나로 병합하고 각 부동산에 물건번호를 붙여서 매각하는 방법으로 분할매각이 원칙이다.

주의사항으로 예를 들면 3개의 물건 중 1, 2번이 낙찰되고 3번은 유찰이 된 경우 1번과 2번의 매각대금이 납부되더라도 임차인을 내보낼 수 없다. 이유는 법원은 3개의 물건이 모두 낙찰되기 전에는 배당표를 확정하지 않고, 임차인은 배당표가 확정되기 전까지 인도명령 대상자가 아니기 때문이다.

☑ 상계

채권자와 채무자가 서로 같은 종류의 채권 채무를 가지고 있을 경우에 그 채권과 채무의 같은 액수를 서로 없애버리기 위한 한쪽의 의사 표시다. 경매에서는 채권자가 동시에 매수인이 되는 경우가 있는데, 채권자는 매각대금을 상계 방식으로 지급하고 싶으면 매각결정기일이 끝날 때까지 법원에 위와 같은 상계를 하겠음을 신고해야 하고 배당기일에 매각대금에서 배당받아야 할 금액을 제외한 금액을 납부하면 된다.

그러나 채권자가 배당받을 금액에 대해 다른 이해관계인으로부터 이의가 있는 경우, 매수인은 배당기일이 끝날 때까지 이에 해당하는 대금을 납부해야만 한다.

☑ 소제주의(소멸주의)

지상권, 지역권, 전세권 및 등기된 임차권이 저당권, 압류채권, 가압류채권에 대항할 수 없는 경우에는 매각으로 인해 소멸된다(91③) 즉, 매수인이 인수하지 않은 부동산 위의 각종 등기는 매각으로 소멸되어 없어지게 된다.

☑ 새매각

유찰되거나 매각허가취소 등의 사유로 다시 매각이 실시될 경우 매각기일을 새로 지정해서 새매각으로 진행되며 이때 보증금은 전 매각기일의 보증금액 그대로 적용된다. 다만, 신경매의 사유가 매각 불허가결정에 의한 것인 경우에는 최저매각가격은 변동없이 실시된다.

☑ 압류

확정판결이나 기타 집행권원에 의해 강제집행을 하기 위한 보전수단으로 가압류처럼 소송 후 경매를 실행하는 것과 달리, 소송하지 않고 바로 경매에 들어갈 수 있다.

☑ 연기

채권자의 단독이나 채무자, 소유자 또는 이해관계인에 의한 채권자의 동의하에 연기신청으로 매각기일을 다음 기일로 미루는 것을 말하며, 통상 2회에 한하는 것이 원칙이나 그 이상도 가능하다.

☑ 인수주의

낙찰에 의해 모든 부담이 소멸되지 않고 매수인이 부담해야 하는 것으로 민사소송법은 소제주의를 원칙으로 있지만 예외적으로 인수주의를 취한다. 저당권, 담보가등기, 가압류는 순위에 관계없이 모두 말소되고 그 이후의 후순위의 모든 권리는 소멸한다. 그러나 1순위 저당권, 담보가등기, 가압류 보다 앞선 지상권, 지역권, 전세권 등의 권리와 대항력 있는 임차권은 소멸되지 않아 매수인이 부담해야 하며, 별개로 법정지상권, 유치권 인정 여부에 따라 인수될 수 있다.

☑ 일괄매각

분할매각과 반대의 개념으로 수개의 부동산이 상호간의 위치, 형태, 이용관계 등을 고려했을 때 개별매각을 하면 낙찰가가 크게 떨어질 수 있고 사회·경제적으로도 손해일 경우 부동산간의 일체성을 인정해 직권이나 이해관계인의 요구에 따라 일괄해 매각하도록 결정할 수 있다. 이러한 일괄매각의 경우 과잉매각에 관한 규정은 적용되지 않는다.

☑ 유찰

매각기일에 응찰자가 없어 낙찰되지 못하고 무효가 선언되어 다음 경매에 넘어가게 되는 것.

☑ 잉여주의

집행법원은 법원이 정한 최저경매가격으로 압류채권자의 채권에 우선하는 부동산상의 모든 부담과 경매 비용을 변제하면 남는 것이 없다고 인정한 때에는 이러한 사실을 압류채권자에게 통지하고, 압류채권자 스스로 매수할 것인지를 확인한 후, 충분한 보증을 제공하지 않는 한 경매 절차를 법원이 직권으로 취소하게 된다.

☑ 유체동산경매

유체동산의 집행은 채권자가 집행관에게 서면으로 신청함으로써 개시가 되는데, 집행을 하려면 집행력 있는 정본이 필요하다. 집행관이 압류를 실시한 후 압류물을 경매의 방법으로 현금화하는 절차로, 호가경매가 일반적이다.

호가경매는 미리 정한 장소에서 집행관이 매각조건을 정해 이를 고지하고, 매각할 압류물에 대해 매수의 신청을 알린 후, 입찰자가 있으면 매각대금과 맞바꾸어 매각물을 매수인에게 인도함으로써 종결하는 것이다. 호가경매기일에서 매수가 허가된 때에는 그 기일이 마감되기 전에 매각대금을 지급해야 하고, 지급이 완료되면 매각물을 매수인에게 인도하게 된다.

☑ 즉시항고(민사집행법)

부동산 경매 절차에 있어서 경락허가결정에 대한 항고를 하면 결정이 확정될 때까지는 대금의 지급이나 배당기일 또는 신경매 기일이 중지된다.

채무자나 소유자가 한 항고가 기각된 때는 보증으로 제공한 금전이나 유가증권을 전액 몰수해 배당할 금액에 포함하게 되고, 그 외의 사람이 제기한 항고가 기각된 때에는 보증으로 제공된 금원의 범위 내에서 항고기각결정이 확정된 날까지의 매각대금에 법정이자를 물게 되고, 나머지는 돌려받게 된다.

☑ 정지

이미 실행된 부분 외에 장래의 절차만을 일시적으로 정지하는 것.

☑ 종국

경매를 개시해 배당완료 후 배당이의 등 모든 것이 종결되었다는 뜻이다. 통상 배당이 완료되면 '종국'이라고 표시하고 배당이의 등으로 인해 미해결된 사안이 있으면 '미종국'이라고 표시한다.

☑ 재매각

낙찰자가 낙찰대금을 미납할 경우 법원의 직권으로 경매를 다시 실시하는 것

- 보증금은 최저매각가격의 20%가 되며(법원별 달리 정할 수 있음)
- 전의 매각절차에서의 최저매각가격과 그 밖의 매각조건이 재매각절차에 그대로 적용
- 매수인이 재매각기일 3일전 이전까지 대금, 지연이자, 절차비용을 지급한 경우 재경매 절차를 취소해야 한다.

☑ 이중경매(중복사건)

경매 신청의 시차가 다른 두 개의 사건을 동시에 진행하지 않고 먼저 개시결정 한 사건의 집행절차에 따라 배당절차 진행.

경매개시결정을 한 부동산(선행경매)에 대해 다른 강제경매의 신청(후행경매)이 있는 때에는 법원은 다시 경매개시결정(이중경매개시결정)을 하고 먼저 경매개시결정을 한 집행절차(선행경매)에 따라 경매한다.

후행경매 신청 시기에 따라 후행신청자가 배당을 받을 수 있는지 없는지가 중요하다. 선행경매사건의 배당요구종기까지 후행경매를 신청한 경우에만 선행경매의 배당절차에 참가할 수 있기 때문에 배당요구종기일 이후의 후행경매를 신청한다면 민사집행법 제148조에 따라 채권자는 배당이 불가능하다. 민사집행법 제148조에서는 규정된 자만이 배당이 가능하다고 한다.

후행경매 신청은 선행경매사건의 최고가매수인이 잔금을 납부하기 전까지 가능하다.

중복사건은 선행경매 신청채권자가 배당에서 무잉여가 되더라도 배당요구종기 이전에 후행경매를 신청한 다른 채권자가 배당을 받게 된다면 무잉여로 판단하지 않고 선행사건을 종국 시킬 수 있다.

즉 중복사건은 취소나 취하 가능성이 적다.

후행경매를 채권자가 신청하는 이유는 선행사건이 진행되지 못했을 때 절차를 다시 시작해야 하는 번거로움을 피할 수 있어 시간과 비용 측면에서 이득이 있다.

☑ 이중경매에서 선행사건이 취소·취하된 경우 배당요구의 종기

후행사건으로 배당요구의 종기가 새로 정해진 경우, 주택임차인이 선행사건의 배당요구종기일까지 배당요구를 하고 그때까지 대항력요건을 유지했으나 배당요구종기일 이후 이사했다면 우선변제권이 없다.

☑ 차순위매수신고

최고가 입찰자 이외의 입찰자 중 최고가 입찰액에서 보증금을 공제한 액수보다 높은 가격(이상은 안되고 초과)으로 응찰한 사람은 차순위 입찰신고를 할 수 있다. 차순위 입찰신고를 하게 되면 매수인이 낙찰대금을 납부하기 전까지 보증금을 반환받지 못한다. 최고가 입찰자에 국한된 사유로 낙찰이 불허되거나 낙찰이 허가되더라도 그가 낙찰대금을 납부하지 아니할 경우 다시 입찰을 실시하지 않고 바로 차순위입찰 신고인에게 낙찰을 허가하므로 유리할 수도 있지만, 실무에서는 많이 하지 않는다.

☑ 채권계산서

채권자는 배당요구의 종기까지 법원에 그 채권의 원금, 이자, 비용 기타 부대채권의 계산서를 제출해야 한다. 채권자가 계산서를 제출하지 아니한 경우 법원은 배당요구서 기타 기록에 첨부된 증빙서류에 의해 채권액을 계산하게 되며, 배당요구의 종기 이후에는 채권액을 보충할 수 없게 된다.

☑ 취소

잉여(남을)가망이 없을 경우의 경매취소, 부동산의 멸실 등으로 경매취소, 담보권의 소멸과 원인무효 등의 사유가 있을 때 법원이 직권으로 경매개시 결정 자체를 취소하는 것

☑ 취하

경매 신청 채권자가 경매 신청 행위를 철회하는 것으로 취하되면 더 이상 경매가 진행되지 않고 종결된다. 이러한 철회는 경매개시결정에서부터 경락인이 대금을 납부할 때까지 가능하며 최고의 매수신고인이 결정된 후에는 최고가 매수인의 동의가 필요하다.

☑ 토지별도등기

토지에 건물과 다른 등기가 있다는 것으로 집합건물은 토지와 건물이 일체가 되어 거래되도록 되어 있는 바, 토지에는 대지권이라는 표시만 있고 모든 권리관계는 전유부분의 등기기록에만 기재하게 되어 있는데, 건물을 짓기 전에 토지에 저당권 등 제한물권이 있는 경우 토지와 건물의 권리관계가 일차하지 않으므로 건물등기 기록에 "토지에 별도의 등기가 있다"는 표시를 하기 위한 내용을 말하는 것이다.

☑ 현황조사보고서

법원은 경매개시결정을 한 후 지체 없이 집행관에게 부동산의 현상, 점유관계, 차임, 또는 임대차 보증금의 수액 기타 현황에 관해 조사할 것을 명하는데, 통상 집행관이 이를 작성하며 그 조사내용을 법원에 제출하게 되고, 누구든지 볼 수 있도록 하고 있다.

4장

말소기준등기

※매각물건명세서상의 '최선순위 설정일자'를 확인한다.

매각물건명세서

사건	2019타경100530 부동산강제경매			매각 물건번호	1	작성 일자	2019.05.24	담임법관 (사법보좌관)		허찬	
부동산 및 감정평가액 최저매각가격의 표시	별지기재와 같음			최선순위 설정			2017.8.25. 근저당	배당요구종기		2019.04.03	

부동산의 점유자와 점유의 권원, 점유할 수 있는 기간, 차임 또는 보증금에 관한 관계인의 진술 및 임차인이 있는 경우 배당요구 여부와 그 일자, 전입신고일자 또는 사업자등록신청일자와 확정일자의 유무와 그 일자

점유자 성 명	점유 부분	정보출처 구 분	점유의 권 원	임대차기간 (점유기간)	보증금	차 임	전입신고 일자, 사업자등록 신청일자	확정일자	배당 요구여부 (배당요구일자)
이경화	전부	현황조사	주거 임차인	미상	미상	미상	2014.06.18	미상	

1. 의의

최고가매수인이 소유권이전등기를 하면서 등기사항증명서상의 권리 중 어떤 권리들은 말소촉탁등기 대상이 되어 소멸하게 되고, 또

어떤 권리들은 말소촉탁의 대상이 되지 않아 매수인이 인수해야 하는데, 이때 말소와 인수의 기준이 되는 권리를 말소기준등기(말소기준권리)라고 한다.

2. 소제주의와 인수주의(말소기준등기의 법적근거)

「민사집행법」제91조(인수주의와 잉여주의의 선택 등)

① 압류채권자의 채권에 우선하는 채권에 관한 부동산의 부담을 매수인에게 인수하게 하거나, 매각대금으로 그 부담을 변제하는 데 부족하지 아니하다는 것이 인정된 경우가 아니면 그 부동산을 매각하지 못한다.

② 매각 부동산 위의 모든 저당권은 매각으로 소멸된다.

③ 지상권·지역권·전세권 및 등기된 임차권은 저당권·압류채권·가압류채권에 대항할 수 없는 경우에는 매각으로 소멸된다.

④ 제3항의 경우 외의 지상권·지역권·전세권 및 등기된 임차권은 매수인이 인수한다. 다만, 그중 전세권의 경우에는 전세권자가 제88조에 따라 배당요구를 하면 매각으로 소멸된다.

⑤ 매수인은 유치권자(留置權者)에게 그 유치권(留置權)으로 담보하는 채권을 변제할 책임이 있다.

3. 말소기준등기의 종류

저당권, 근저당권, 압류, 가압류, 담보가등기, 경매개시결정등기 중에서 접수일자가 가장 빠른 등기가 말소기준등기.

추가적으로 집합건물 또는 토지와 건물 전체에 대해 전세권을 설정한 경우 전세권에 의한 경매를 신청하거나 전세권에 의한 배당요구를 하는 경우 말소기준등기.

*전세권의 경우 말소기준등기보다 앞선 경우(최선순위) 말소되지 않는 것이 원칙이나 예외적으로 말소되는 경우 두 가지, 즉 전세권이 건물 전체에 설정된 상태에서 배당요구를 했거나 경매 신청을 한 경우는 말소되는 것으로 처리한다.

*가등기와 가처분의 피보전권리가 근저당권설정등기청구권이고, 이후 근저당이 설정되었다면 가등기와 가처분의 설정일이 말소기준등기의 기준일자가 된다.

4. 매각으로 인수 또는 소멸되는 등기

원칙: 말소기준보다 앞서는 권리를 '선순위'라고 하고, 말소기준보다 뒤에 오는 권리를 '후순위'라고 한다. 선순위는 낙찰자가 모두 인수하고 후순위는 인수할 필요가 없다.

예외: 후순위지만 인수해야 하는 경우도 있다. 예고등기, 소유권에 관한 다툼이 있는 가처분이나 건물철거 및 토지인도청구권 가처분 등이다.

인수

가처분, 소유권이전청구권보전가등기, 지상권, 지역권, 환매특약등기, 예고등기(말소기준권리보다 후순위라도 인수), 전세권, 대항력있는 임차인

말소기준등기

(근)저당권, 압류, 가압류, 담보가등기, 강제경매개시결정기입등기 중 접수일자가 가장 빠른 등기 ※전세권

소멸

(근)저당권, 가압류, 압류, 담보가등기, 소유권이전청구권보전가등기, 지상권, 지역권, 환매특약등기, 환매특약등기, 전세권, 임차인, 임차인등기, 경매개시결정기입등기, 가처분(토지인도 및 건물철거 가처분은 인수), 을구의 예고등기

※소멸·인수여부 쉽게 파악하기

제1원칙: 현금화가 권리의 목적인 경우 소멸, 현금 이외의 목적은 인수

제2원칙: 제1원칙이 선의의 제3자에게 피해를 주지 않아야 한다.

예)

순위	권리자	권리내용	설정일자	비고	인수/소멸
1	조자룡	소유권	2002.04.10	–	–
2	홍길동	지상권	2016.05.07	–	인수
3	이도령	근저당권	2017.02.11	말소기준등기	소멸

이도령은 선순위의 지상권이 설정되어 있고 토지의 매수인이 홍길동의 지상권은 인수해야 되고 이에 따라 채권의 회수에 지장이 있다는 것을 알고 있다. 따라서 이도령은 선의의 제3자가 아닌 악의의 제3자 –제2원칙에 부합

5. 사례별 적용

1) 가등기(보전가등기) → 저당권 → 가압류 → 가처분
저당권이 말소기준등기, 가등기는 인수

2) 가처분 → 가압류 → 저당권 → 압류
가압류가 말소기준등기, 가처분은 인수

순위	권리내용	설정일자	비고	인수/소멸
1	소유권	2002.04.10	-	-
2	가처분	2016.05.07	-	인수
3	가압류	2017.02.11	-	소멸
4	근저당권	2018.09.04	-	소멸
5	전세권	2018.09.07	전체설정, 배당요구	소멸
6	경매 신청	2019.07.25	-	소멸

3) 선순위가처분이 말소기준등기가 되는 경우
등기부상 가처분의 피보전권리가 '근저당권설정등기청구권'이고 나중에 이에 따른 등기부상에 근저당이 설정되어 있다.

순위	권리내용	설정일자	권리자	비고	인수/소멸
1	소유권	2002.04.10	조자룡	-	-
2	가처분	2002.04.10	신한은행	근저당설정등기청구권	인수
3	가압류	2002.05.17	국민카드	-	소멸
4	근저당권	2002.09.04	신한은행	-	소멸
5	전세권	2018.09.07	전체설정, 배당요구	전체설정, 배당요구	소멸
6	임의 경매 신청	2019.07.25	신한은행		소멸

이 경우 가처분의 순위보전효력에 의해 가처분 설정시점으로 근저당권을 말소기준등기로 보는 것이며, 배당의 순위에서도 신한은행의 저당권은 가처분의 순위로 배당받는다. 즉 일반적으로 순위4번의 근저당은 순위3번의 가압류와 안분배당이 되어야 하나, 사례의 경우는 선순위로 배당받는다.

4) 전세권 → 가처분 → 저당권 → 가압류

먼저 전세권이 말소기준등기가 되는지 여부를 확인해야 한다. 간단한 방법으로 매각물건명세서를 확인하면 된다. 전세권이 말소기준등기가 아니라면 저당권이 말소기준등기가 되고 전세권과 가처분의 인수여부를 확인해야 한다.

5) 토지와 건물의 말소기준등기가 다른 경우 처리

토지와 건물에 (근)저당권이 설정되어 있다가 기존 건물이 멸실되면 건물의 (근)저당권은 소멸된다. 그 후 토지의 (근)저당권만 남아 있는 상황에서 건물을 신축했는데 그 신축된 건물이 토지와 함께 일괄 경매가 진행된다면, 토지와 건물의 말소기준등기가 달라지게 된다. 이때 임차인의 대항력은 건물의 말소기준등기를 기준으로 판단해야 한다.

6) 다가구주택 지분경매와 전체경매 시의 말소기준등기

다가구주택의 지분경매 시는 지분에 설정된 근저당 등이 말소기준등기가 되나, 전체가 경매될 경우에는 한 개의 지분에 설정된 근저당은 말소기준등가 될 수 없다. 이때는 경매개시결정등기가 말소기준등기가 된다.

7) 건물의 일부를 목적으로 한 전세권

건물의 일부(2층 부분)를 목적으로 하는 전세권은 그 목적물인 건물 부분(2층)에 한해 그 효력이 미친다. 즉 이러한 전세권이 건물의 일부(1층 부분) 임차인이 대항력을 취득하기 이전에 설정되었다가 전세권에 기해 경매 신청 후 소멸했다 하더라고 임차인의 임차권이 전세권의 목적물로 되어 있지 아니한 부분(1층)을 목적물로 하고 있었던 경우에는 경락으로 임차권이 소멸한다고 볼 수 없다.

6. 권리상호간의 우열의 기준(동순별접)

등기의 순위는 동구에서는 순위번호에 의하고, 별구에서는 접수번호에 의한다. 부기등기의 순위는 주등기의 순위에 따르고, 가등기가 본등기되면 가등기의 순위에 따른다.

【 갑　　구 】	(소유권에 관한 사항)			
순위번호	등 기 목 적	접 수	등 기 원 인	권리자 및 기타사항
1 (전 5)	소유권이전	1983년12월5일 제73995호	1983년1월1일 매매	소유자 어연부　성남시 수정구 신흥동 5776
				부동산등기법 제177조의 6 제1항의 규정에 의하여 2000년 10월 25일 전산이기
2	소유권이전	2007년9월7일 제52890호	2007년8월8일 매매	소유자 오세윤 600828-●●●●●●●　서울특별시 중랑구 묵동 99　매매목록 제2007-1295호
3	가압류	2014년3월27일 제10354호	2014년3월27일 서울중앙지방법원의 가압류결정(201	청구금액 금106,279,478 원　채권자 주식회사 한국스탠다드차타드은행　110111-0013419　서울 종로구 종로 47 (공평동)

【 을　　구 】	(소유권 이외의 권리에 관한 사항)			
순위번호	등 기 목 적	접 수	등 기 원 인	권리자 및 기타사항
2	1번근저당권설정등기말소	2007년8월10일 제48167호	2007년8월9일 해지	
3	근저당권설정	2013년11월13일 제48276호	2013년11월13일 설정계약	채권최고액 금50,000,000원　채무자 오세윤

7. 원인채권의 소멸

원인채권의 소멸로 인해 권리의 실체가 없고 그 외관만 남은 근저당권 등은 말소기준등기가 되지 못한다. 따라서 후에 이루어진 임대차, 가등기, 가처분 등이 존재하면 반드시 말소기준등기의 채권이 변제 등으로 그 등기가 무효인지 여부를 확인해야 하는바, 만약 외관상 말소되지 않고 존재하더라도 후에 이루어진 임대차, 가등기, 가처분은 소멸되지 않고 낙찰자에게 대항력이 있거나 인수되는 권리가 된다.

5장

「주택임대차보호법」

1절 주택임대차보호법

국민의 주거생활의 안정을 보장할 목적으로 주거용 건물의 임대차에 관해 1981년 민법에 대한 특례를 규정한 법률

1. 적용범위

「주택임대차보호법」의 입법취지상 보호 대상 여부는 공부상 건축물의 용도와 같은 형식이 아닌 실제 용도에 따라 판단한다.
- 가건물(비닐하우스)

2. 임차인

원칙 : 자연인, 외국인등록을 한 외국인

예외 : 법인

  1) 한국토지주택공사, 「지방공기업법」 제49조에 따라 주택사업을 목적으로 설립된 지방공사(SH공사, 경기지방공사 등)

2) 주택도시기금을 재원으로 해서 저소득층 무주택자에게 전세임대주택을 지원하는 법인이 주택을 임차한 후, 지자체의 장 또는 그 법인이 선정한 입주자가 주택을 인도받고 주민등록을 마쳤을 때는 대항력을 취득한다.

3) 「중소기업기본법」 제2조에 따른 중소기업에 해당하는 법인이 소속 직원의 주거용으로 주택을 임차한 후, 그 법인이 선정한 직원이 해당 주택을 인도받고 주민등록을 마쳤을 때는 대항력 취득한다. 임대차가 끝나기 전에 그 직원이 변경된 경우에는 그 법인이 선정한 새로운 직원이 주택을 인도받고 주민등록을 마친 다음 날부터 제3자에 대해 효력이 생긴다.

3. 주택임대차의 존속기간

「주택임대차보호법」 제4조(임대차기간 등)

① 기간을 정하지 아니하거나 2년 미만으로 정한 임대차는 그 기간을 2년으로 본다. 다만, 임차인은 2년 미만으로 정한 기간이 유효함을 주장할 수 있다.

② 임대차기간이 끝난 경우에도 임차인이 보증금을 반환받을 때까지는 임대차관계가 존속되는 것으로 본다.

※ 임차인이 임차기간을 1년으로 정하고 거주하다가 묵시적 갱신을 이유로 새로운 2년을 주장할 수 있다.

4. 계약의 갱신

제6조(계약의 갱신)

① 임대인이 임대차기간이 끝나기 6개월 전부터 1개월 전까지의 기간에 임차인에게 갱신거절(更新拒絶)의 통지를 하지 아니하거나

계약조건을 변경하지 아니하면 갱신하지 아니한다는 뜻의 통지를 하지 아니한 경우에는 그 기간이 끝난 때에 전 임대차와 동일한 조건으로 다시 임대차한 것으로 본다. 임차인이 임대차기간이 끝나기 1개월 전까지 통지하지 아니한 경우에도 또한 같다.

② 제1항의 경우 임대차의 존속기간은 2년으로 본다.

- 묵시적 갱신된 주택임대차는 기간의 정함이 없는 것으로 본다. 즉 2년으로 본다.

③ 2기(期)의 차임액(借賃額)에 달하도록 연체하거나 그 밖에 임차인으로서의 의무를 현저히 위반한 임차인에 대해서는 제1항을 적용하지 아니한다.

제6조의2(묵시적 갱신의 경우 계약의 해지)

① 제6조 제1항에 따라 계약이 갱신된 경우 같은 조 제2항에도 불구하고 임차인은 언제든지 임대인에게 계약해지(契約解止)를 통지할 수 있다.

② 제1항에 따른 해지는 임대인이 그 통지를 받은 날부터 3개월이 지나면 그 효력이 발생한다.

2절 대항력

1. 대항력의 개념 및 근거

제3자에게 대항할 수 있는 권원을 가지는 것, 즉 임차주택의 양수인, 임대할 권리를 승계한자, 기타 해당 주택에 관해 이해관계를 가진자에 대해 임대차의 내용을 주장할 수 있는 법률상의 권능

1) 임차인이 자신의 보증금액을 전부 반환받을 때까지 해당 부동
   산을 비워주지 않아도 되는 권리
2) 「주택임대차보호법」 제3조(대항력 등)
   대항요건-임대차는 그 등기가 없는 경우에도 임차인이 주택의
   인도와 주민등록(전입신고)을 마친 때에는 그 다음 날부터 제3자
   에 대해 효력이 생긴다.

2. 대항력의 발생요건

말소기준등기보다 앞선 대항요건(전입과 인도)을 갖추는 것으로서
대항요건을 갖추기 전에 선순위 권리가 있었다면 대항력이 인정되
지 않는다.

3. 대항력의 효력발생일

주택의 인도와 주민등록을 모두 마친 다음 날 0시부터 대항력의
효력 발생
1) 결국 대항력 기산일은 인도와 주민등록 중 늦은 것을 기준으로
   다음 날 0시
2) 소유자가 매도 후 임차인이 되는 경우는 매수인의 소유권이전
   등기일 다음 날 0시부터 발생(대판 2002.2.11. 99다59306 참조)

   즉, 매수인이 소유권을 이전받는 당일 동시에 저당권을 설정하
   면서 전 소유자와 임대차계약을 한 경우에는 전 소유자가 임차
   인이 되는 시점인 소유권이전등기일 당일에 임차인으로서의 주
   민등록을 인정하게 되므로, 결국 대항력은 다음 날 오전 0시에
   발생하게 되어 후순위 임차인이 된다.

3) 선순위 임차인이 있는 경우 당초 소유권이전 원인이 경·공매일 경우 선행 경매사건의 임차인의 대항력은 낙찰자의 낙찰대금 납부와 동시(선·후가 없다)에 취득한다(대판 2002.11.8. 2002다 38361,38378)

4. 대항요건을 갖춘 경우 보호
1) 동거가족만 전입신고 했거나, 점유보조자(미성년인 자녀)가 점유한 경우(세대합가)
2) 임대인의 승낙 후 상가, 공장의 내부구조 변경해 주거로 사용
3) 미등기 건물이나 비닐하우스 또는 주택의 일부를 점포로 개조한 경우
4) 다가구주택에 층, 호수 기재하지 않고 전입신고한 경우
5) 임대인의 동의를 얻고 임차권을 양도한 경우
6) 공무원이 실수한 경우

5. 대항력의 존속기간
1) 주택의 인도와 주민등록은 대항력의 취득요건 및 존속요건이다.
2) 경매 절차의 매수인에 대한 대항력의 존속요건은 매각대금 납부 시까지 유지해야 한다.
3) 우선변제권이나 최우선변제권 행사 시에는 대항력 요건을 배당요구 종기일까지 유지해야 한다.

그러나 잔금 납부까지 유지하는 것이 좋을 듯하다. 이는 배당요구종기일 이후에 대항력상실 한 후 경매가 취소되는 경우 다시 전셋집으로 전입신고를 하더라도 다른 권리들보다 후순위가 된다. 만약 주택이 다시 경매로 넘어간다면 보증금을 돌려받지 못할 처지가 될 수 있다.

6. 임차권의 존속기간

1) 대항력 있는 임차인

(1) 존속기간 동안 거주하고 싶으면 배당요구 안함

(2) 임차보증금을 받고 싶다면 배당요구하고 임대차기간 종료

2) 대항력 없는 임차인

(1) 배당요구를 하면 순위배당을 받고 임차권 소멸

(2) 배당요구를 하지 않으면 임차보증금 날리고 쫓겨남

7. 주민등록의 정정과 대항력

1) 단독주택은 지번 일치, 공동주택은 공동주택의 명칭, 동, 호수가 일치

2) 다가구용 단독주택은 지번만 일치하는 임차부분을 옮겼다가 옮긴 부분으로 다시 전입신고를 해도 최초의 전입신고 시를 기준으로 대항력을 결정한다.

8. 주민등록이 다르게 기재된 경우─과실의 주체

1) 임차인 과실 :

잘못 신고해서 나중에 특수주소변경이 되었을 때 대항력 발생

2) 공무원 과실 :

원칙─ 특수주소변경을 전제로 당초 주민등록전입신고를 한 날로 소급해 대항력 발생

예외─ 임차인이 올바른 전입신고를 제출했으나 공무원이 착오로 수정요구해서 임차인이 스스로 수정해 제출한 경우는 대항력을 취득할 수 없다.

3) 경매에서 대항력이나 우선변제권과 관련해 문제가 되는데, 예로 계약서상의 집주소의 호수나 출입문에 표기된 호수가 건축

물대장의 호수가 다른 상태에서 전입신고를 하게 되면 대항력을 인정받지 못하는데, 건축물대장에 표기된 호수로 신고를 해야 한다.

최근에 건축된 건물에는 거의 없지만, 오래된 다세대 건물의 경우 반지하부터 올려 건축하는 경우가 많았다. 이때 출입문 문패에는 '101호, 201호, 301호, 401호'로 표기해놓았지만, 실제 건축물대장에는 'B101호, 101호, 201호, 301호'로 신고가 되었기 때문에 각별한 주의가 필요하다. 4층을 'F'로 표기했거나 4층을 건너뛰고 5층으로 표기한 경우에도 문제가 될 수 있다.

9. 대항력의 배제

근저당권자가 담보로 제공된 건물에 대한 담보가치를 조사할 당시 대항력을 갖춘 임차인이 그 임대차 사실을 부인하고 임차보증금에 대한 권리주장을 하지 않겠다는 내용의 확인서를 작성해준 경우, 그후 건물에 대한 경매 절차에서 이를 번복하여 대항력있는 임대차의 존재를 주장해 그 임차보증금반환채권에 대한 배당요구를 하는 것은 특별한 사정이 없는 한 금반언 및 신의칙에 위반되어 허용될 수 없다.

무상임차확인서를 받을 때에는 임차인으로 보이는 부부 모두에게 무상임차확인서를 받는 것이 좋다.

10. 가장임차인 식별

실무에서 가장 어려운 임차인문제는 선순위임차인으로 보이는 자가 권리신고 및 배당요구도 하지 않고 또한 본인의 보증금액을 언급하지 않는다면 제3자 입장에서는 낙찰을 받기가 곤란하다.

3절 확정일자에 의한 우선변제권

1. 개념

대항요건(주택인도, 주민등록)과 주택임대차 계약서상에 확정일자를 갖춘 임차인은 임차주택이 경매되거나 공매될 경우 임차주택의 환가 대금에서 후순위 담보권자나 기타 채권자에 우선해서 보증금을 변제받는다.

확정일자 없는 대항력은 매수인이 보증금을 내줄 때까지 거주할 수 있는 권리이지 매각대금에서 보증금을 받는 권리가 아니다. 따라서 임차인이 보증금을 경매 절차에서 배당받으려면 확정일자를 받아야 한다.

2. 확정일자 받는 법

1) 직접 방문-주민센터(거주지관할), 등기소(관할지역 관계없이), 공증사무소에 신분증과 계약서원본을 지참
2) 인터넷 신청-대한민국법원 인터넷등기소

3. 우선변제권의 요건

1) 대항력 요건(주택인도+주민등록)을 갖출 것
2) 확정일자를 받을 것
3) 임차주택이 경·공매로 매각되었을 것
4) 배당요구를 할 것

4. 우선변제권의 발생시점

대항력 요건의 기준시점과 확정일자 중 늦은 날이 기준이 된다.

예)

임차인	점유	전입신고	확정일자	대항력	우선변제권
갑	2020.06.05	2020.06.04	2020.06.04	06.06. 0시	06.06. 0시
을	2020.06.07	2020.06.08	2020.06.01	06.09. 0시	06.09. 0시
병	2020.06.07	2020.06.08	2020.06.09	06.09. 0시	06.09. 낮

5. 종전 경매(우선변제권 행사의 일회성)

1) "대항력"과 "우선변제권"의 2가지 권리를 가지고 있는 임차인이 우선변제권을 행사해 1차 경매 절차에서 배당요구를 했으나 보증금 전액을 배당받을 수 없었던 때는 경락인에게 대항하여 이를 반환받을 때까지 임대차 관계의 존속을 주장(대항력 행사)할 수 있을 뿐이고, 임차인의 우선변제권은 경락으로 인해 소멸하는 것이므로 2차 경매 절차에서 우선변제권에 의한 배당을 받을 수 없다(대판 2006.2.10. 2005다21166).

따라서 2차 경매 절차의 선순위 임차인은 우선변제권이 소멸했으므로 일반채권자의 지위에서 배당을 받으며 미배당보증금은 매수인이 인수해야 한다.

이런 경우 아예 배당대상이 아님에도 불구하고 언뜻 보기에 전입시점과 확정일자가 최선순위고 배당신청까지 했으므로 당연히 배당을 받고 소멸할 것으로 판단하기 쉽다. 따라서 선순위가 임차인이고 당초 소유권이전 원인이 경·공매인 경우에는 각별한 주의가 요구된다. 즉 이런 경우에는 이전 경매 사건에서 배당신청을 했는지(우선변제권을 행사했는지) 아닌지를 살펴야 한다.

단, 임차인이 1차 경매 절차의 매수인과 새로운 임대차계약을 체결했다면 그 계약서로 확정일자를 받을 수 있고 이런 경우는 우선변제권의 효력이 생기므로 2차 경매 절차에서 우선변제권에 의한 배당을 받을 수 있다.

2) "대항력"과 "우선변제권"의 두 가지 권리를 가지고 있는 임차인이 1차 경매 절차에서 우선변제권을 행사하지 않고 대항력을 행사했다면 2차 경매 절차에서 우선변제권으로 배당요구를 할 수 있다.

　또한 1차 경매 절차의 매수인과 새로운 임대차계약을 했다면 그 임대차계약서에 의한다.

3) 대항력과 우선변제권을 겸유하고 있는 임차인이 배당요구 후 일부만 배당받은 후 임차목적물을 계속해서 사용·수익하는 경우, 매수인은 임차인에게 배당받은 보증금에 대해 부당이득반환청구를 할 수 있다.

6. 전세권등기와 확정일자의 차이점

전세권설정등기는 민법의 전세권에 관한 규정에 의해 그 설정순위에 따라 당연히 물권적 효력인 순위보호가 인정되는데 반해, 확정일자제도는 1989년 12월 30일부터 시행되는 주택임대차보호법의 개정규정에 의해 사회적 약자인 세입자를 보호하기 위해 원칙적으로 채권계약인 주택임대차에 대해 물권적 효력(순위에 따른 우선변제의 효력)을 인정하는 제도라는 점에 근본적인 차이점이 있다.

1) 전입신고 및 점유의 필요 여부

확정일자제도에 의한 순위가 인정되기 위해서는 확정일자를 받는 이외에 주민등록의 전입신고 및 주택을 인도받아 실제거주(입주)할 것을 그 요건으로 함에 반해, 전세권설정등기는 등기만 경료해두면 되고 주민등록전입신고나 실제거주는 그 요건이 아니므로 보다 편리하다.

2) 절차와 비용

확정일자제도는 저렴한 비용으로 임대인의 동의여부와는 관계없이 신속·간편한 절차에 의해 확정일자를 받을 수 있음에 반해, 전세권설정등기는 임대인의 협력 없이는 등기자체가 불가능하며, 그 절차의 복잡성으로 인해 확정일자에 비해 많은 비용이 소요된다고 할 것입니다. 또한, 전세기간만료시에는 전세권설정등기를 말소해주어야 한다.

3) 경매 신청을 위한 방법

전세계약기간이 만료된 경우에 임대인이 보증금을 반환치 않는 경우, 확정일자를 받아둔 임차인은 별도로 임차보증금반환청구소송을 제기해 승소판결을 받은 후 그 확정판결문에 기해서만 강제집행을 신청할 수 있음에 반해(주택임차권등기명령에 의한 등기가 된 경우에도 그 등기에 경매 신청권은 부여되어 있지 않음), 전세권설정등기를 경료한 전세권자는 위와 같은 경우 민사집행법의 담보권실행 등을 위한 경매(임의경매)규정에 근거해 판결절차 없이도 직접 경매 신청이 가능하다.

다만, 건물의 일부에 대해 전세권설정등기를 한 경우 그 나머지 건물부분에 대해서는 우선변제권은 인정되지만 임차부분에 대한 분할등기 없이 전체에 대한 경매 신청은 할 수 없다(대결 1992. 3. 10. 91마256, 257).

4) 배당요구 여부

확정일자만 갖춘 경우는 경매 절차에서 별도의 배당요구를 해야하지만, 전세권설정등기를 한 경우는 별도의 배당요구 없이도 순위에 의한 배당을 받을 수 있다.

5) 배당범위

확정일자를 갖춘 경우에는 임차주택 외에 그 대지의 환가대금에서도 우선배당을 받을 수 있으나, 대지를 포함하지 않고 주택에만 전세권설정등기 한 경우는 대지의 환가대금에서 우선배당을 받을 수 없다.

다만, 집합건물에 관해 판례를 보면, "집합건물이 되기 전의 상태에서 건물 일부에만 전세권이 설정되었다가 그 건물이 집합건물로 된 후 그 전세권이 구분건물의 전유부분만에 관한 전세권으로 이기된 경우, 구분소유자가 가지는 전유부분과 대지사용권의 분리처분이 가능하도록 규약으로 정하는 등의 특별한 사정이 없는 한, 그 전유부분의 소유자가 대지사용권을 취득함으로써 전유부분과 대지권이 동일소유자에게 귀속하게 되었다면 위 전세권의 효력은 그 대지권에까지 미친다고 보아야 할 것이다"라고 했습니다(대판 2002 6.14. 2001다68389).

※ 확정일자 받은 계약서 분실-현재시점에서 다시 받아야 하며, 우선변제권도 밀리게 된다.

※ 계약기간중에 보증금액이 증액되면 그 증액된 계약서 원본에 별도로 확정일자를 받아야만 증액된 보증금액에 우선변제권이 생긴다.

※ 온라인 확정일자 신청 및 부여절차-인터넷등기소, 전자확정일자시스템

4절 최우선변제권

1. 개념

　임차주택(미등기 주택 포함)의 경·공매 시 임차인의 소액보증금 중 일정액(최우선변제액)을 선순위권리자보다 우선해서 매각가격(대지의 가액 포함)의 1/2범위 내에서 배당받을 수 있는 권리.

담보물권 설정일	지역	소액보증금 범위	최우선변제액
84.1.1~87.11.30	서울특별시, 광역시	300만 원 이하	300만 원 이하
	기타 지역	200만 원 이하	200만 원 이하
87.21.1~90.2.18	서울특별시, 광역시	500만 원 이하	500만 원 이하
	기타 지역	400만 원 이하	400만 원 이하
90.2.19~95.10.18	서울특별시, 광역시	2,000만 원 이하	700만 원 이하
	기타 지역	1,500만 원 이하	500만 원 이하
95.10.19~01.9.14	서울특별시, 광역시	3,000만 원 이하	1,200만 원 이하
	기타 지역	2,000만 원 이하	800만 원 이하
01.9.15~08.8.20	수도권 중 과밀억제권역	4,000만 원 이하	1,600만 원 이하
	광역시(군지역, 인천 제외)	3,500만 원 이하	1,400만 원 이하
	기타 지역	3,000만 원 이하	1,200만 원 이하
08.8.21~10.7.25	수도권 중 과밀억제권역	6,000만 원 이하	2,000만 원 이하
	광역시(군지역, 인천 제외)	5,000만 원 이하	1,700만 원 이하
	기타 지역	4,000만 원 이하	1,400만 원 이하
10.7.26~13.12.31	서울특별시	7,500만 원 이하	2,500만 원 이하
	수도권 중 과밀억제권역(서울 제외)	6,500만 원 이하	2,200만 원 이하
	광역시(군지역, 인천 제외)/ 안산, 용인, 김포, 광주시	5,500만 원 이하	1,900만 원 이하
	기타 지역	4,000만 원 이하	1,400만 원 이하
14.1.1~16.03.30	서울특별시	9,500만 원 이하	3,200만 원 이하
	수도권 중 과밀억제권역(서울 제외)	8,000만 원 이하	2,700만 원 이하
	광역시(군지역, 인천 제외)/ 안산, 용인, 김포, 광주시	6,000만 원 이하	2,000만 원 이하
	기타 지역	4,500만 원 이하	1,500만 원 이하
16.03.31~18.09.17	서울특별시	1억 원 이하	3,400만 원 이하

	수도권 중 과밀억제권역	8,000만 원 이하	2,700만 원 이하
	광역시(군지역, 인천 제외) 세종특별자치, 안산시, 용인시, 김포시, 광주시	6,000만 원 이하	2,000만 원 이하
	그 밖의 지역	5,000만 원 이하	1,700만 원 이하
18.09.18~	서울특별시	1억 1천만 원 이하	3,700만 원 이하
	수도권 중 과밀억제권역 세종특별시, 용인시, 화성시	1억 원 이하	3,400만 원 이하
	광역시(군지역, 인천 제외) 안산시, 김포시, 광주시, 파주시	6,000만 원 이하	2,000만 원 이하
	그 밖의 지역	5,000만 원 이하	1,700만 원 이하

※ 수도권 중 과밀억제권역(「수도권정비계획법」 별표1)

* 서울특별시
* 인천광역시(강화군, 웅진군, 서구 대곡동, 불로동, 마전동, 금곡동, 오류동, 왕길동, 당하동, 원당동, 인천경제자유구역 및 남동 국가산업단지는 제외)
* 시흥시(반월특수지역은 제외)
* 남양주시(호평동, 평내동, 금곡동, 일패동, 이패동, 삼패동, 가운동, 수석동, 지금동 및 도농동만 해당)
* 의정부시, 구리시, 하남시, 고양시, 수원시, 성남시, 안양시, 부천시, 광명시, 과천시, 의왕시, 군포시

※임차인 허○○는 확정일자를 받지 않아 우선변제권도 없고 선순위근저당보다 후순위로서 대항력도 인정받을 수 없다. 다만 선순위근저당 설정일(2001.03.23.) 기준으로 소액보증금에 해당해 1,200만 원까지 최우선변제로 배당이 가능하다. 그리고 2순위 근저당설정일(2007.07.03.) 기준으로 소액보증금 4,000만 원 이하인 경우 1,600만 원까지 배당이 가능하나 그 전에 배당 가능한 1,200만 원을 공제하고 400만 원을 추가로 최우선변제가 된다. 따라서 허○○는 보증금 3,000만 원 중 1,600만 원은 최우선변제로 배당받게 된다.

중앙9계 12-275**

경매구분	강제경매	채 권 자	한OOOOOOOO		
용 도	다가구 주택	채무/소유자	정OO	매각기일	13.05.28 변경
감정가	504,925,350	청구액	250,000,000	종국결과	13.06.10 기각
최저가	258,522,000(51%)	토지면적	139.0㎡(42.0평)	경매개시일	12.08.29
입찰보증금	25,852,200(10%)	건물면적	전체 363.3㎡(109.9평) 제시외 123.5㎡	배당종기일	12.11.19

소재지/감정요약	물건번호/면적(㎡)	감정가/최저가/과정	임차조사	등기권리
(02744) 서울 성북구 장위동 233-*** [장위로 22길 42] 적벽돌조 슬래브 지붕 장위 1동 주민자치센터 남측근거리 위치 주위 다가구 주택, 빌라 등, 북측학교, 상가, 은행 등 편의시설 혼재한 지대 버스 및 지하철역까지 마을버스 연계 운행 중 대중교통 사정 보통 부정형등평탄지 남측 6m 내외 포장도로 접함 1종일반주거지역 2012-09-05 OO 감정 표준지가: 1,970,000 감정지가: 2,772,000	물건번호: 단독물건 대지 139.0(42.05평) ₩385,308,000 건물 1층 주택 63.3 (19.14평) ₩27,522,450 1가구 2층주택 64.7 (19.58평) ₩28,161,900 2가구 3층주택 66.0 (19.97평) ₩28,710,000 1가구 차고 36.2 (10.96평) ₩10,144,400 옥탑주택 9.6 (2.90평) ₩2,985,600 총 3층 보존 : 1995-09-26	감정가 504,925,350 대지 385,308,000 (76.31%) 건물 97,524,350 (19.31%) 제시 22,093,000 (4.38%) 경매진행과정 ① 504,925,350 2013-02-12 유찰 ② 20% ↓ 403,940,000 2013-03-19 유찰 ③ 20% ↓ 323,152,000 2013-04-23 유찰 ④ 20% ↓ 258,522,000 2013-05-28 변경 2013-06-10 기각	김OO 전입 2005-04-28 주거 점유기간 미상 부부: 한OO 한OO 전입 2005-04-28 확정 2005-02-28 배당 2012-10-05 (보) 50,000,000 주거/방3 점유기간 2005.3.20- 윤OO 전입 2005-06-27 주거 점유기간 미상 허OO 전입 2006-03-08 배당 2012-09-25 (보) 30,000,000 주거/2층방2 점유기간 2006.2.26-	물소유권 정OO 1995-09-26 근저당 [공동] OO 신협 2001-03-23 78,000,000 근저당 [공동] 서OO 2007-07-03 250,000,000 가압류 [공동] OO 은행 개인여신관리 2008-10-01 41,911,038 강제 [공동] 한OOOOOOOO 2012-08-29 청구액 250,000,000

2. 소액임차인 해당 여부(기준시점)

대항력 요건 구비일보다 앞선 각 담보물권(저당권, 가등기담보권, 전세권, 확정일자부 임차인)을 개별적으로 판단해 각 담보물권의 설정시점의 주택임대차보호법을 적용해 판별한다.

추가로 담보물권자가 전액배당 받고 나면 임차인은 최우선변제 대상에 해당되어 배당을 받게 된다. 이때는 현행법, 즉 2018년 09월 18일 이후에는 서울 1억 1,000만 원 한도 내에서 3,700만 원을 배당받는다.

3. 최우선변제권의 요건

1) 보증금이 소액일 것
2) 경매개시결정기입등기 전에 대항력 요건을 갖출 것
3) 임차주택이 경매·공매에 의해 매각될 것
4) 배당요구를 할 것

4. 보증금의 변동

1) 임대차기간 동안 보증금의 증감 또는 변동이 있는 경우 소액임차인 여부 판단시점은 배당요구 종기 시점이다.
2) 계약체결 당시에는 1억 원을 초과해 최우선변제 대상이 아니더라도 경매개시결정기입등기 이전(정확히 배당요구의 종기까지)에 보증금의 감액이 이루어지면 보호를 받을 수 있다.
   - 임차인은 배당요구 종기까지 감액된 임대차계약서를 제출할 수 있기 때문이다. 이는 최우선변제권에는 확정일자제도가 없어 경매개시결정 이후에도 얼마든지 임대인과 담합해서 보증금의 감액이 가능하기 때문이다.

5. 소액임차인이 여러 명인 경우

배당순위는 그들의 대항력 요건 취득시기(전입일자)에 관계없이 모두 같은 순위다(안분배당).

6. 건물과 대지가 따로 매각되는 경우

건물과 대지가 따로 매각되는 경우 소액임차인은 먼저 매각되는 물건에서 1/2 한도 내에서 최우선변제를 받는다. 만일 배당에서 부족분이 발생하면 후에 매각되는 목적물의 1/2 한도 내에서 잔여분에 대해 최우선변제를 받는다.

7. 최우선변제권의 제한

1) 소액임차인을 배려하는 취지도 중요하지만 아무 죄도 없는 선의의 제3자에게 큰 피해가 발생해서는 안 된다.

　　이에 따라 주택임대차보호법에는 최우선변제금의 합이 주택가액(낙찰대금+입찰보증금에 대한 배당기일까지의 이자, 몰수된 보증금 등을 포함한 금액에서 경매집행비용을 공제한 실제 배당할 금액)의 1/2을 초과하면 안 된다고 규정되어 있다. 결국 소액임차인이 다수일 경우 최우선변제권으로도 보증금을 모두 받을 수 없고, 낙찰가액에서 경매 비용을 공제한 금액의 1/2에서 안분배당으로 받게 된다.

2) 전세권, 임차권등기 이후 주택이나 상가를 임차한 임차인, 법인

5절 임차권등기명령제도

　임대차기간이 종료되었음에도 임대인이 보증금을 돌려주지 않는 경우 임차인이 부동산 소재지를 관할하는 법원에 신청해 촉탁등기가 완료되면 대항요건을 유지한 채 주거이전을 보장하기 위한 제도

※ 상세한 내용은 〈Part 4. 기본적 권리분석-3장 임차권등기명령제도〉 참고
※ 세대합가
※ 상세한 내용은 〈Part 4. 기본적 권리분석-1장 권리분석의 개념-4절 권리분석을 위한 자료-4. 전입세대열람내역〉 참고

※임차권의 양도와 전대차의 위험

세입자가 이사를 가는 경우 임대차를 해지하지 않고 집주인의 동의를 받고 임대차를 다른 사람에게 양도하는 경우 새 임차인은 원래 살던 임차인의 대항력을 그대로 승계한다.

그런데 입찰자는 주민센터에서 세대열람을 하더라도 이를 확인할 수 없으며, 새 임차인의 전입신고일을 기준으로 대항력이 언제 생겼는지를 판단할 수밖에 없다.

이는 전대차의 경우에도 그대로 적용된다.

※전소유자가 임차인이고 보증금 증액된 경우

전소유자이자 임차인인 오○○이 배당요구를 하지 않았음을 명백히 밝히고 있다. 만약, 배당요구를 한다면 3억 원에 낙찰을 가정할 경우(경매 비용 300만 원 최우선배당) 오○○은 대항력과 우선변제권이 있는 1억 1,000만 원은 우선순위로 배당이 되지만 2012.01.30. 확정일자를 받은 증액보증금 3,500만 원은 선순위가압류 이하와 안분배당 후 흡수배당이 예상된다. 이 경우 오○○은 3,500만 원 전액을 배당받는다.

배당요구를 하지 않았기 때문에 대항력과 우선변제권이 있는 1억 1,000만 원을 우선 낙찰자가 인수해야 한다. 그리고 증액된 3,500만 원은 어떻게 될 것인가? 확정일자를 보면 2012.1.30.로서 선순위가압류설정일보다 우선변제권은 후순위로 보인다. 따라서 배당요구를 하지 않아 쉽게 소멸을 예상할 수 있지만 대항력 부분을 확인해야 한다.

통상적으로 보증금조정 계약은 2년마다 갱신되므로 최종갱신일은 2011.04.01.일 가능성이 크다. 오○○이 보증금증액 후 확정일자받는 것을 간과했다가 가압류 2건이 설정되자 그제서야 2012.01.30. 확정일자를 받았을 수도 있다. 그렇다면 실제 임대차갱신과 더불어 보증금증액일 2011.04.01.을 기준으로 대항력을 판단해볼 수 있다. 그렇다면 오○○이 배당요구를 하지 않아도 1억 1,000만 원과 증액분 3,500만 원은 낙찰자가 인수할 가능성도 배제하지 못한다.

다만, 오○○의 실제 보증금 증액을 위한 계약 갱신일이 2011.04.01.인지 여부를 조사하고 입찰에 참여해야 한다.

북부4계 2012타경191**

경매구분	강제경매	채권자	최OO		
용도	아파트	채무/소유자	최OO	매각기일	13.10.07
감정가	370,000,000(12.09.07)	청구액	135,000,000	종국결과	13.12.13 배당종결
최저가	121,242,000(33%)	토지면적	53.7㎡(16.3평)	경매개시일	12.08.24
입찰보증금	24,248,400(20%)	건물면적	84㎡(25.5평)[30평형]	배당종기일	12.11.01
주의사항	재매각물건, 대항력 있는 임차인 오OO은 2012.10.31.권리신고를 했으나 배당요구는 하지 않았으며, 2012.11.22.자 보정서를 통해 배당요구하지 않았음을 명백히 밝혔음				

소재지/감정요약	물건번호/면적(㎡)	감정가/최저가/과정	임차조사	등기권리
서울 도봉구 창동 350,000 창동 주공 327동 3층 OOO호 도로명주소 서울 도봉구 해등로 49 창북중학교 남동측 인근 부근 아파트단지주 주거지대 인근 다양한 편의시설 근린생활시설 등 소재 차량출입 가능 교통사정 보통 버스(정), 창동역 인근 소재 부정형등고 평탄지 단지내 도로 외곽 공도 접함 3종일반주거지역 2012-09-07 OO감정	물건번호: 단독물건 대지 53.7/124817.4 (15.26평) ₩284,900,000 건물 84.4(25.53평) ₩85,100,000 다용도실 총 5층 보존: 1995-09-26	감정가 370,000,000 대지 284,900,000 (77%) (평당 17,532,308) 건물 85,100,000 (23%) 최저가 121,242,000 (33%) 경매진행과정 ↓ ↓ ⑥ 20% ↓ 121,242,000 2013-07-29 매각 매수인 ㈜OO물산 응찰수 13명 매각가 162,288,880 대금 미납 ⑥ 121,242,000 2013-10-07 매각 매수인 김OO 응찰수 7명 매각가 165,100,000 납부 종결	오OO 전입 2000-06-05 (보) 110,000,000 1차확정 05.04.01 (보) 110,000,000 2차확정 12.01.30 (보) 145,000,000 주거/전부 점유기간 2005.3.31-	소유권 최OO 2005-03-31 전소유자: 오OO 가압류 오O심 2011-09-09 150,000,000 가압류 서O자 2011-11-03 135,000,000 강제 최O수 2012-08-24 청구액: 135,000,000원 열람일자 : 2013-07-12

6장 「상가건물임대차보호법」

1절 적용범위

제2조(적용범위)

①항: 이 법은 상가건물(제3조 제1항에 따른 사업자등록의 대상이 되는 건물을 말한다)의 임대차(임대차 목적물의 주된 부분을 영업용으로 사용하는 경우를 포함한다)에 대해 적용한다. 다만, 대통령령으로 정하는 보증금액을 초과하는 임대차에 대해서는 그러하지 아니하다.

즉 상가건물임대차보호법은 사업자등록을 할 수 있는 자연인(외국인 포함)과 법인을 대상으로 한다.

그래서 종교단체, 자선단체, 동창회 등의 친목모임 사무실은 사업자등록을 하지 않으면 이 법의 보호를 받지 못한다.

대통령령으로 정하는 보증금액을 초과하는 경우 민법의 임대차에 관한 규정이 적용된다.

③항: 제1항 단서에도 불구하고 제3조, 제10조 제1항, 제2항, 제3항 본문, 제10조의 2부터 제10조의 여덟 가지의 규정 및 제19조는 보증금액을 초과하는 임대차에 대해서도 적용한다(대항력은 2015.05.13. 이후 계약 및 갱신 시부터 적용).

- 환산보증금액에 상관없이 사업자등록과 점유만으로 대항력을 가지게 되었다. 단. 2015.05.13. 이전의 기존 계약이 갱신되지 않고 그대로 유지된 경우, 과거의 규정을 적용받는다.

- 대통령령이 정하는 보증금액(2019.04.02.)

① 서울특별시 : 9억 원

② 수도권 과밀억제권역 및 부산광역시 : 6억 9,000만 원

③ 광역시(과밀억제권역에 포함된 지역과 군지역, 부산광역시 제외)와 세종특별자치시, 파주시, 화성시, 안성시, 용인시, 김포시 및 광주시 : 5억 4,000만 원

④ 그 밖의 지역 : 3억 7,000만 원

환산보증금 계산: (월세×100)+보증금

구분	환산보증금 내	환산보증금 밖
월세 인상	5% 제한	X
보증금 회수	대항력+확정일자 갖춘 경우 후순위 권리자보다 우선변제	X
임차권등기명령	가능	X
대항력	인도+사업자등록 다음 날 효력발생	X (15.05.13 이후 계약 및 갱신 시부터 인도+ 사업자등록 다음 날 효력발생)
계약갱신요구권	18.10.16 이후 계약 및 갱신 시 최장 10년 (만기 6개월전부터 1개월 전까지 갱신요구)	
권리금보호 회수기간	임대차기간 종료 6개월 전부터 종료 시까지	
임대차기간	최소1년(임차인은 1년미만 유효주장가능)	
임대인 해지요건	월세 3기의 차임액에 해당하는 금액 연체한 경우 등	

– 상가건물 임대차보호법상의 상가건물이란?

상가건물에 해당하는지 여부는 공부상 표시가 아닌 건물의 현황·용도 등에 비추어 영업용으로 사용하느냐에 따라 실질적으로 판단해야 한다.

단순히 상품의 보관·제조·가공 등 사실행위만이 이루어지는 공장·창고 등은 영업용으로 사용하는 경우라고 할 수 없으나 그곳에서 그러한 사실행위와 더불어 영리를 목적으로 하는 활동이 함께 이루어진다면 상가건물 임대차보호법 적용대상인 상가건물에 해단한다(대판 2011.7.28. 2009다40967).

2절 대항력

제3조(대항력 등)

① 임대차는 그 등기가 없는 경우에도 임차인이 건물의 인도와 「부가가치세법」 제8조, 「소득세법」 제168조 또는 「법인세법」 제111조에 따른 사업자등록을 신청하면 다음 날 0시에 대항력이 발생한다.

- 「상가건물 임대차보호법」 시행일 2002년 11월 01일
- 점유와 사업자등록은 대항력, 우선변제권의 취득요건 및 존속요건이므로 배당요구의 종기까지 존속하고 있어야 한다.

3절 확정일자에 의한 우선변제권

1. 대항요건을 갖출 것
2. 확정일자를 받을 것 - 관할세무서장, 임대차계약서
3. 환산보증금이 지역기준 한도 내일 것(보증금 + 월세×100)

4절 최우선변제권 요건

1. 보증금이 소액일 것
2. 경매기입 등기 전 대항력 요건을 갖출 것
3. 배당요구 종기까지 배당요구를 할 것

「상가건물 임대차보호법」상 최우선변제금

담보물권 설정일	지역	환산보증금액	소액보증금 범위	최우선변제액
2002.11.1.~ 2008.8.20	서울	2억 4,000만 원	4,500만 원	1,350만 원
	수도권 과밀억제권역	1억 9,000만 원	3,900만 원	1,170만 원
	광역시(인천, 군 제외)	1억 5,000만 원	3,000만 원	900만 원
	기타 지역	1억 4,000만 원	2,500만 원	750만 원
2008.8.21.~ 2010.7.25	서울	2억 6,000만 원	4,500만 원	1,350만 원
	수도권 과밀억제권역	2억 1,000만 원	3,900만 원	1,170만 원
	광역시(인천, 군 제외)	1억 6,000만 원	3,000만 원	900만 원
	기타 지역	1억 5,000만 원	2,500만 원	750만 원
2010.7.26.~ 2013.12.31	서울	3억 원	5,000만 원	1,500만 원
	수도권 과밀억제권역	2억 5,000만 원	4,500만 원	1,350만 원
	광역시(인천, 군 제외) 수도권 과밀억제권역이 아닌 인천(군 제외), 안산, 용인,김포, 광주	1억 8,000만 원	3,000만 원	900만 원
	기타 지역	1억 5,000만 원	2,500만 원	750만 원

	서울	4억 원	6,500만 원	2,200만 원
	수도권 과밀억제권역	3억 원	5,500만 원	1,900만 원
2014.1.1.~ 2018.1.25	광역시(인천, 군 제외) 수도권 과밀억제권역이 아닌 인천(군 제외), 안산, 용인, 김포, 광주	2억 4,000만 원	3,800만 원	1,300만 원
	기타 지역	1억 8,000만 원	3,000만 원	1,000만 원
	서울	6억 1,000만 원	6,500만 원	2,200만 원
	과밀억제권역, 부산	5억 원	5,500만 원	1,900만 원
2018.1.26.~	광역시(부산, 인천 제외) 안산, 용인, 김포, 광주, 세종, 파주, 화성	3억 9,000만 원	3,800만 원	1,300만 원
	기타 지역	2억 7,000만 원	3,000만 원	1,000만 원
	서울	9억 원	6,500만 원	2,200만 원
	과밀억제권역	6억 9,000만 원	5,500만 원	1,900만 원
	부산광역시(기장군 제외)	6억 9,000만 원	3,800만 원	1,300만 원
2019.4.2.~	부산광역시(기장군)	6억 9,000만 원	3,000만 원	1,000만 원
	광역시(부산, 인천 제외) 안산, 용인, 김포, 광주	5억 4,000만 원	3,800만 원	1,300만 원
	세종특별자치, 파주, 김포	5억 4,000만 원	3,000만 원	1,000만 원
	기타 지역	3억 7,000만 원	3,000만 원	1,000만 원

* 2002년 11월 1일 이전 담보물건 취득자에게는 적용 안됨.
* 2013년까지는 부동산 가액의 1/3, 2014년 1월 1일부터는 1/2을 한도로 최우선변제권이 인정된다. 따라서 2013년 이전에 담보권을 취득했다면 1/3 한도로 최우선변제권을 주장할 수 있다.

5절 상가건물 임대차 존속기간

제9조(임대차기간 등)

① 기간을 정하지 아니하거나 기간을 1년 미만으로 정한 임대차는 그 기간을 1년으로 본다. 다만, 임차인은 1년 미만으로 정한 기간이 유효함을 주장할 수 있다.

제10조(계약갱신 요구 등)

① 임대인은 임차인이 임대차기간이 만료되기 6개월 전부터 1개월 전까지 사이에 계약갱신을 요구할 경우 정당한 사유 없이 거절하지 못한다. 다만, 다음 각호의 어느 하나의 경우에는 그러하지 아니하다. 〈개정 2013. 8. 13.〉

1. 임차인이 3기의 차임액에 해당하는 금액에 이르도록 차임을 연체한 사실이 있는 경우

2. 임차인이 거짓이나 그 밖의 부정한 방법으로 임차한 경우

3. 서로 합의해 임대인이 임차인에게 상당한 보상을 제공한 경우

4. 임차인이 임대인의 동의 없이 목적 건물의 전부 또는 일부를 전대(轉貸)한 경우

5. 임차인이 임차한 건물의 전부 또는 일부를 고의나 중대한 과실로 파손한 경우

6. 임차한 건물의 전부 또는 일부가 멸실되어 임대차의 목적을 달성하지 못할 경우

7. 임대인이 다음 각 목의 어느 하나에 해당하는 사유로 목적 건물의 전부 또는 대부분을 철거하거나 재건축하기 위해 목적 건물의 점유를 회복할 필요가 있는 경우

　가. 임대차계약 체결 당시 공사시기 및 소요기간 등을 포함한 철거 또는 재건축 계획을 임차인에게 구체적으로 고지하고 그 계획에 따르는 경우

　나. 건물이 노후·훼손 또는 일부 멸실되는 등 안전사고의 우려가 있는 경우

　다. 다른 법령에 따라 철거 또는 재건축이 이루어지는 경우

8. 그 밖에 임차인이 임차인으로서의 의무를 현저히 위반하거나

임대차를 계속하기 어려운 중대한 사유가 있는 경우

② 임차인의 계약갱신요구권은 최초의 임대차기간을 포함한 전체 임대차기간이 10년을 초과하지 아니하는 범위에서만 행사할 수 있다.

③ 갱신되는 임대차는 전 임대차와 동일한 조건으로 다시 계약된 것으로 본다. 다만, 차임과 보증금은 제11조에 따른 범위에서 증감할 수 있다.

④ 묵시적 갱신 규정(10조 4항)

임대인이 제1항인 기간 이내에 임차인에게 갱신거절, 조건변경의 용지를 하지 아니한 경우 그 기간이 만료된 때에 전 임대차와 동일한 조건으로 다시 임대차한 것으로 본다. 이 경우 임대와 존손기간은 1년으로 본다.

⑤ 묵시적 갱신의 경우 임차인은 언제든지 임대인에게 계약해지의 통고를 할 수 있고, 임대인이 통고를 받은 날부터 3개월이 지나면 효력이 발생한다.

6절 임차권등기명령제도

상세한 내용 〈Part 4의 3장〉 참조

7절 임대차정보의 열람제공

1. 상가건물의 임대차에 이해관계가 있는 자는 관할 세무서장에게 해당 상가건물의 확정일자 부여일, 차임 및 보증금 등 정보의 제공을 요청할 수 있다.

2. 임대차계약을 체결하려는 자는 임대인의 동의를 받아 관할세무
서장에게 정보제공을 요청할 수 있다.

8절 「주택임대차보호법」과 「상가건물 임대차보호법」의 혼용

임차건물을 일부는 주거용, 일부는 상가로 사용하면서 주민등록과
사업자등록이 모두 되어 있는 경우 건물의 객관적 용도, 실제 이용관
계, 주변의 상황 등 구체적인 사안에 따라 적용해야 한다.
 - 주택을 임차해 놀이방으로 사용하는 경우 : 「상가건물 임대차보
   호법」

9절 권리금 회수기회 보호

1. 권리금이란?

상가건물에서 장사를 하거나 하려는 사람이 영업시설 및 비품, 거
래처, 신용, 영업상의 노하우, 상가건물의 위치에 따른 영업상의 이
점 등 유·무형의 재산적 가치의 양도, 또는 이용대가로서 임대인, 임
차인에게 보증금과 차임 이외에 지급하는 금전 등의 대가를 말한다.

상가건물임대차보호법의 2015.05.13. 신설규정에 따라 권리금도
보호를 받게 되었다. 이는 2015.05.13. 이전부터 존속 중인 임대차에
대해서도 적용된다.

2. 권리금 회수 보호기간(제10조의4)

1) 임대인은 임대차기간이 끝나기 6개월 전부터 임대차 종료 시까지 권리금 계약에 따라 임차인이 주선한 신규임차인이 되려는 자로부터 권리금을 지급받는 것을 방해해서는 아니 된다.

2) 결과적으로 임대인은 임차인이 주선한 신규임차인과 임대차계약을 해야 한다. 만약 임대인이 이를 거절하면 임차인은 임대인을 상대로 손해배상을 청구할 수 있다. 손해배상액은 새 임차인이 기존 임차인에게 지급하기로 한 권리금과 임대차 종료 당시의 권리금(감정평가) 중 낮은 금액을 넘지 못한다.

   물론 임차인이 주선한 새 임차인이 되려는 사람이 보증금, 또는 차임을 지급할 자력이 없거나, 임차인으로서의 의무를 위반할 우려가 있거나, 그 밖에 임대차를 유지하기 어려운 상당한 사유가 있는 경우, 그리고 상가건물을 1년 6개월 이상 영리목적으로 사용하지 않은 경우라면 권리금법의 규정에도 불구하고 임대인은 새 임대차계약을 거절할 수 있다.

3) 경매로 상가를 낙찰받을 경우, 임차인이 낙찰자에게 대항할 수 없는 임차인(사업자등록일이 등기상 최선순위 설정일보다 늦은 임차인)이라면 권리금법도 의미가 없다. 하지만 만약 대항력이 있는 임차인이라면 낙찰자는 권리금법의 규정에 따른 임대인의 부담도 함께 이어받는다. 즉 만기에 임차인에게 보증금을 반환해주고 직접 장사를 하려는 목적으로 상가건물을 낙찰받는 경우라면, 보증금과는 별도로 권리금까지 부담하게 될 수 있다는 점을 유의해야 한다.

3. 권리금 보장 대상 제외(제10조의5)

1) 「유통산업발전법」 제2조에 따른 대규모점포 또는 준대규모점포 의 일부인 경우, 다만 「전통시장 및 상점가 육성을 위한 특별법」 제2조 제1호에 따른 전통시장은 제외한다.

2) 임대차 목적물인 상가건물이 「국유재산법」에 따른 국유재산 또 는 「공유재산 및 물품관리법」에 따른 공유재산인 경우

4. 상가건물임대차분쟁조정위원회의 설치

분쟁조정위원회의 조정결과가 법원판결과 동일한 집행력을 가지 며 합의 내용 불이행 시에는 강제집행의 대상이 된다.

5. 임대차기간

임대차기간이 경과해 임차인이 임대인에게 계약갱신을 요구할 수 없는 경우에도 임대인은 임차인의 권리금회수 기회를 보장해야 된 다(대판 2019.05.16.).

- 임대차기간이 지나도 임차인이 그 동안 형성한 고객, 거래처, 신 용 등 재산적 가치는 여전히 유지돼 임차인의 권리금 회수를 보 장할 필요가 있고 이런 해석이 임대인의 건물에 대한 사용·수익 권을 과도하게 제한한다고 볼 수도 없다.

Part 2

부동산 경매 절차

법원 경매 진행 절차

1장 경매 신청 등 행위주체에 따라

집행권원을 가진 채권자 또는 저당권 등 담보물권을 가진 채권자가 부동산 소재지 관할법원에 경매 신청서와 집행비용예납 후 경매 절차를 진행해줄 것을 신청하는 행위를 의미한다.

1절 경매의 신청

1. 강제경매의 신청

1) 집행권원정본

· 판결정본 → 집행문부여, 송달증명원, 확정증명원

· 화해조서, 조정조서 등 → 송달증명원

· 화해권고결정, 조정결정 → 송달증명원, 확정증명원

· 이행권고결정, 지급명령결정문 등 → 결정문상에 송달·확정일자가 기재되어 별도로 발급 필요 없다.

· 공정증서 → 공증사무소에서 집행문부여

부동산 강제경매 신청서

채권자 김OO(OO1009-*******)
        서울 강남구 논현로16길 OOOO(OO동)
        (휴대전화: 010-****-****   이메일: *****@naver.com)

채무자 안OO
        강원 홍천군 북방면 굴지강변로 OOO(굴지리OO)

소유자 안OO(OOO812-*******)
        강원 홍천군 북방면 굴지강변로 OOO(굴지리 OO)

청구채권 및 집행권원의 표시

금 5,329,000원 및 이에 대한 이자금원

서울중앙지방법원 201O가단5OOO1호 집행력있는 판결정본

매각할 부동산 표시

별지 부동산의 표시 기재와 같음

신 청 취 지

신청인은 서울OO지방법원 2017가단5OOO1 토지인도 사건의 확정판결에 따른 금액을 변제받기 위한 별지목록 기재 부동산에 대한 경매 개시 결정을 한다. 라는 재판을 구합니다.

신 청 이 유

신청인은 2017.OO.OO. 피신청인을 상대로 서울OO지방법원 2017가단5OOO1 토지인도의 소를 제기하였습니다.
이에 대하여 서울OO지방법원은 2018.OO.OO. "피고는 원고에게 별지목록 기재 건물을 철거하고, 같은 목록 기재 대지를 인도하고, 2017. OO. OO부터 토지의 인도 완료일까지 월 487,120원의 비율로 계산한 돈을 지급하라" 라는 원고(신청인)승소 판결을 받았습니다.
이후 판결은 피신청인에게 확정되었으므로 신청인은 확정판결에 의한 금액의 변제를 위한 경매개시절차를 구하기 위해 본 신청에 이른 것입니다.

첨 부 서 류

1. 집행력있는 판결정본
2. 부동산등기부등본(1234578773634)
3. 송달증명원

                                    2018.OO.OO.

OO지방법원 귀중

                    채권자 김OO

2)집행문재도부여(집행권원의 재발급)

강제경매 신청 후 만일 채무자의 또 다른 재산에 강제집행을 해야 할 경우가 발생할 수 있기 때문에 강제경매 신청 시 혹은 그 신청 이후 언제든 집행원권 '사용증명원'을 발급받는 것이 좋다. 그 사용증명원으로 하여금 해당 법원에 집행문재도부여를 신청 후, 재교부 받아 또 다른 재산에 강제집행을 할 수 있기 때문이다.

2. 임의경매의 신청

1) 담보권의 존재 증명서류

통상 권리증이나 부동산등기사항전부증명서.

법원은 피담보채권의 존재에 관한 판단을 하지 않고 일단 경매개시결정을 하고 이해관계인이 개시결정에 대한 이의나 매각허가결정에 대해 항고로 다툴 때 그 존부에 대한 판단한다.

2) 청구금액의 표시

청구금액의 표시는 원금만을 표기하는 경우 나중에 경매법원이 배당할 수 있는 채권의 범위는 비록 담보권실행을 위한 경매로서 채권최고액의 범위 내 일지라도 경매 신청 시 청구금액을 일부만을 청구한 것으로 보아 청구금액을 확장할 수 없게 된다.

원금 및 경매 신청 시까지 발행한 이자의 합계액을 표시한 경우 채권자는 배당요구종기까지 채권계산서를 제출(추가배당요구)해 채권금액을 확장시킬 수 있지만, 배당요구종기 이후에는 채권금액을 확장할 수 없다.

원금만을 금액으로 명기하고 이자에 관해서는 그 발생일과 이율만을 명기하고 완제 시까지라고 표시하는 경우 언제든지 채권금액을 확장시킬 수 있으며, 만일 배당기일까지도 채권계산서를 제출하

지 아니하면 법원은 경매 신청서 등 집행기록에 있는 서류와 증빙에
의해 채권을 계산해 배당하게 된다.

3. 공유물분할을 위한 형식적 경매의 신청

1) 경매 신청권의 존재를 증명하는 서류

공유물분할을 위한 형식적 경매에는 반드시 그 전제로써 현금화하
라는 판결 또는 심판이 있어야 하며, 조정 또는 화해의 조서도 포함
되는데 공유물분할의 소는 비록 형식적 형성의 소지만 조정 또는 화
해가 가능하기 때문이다.

2) 판결확정증명서

형식적 경매에 첨부되는 판결은 집행권원이 아니라 경매 신청권
의 증거서류에 불과하므로, 강제경매의 경우와 달리 송달증명원은
필요 없다. 또한 집행력이 없으므로 집행문이 필요 없다. 가집행선고
가 있을 수 없고 확정되어야 효력이 발생하므로, 반드시 판결확정증
명서가 필요하다.

※ 경매 신청

'대한민국 전자소송' 홈페이지(https://ecfs.scourt.go.kr/)

※ 경매 비용

"대한민국 법원경매정보" 홈페이지(www.courtauction.go.kr/)

→ [경매 지식] 클릭

→ [경매 비용] 클릭 후 납부할 예납금(감정료, 현황조사수수료, 신문 공고료, 매각수수료)을 계산한다.

1. 등록면허세, 지방교육세 납부

- 등록면허세: 채권금액 또는 목적물가액의 2/1,000
- 지방교육세: 등록면허세의 20/100

2. 등기신청수수료

- 경매개시결정 기입등기와 말소등기 시 매 목적물마다 3,000원

3. 송달료 납부

- (신청서상 이해관계인수 + 3)×10회분(1회분 4,800원)

4. 경매 예납금 납부

구분	수수료					
감정료 (가)	**토지, 일반건물(아파트 제외), 선박(광업권, 어업권 등) 등 일반감정의 경우**					
	기준금액 (개별공시지가, 시가표준액 등)	감정평가수수료 (A)		실비 (B)	부가가치세 10%(C)	감정료 (A+B+C)
	140,909,090원까지	240,000원		48,000원	(A+B)×0.1	
	140,909,090원 초과 2억 원까지	(기준금액×0.0011+145,000원)×0.8		48,000원	(A+B)×0.1	
	2억 원 초과 5억 원까지	(기준금액×0.0011+145,000원)×0.8		88,000원	(A+B)×0.1	
	5억 원 초과 10억 원까지	(기준금액×0.0009+245,000원)×0.8		88,000원	(A+B)×0.1	
	10억 원 초과 50억 원까지	(기준금액×0.0008+345,000원)×0.8		88,000원	(A+B)×0.1	
	50억 원 초과 9,507,142,857원 까지	(기준금액×0.0007+845,000원)×0.8		88,000원	(A+B)×0.1	
	9,507,142,857원 초과	6,000,000원		88,000원	(A+B)×0.1	
	* 다만, 감정인등 선정과 감정료 산정기준 등에 관한 예규(재일 2008-1) 제31조 2호에 해당하는 물건에 대해서는 추가 감정료가 발생될 수 있습니다. * 경매목적물이 다수인 경우 기준금액은 각 목적물에 해당하는 개별공시지가, 개별주택공시가격 등을 합산하시기 바랍니다.					
	아파트 감정의 경우					
	기준금액 (시가표준액)	감정평가수수료 (A)		실비 (B)	부가가치세 10%(C)	감정료 (A+B+C)
	179,870,129원까지	240,000원		48,000원	(A+B)×0.1	
	179,870,129원 초과 2억 원까지	(기준금액×0.0011+145,000원)×0.7		48,000원	(A+B)×0.1	
	2억 원 초과 5억 원까지	(기준금액×0.0011+145,000원)×0.7		88,000원	(A+B)×0.1	
	5억 원 초과 10억 원까지	(기준금액×0.0009+245,000원)×0.7		88,000원	(A+B)×0.1	
	10억 원 초과 50억 원까지	(기준금액×0.0008+345,000원)×0.7		88,000원	(A+B)×0.1	
	50억 원 초과 11,037,755,102원 까지	(기준금액×0.0007+845,000원)×0.7		88,000원	(A+B)×0.1	
	11,037,755,102원 초과	6,000,000원		88,000원	(A+B)×0.1	
현황조사수수료 (나)	70,000원 ※ 도서지역 등 특수한 경우에는 현황조사수수료가 추가 발생될 수 있습니다.					
신문공고료 (다)	220,000원 ※ 경매목적물이 다수인 경우 신문공고료가 추가 발생될 수 있습니다.					
매각수수료 (라)	기준금액 10만 원 이하 : 5,000원 기준금액 10만 원 초과 1,000만 원 이하 : (기준금액-10만원) × 0.02 + 5,000원 기준금액 1,000만 원 초과 5,000만 원 이하 : (기준금액-1천만원) × 0.015 + 203,000원 기준금액 5,000만 원 초과 1억 원 이하 : (기준금액-5천만원) × 0.01 + 803,000원 기준금액 1억 원 초과 3억 원 이하 : (기준금액-1억원) × 0.005 + 1,303,000원 기준금액 3억 원 초과 5억 원 이하 : (기준금액-3억원) × 0.003 + 2,303,000원 기준금액 5억 원 초과 10억 원 이하 : (기준금액-5억원) × 0.002 + 2,903,000원 기준금액 10억원 초과 : 3,903,000원					

※ 저당지상의 건물에 대한 경매청구권

일괄매각의 요건은 일반적으로 ① 토지에 대한 저당권설정 당시에 그 지상에 건물이 없었을 것 ② 저당권설정 후에 설정자가 당해 토지에 건물을 신축했을 것 ③ 경매 신청 시에 토지와 건물의 소유자가 동일인임을 요한다.

· **일괄매각청구권 부정**-토지에만 저당권설정 당시 존재하던 건물이 멸실되거나 철거된 후 건물을 재건축 또는 신축한 경우
· **일괄매각청구권 긍정**-토지와 건물에 공동저당 설정 후 구건물이 철거·멸실되고 신건물이 축조된 경우

※ 상속등기를 하지 않은 부동산

채무자가 상속을 했으나 아직 상속등기를 마치지 않은 경우에는 대위에 의한 상속등기를 한 다음, 상속인에 대해 경매 신청을 할 수 있다. 이 경우 대위원인을 증명하는 서면으로 집행력 있는 정본 또는 근저당이 설정된 부동산의 등기사항전부증명서를 첨부한다.

2절 경매의 취하

1. 의의

경매 신청인이 채권의 변제를 유예해주거나 채무자가 변제를 하는 등의 사유가 발생하면 원칙적으로 매수인이 대금을 완납하기 전까지 경매 신청인은 취하가 가능하다. 다만, 최고가 매수신고인이 있는 경우와 없는 경우는 절차가 상이하다.

2. 전·후 구분

1) 최고가 매수신고가 있기 전

경매 신청채권자와 합의해 경매 신청채권자가 경매취하서 제출 또는 채권자의 위임장을 받아 소유자, 채무자가 취하서를 제출

2) 최고가 매수신고가 있은 후

최고가매수신고인과 차순위매수신고인의 취하에 대한 동의가 필

요하며 취하동의서에는 매수인의 인감도장을 날인하고 인감증명서를 첨부

3절 경매의 취소

1. 부동산 멸실 등에 의한 매각절차의 취소

「민사집행법」 제96조(부동산의 멸실 등으로 말미암은 경매 취소)

① 부동산이 없어지거나 매각 등으로 말미암아 권리를 이전할 수 없는 사정이 명백하게 된 때에는 법원은 강제경매의 절차를 취소해야 한다.

② 제1항의 취소결정에 대해서는 즉시항고를 할 수 있다.

1) 취소사유

부동산이 없어지거나 매각 등으로 말미암아 권리를 이전할 수 없는 사정이 명백하게 된 때는 법원은 강제경매의 절차를 취소해야 한다(96조 1항).

(1) 부동산의 멸실

감정결과 평가를 명한 건물의 전부 또는 일부가 멸실된 것으로 나타나거나 동일성이 없다고 인정될 때는 그 부분에 대해 신청을 취하하도록 하거나 동일성을 인정할 수 있는 자료를 제출하도록 하고, 그럼에도 채권자의 아무런 조치가 없으면 경매 절차를 취소한다.

- 부동산의 멸실, 특정불능, 소재불명, 독립성 흠결 등 심하게 동일성을 상실할 정도

(2) 채무자의 소유권 상실

    - 경매개시결정 후 부동산이 채무자의 소유가 아님이 판명되면 매각절차를 취소해야 한다.

(3) 법령에 의한 강제집행 금지

(4) 처분금지가처분등기가 되어 있는 경우

(5) 매각절차 중에 선순위인 가등기에 기한 소유권이전의 본등기가 완료된 경우

    - 이 경우 등기관은 집행법원에 가등기에 기한 본등기가 경료되었다는 취지 및 일정기간 내에 이의가 없으면 경매개시결정을 직권말소하겠다는 취지를 통지하고 그 통지를 받은 집행법원은 매각절차를 취소한다.

2) 매각절차의 취소방법

(1) 직권발동 촉구

96조에 의한 매각절차의 취소는 직권에 의하고 당사자에게 신청권이 없다. 이해관계인이 한 매각절차의 취소신청은 직권발동 촉구에 불과하므로 집행법원이 매각절차 취소를 하지 않은 때에는 민사집행법 16조에 의한 집행에 관한 이의에 의해 불복할 수 있다(대결 2011.9.30. 2010마1972).

(2) 매각기일의 실시 이후

민사집행법 123조 2항, 121조 1호를 적용해 매각절차를 취소하고 이 취소결정이 확정되면 이를 이유로 같은 법 141조에 의해 경매 신청등기의 말소촉탁을 할 것이다.

3) 취소결정에 대한 불복

이 결정에 대해 불복이 있는 사람은 즉시항고를 할 수 있다.

4) 취소결정을 하지 않는 경우의 불복

채무자 기타 이해관계인은 집행에 관한 이의로써 불복할 수 있다.

그리고 본조의 취소사유는 민사집행법 121조 1호의 '강제집행을 허가할 수 없거나 집행을 계속 진행할 수 없는 때'에 해당하는 사유로서 매각허가에 대한 이의사유에 해당하고, 이해관계인은 매각허가결정에 대한 즉시항고를 하면서 항고이유로 이를 주장할 수 있을 것이다(민사집행법 129조, 130조).

2. 집행의 취소

1) 집행취소서류

(1) 강제경매(민사집행법 49조 1호, 3호, 5호, 6호 서류)

①호: 집행할 판결 또는 그 가집행을 취소하는 취지나 강제집행을 허가하지 않거나 그 정지를 명하는 취지 또는 집행처분의 취소를 명한 취지를 적은 집행력 있는 재판의 정본

③호: 집행을 면하기 위해 담보를 제공한 증명서류

⑤호: 집행할 판결, 그 밖의 재판이 소의 취하 등의 사유로 효력을 잃었다는 것을 증명하는 조서등본 또는 법원사무관 등이 작성한 증서

⑥호: 강제집행을 하지 않는다거나 강제집행의 신청이나 위임을 취하한다는 취지를 적은 화해조서의 정본 또는 공정증서의 정본

※매수신고 이후 제출하면 최고가매수신고인의 동의 필요: ③호, ④호, ⑥호

(2) 임의경매(민사집행법 266조 1호, 2호, 3호, 4호 서류)

단 4호 서류 중 '화해조서의 정본 또는 공정증서의 정본인 경우'에 한한다.

①호: 담보권의 등기가 말소된 등기사항증명서

②호: 담보권 등기를 말소하도록 명한 확정판결의 정본

③호: 담보권이 없거나 소멸되었다는 취지의 확정판결의 정본

④호: 민사집행법 266조 1항 4호 서류가 '화해조서의 정본 또는 공정증서의 정본'인 경우

※ 매수신고 이후 제출하면 최고가매수신고인의 동의 필요: ④호

2) 최고가매수신고 이후 취소(취하)방법

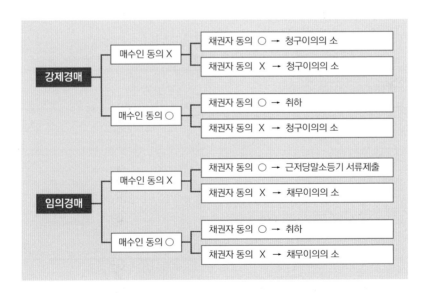

※ 강제경매와 임의경매의 차이점(공신적 효과의 유무)

강제경매는 집행권원이 존재하는 경우에 한해 국가가 직접 강제집행의 실행자 역할을 하므로 집행권원에 표시된 실체상의 청구권이 당초부터 부존재·무효 등의 사유로 소멸되더라도 매각절차가 유효한 한 매수인은 유효하게 목적물의 소유권을 취득한다. – 공신적 효과 인정

임의경매는 담보권의 실행인데 그 실행은 원래 담보권자가 해야 하는 것이지만 여러 가지 사정 때문에 경매의 실행을 국가가 대신하는 대행자 역할을 하기 때문에 경매개시결정 전에 이미 담보권 부존재·무효 등의 이상이 있으면 이를 간과해 매각허가결정이 확정되고 매수인이 대금을 완납하고 소유권이전등기를 경료받았다 하더라도 소유권을 취득하지 못한다.– 공신적 효과 부정

참고로 민사집행법 267조에서 "대금의 완납에 의한 매수인의 부동산취득은 담보권의 소멸에 의해 방해받지 않는다"는 경매개시결정 후에 담보권이 소멸된 경우에만 적용된다.

3) 강제경매에서 청구이의의 소에 의한 취소방법

의정부7계 2016타경305**

경매구분	강제경매	채권자	박○○		
용도	전	채무/소유자	김○○/김○○○○	매각기일	17.06.26 매각
감정가	657,664,400(16.12.06)	청구액	10,571,232	종국결과	17.10.25 기각
최저가	313,605,000(48%)	토지면적	전체 276㎡중 지분 223㎡(67.5평)	경매개시일	16.11.25
입찰보증금	31,360,500(10%)	건물면적	0㎡(0.0평)	배당종기일	17.02.13
주의사항			· 지분매각·법정지상권·입찰 외		

소재지/감정요약	물건번호/면적(m²)	감정가/최저가/과정	임차조사	등기권리
(12209) 경기 남양주시 와부읍 덕소리 184-3 [수레로 78] 예봉초등학교 남서측 인근 주위상가 및 근린생활 시설, 단독주택, 아파트 등 혼재 차량접근 가능 인근 노선버스(정)소재 제반 대중교통사정 보통 부정형등고 평탄지 북서측왕복2차선 도로 접함 소로2류(국지도로)접함 중로3류(보조 간선도로)저촉 1종일반주거지역 가축사육제한구역 제한보호구역 (지원/헬기: 2km) (25m 행정위탁구역) 정비구역(덕소3구역) 재정비촉진지구	물건번호: 단독물건 전 223.0/276 (67.46평) ₩640,010,000 현: 제시 외 건물부지, 나지 (토지 223/276 김영희 지분) · 전체 276m²(83평) · 지분 223m²(67평) 입찰외 제시외 점포 49.0 (14.83평) ₩17,654,400 농취증 불요 *최저가는 제시외 제외된 가격임	감정가 657,664,400 토지 640,010,000 (97.32%) (평당 9,487,252) 제시 17,654,400 (2.68%) 최저가 313,605,000 (48%) 경매진행과정 ① 640,010,000 2017-04-17유찰 · ② 30% ↓ · 448,007,000 2017-05-22유찰 · ③ 30% ↓ · 313,605,000 2017-06-26매각 매수인 차OO외 1 응찰수 2명 매각가 338,890,000 (51.53%) 허가 2017-07 2017-10-25 기각	법원임차조사 *현지 출장시 아무도 만나지 못해 점유관계를 알 수 없음. 제시외건물 1채가 있음	가압류 박OO 2016-05-16 10,000,000 2016카단1795 수원 강제 박OO 2016-11-25 청구액: 10,571,232원 채권총액: 10,000,000원 열람일자 : 2017-06-06

참고사항

관련사건 수원지방법원 2016가소20411

· 1. 제시외건물 제외, 법정지상권 성립여부 불분명
· 2. 공부상 지목이 '전'이나, 현황은 제시외건물 부지 및 나지 임
· 3. 제시외건물로 인한 본건 토지영향에 구애됨 없는 토지 가격이며, 토지이용계획확인서상 중로3
  류(보조간선도로) 저촉을 감안한 감정평가액임
· 4. 농지취득자격증명 불요

사건번호	2016가소20411	사건명	보증금반환
원고	박OO	피고	김OO
재판부	민사55단독(소액)		
접수일	2016.05.25	종국결과	2016.11.10 원고승
원고소가	10,000,000	피고소가	
수리구분	제소	병합구분	없음
상소인		상소일	
상소각하일		보존여부	기록보존됨
인지액	50,000원		
송달료,보관금 종결에 따른 잔액조회		잔액조회	
판결도달일	2016.11.18	확정일	2016.12.03

법원문건접수내역	
2017.07.11	채무자대리인 법OOOOO OOOOO OOO 강제집행정지결정문 제출
2017.07.20	법원 수OOOOO 사실조회신청서 제출
2017.10.23	채권자 대리인 법OOO OO 집행력있는 판결정본 등 제출

법원문건발송내역	
2017.10.25	채권자 박OO 기각결정정본 발송
2017.10.25	채무자겸 소유자 김OO 기각결정정본 발송
2017.10.25	최고가 매수신고인 차OO 기각결정정본 발송
2017.10.25	최고가 매수신고인 백OO 기각결정정본 발송
2017.10.25	공유자 이OO 기각결정정본 발송
2017.11.02	공유자 이OO 기각결정정본 발송
2017.11.07	등기소 남OOOOO OOO 말소등기(록)촉탁서 발송

    강제집행에 있어서는 집행채권의 부존재·소멸·이행기의 연기 등과 같은 실체상의 하자는 청구이의의 소로써만 이를 주장할 수 있다.

    (1) 경매 신청채권자의 채권 변제, 합의가 안될 경우 채권자 주소지

관할법원에 변제할 금액 공탁, 합의변제한 경우 변제증서를 영수한 후 변제증서를 근거로 청구이의의 소제기

(2) 1심 판결법원에 청구이의의 소 제기

(3) 청구이의의 소제기증명원을 첨부해 강제집행정지 신청 후 집행정지결정

(4) 경매법원에 강제집행정지결정문(49조 2호서류) 제출

(5) 경매법원은 경매정지, 최고가매수인은 대금지급 못 함.

(6) 청구이의의 소 승소 판결 후 확정판결문(49조 1호서류)을 취소서류로 경매법원에 제출

(7) 경매취소와 강제경매개시 결정 등기소에 말소촉탁 송달

4) 임의경매에서 근저당말소등기서류의 제출에 의한 취소방법(채권자 동의)

채권이 변제된 경우 근저당권 말소된 등기서류를 첨부해 법원에 경매개시결정에 대한 이의신청서, 강제집행취소(정지)신청서를 제출

(1) 경매 신청채권자의 채권변제(또는 변제공탁)

(2) 등기사항전부증명서의 근저당권 등의 담보권 말소

(3) 근저당권 말소된 등기서류 첨부해 경매개시결정에 대한 이의신청서, 강제집행정지신청서 제출

(4) 경매법원은 경매를 정지시키고 경매개시결정을 취소시킴

※ 높은 가격의 입찰이 꺼려지는 경우 낙찰결과를 보고 낙찰가+@까지의 금액으로 매수해도 수익이 예상될 경우 채무자를 수소문해서 낙찰가격이상의 금액으로 매수협의 후 경매 신청채권의 청구금액을 변제케하고 경매 절차를 취소시킴.

여주5계 2014타경126**

경매구분	강제경매	채권자	이○○		
용도	임야	채무/소유자	강○○/강○○	매각기일	15.07.01 매각
감정가	199,296,000	청구액	30,000,000	종국결과	15.07.16 기각
최저가	97,655,000(49%)	토지면적	전체 15,570㎡ 중 지분 3,114㎡(942평)	경매개시일	14.08.19
입찰보증금	9,765,000(10%)	건물면적	0㎡(0.0평)	배당종기일	14.11.24
주의사항			· 지분매각·맹지·분묘기지권·입찰 외		

소재지/감정요약	물건번호/면적(㎡)	감정가/최저가/과정	임차조사	등기권리
경기 이천시 관고동 산56-2 이천소방서 남측 인근 주변동측 3번국도 중심으로 근린생활시설 및 음식점 등 소재, 후면주택 및 농경지, 임야 등 혼재 지적도상 맹지이나, 인접토지 통해 접근 및 출입가능 근린공원 저촉 지역특화발전특구 도시지역 자연녹지지역 자연경관지구 가축사육제한구역 (2013.02.25) (전부제한지역) 준보전산지 자연보전권역 배출시설설치제한지역 2014-09-11 태평양감정 표준지가 : 28,500 감정지가 : 64,000	물건번호: 단독물건 임야 3,114.0/15,570 (941.99평) ₩199,296,000 (토지 1/5 강희도 지분) · 전체 15,570㎡ (4,710평) · 지분 3,114㎡ (942평) 입찰 외 소유자 미상 분묘소재 분묘기지권 성립여지 있음 입목 포함	감정가 199,296,000 · 토지 199,296,000 (100%) (평당 211,571) 최저가 97,655,000 (49%) 경매진행과정 ① 199,296,000 2015-04-22 유찰 ② 30%↓ 139,507,000 2015-05-27유찰 ③ 30%↓ 97,655,000 2015-07-01 매각 매수인 이○○(공유자) 응찰수 2명 매각가 111,110,000 (55.75%) 허가 2015-07-08 (대금미납) 2015-07-16 기각		근저당 이세현 2014-07-03 30,000,000 임의 이세현 2014-08-20 *청구액 :30,000,000원 채권총액 30,000,000원 열람일자 : 2015-04-07

법원문건접수내역	
2014.09.26	채권자 이○○ 주소보정 제출
2017.10.25	채권자 이○○ 주소보정 제출
2017.10.25	채무자겸 소유자 강○○ 개시결정에 대한 집행취소신청 제출
2017.10.25	최고가 매수신고인 보증금 환급신청 제출

5) 임의경매에서 채무이의의 소에 의한 취소방법(채권자 부동의)

(1) 경매집행비용의 예납금과 채권액을 채권자주소지 관할법원에
변제공탁

(2) 채무이의의 소(채무부존재확인소송, 저당권말소청구소송)를 제기

(3) 소제기증명원을 첨부해 강제집행정지신청 후 결정문을 수령

(4) 집행법원에 제출

(5) 채무이의의 소에 대한 승소판결문을 경매법원에 제출

만일 채권변제 후 최고가매수인이 대금을 납부하기 전까지 근저당
권등기의 말소할 시간이 촉박한 경우 우선 채권완제증서를 먼저 제
출하면 경매법원은 대금을 받지 않고 경매 절차를 정지시켰다가 추
후 취소결정을 함.

담보권자와 변제여부에 대한 다툼이 있는 경우 근저당권설정등기
말소청구의 소제기

3. 남을 가망이 없을 경우의 경매취소

법원은 최저매각가격으로 압류채권자의 채권에 우선하는 부동산
의 모든 부담과 절차비용을 변제하면 남을 것이 없겠다고 인정한 때
에는 압류채권자에게 이를 통지해야 한다. 이 경우, 압류채권자가 그
통지를 받은 날부터 1주일 안에 절차비용 등을 변제하고 남을 만한

가격을 정해 그 가격에 맞는 매수신고가 없을 때에는 자신이 그 가격으로 매수하겠다고 신청하면서 충분한 보증을 제공하지 않으면 경매 절차를 취소해야 한다(102조).

4. 기타 취소 사유

1) 공매로 소유권이 이전된 경우

경매와 공매의 양 절차의 매수신청인 중 먼저 매각대금을 납부하는 자가 소유권을 취득하게 된다.

2) 일괄 매각 대상 부동산 중 일부에 대한 소유권을 상실한 경우(121조 1호, 6호의 사유)

매수인이 잔존부분의 매수의사가 있으면 매각허가결정을 취소한 부분에 해당하는 매각대금을 감액해주고 반면 매수인이 잔존부분만으로 매수의 목적을 달성할 수 없다는 이유로 127조 1항에 따른 취소신청 시 그 전부를 취소결정한다.

3) 최선순위 가처분권자의 본안승소판결에 기한 등기가 이루어진 경우

경매개시결정 후 가처분권자의 본안승소판결에 기한 소유권이전등기가 이루어지면 본조(법 96)에 따라 경매 절차를 취소해야 한다.

4) 1, 2순위의 근저당권 사이에 소유권이전청구권 보전의 가등기가 경료된 부동산

제2순위의 근저당권자가 경매를 신청한 경우 또는 제1순위 근저당과 가등기가 경료된 부동산에 대해 일반 채권자가 경매를 신청한 경우 매각허가결정 선고 전에 가등기에 기한 본등기가 경료되었다면 경매 절차는 취소되어야 한다.

집행법원이 이러한 본등기 사실을 모른 채 매각절차가 진행되어 매각허가결정이 확정되고 매각대금을 완납하면 우선순위로 그때까지 유효하게 존재하고 있던 제1순위 근저당이 그 낙찰로 인해 소멸하고 그보다 후순위인 가등기 및 그에 기한 본등기의 효력도 상실되므로 대금납부 이후에는 가등기 및 그에 기한 소유권이전등기 명의인의 경매 취소신청은 이유 없다(대결 1997.1.16. 96마231).

5) 경락대금 납부 후 경락부동산에 관해 가등기에 기한 소유권이전의 본등기가 경료되어 경락인이 소유권을 상실한 경우

민법 제578조, 제576조를 유추적용해서 담보책임을 추급할 수 있을 뿐이다. 하지만 아직 배당이 실시되기 전이라면 매수인은 민사집행법 제96조를 유추적용해 집행법원에 대해 경매에 의한 매매계약을 해제하고 납부한 대금을 반환해줄 것을 청구해볼 수 있다(대결 1997.11.11.96그64 참조).

4절 경매의 정지

청구권의 실체관계에 변동이 있거나, 담보권에 변동의 가능성이 있는 경우 이미 실행된 절차는 유보해둔 채 장래의 절차만을 일시적으로 정지하는 것을 말하며 절차의 효력이 소멸되는 취하 및 취소와 구별된다.

1. 집행정지문서의 제출
1) 강제경매의 경우(제49조 제2호, 제4호 서류)
(1) 강제집행의 일시정지를 명한 취지를 적은 재판의 정본(2호) 제출

(2) 집행할 판결이 있은 뒤에 채권자가 변제를 받았거나, 의무이행을 미루도록 승낙한 취지를 적은 증서(4호) 제출

2) 임의경매의 경우(제266조 제5호 서류)

(1) 채무부존재 확인의 소, 근저당권말소등기의 소제기같이 담보권 실행을 일시정지할 수 밖에 없을 때.

(2) 경매채권자가 담보권을 실행하지 않는다고 하거나 경매 신청을 취하하겠다는 취지를 밝힐 경우 또는 채권을 변제받았거나 유예를 승낙한 경우

※ 임의경매의 취소사유는 위 사항들의 판결이나 서류가 갖춰졌을 때(제266조 제1호~제4호)

2. 법정사실의 발생과 직권으로 집행정지

집행기관이 집행을 당연무효로 만드는 집행요건의 흠 또는 집행장애사유.

예컨대, 집행정본의 무효, 채무자에 대한 회생절차의 개시, 파산선고, 개인회생절차의 개시 등)가 있는 것을 발견한 때에는 직권으로 집행을 정지한다.

> ※ 「민사집행법」 제266조(경매 절차의 정지)
> ① 다음 각호 가운데 어느 하나에 해당하는 문서가 경매법원에 제출되면 경매 절차를 정지해야 한다.
> 1. 담보의 등기가 말소된 등기부등본
> 2. 담보권등기를 말소하도록 명한 확정판결의 정본
> 3. 담보권이 소멸되었다는 취지의 확정판결의 정본
> 4. 채권자가 담보권을 실행하지 않기로 하거나 경매 신청을 취하하겠다는 취지 또는 피담보채권을 변제받았거나 그 변제를 미루도록 승낙한다는 취지

5. 담보권 실행을 일시정지하도록 명한 재판의 정본
② 위 1호 내지 3호의 경우와 4호의 서류가 화해조서의 정본 또는 공정증서의 정본인 경우 경매법원은 이미 실시한 경매 절차를 취소해야 하며, 5호의 경우 그 재판에 따라 경매를 취소하지 아니한 때에만 이미 실시한 경매 절차를 일시적으로 유지하게 해야 한다.
③ 위 2항에 의한 경매 절차의 취소에는 즉시항고할 수 없다.

※ 대금납부 후에 정지, 취소문서가 제출된다 해도 매수인의 소유권 취득에는 아무런 영향을 주지 못하며 배당절차도 그대로 실시된다.

5절 경매의 변경·연기

1. 직권에 의한 경우

매각절차 과정에 위법한 점이 있음을 발견했든지 불가피한 사정이 발생해 매각기일에 경매를 실시할 수 없는 경우 매각기일을 취소하거나 변경해 적법한 매각절차가 이루어지도록 한다.

1) 이해관계인에 대한 송달의 부적법, 매각물건명세서 작성의 중대한 하자, 최저매각가격 결정의 하자, 공고의 중대한 오류 등
2) 실무에서는 49조의 집행정지서류가 제출된 때 매각기일의 지정을 취소하지 않고 기일을 변경해 추후 지정함.

2. 당사자의 신청에 의한 경우

채무자가 채무를 갚겠다는 노력이나 의사를 보이면 채권자가 매각기일 연기신청을 하며 이는 직권발동을 촉구하는 것에 불과함.

1) 실무에서는 경매 신청채권자가 연기신청한 경우에는 1회의 연기기간을 2개월 이내로 해서 2회까지 허용하고 채무자 또는 소유자의 경우 채권자의 동의가 없는 한 허가하지 않고 있다.
2) 변제유예증서(49조 4호)가 제출된 경우 매각기일을 연기하고 2개월간 정지한다(51①). 그 정지는 2회에 한하며 통산해서 6월을 넘길 수 없다(51②).

기일연기 신청서

사 건 번 호   2018타경532▌ 부동산강제경매   [담당재판부:경매2계]

채 권 자   지▌경

채 무 자   김▌선

소 유 자   김▌선

위 사건의 매각기일이 2019. 6. 17.10:00로 지정 되었는바 아래와 같은 사유로 연기신청을 하오니 허가하여 주시기 바랍니다.

– 다음 –

신청사유 : 채무자와 협의중

2019.06.11

채권자 지▌경

춘천지방법원 귀중

◇ 유의사항 ◇

1. 연락처란에는 언제든지 연락 가능한 전화번호나 휴대전화번호를 기재하고, 그 밖에 팩스번호, 이메일 주소 등이 있으면 함께 기재하기 바랍니다.

6절 경매의 기각

법원의 직권으로 하는 대표적인 경우는 무잉여에 의한 기각으로 경매사건이 유찰을 거듭하고 낙찰이 되더라도 경매 신청채권자에게 돌아갈 배당이 없다면 법원의 직권으로 기각처리한다.

「민사집행법」 제102조(남을 가망이 없을 경우의 경매 취소)
① 법원은 최저매각가격으로 압류채권자의 채권에 우선하는 부동산의 모든 부담과 절차비용을 변제하면 남을 것이 없겠다고 인정한 때에는 압류채권자에게 이를 통지해야 한다.
② 압류채권자가 제1항의 통지를 받은 날부터 1주 이내에 제1항의 부담과 비용을 변제하고 남을 만한 가격을 정해 그 가격에 맞는 매수신고가 없을 때에는 자기가 그 가격으로 매수하겠다고 신청하면서 충분한 보증을 제공하지 아니하면, 법원은 경매 절차를 취소해야 한다.
③ 제2항의 취소 결정에 대해서는 즉시항고를 할 수 있다.

1. 의의

법원이 정한 최저매각가격으로 경매 신청채권자의 채권에 우선하는 부동산상의 모든 부담과 경매비용을 변제하면 남는 것이 없는 무잉여 경매일 경우 법원은 이를 압류채권자(경매 신청채권자)에게 통지하고 매수신고가 없을 때에는 경매 절차를 취소해야 한다.

2. (매수)통지서 송달

춘 천 지 방 법 원
통 지 서

사 건   2018타경510█ 부동산강제경매

채 권 자   김█선

채 무 자   안█준

소 유 자   채무자와 같음

      이 사건 경매절차에 있어서 별지기재 부동산에 대한 최저매각가격 금 56,132,560원으로는 압류채권자의 채권에 우선하는 부동산의 부담금 85,611,280원(당해세, 조세)과 절차비용을 변제하면 남을 것이 없다고 인정되므로 민사집행법 제 102조 제 1항(제 268조)에 의하여 통지합니다.
      따라서 이 사건 경매절차를 계속하여 진행하기 위해서 채권자는 이 통지를 받은 날로부터 1주일 이내에 채권자의 채권에 우선하는 모든 부담금 및 절차비용을 변제하고 남을 만한 가격을 정하여 그 가격에 맞는 매수 신고가 없을 때에는 채권자 자신이 그 가격으로 매수하겠다고 신청하고 충분한 보증을 제공하여야 하며, 위 사항을 이행하지 않을 때에는 경매절차가 취소됨을 알려드립니다.

2018. 9. 5.

사법보좌관   김████

최저매각가격으로 우선채권 총액을 변제하고 남는 것이 없다고 인정되는 때에는 법원은 압류채권자(경매 신청채권자)에게 그 취지를 통보해야 한다.

3. 매수신청과 보증제공(102조 2항)

채권자의 매수신고가 있는 경우 낙찰을 받기 위해서는 채권자의 매수신고 가격보다 높은 금액에 입찰해야 하며, 채권자의 매수신고가격보다 낮은 금액에 입찰하거나 입찰한 사람이 아무도 없을 경우 채권자가 낙찰받게 된다.

실무에서는'저감된 최저매각가격'과 '매수신청액'(우선하는 부담과 비용을 변제하고 남을 가격)의 차액을 보증액으로 하고 있다.

※ 청운농협은 제2금융기관으로서 통상적으로 대출금의 130%를 근저당 채권최고액으로 설정한다. 따라서 채권최고액 845,000,000원의 대출금은 650,000,000원이 된다. 청운농협 근저당 이후의 가압류 등은 경매 신청채권액과 안분배당이 예상된다. 따라서 신청채권자인 최동규는 650,000,000원과 집행비용, 추가로 안분배당이 가능한 정도의 금액인 653,700,000원으로 매수신고를 했다.

여주3계 2018타경56**

경매구분	강제경매	채 권 자	최OO		
용 도	근린시설	채무/소유자	양OO	매각기일	19.07.03 매각
감정가	1,123,902,000	청구액	200,000,000	종국결과	19.09.10 배당종결
최저가	550,712,000(49%)	토지면적	4,406.0㎡(1,332.8평)	경매개시일	18.07.20
입찰보증금	55,071,200(10%)	건물면적	전체 786.0㎡(237.8평)	배당종기일	18.10.29
주의사항	유치권				

소재지/감정요약	물건번호/면적(m²)	감정가/최저가/과정	임차조사	등기권리
경기 이천시 백사면 신대리 515-12 1동 [원적로 618번길 168]	물건번호: 단독물건	감정가 1,123,902,000	*소유자가 전부 점유·사용하고 있다는 소유자 본인의 진술임.	소유권 양OO 2014-10-16
	대지 3,958.0 (1,197.30평)	· 대지 943,940,000		
감정평가액	₩910,340,000	· 건물 169,812,000		근저당[공동] 청운농협 2014-10-27 845,000,000
토지 : 910,340,000	건물	· 제시 10,150,000	건물은 등기부상	
건물 : 68,706,000	소매점198.0(59.90평)		표시는 제1종근린	
제시 : 10,150,000	₩68,706,000	최저가 550,712,000	생활시설(소매점)	
합계 : 989,196,000	현창고	(49%)	이나 현황은	가압류[공동]
	- 총 1층		창고로 이용되고	
일반철골구조판넬지붕	- 보존 :	경매진행과정	있음	기술신용보증기금 2015-03-10 150,000,000 2015 카단 3060
1종근린생활시설	2010-06-29	① 1,123,902,000		
삼각형유사토지	제시 외	2019-03-20 유찰		
	· 창고 290.0	② 30% ↓		
표준지가 : 155,000	(87.73평)	786,731,000		가압류[공동]
감정지가 : 230,000	₩10,150,000	2019-04-24 유찰		송파기술평가센터 2018-03-09 591,816,000 2018카단803072
	수목, 석축 등 포함	③ 30% ↓		
경기 이천시 백사면		550,712,000		
신대리 515-12 2동	-------------	2019-05-29 변경		
	건물	③ 550,712,000		강 제[공동]
감정평가액	· 사무소 100.0	2019-07-03 매각		최동규 2018-07-20 *청구액: 200,000,000원
건물 : 68,706,000	(30.25평)			
일반철골구조	₩32,400,000	매수인 최OO		
판넬지붕		응찰수 2명		
		매각가 856,800,000		
		(76.23%)		채권총액 1,586,816,000원

법원문건접수내역	
2019.05.09	채권자 최OO 매수통지서 발송
2019.06.17	근저당권자 청OOOOOOO 매각및 매각결정기일통지서 발송

법원문건접수내역	
2019.04.29	근저당권자 청OOOOOOO 유치권리배제신청서 제출
2019.05.20	채권자 최OO 우선매수신고서 제출

비고란

· 일괄매각, 제시외건물 포함, 2019. 1. 14.자로 김현철로부터 금 397,500,000원의 유치권신고가 있으나 성립여부는 불분명,2019.4.29. 청운농협으로부터 배제신청 접수, 2019.05.20. 채권자 최 동규로부터 금653,712,000원의 매수신청이 있음.

4. 매수신청의 철회

압류채권자를 매수신청 및 보증제공을 하더라도 매각기일까지는 이를 철회할 수 없다. 철회하게 되면 매각절차가 취소되고 보증의 반환을 청구할 수 있다.

5. 남을 가망이 있음을 증명한 때의 조치

통지를 받은 압류채권자(경매 신청채권자)가 통지를 받은 날부터 1주일 안에 최저매각가격으로 압류채권자의 채권에 우선하는 부동산의 모든 부담과 절차비용을 변제하고 남을 것이 있다는 사실을 증명한 때에는 경매 절차를 속행한다.

-변제증서, 채권포기서의 제출 등

경매개시결정

2장

1절 의의

채권자의 경매 신청을 접수한 경매법원이 경매 신청서 및 이와 관련된 일체의 서류를 받아 적법 여부를 판단해서 경매 절차의 개시를 허가하는 법원의 결정

2절 경매개시결정 시기

경매개시결정은 접수일로부터 2일 이내에 해야 한다.

3절 압류의 효력

경매개시결정 이후 법원은 즉시 목적부동산의 압류를 명하고 등기소에 경매기입등기를 촉탁하고 각 재무자 및 소유자에게 「경매개시결정문」을 송달하고 각 당사자에게 송달됨으로서 효력 발생

경매개시결정문

춘 천 지 방 법 원
결 정

사 건 　 2018타경510▓▓ 부동산강제경매

채 권 자 　 ▓▓▓▓▓
　　　　　 서울 강남구 논현로16길 20-4, 3▓▓호 (개포동)

채 무 자 　 ▓▓▓▓▓
　　　　　 강원도 홍천군 북방면 굴지강변로 7▓▓▓▓ (굴지리)
　　　　　 [등기부상 주소 : 강원도 홍천군 북방면 굴지리 ▓]

소 유 자 　 채무자와 같음

주 문
별지 기재 부동산에 대하여 경매절차를 개시하고 채권자를 위하여 이를 압류한다.

청 구 금 액
금 1,788,000원

이 유
위 청구금액의 변제에 충당하기 위한 서울중앙지방법원 2017가단5241▓▓ 토지인도 사건의 집행력 있는 판결정본에 의한 채권자의 신청은 이유 있으므로 주문과 같이 결정한다.

2018. 5. 30.

사법보좌관 이▓▓

1. 압류의 효력 발생 시기

경매개시결정이 채무자에게 송달된 때 또는 경매개시결정등기가 경료된 때이고 이중 먼저 행해진 날부터 그 효력이 발생.

실무에서는 기입등기를 촉탁하고 그로부터 1주일 정도의 기간이 지난 후에 정본을 채무자에게 송달하게 된다.

2. 압류에는 처분금지효력

상대적 효력만 있으며, 경매 신청채권자에 대해서는 대항할 수 없다. 다만, 집행채무자에게 경매개시결정을 송달 후 경매개시결정등기 전에 권리를 취득한 제3자는 경매 신청 또는 압류가 있었다는 사실을 몰랐으면 압류의 효력을 부인해 압류채권자에게 대항할 수 있고 알았으면 압류채권자에게 대항할 수 없다.

> ※ 경매개시결정기입등기(2018.10.05.) 이후 소유자(채무자)가 2018.12.17. 토지를 분할매각(442-3)했다. 이 경우 낙찰자는 분할매각된 442-3토지의 소유권도 잔금 납부 시 취득함.

여주3계 2018타경332**

소 재 지	경기 양평군 강상면 신화리 442-1 (12572) 경기 양평군 강상면 강상로 353번길 25				
경매구분	임의경매	채 권 자	현대부동산지분투자		
용도	대지	채무/소유자	이OO/배OO	매각기일	19.07.03
감정가	134,890,000(18.10.19)	청구액	81,200,000	종국결과	-
최저가	94,423,000(70%)	토지면적	658.0㎡(199.0평)	경매개시일	18.10.05
입찰보증금	9,442,300(10%)	건물면적	0㎡(0.0평)	배당종기일	19.01.14
주의사항	· 법정지상권 · 입찰외				

매각물건명세서(부동산의 표시)

[물건 1]

1. 경기도 양평군 강상면 신화리 442-1 대 658㎡

등기사항전부증명서(말소사항 포함)
- 토지 -

[토지] 경기도 양평군 강상면 신화리 4▨-1

【 표 제 부 】 (토지의 표시)					
표시번호	접 수	소 재 지 번	지 목	면 적	등기원인 및 기타사항
1 (전 3)	1981년8월17일	경기도 양평군 강상면 신화리 4▨-1	전	658㎡	
					부동산등기법 제177조의 6 제1항의 규정에 의하여 2001년 12월 10일 전산이기
2	2006년4월7일	경기도 양평군 강상면 신화리 442-1	대	658㎡	지목변경
3	2018년12월17일	경기도 양평군 강상면 신화리 4▨-1	대	633㎡	분할로 인하여 대 25㎡를 경기도 양평군 강상면 신화리 4▨-3에 이기

토지 대장

고유번호 4183031024 - 10▨▨ - 0001
토지소재 경기도 양평군 강상면 신화리
지번 442-1　　축척 1:1200

도면번호 10　장번호 2-1　비고
발급번호 2019418 30-00▨▨-2933
처리시각 21시 16분 38초
발급자 인터넷민원

지 목	면 적(㎡)	사 유	변동일자 변동원인	소유자 성명 또는 명칭 주소	등록번호
(01) 전	658	(20)1972년 08월 04일 분할되어 본번에 -2를 부함	1981년 08월 17일 (03)소유권이전	강상면 신화리 67 이▨준	411129-1******
(08) 대	658	(40)2006년 03월 16일 지목변경	1998년 01월 05일 (03)소유권이전	67 배▨자	460807-2******
(08) 대	633	(20)2018년 11월 29일 분할되어 본번에 -3을 부함	2001년 02월 01일 (18)등록번호경정	67 배▨자	460807-2******
		--- 이하 여백 ---	2018년 04월 02일 (04)주소변경	경기도 양평군 강상면 강상로▨▨길 25 배▨자	460807-2******

4절 경매개시결정의 이의신청

경매개시결정에 대한 이의로 불복신청을 할 수 있고(86①), 이의의 재판에 대해서는 다시 즉시항고를 할 수 있다(86②). 특별규정에 의한 이의사유로 담보권이 소멸되었다는 것을 주장할 수 있는 제265조가 있다.
- 이의사유는 원칙적으로 경매개시결정 전의 것이어야 한다.
- 경매개시결정 후에 발생하는 절차상의 하자(예. 최저매각가격의 결정, 매각기일의 공고·통지 등의 위법)는 개시결정에 대한 이의사유로 할 수 없고 집행에 관한 이의로 다투어야 한다. 경매개시결정 후에 발생하는 실체상의 하자는 임의경매의 경우 가능하다.

1. 강제경매의 경우

경매개시결정 전의 절차상 하자(예. 경매 신청요건의 흠, 경매개시요건의 흠 등 개시결정에 관한 하자)를 이유로 할 수 있고 실체상의 하자를 이의사유로 할 수 없다.

실체적 하자에 대해서는 별소로서 '청구이의의 소' 또는 '제3자이

강제경매개시결정에 대한 이의신청

사건번호
신청인(채무자)
　　　○시　○구　○동　○번지
피신청인(채권자)
　　　○시　○구　○동　○번지

신 청 취 지

위 사건에 관해 ＿＿년 ＿＿월 ＿＿일 귀원이 행한 강제경매개시결정은 이를 취소한다. 피신청인의 본건 강제경매신청은 이를 기각한다.
라는 재판을 구함.

신 청 이 유

1. 채권자인 피신청인은 채무자인 신청인과의 사이의 ○○지방법원 ○호 ○○청구사건의 집행력 있는 판결정본에 기해 ○○○○년 ○월 ○일 귀원에 강제경매신청을 해서, ○○○○년 ○월 ○일 위 개시결정이 되어, 이 결정이 ○○○○년 ○월 ○일 채무자인 신청인에게 송달되었습니다.
2. 그런데 위 강제집행의 전제인 위 채무명의는 신청인에게는 송달되지 않은 것으로서 그 송달 전에 위 개시결정을 한 것은 집행개시 요건의 흠결이 있음에도 불구하고 행한 위법한 것이므로 본건 이의를 신청하는 바입니다.

○○○○년 ○월 ○일

위 신청인(채무자)　　　　　　　　　(인)
연락처(☎)

지방법원　　　　　　　　　　귀중

☞유의사항
1) 이해관계인은 매각대금을 완납할 때까지 법원에 개시결정에 대한 이의신청을 할 수 있고 이의사유는 집행법원이 준수해야 할 경매절차상의 형식적 하자로서 개시결정전의 것이어야 함이 원칙이나, 채무명의의 존재는 집행속행요건이기도 하므로, 그 실효와 같은 사유는 그 후에 발생한 것이라도 무방합니다.
2) 신청서에는 1,000원의 인지를 붙여 1통을 집행법원에 제출하고, 이의재판정본 송달료를(2회분) 납부해야 합니다.

의의 소'를 제시한 후, 본안재판부로부터 집행정지결정(잠정처분)을 받아 그 정본을 집행법원에 제출하면 집행법원은 매각절차를 정지하게 된다. 그 후 본안에서 승소하면 받은 판결정본을 집행법원에 제출하면 된다.

강제경매개시결정에 대한 이의신청에 기한 집행정지신청

수입인지 1,000원
송 달 료 12,760원

신 청 인(채무자)
피신청인(채권자)

신청취지

신청인과 피신청인 사이의 서울중앙지방법원 2016가합 160126 부당이득반환 청구 사건의 집행력있는 판결 정본에 기한 서울중앙지방법원 2016타경 0609호 강제집행개시결정은 동 법원 2016카기 16호 강제경매개시결정에 대한 이의신청사건의 결정 시까지 이를 정지한다. 라는 재판을 구합니다.

신청이유

1. 경매개시결정에 대한 이의신청
   피신청인은 신청인 소유의 부동산에 대해, 서울중앙지방법원 2016가합 160126 부당이득반환 청구 사건의 집행력 있는 판결 정본에 기해 서울중앙지방법원 2016타경 0609호 강제집행을 신청했으나, 위 결정문은 채무자에게 송달되지 않았습니다. 이에, 채무자는 경매개시결정법원에 이의신청을 했습니다.

2. 이 사건 신청
   그러나 개시결정에 대한 이의신청만으로는 경매절차가 정지되지 않으므로, 위 개시결정에 대한 이의신청사건의 재판이 있을 때까지 집행을 일시 정지한다는 취지의 집행정지를 구하고자 합니다.

첨부서류

1. 경매개시결정에 대한 이의신청서   1통
1. 접수증명원   1통
1. 부동산매각기일통지서   1통

2016. 01. 16.

위 신청인(채무자)

서울중앙지방법원 귀중

2. 임의경매의 경우

1) 절차상의 이의사유

경매 신청방식의 적부, 신청인 적격의 유무, 대리권의 존부, 매각부동산 표시의 불일치 등 경매개시결정 전의 하자

2) 실체상의 이의사유

저당권의 부존재·무효(저당권설정등기의 원인무효), 피담보채권의 불성립, 무효 또는 변제, 변제공탁 등에 의한 소멸, 피담보채권의 이행기 미도래 또는 이행기의 유예(연기) 등이며, 이의사유의 존부가 불분명한 경우는 실무상 그 증명이 용이한 경우에는 경매개시결정에 대한 이의로 처리하고 그렇지 않은 경우에는 '담보권부존재확인의 소'를 단독으로 또는 그 이의와 병행해 제기하는 것이 통례로 되어 있다. 또한 근저당권의 피담보채무를 변제한 경우에 있어서, 통상 피담보채권의 변제자는 변제를 한 후 경매개시결정에 대한 이의를 하기보다 경매 신청채권자의 근저당권을 말소한 다음, 그 근저당권이 말소된 등기부등본을 집행취소서류로 제출하고 있다.

3. 시한

'매각대금이 모두 지급될 때'까지 할 수 있다(제86조 제1항). 이해관계인(채무자)은 매각허가결정이 확정되더라도 매수인이 매각대금을 완납할 때까지는 피담보채무의 집행비용을 변제하고 그 경매개시결정에 대해 이의를 신청할 수 있다. 이 점 때문에 실무에서는 "경매개시결정에 대한 이의"가 활용될 여지가 있다.

예를 들면 최고가매수신고가 있은 뒤 경매 신청의 취하는 최고가·차순위매수신고인의 동의를 받아야 하므로 피담보채무를 전액 변제

한 경우라도, 위 동의가 없는 한 경매 신청채권자의 경매 신청취하는 효력이 없다. 더구나 경매 신청채권자가 피담보채무의 전액을 변제받았음에도 불구하고 근저당권을 말소하지 않을 경우 그러나 이때 채무자가 경매개시결정에 대한 이의를 해서 인용결정을 받으면 위 동의 없이도 경매 절차는 취소된다.

실체상의 이의사유 중 저당권이 애초부터 부존재나 원인무효인 경우 또는 개시결정 이전에 피담보채권이 소멸됨에 따라 저당권이 소멸된 경우에는 매수인은 적법하게 부동산의 소유권을 취득할 수 없으므로 개시결정에 대한 이의로 다투지 않더라도 매각절차 종료 후 매수인을 상대로 소유권에 관한 별소를 제기해 권리의 구제를 받을 수 있다.

그러나 그 이외의 절차상 하자나 압류 후의 변제, 변제기 미도래, 변제기 유예 등과 같은 실체상의 이의사유는 반드시 매수인의 대금납부 전까지 개시결정에 대한 이의신청을 해서 권리구제를 받아야 한다.

청구채권이 일부만 존재한다거나 실제의 채권액보다 많은 금액을 청구금액으로 기재한 경우 경매개시결정에 대한 이의를 할 수 없고 배당이의 절차에 의해 그 시정을 구해야 한다.

4. 효력

집행정지의 효력은 없다. 다만, 집행법원은 이의에 대한 재판에 앞서 채무자에게 담보를 제공하게 하거나 제공하게 하지 아니하고 집행을 일지정지 하도록 명하거나, 채권자에게 담보를 제공하게 하고 그 집행을 계속하도록 명하는 등 잠정처분을 할 수 있다.

경매개시결정에 대한 이의신청이 계속 중이라 하더라도 그 경매 절차의 집행이 정지되지 않은 탓으로 경매 절차가 진행되어 경락인 이 경락대금을 지급했다면 경매개시결정은 취소할 수 없음에 이르렀 다 할 것이다(대법원 1971.6.30. 71마422 결정).

5절 집행에 관한 이의신청

집행법원의 집행절차에 관한 재판으로서 즉시항고를 할 수 없는 것과 집행관의 집행처분, 그 밖에 집행관이 지킬 집행절차에 위법이 있음을 사유로 해서 법원에 이의 시정을 구하는 불복방법이다. 이는 절차상의 하자가 있는 경우에 할 수 있으며, 실체상의 하자는 집행에 관한 이의사유가 될 수 없다.

※「민사집행법」상의 불복방법

1. 즉시항고

집행절차에 관한 집행법원의 재판에 대한 불복방법으로서 「민사집행법」에 특별 한 규정이 있는 경우에 한해 허용된다. 그러한 규정이 없는 경우에 대해서는 즉시 항고할 수 없고 집행에 관한 이의로서 다투어야 한다.

일반적 즉시항고와 달리 집행절차상의 즉시항고는 집행정지의 효력을 인정하지 않는다(15⑥) 다만 확정되어야 효력이 생기는 재판으로 재판의 당사자 그 밖의 이 해관계인에게 중대한 이해관계가 있는 것에 관해서는 즉시집행력을 부정해 재판 이 확정되어야 효력이 생기도록 했다.

– 확정되어야 효력이 생기는 재판(즉 집행정지의 효력있는 것)

1) 집행절차를 취소하는 결정, 집행절차를 취소한 집행관의 처분에 대한 이의신청 을 기각·각하하는 결정 또는 집행관에게 집행절차의 취소를 명하는 결정(17②)

2) 매각허가 여부의 결정(126③)

2. 청구이의의 소

집행권원에 표시된 실체법상의 권리가 그 판결의 변론이 종결된 이후에 이행, 시효소멸, 면제, 상계 등의 원인에 의해 소멸한 경우에 집행권원의 집행력을 배제하기 위해 제기하는 소이다.

3. 제3자 이의의 소

제3자가 집행의 목적물에 대해 소유권을 가지거나 목적물의 양도나 인도를 막을 권리를 가진 때, 그 제3자가 채권자를 상대로 자신의 권리를 침해하는 강제집행에 대해 이의를 주장하고 집행의 배제를 구하는 소이다. 유체동산집행에서 자주 사용된다.

4. 집행에 관한 이의(민사집행법 제16조)

1) 집행에 관한 이의의 의의

집행법원의 집행절차에 관한 재판으로서 즉시항고를 할 수 없는 것과, 집행관의 집행처분, 그 밖에 집행관이 준수할 집행절차에 대해서는 법원에 이의를 신청할 수 있다. 또한 집행관의 집행위임의 거부나 집행행위의 지체하는 경우 또는 집행관이 계산한 수수료에 대한 이의를 신청할 수 있다.(민사집행법 제16조 3항)

집행법원의 집행절차에 관한 재판으로서 즉시항고를 할 수 없는 것에 대한 집행에 관한 이의신청은 당해 재판을 한 집행법원에 대한 재도고안의 신청으로서의 성질을 가진다.

한편, 집행법원의 집행절차에 관한 재판으로서 즉시항고를 할 수 없는 것에는 법원의 사무로서 판사가 처리한 것과 사법보좌관이 처리한 것이 있으나, 어느 것이든 집행에 관한 이의에 의해 불복을 신청할 수 있으며, 사법보좌관이 법원의 사무로서 처리한 것에 대해 그 선행절차로서 이의신청절차를 거칠 필요가 없다.

2) 집행에 관한 이의의 신청사유

(1) 집행에 관한 이의신청은 위법집행에 대한 구제수단으로 인정된 것이므로, 집행법원의 집행절차에 관한 재판에 있어서의 형식적인 절차상의 흠만을 그 이의신청의 이유로 삼을 수 있으며, 확정판결 등 유효한 집행권원에 표시된 청구권에 관한 실체상 사유나 그 집행법원의 성립과 소멸에 관한 절차상의 흠은 어느 것이나 집행에 관한 이의신청의 이유로 삼을 수 없다.

(2) 차액지급신고를 했지만 법원이 대금지급기한을 정한 경우 매수인은 법원이 차액지급을 인정하지 않은 것에 대해 다투기 위해 대금지급기한을 지정한 결정이나 재매각명령에 대해 집행에 관한 이의를 할 수 있다.

다만, 집행에 관한 이의를 제기하지 않는 사이에 재매각명령에 따른 매각이 실시되어 매각허가결정이 선고된 경우에는 매각허가결정에 대한 즉시항고로만 다툴 수 있다.

(3) 재매각절차취소결정에 대한 불복방법으로서는 집행에 관한 이의를 할 수 있다.

(4) 인도명령의 집행 자체에 존재하는 위법에 대해서는 집행에 관한 이의에 의해 다툴 수 있다.

(5) 배당표의 작성방법이나 배당절차상의 사유(배당기일통지가 누락 등)에 관해서는 집행에 관한 이의로 다툴 수 있다.

(6) 배당기일로부터 1주 이내에 청구이의의 소제기사실 증명서류와 그 소에 기한 집행정지재판의 정본이 제출되지 않았는데도 집행법원이 채권자에 대한 배당을 중지했다가 청구이의의 소 결과에 따라 추가배당절차를 밟는 경우, 채권자는 추가배당절차의 개시가 위법함을 이유로 집행에 관한 이의신청을 할 수 있다.

(7) 채무자의 공탁된 배당잔여액을 출급하기 위한 집행법원이 공탁관에게 지급위탁서를 송부하고 채무자에게 출급자격증명서를 교부하는 사무는 공탁관의 공탁사무가 아니라 집행법원의 집행절차에 부수해 행하는 사무로 보아야 하므로 이에 불복하려면 집행에 관한 이의신청을 해야 한다.

민사집행법 제16조의 이의 사유는 집행절차 전 시기를 통해 가능하며 위 법16조의 이의신청은 법원의 판단을 요하는 독립된 신청으로 법16조의 이의사유에 해당하는 한 법121조와 관계없이 이의신청이 가능하다.

6절 경매개시결정문의 송달

각 당사자에게 적법한 송달이 되지 아니하면 경매 절차는 진행하지 않고 이를 이유로 불복하면 경매 절차는 취소된다.

1. 채무자에 대한 송달

1) 강제경매에서는 채무자에게 임의경매에서는 소유자에게 경매개시결정 정본을 반드시 송달해야 한다.
2) 집행법원이 경매개시결정을 채무자에게 송달하지 않고 매각절차를 진행했다면 경매개시결정의 효력은 발생되지 않았으므로 매수인이 매각대금을 납부했어도 소유권을 취득할 수 없다(대판 1994.1.28. 93다9477 참조).

2. 공유자에 대한 송달(139①)

1) 공유물의 지분에 관해 경매개시결정을 했을 때에는 상당한 이유가 있는 경우를 제외하고는 다른 공유자에게 경매개시결정이 있다는 것을 통지해야 한다.
2) 상당한 이유: 누가 공유자가 되더라도 이해관계가 있다고 인정되는 아파트 등 구분소유적 공유, 집합건물의 대지권을 공유하는 경우
3) 공유자에게 매각기일과 매각결정기일을 통지하지 않았을 경우 매각허가결정에 대한 항고사유가 될 수 있다.

3. 채권자에 대한 송달

1) 경매개시결정은 고지되어야 하므로 채권자에 대해서도 고지의 방법으로 그 정본을 송달한다. 그러나 송달에 의하지 아니하고

적당한 방법으로 고지해도 무방하다.

2) 채권자에게 송달하지 않고 경매 절차를 진행해도 매각허가의 효력에는 영향이 없다.

4. 송달시기

임의경매: 경매개시결정일로부터 3일 이내

강제경매: 경매개시결정등기의 등기필정보통지서 접수일로부터 3일 이내 채무자에게 송달

※실무상 강제경매의 경우 등기촉탁이 이루어지고 보통 1주일 정도가 지난 후에 경매개시결정정본을 송달한다. 이는 경매개시결정에 대한 기입등기가 이루어지기 전에 개시결정 정본을 채무자에게 송달하면 채무자가 즉시 해당 부동산을 타인에게 처분할 우려가 있기 때문이다.

5. 송달방법

1) 이사불명으로 송달불능된 경우

(1) 채권자에게 주소보정을 명한다. 하지만 보정된 주소로도 송달이 되지 않고 송달할 장소도 알 수 없는 경우 당사자의 신청 또는 직권으로 공시송달

(2) 채무자가 법인인 경우 법인등기부상 법인 주소지와 대표이사 개인주소지 두 곳 모두 송달이 되지 아니하는 경우에만 공시송달을 할 수 있다.

2) 주소불명, 외국거주의 경우

(1) 채무자의 주소불명이나 외국에 있는 경우에도 반드시 송달해야 한다. 외국에 있는 경우에는 13조의 외국송달의 특례가 적

용된다.

(2) 국제민사사법공조법, 동 규칙 및 예규(재일 2003-15)가 정하는 바에 따른다. 당사자가 대한민국 국민으로서 '영사관계에 관한 비엔나협약'에 가입한 외국에 거주하고 있는 경우에는 그 외국에 거주하는 대한민국 영사에게 촉탁한다.

(3) 공시송달의 효력은 게시 후 2월이 지난 때에 발생한다(196②).

6. 실무상의 송달절차

우체국 집배원의 송달불능보고가 법원에 접수되면 법원은 채권자에게 5일 또는 7일의 기한을 정해 보정명령을 내린다. 이때 주소를 보정할 수 있으면 보정하고 야간에 송달이 가능하다고 판단되면 집행관에게 야간특별송달신청을 한다. 그래도 송달이 안 되면 채권자의 신청 또는 법원의 직원으로 공시송달을 하게 된다.

※송달 방법

· **일반송달**: 등기우편에 의한 일반 송달

· **주소보정**: 송달받을 자의 주소가 틀리거나 이사를 한 경우 등 주소를 보정하는 방법

· **재송달**: 송달 불능사유가 폐문부재인 경우에 법원에 다시 송달해달라고 하는 방법

· **특별송달**: 채무자가 일반송달에 의해 송달문의 수령을 거부하거나 주소지가 불분명할 경우, 집행관이 동행해 직접 전달하는 송달(주간, 야간, 휴일 특별송달)

· **교부송달**: 송달받을 자에게 직접 송달서류를 교부하는 방법

· **보충송달:**

① 민사소송법 제186①

근무장소 외의 송달할 장소(주소·거소·영업소·사무소)에서 본인을 만나지 못한 경우 그 사무원, 피용자 또는 동거인으로서 사리를 분별한 지능이 있는 사람에게 서류를 교부하는 송달방법(민소186①)

- 특별히 송달한 장소를 주민등록상의 주소지만으로 한정하고 있지는 아니하므로 민소186①의 보충송달의 장소가 주민등록상의 주소지가 아니라고 해서 그 송달이 부정법한 것이라고 할 수 없다(대결 2000.10.28. 자2000마5732 참조)

- 사무원·피용자: 고용관계에 있어야 하는 것은 아니고 평소 본인을 위해 사무, 사업의 보조, 가사를 계속 돕는 사람(운전기사, 가정부 해당, 같은 직장 동료 해당 안 됨).

- 동거인: 본인과 같은 세대에 속해 생계를 같이하는 사람으로 사실상 이와 같은 관계에 있으면 되고, 반드시 법률상 친족관계가 있거나 주민등록상 동일세대에 속할 필요는 없으며, 동거가 일시적이라도 무방하다(이혼한 처 해당, 가사도우미 해당 안 됨).

- 사리를 분별한 지능: 영수한 서류를 본인에게 교부하는 것을 기대할 수 있는 정도의 판단능력(8세 4개월 아이, 문맹이고 거동불편한 가족 해당)

② 민사소송법 제186②

근무장소(보충적 장소)에서는 송달받을 사람을 만나지 못한 때에는 그를 고용하고 있는 사람 또는 그 법정대리인이나 피용자 그 밖의 종업원으로서 사리를 분별할 지능이 있는 사람이 서류의 수령을 거부하지 않으면 하는 송달방법(민소186②)

※ 요건

- 원칙적인 송달장소인 주소 등을 알지 못하거나 그 장소에서 송달 할 수 없는 경우에 가능(민소183②)

- 송달받을 사람의 고용주나 그의 법정대리인, 피용자 그 밖의 종업원에 해당하는 사람

- 그 사람은 사리를 분별한 지능이 있어야 하고

- 그 수령대행인이 서류의 수령을 거부하지 않아야 한다. 따라서 근무장소에서의 수령대행인에 대한 유치송달은 허용되지 않는다.

- **유치송달**: 서류를 송달받을 자, 즉 수송날자 및 그 수령대리인이 송달받기를 거부하는 때에 송달할 장소에 서류를 두어 송달의 효력을 발생시키는 방법(민소 186)

- **발송송달(우편송달)**: 보충송달이나 유치송달이 불가능 할 때 송달영수인의 신고 의무가 있는 자가 이를 해태한 때, 당사자, 법정대리인 또는 소송대리인이 송달 장소를 변경하고서도 그 취지를 신고하지 아니하고 법원으로서도 달리 송달한 장소를 알 수 없는 때에 법원사무관 등이 송달서류를 등기우편으로 발송하고, 발송한 때에 송달의 효력을 발생시키는 송달(민소187참조)

- **공시송달**: 특별송달로도 송달이 안 될 때 판사의 직권 또는 당사자의 신청에 의하며, 절차상으로는 법원사무관 등이 송달한 서류를 보관하고 그 사유를 법원 게시판에 게시하는 방법에 의하고 게시한 날로부터 2주일을 경과하면 송달의 효력이 생긴다. 당사자에게 하는 그 뒤의 공시송달은 실시한 다음 날부터 효력이 생긴다.

3장

배당요구의 종기 결정 및 공고

1절 배당요구의 종기

민사집행법의 도입으로 경매개시결정에 따른 압류의 효력이 생긴 때 집행법원은 절차에 필요한 기간을 감안해 채권자가 배당요구를 할 수 있는 종기를 첫 매각기일 이전으로 결정해서 공고한다.

1. 취지

매수인이 인수하게 될 권리 및 임차인의 보증금 있는지 또는 무잉여 경매가 될 것인지 등을 미리 판단하고 권리관계를 확정하기 위해서 첫 매각기일 이전에 배당요구의 종기를 정하는 것이다.

- 임차인이 배당을 받을 때까지 전입신고와 대항요건을 유지해야 하는 것은 아니며, 배당요구종기 때까지만 대항요건을 갖추고 있으면 그 후에는 이사를 가더라도 대항력은 그대로 인정된다.

춘 천 지 방 법 원
배당요구종기결정

사   건   2018타경532█ 부동산강제경매

채 권 자   지█경

채 무 자   김█선

소 유 자   채무자와 같음

이 사건의 별지 기재 부동산에 대한 배당요구종기를 2019.3.20. 로 정한다.

2018. 12. 20.

사법보좌관   이:█

2. 배당요구종기 이내 반드시 배당요구를 해야 할 채권자(등기부에 등기되지 않은 채권자)

1) 집행력 있는 정본을 가진 채권자

2) 소액임차인, 확정일자부임차인, 선순위전세권자, 임금채권자 등

3) 경매개시결정 이후 가압류 채권자

4) 국세 등 교부청구권자

3. 배당요구가 필요없는 채권자(등기부에 표시된 채권자)

경매개시결정 이전 등기 완료된 담보권자, 압류권자, 가압류권자, 임차권등기권자, 후순위전세권자 등

1) 배당요구를 해야 하는 자가 배당요구를 하지 않았을 때는 경매 절차에서 배당을 받을 수 없다.

2) 배당요구의 종기는 특별한 경우 연기할 수 없다. 다만, 감정평가나 현황조사가 예상보다 지연되는 경우, 채무자에게 경매개시 결정의 송달이 이루어지지 않은 사유 등이 있을 때 배당요구의 종기를 연기할 수 있다.

3) 배당요구의 종기 이후 배당요구를 철회할 수 없다.

※ 대항력 있는 임차인은 반드시 배당요구종기일까지 '권리신고 겸 배당요구신청'을 해야 배당을 받을 수 있다.

이 경우 입찰자는 배당요구종기일 이전에 임차인이 배당요구신청을 했는지 확인해야 하면 추가로 종기일 이전에 배당요구신청을 철회했는지도 꼼꼼히 살펴볼 필요가 있다.

배당요구종기일 이전에 배당요구신청을 철회하면 적법한 철회가 되어 이 경우 낙찰자가 임차인의 보증금을 인수해야 한다.

창원5계 2015타경132**

경매구분	강제경매	채 권 자	신○○○		
용 도	다세대	채무/소유자	서○○	매각기일	17.02.10
감정가	120,000,000 (15.10.22)	청구액	10,070,170	종국결과	17.04.21 배당종결
최저가	31,458,000 (26%)	토지면적	60.0㎡ (18.2평)	경매개시일	15.10.19
입찰보증금	3,145,800 (10%)	건물면적	85㎡ (25.6평)	배당종기일	16.01.08
주의사항	· 재매각물건				

소재지/감정요약	물건번호/면적(m²)	감정가/최저가/과정	임차조사	등기권리
(51669) 경남 창원시 진해구 경화동 864-2 덕산빌라 4층 403호 [경화시장로 45번길 24] 철콘조슬래브지붕 근린생활시설 및 공동주택 경화초등교북동측인근 부근 중·소형공동주택 및 단독주택 등 형성 차량출입가능 대중교통사정보통 부정형평지 남측소로 3류접함 도시지역 2종일반주거지역 상대정화구역 (경화초등교) 2015-10-22 보우감정	물건번호: 단독물건 대지 60.0/1341 (18.15평) ₩48,000,000 건물 건물 84.8 (25.65평) ₩72,000,000 · 전용 84.78m² (26평) · 공용 12.51m² (4평) – 총5층 – 승인 : 1992-01-31 – 보존 : 1992-02-10	감정가 120,000,000 대지 48,000,000 (40%) (평당 2,644,628) 건물 72,000,000 최저가 31,458,000 경매진행과정 ① 120,000,000 2016-06-13 유찰 ③ 20% ↓ 76,800,000 2016-08-10 매각 매수인 김OO 응찰수 1명 매각가 97,100,000 (80.92%) (대금미납) ③ 76,800,000 2016-10-10유찰 ↓ ↓ ⑦ 20% ↓ 31,458,000 2017-02-10 매각 매수인 김OO 응찰수 1명 매각가 33,550,000 (27.96%) 납부 2017-03-16 2017-04-21 종결	김OO 입 2014-10-30 확정 2014-10-30 배당 2015-11-09 (보) 70,000,000 주거/403호 전부 점유기간 2014.10.30-2년 *김OO 2015.12.30. 권리 신고 및 배당요구 신청 철회함 전입세대조사 14.10.30 김OO 주민센터확인: 2016-06-01	소유권 서OO 2010-03-05 전소유자: 이숙자 가압류 신한카드 2015-07-23 9,448,328 2015카단1018 창원남부시법원 강 제 신한카드 2015-10-19 *청구액: 10,070,170원 열람일자 : 2016

법원문건접수내역	
2015.12.30	임차인 김OO 배당 및 권리 신청 철회서 제출

2절 배당요구종기 결정

1. 배당요구종기 결정은 경매개시결정에 따른 압류의 효력이 생긴 때부터 1주일 내에 해야 한다.

2. 보통 배당요구의 종기 결정은 등기필증접수일로부터 3일 안에 하도록 규정하고 있으며, 그 종기는 첫 매각기일 이전으로 정해지지만 적어도 감정평가나 현황조사가 완료되어 매각물건명세서가 작성될 수 있는 이후로 정해지게 된다.

3절 배당요구의 종기 공고

1. 법원은 배당요구의 종기가 정해진 때에는 경매개시결정을 한 취지 및 배당요구의 종기를 공고해야 한다.

2. 공고는 경매개시결정에 따른 압류의 효력이 생긴 때부터 1주 이내에 해야 한다.

4절 배당요구의 종기 고지

1. 배당요구를 해야만 배당받을 수 있는 채권자에게 법원은 배당요구의 종기에 대해 고지해야 한다. 배당요구를 하지 않아도 배당받을 수 있는 채권자에게는 채권신고의 최고를 하게 된다.

2. 최선순위 전세권자에 대한 고지

최선순위 전세권자는 선택적으로 매수인에게 전세권을 인수시킬 수도 있고 배당요구를 해서 배당을 받을 수도 있으므로 법원은 배당요구의 종기를 고지해 그 기간 안에 선택의 기회를 부여하게 된다.

5절 채권신고의 통지 및 최고

1. 채권신고의 최고

○ ○ 지 방 법 원

최 고 서

귀 하

사 건   2019 타경 0000 부동산강제(임의)경매

채 권 자
채 무 자
소 유 자

별지 기재 부동산에 대하여 2019. 00. 00 경매개시결정을 하였는바, 귀하가 채무자 또는 소유자에 대하여 가진 채권의 유무, 그 원인 및 액수(원금·이자·비용 그밖의 부대 채권 포함)의 내역을 배당요구종기인 2019. 00. 00까지 이 법원에 신고하시기 바랍니다.

년   월   일

법원사무관   (인)

1) 목적

우선변제(청구)권이 있는 채권의 유무와 그 금액에 관해 신고를 받아 남을 가망이 있는지 여부와 매각조건 결정에 필요한 자료 수집이 주목적이고 그들에게 배당요구(또는 교부청구)를 할 수 있는 기회를 부여해 채권회수나 조세징수를 용이하게 하려는 취지도 포함하고 있다.

이 규정은 훈시규정으로 이에 위반했다 해서 매각절차가 무효로 되는 것은 아니고 매각허가결정에 아무런 영향이 없으므로 매각허가결정에 대한 항고사유도 되지 않는다(대결 1979.10.30.79마299).

2) 시기

최고시기 및 통지기간: 법의 규정은 없으나 배당요구의 종기결정일부터 늦어도 3일안(최고기간은 배당요구의 종기까지)에 최고해야 한다. 실무에서는 통상 배당요구종기의 결정과 동시에 최고를 하고 있다. 권리신고 및 배당요구신청은 배당요구의 종기까지 신청해야 한다.

3) 채권계산서 제출의 최고와 구별

배당기일이 정해진 때에는 각 채권자에 대해 채권의 원금·배당기일까지의 이자, 그 밖의 부대채권 및 집행비용을 적은 계산서를 1주안에 법원에 제출할 것을 최고해야 한다.

(1) 민사집행법 제148조 각호의 배당받을 채권자의 범위와 동일
(2) 경매진행 초기 채권신고서 등 자료가 제출된 후 변제 등의 사정을 명백히 하고 이자 등의 계산을 할 필요가 있기 때문에 계산서 제출 최고

(3) 하지만 각 채권자가 이 최고에 응해 반드시 계산서를 제출해야 하는 것은 아니다.

2. 최고의 상대방

1) 민사집행법 148조 3호, 4호의 채권자

(1) 첫 경매개시결정등기 전에 등기된 가압류채권자(148조 3호).

(2) 저당권·전세권, 그 밖의 우선변제청구권으로서 첫 경매개시결정등기 전에 등기되었고 매각으로 소멸하는 것을 가진 채권자 (148조 4호).

(3) 첫 경매개시결정등기 전에 임차권등기를 경료한 임차인은 전세권자에 준해 채권신고최고서를 발송해야 한다(84②).

제148조(배당받을 채권자의 범위)
1. 배당요구의 종기까지 경매 신청을 한 압류채권자
2. 배당요구의 종기까지 배당요구를 한 채권자
3. 첫 경매개시결정등기 전에 등기된 가압류채권자
4. 저당권·전세권, 그 밖의 우선변제청구권으로서 첫 경매개시결정등기 전에 등기되었고 매각으로 소멸하는 것을 가진 채권자

---

2) 공과금을 주관하는 공공기관

(1) 국세 등의 교부청구채권자는 배당요구로 배당받을 수 있는 채권자이지만 조세징수의 편의를 위해 채권신고를 최고하게 한다.

(2) 최고대상 공공기관

　① 부동산 소유자의 주소지를 관할하는 세무서

　② 부동산 소재지의 시·구·군·읍·면

　③ 공장저당법상 저당권자의 신청에 의한 임의경매사건인 경우와 집행채무자(임의경매에 있어서는 소유자)가 회사인 경우

에는 관세청장

④ 소유자의 주소지를 관할하는 국민건강보험공단

(3) 배당요구 교부청구

부동산에 관한 경매개시결정등기 이전에 체납처분에 의한 압류등기 또는 국세징수법 24조 2항에 의한 보전압류의 등기를 하지 않는 한 배당요구의 종기까지 배당요구로서 교부청구를 해야만 배당을 받을 수 있다(대판2001.5.8. 2000다21154 참조).

다만 채권신고서만 배당요구의 종기 이전에 제출하고 따로 교부청구를 하지 않는 경우일지라도 원인사실 및 액수 등을 그 채권서를 통해 알 수 있는 경우라면 배당을 받을 수 있다.

3) 가등기담보 등에 관한 법률 16조 1항에 의한 최고

(1) 담보가등기가 경료된 부동산에 대해 경매가 개시된 경우

법원은 가등기권리자에 대해 그 가등기가 담보가등기인 때에는 그 내용 및 채권(이자 그 밖의 부수채권을 포함)의 존부, 원인 및 액수를, 담보가등기가 아닌 경우에는 그 내용을 법원에 신고할 것을 상당한 기간을 정해 최고해야 한다(가등기담보법16조 1항).

- 이유: 담보가등기는 저당권과 달리 채권신고의 최고기간까지 채권신고를 한 경우에만 배당을 받을 수 있기 때문이다.
- 실무에서는 간혹 최고기간이 지났지만 담보가등기권리자가 배당기일까지 배당요구를 한 경우 법원은 배당을 해주기도 한다. 하지만 원칙은 아니다.

(2) 가등기가 되어 있는 부동산에 대해 경매개시결정이 있는 경우

등기부상 소유권 이전에 관한 가등기가 되어 있는 경우, 그 가등기가 담보가등기인지 아니면 소유권이전등기청구권 보전을 위한 가

등기인지 집행법원은 알 수 없다. 따라서 가등기권리자에게 최고를 하여 담보가등기라면 채권신고를 하게 하고 채권신고가 없으면 그 가등기를 순위보전을 위한 가등기로 보고 매각절차를 진행시킨다.

- 입찰자 입장에서는 채권신고를 하지 않은 가등기권자가 선순위일 경우 그 가등기가 담보가등기인지 여부를 파악하는 것이 관건이 될 것이다.

4) 이해관계인들에게 최고

(1) 이해관계인들에게 최고하는 이유

- 이해관계인들에게 최고하는 이유는 잉여의 가망 여부를 확인하고 적정한 매각조건을 정하기 위해서이다.
- 이해관계인은 민사집행법 90조에 열거된 자에 한해 이해관계인으로 본다. 이에 해당하지 않는 자는 이해관계가 있어도 경매 절차상의 권리를 행사할 수 없다.

(2) 90조 경매 절차의 이해관계인

① 경매 신청을 한 채권자: 압류채권자

② 채무자 및 소유자: 경매개시결정 당시 부동산의 소유자

③ 등기부에 기입된 부동산 위의 권리자: 전세권자, 임차권등기권자, 지상권자, 압류등기 전에 등기한 환매권자, 공유 지분경매에서 다른 공유자

④ 집행정본에 의한 배당요구를 한 채권자

⑤ 부동산 위의 권리자로서 그 권리를 증명한 사람(권리신고): 제3자에게 대항할 수 있는 물건 또는 채권을 가진 부동산 위의 권리자로 법정지상권자, 유치권자, 점유권자, 주택임차인, 상가임차인, 토지임차인, 경매개시결정등기 후의 권리자 제3취득자, 담

보권자, 용익권을 취득한 자 등

(3) 이해관계인에 해당하지 않는 자

① 임의경매에서 경매 신청이 되지 아니한 저당권의 피담보채권의 채무자

② 압류 후에 소유권을 양도한 소유자(소유권 이전과 동시에 이해관계인의 지위도 상실)

③ 압류 후에 소유권이전등기를 마친 제3자(단 권리를 증명하게 되면 이해관계인이 된다)

④ 임차권등기를 하지 아니한 토지임차인

⑤ 가압류권자(경매개시결정등기 전의 가압류권자는 배당요구를 하지 않더라도 당연히 배당요구한 것과 동일하게 취급되지만 이해관계인은 아니다).

⑥ 가처분권자

⑦ 예고등기권자

⑧ 재매각을 실시하는 경우 전의 매수인 등

(4) 이해관계인의 요건

권리를 가지고 있다는 것만으로 이해관계인이 될 수 없고 집행법원에 스스로 그 권리를 증명한 자만을 이해관계인으로 본다. 권리의 증명은 배당요구의 종기까지 해야 한다. 채무자 이외의 이해관계인에게는 경매개시결정 정본을 송달할 필요가 없다. 이해관계인이 사망해 절차에 관여할 수 없게 되더라도 그로 인해 매각절차가 중단되지는 않는다.

부동산 위의 권리자로서 이해관계인이 되기 위해서는 매각허가결

정이 있을 때까지 그 권리를 증명해야 한다.

(5) 이해관계인의 권리

① 집행에 관한 이의신청권

② 부동산에 대한 침해방지신청권

③ 경매개시결정에 대한 이의신청권

④ 배당요구신청 또는 이중경매 신청이 있으면 법원으로부터 그 통지를 받을 수 있는 권리

⑤ 매각기일과 매각결정기일을 통지받을 수 있는 권리

⑥ 매각기일에 출석해 매각기일 조서에 서명날인 할 수 있는 권리

⑦ 최저매각가격 외에 매각조건의 변경에 관해 합의 할 수 있는 권리

⑧ 매각결정기일에 매각허가에 관한 의견을 진술할 수 있는 권리

⑨ 매각허가 여부의 결정에 대해 즉시항고를 할 수 있는 권리

⑩ 배당기일의 통지를 받을 권리

⑪ 배당기일에 출석해 배당표에 관한 의견을 진술할 수 있는 권리

⑫ 배당기일에 출석해 배당에 대한 합의를 할 수 있는 권리

(6) 이해관계인에 대한 입찰기일통지의 누락

낙찰허가에 대한 이의사유 또는 낙찰허가에 대한 즉시항고로 불복할 수 있지만 낙찰허가가 확정되면 더 이상 불복할 수 없다.

권리신고 및 배당요구신청서(일반)

사건번호　2019 타경 OOOOO　　　　부동산강제(임의)경매
채 무 자
　　이름 :
　　주소 :
배당요구채권자
　　이름 :　　　　　주민등록번호
　　주소

청 구 채 권

▶원 금 :
▶지연손해금 :

신 청 이 유

위 배당요구채권자는 채무자에 대하여 귀원 2019타경12534 호 사건에 대하여

　□ 법원의 집행력 있는 정본 (사건번호 :

　□ 법원의 가압류결정 (사건번호 :

　□ 기타 (　　　　　　　　　　)에 기한 채권을 가지고 있는바,

채권자는 이번 타 채권자로부터 위 경매신청이 있었으므로 매각대금에 대하여 배당요구를 하고자 합니다.

첨 부 서 류

1. 집행력 있는 정본·사본 또는 그 밖의 배당요구 자격을 소명하는 서면
2. 가압류결정문 정본 또는 사본
3.

2019. 00. 00.

위 배당요구채권자　　　　(날인 또는 서명)
(연락처 ☎:　　　　　)

권리신고 및 배당요구신청서(주택임대차)

사건번호　청주지방법원 OO지원　2019 타경 OOOOO 호
채 권 자
채 무 자
소 유 자

임차인은 위 사건 매각절차에서 임차보증금을 변제받기 위하여
아래와 같이 권리 신고및 배당요구신청을 합니다.

1	임차부분	□ 전부(방　칸)		□ 일부(　층 방　칸)	
		※ 건물 일부를 임차한 경우 뒷면에 임차부분을 특정한 층호수별 배치도를 그려 주시기 바랍니다.			
2	임차보증금	보증금　　　　　원에 월세　　　　　원			
3	점유(임대차)기간	2000. 00. 00.부터 2000. 00. 00. 까지			
4	전입일자	2000. 00. 00.			
5	확정일자	□있음(2000. 00. 00.)		□ 없음	
6	임차권,전세권등기	□있음(2000. 00. 00.)		□ 없음	
7	계약일	2000. 00. 00			
8	계약당사자	임대인(소유자):		임차인:	
9	주택인도일	2000. 00. 00			

첨부서류

□ 임대차계약서 사본 1통	종합민원실 자동발급기
□ 주민등록표초본 1통	
□ 외국인등록 사실증명(외국인)	주민센터
□ 국내거소신고 사실증명 (국내거소신고한 외국국적동포)	

2000. 00. 00.

권리신고 및 배당요구신청인　　　　　　　　(날인 또는 서명)
대리인:
송달받을 장소
연락처

권리신고 및 배당요구신청서(상가임대차)

사건번호   2019 타경 OOOOO 호   부동산강제(임의)경매
채 권 자
채 무 자
소 유 자

임차인은 위 사건 매각절차에서 임차보증금을 변제받기 위하여
아래와 같이 권리 신고및 배당요구신청을 합니다.

아 래

1	임차부분	전부, 일부(층 전부), 일부(층 중 ㎡) (※ 건물 일부를 임차한 경우 뒷면에 임차부분을 특정한 내부구조도를 그려 주시기 바랍니다.)
2	임차보증금	보증금 원에 월세 원
3	점유(임대차)기간	2000. 00. 00.부터 2000. 00. 00. 까지
4	사업자등록신청일	2000. 00. 00.
5	확정일자 유무	유(2000. 00. 00.), 무
6	임차권, 전세권등기	유(2000. 00. 00.), 무
7	계약일	2000. 00. 00
8	계약당사자	임대인(소유자): 임차인:
9	건물의 인도일	2000. 00. 00

첨부서류
1. 임대차계약서 사본, 사업자등록증 사본 각 1통
2. 상가건물 임대차 현황서 원본(세무서 발급) 1통
3. 건물도면의 등본 1통(건물 일부를 임차한 경우)

2000. 00. 00.

권리신고 및 배당요구신청인   (날인 또는 서명)
대리인:
송달받을 장소
연락처

3. 채권신고 최고에 대한 불신고의 효과

경매개시결정등기 전에 등기된 가압류채권자와 경매개시결정등기 전의 저당권, 전세권, 그 밖의 우선변제청구권으로서 매각으로 인해 소멸하는 권리를 가진 채권자가 최고에 대한 채권신고를 하지 아니한 때에는 그 채권자의 채권액은 등기부등본 등 집행기록에 있는 서류와 증빙에 따라 계산해 배당된다. 즉, 배당요구하지 않아도 배당된다.

4장 감정평가 및 현황조사

1절 현황조사명령

개시결정 후 3일 내에 현황조사명령을 발하고 집행관은 경매 목적 부동산에 대한 임대차현황, 점유현황, 기타 부동산의 물리적 현황 등을 2주 내에 조사 완료해야 한다.

1. 현황조사보고서의 의미

집행관의 현황조사보고서는 매각물건명세서 작성의 기본이 되며 임차인의 우선변제권, 대항력 유무 등을 파악하는 데 있어 중요한 자료가 된다.

집행관의 조사보고는 현실로 존재하는 임대차의 실체를 있는 그대로 보고하면 족하고 그 임대차가 제3자에게 대항할 수 있는 것인가 여부의 법률적 판단까지 할 필요는 없다.

현황조사 시기 등의 기간을 감안해 이 기간에 유치권자가 점유하고 있었는지를 파악할 수 있는 중요한 근거자료가 되기도 한다.

2. 현황조사 사항

1) 부동산의 현상 및 점유관계 : 부동산의 위치 및 현황, 내부구조, 사용용도, 점유자의 사용권원 등

2) 임대차관계 : 임차인, 임대차내용, 주민등록 전입 여부와 일자, 확정일자 여부 및 그 일자 등

3) 기타 현황 : 공장에 설치한 기계·기구 등 부속물 설치현황, 감정평가에 중대한 영향을 미칠 수 있는 부합물, 종물, 구성성분 등

3. 현황조사 시 유의사항

1) 건물의 현황과 등기부상 표시가 현저하게 상이한 경우

조사대상 건물이 멸실되고 다른 건물이 신축되어 있는 경우에는 관계인의 진술을 청취해 그 내용을 현황조사보고서에 기재하고 신·구건물의 동일성 상실 여부에 대한 집행관의 의견을 부기하며, 구건물에 대한 멸실등기가 경료되었으면 그 등기사항증명서를 조사보고서에 첨부한다.

2) 대상 토지·건물에 부합물, 종물, 구성부분이 존재하는 경우

이로 인해 매각부동산의 감정평가에 중대한 영향을 미칠 것이라고 판단되는 경우(예컨대 고가의 정원석, 상당한 규모의 제시외건물, 지하굴착공사에 의한 콘크리트 구조물, 건축 중인 건물)에는 현황조사보고서에 기재

3) 주민등록 등·초본 등의 첨부

주택인 경우 임대차관계의 확인을 위해 주민등록 전입신고된 세대주 전원에 대한 주민등록 등·초본을 발급받고 임대차계약서 사본도 가능한 한 취득해서 첨부해야 한다.

4) 지목이 전·답·과수원인 경우

등기부상의 지목이 전·답·과수원에 해당하는 현황조사 시 그 현황 및 이용상황을 객관적으로 조사해 이를 기재한 조사보고서에 현장사진 및 도면을 첨부해 제출한다.

등기부상의 지목은 전·답·과수원에 해당하지만 현황 지목이 농지법 제2조 소정의 농지에 해당하는지 여부에 대해 의문이 있는 경우에는 이를 즉시 집행법원에 보고해야 한다.

4. 현황조사는 집행에 관한 이의의 대상이 아니다

집행관의 현황조사 자체는 집행관이 집행기관으로서 행하는 직무집행이 아니라 집행법원의 보조기관으로서 행하는 것으로 집행에 관한 이의의 대상이 될 수 없고 매각허가결정에 대한 이의를 제기하거나 매각허가결정에 대해 즉시항고를 할 수 있다.

다만 이에 터 잡아 이루어진 이후의 결정 즉 최저매각가격의 결정, 일괄매각가격결정 등에 대해 집행에 관한 이의를 신청하거나(16①), 매각기일 이후에는 매각허부에 대한 이의 또는 매각허부결정에 대한 항고로 다툴 수밖에 없다.

5. 현황조사보고서 사본의 비치

1) 현황조사보고서의 사본을 매각물건명세서 및 평가서의 사본과 함께 매각기일마다 그 1주 전까지 민사집행과 사무실에 비치해 누구든지 열람할 수 있도록 해야 한다.
2) 법원은 상당하다고 인정하는 때에는 현황조사보고서의 기재 내용을 전자통신매체로 공시함으로써 그 사본의 비치에 갈음할 수 있다.

6. 임차인에 대한 통지

집행법원은 집행관의 현황조사보고서 등의 기재에 의해 주택임차인(상가임차인)으로 판명된 자, 임차인인지 여부가 명백하지 아니한 자 또는 임차인으로 권리신고를 하고 배당요구를 아니한 자에게 통지서를 송부해, 배당요구의 종기까지 배당요구를 해야만 배당받을 수 있음을 고지해야 한다. 이 통지를 받은 임차인은 배당요구종기일까지 배당요구를 해야 배당받을 수 있다.

※ 권원이 불분명한 전입자

집행관이 현황조사 시 주민등록은 전입되어 있으나 그 권원을 확인할 수 없는 자에 대해 탐문한 결과를 현황조사서에 어떻게 반영하는가?

① "임차인 여부를 확인할 수 없음"
② "가족이라고 함"
③ "보증금 1억 원에 살고 있다고 진술하나 임대차계약서 제출하지 않음"

그렇다면 이를 매각물건명세서에 어떻게 반영할까? 실무상 집행법원은 확정적 판단을 유보하고 이를 임차인으로 표시하고 있다.

① 단순히 전입기록만을 기재함에 그치거나
② "***는 소유자의 동생임"
③ "***가 주장하는 임차권은 존부가 불분명함"으로, 그 기초가 되는 사정을 기재한다.

결국은 임차인에 대한 진성 여부의 판단은 입찰자의 몫이 된다.
여기에 기회가 있을 수 있다.

※ 다음 사례에서 현장조사 결과 임차인은 채무자의 아들로 밝혀졌다.

부산7계 2015타경189**

경매구분	임의경매	채 권 자	서OOOO		
용 도	아파트	채무/소유자	최OO/최OOOOO	매각기일	16.03.03
감정가	49,000,000(15.09.04)	청구액	14,038,750	종국결과	16.05.11 배당종결
최저가	31,360,000(64%)	토지면적	41.7㎡(12.6평)	경매개시일	15.08.18
입찰보증금	3,136,000(10%)	건물면적	76㎡(22.8평)	배당종기일	15.10.29
주의사항			· 대지권미등기		

소재지/감정요약	물건번호/면적(㎡)	감정가/최저가/과정	임차조사	등기권리
(46263) 부산 금정구 회동동 201-10 늘봄맨션 4층 402호 [회천로 13번길 51] 토지와 건물이 각각 등기(건물은1980.2.29. 가처분등기촉탁으로 등기, 사용미승인)되어있 고 현황은 공동주택인 구분건물임 예원여고 남측인근위치 주변학교, 공동, 단독 주택등 형성 차량접근가능 인근버스(정)소재 남동하향직사각형 경사지 북서측 8m도로접함 2종일반주거지역 가축사육제한구역 2015-09-04 연산감정	물건번호: 단독물건 대지 41.7/834 (12.61평) ₩24,000,000 대지권미등기 건물 건물 75.5 (22.85평) ₩25,000,000 총 5층 보존 : 1980-02-29 *20세대	감정가 49,000,000 · 대지 24,000,000 (48.98%) (평당 1,903,251) · 건물 25,000,000 (51.02%) 최저가 31,360,000 (64%) 경매진행과정 ① 49,000,000 2016-01-07 유찰 ② 20% ↓ 39,200,000 2016-02-04 유찰 ③ 20% ↓ 31,360,000 2016-03-03 매각 매수인 백OO 응찰수 2명 매각가 37,131,000 (75.78%) 차순위신고 최OO 35,569,990 허가 2016-03-10 납부 2016-04-07 2016-05-11 종결	최OO 전입 1998-08-04 주거 *현장에 수차례 방문했으나 폐문되어 본건 경매와 관련한 내용이 기재된 통지서를 출입문에 넣어 두었으나 연락이 없어 점유 및 임대차 관계는 알 수 없었음. 범천2동 주민센타에서 전입 세대 열람한 바 최우석 세대가 주민 등록되어 있었음 전입세대조사 98.08.04 최OO 주민센터확인: 2015-12-23	• 건물 근저당[공동] 서3동(새) 1999-03-05 21,000,000 근저당[공동] 이춘금 2010-01-07 45,000,000 가압류[공동] 산와대부 2014-08-04 10,736,120 2014 카단 51293 부산 가압류[공동] 신한카드 2014-08-14 7,599,695 2014 카단 6448 부산 임의[공동] 서동(새) 2015-08-19 *청구액: 14,038,750원 열람일자 : 2016-02-17

7. 현황조사서의 활용

1) 매각불허가 판단

현황조사서와 현황이 상이하고 이를 바탕으로 매각물건명세서가 작성되었으며, 그것이 매각물건명세서의 중대한 하자에 해당하면 매각불허가 사유가 된다.

2) 위장임차인 판단

현황조사서의 기록과 기타 일체의 집행기록을 대조해 상식과 경험칙에 모순되는 내용이 있다면 위장임차인일 가능성이 높다.

3) 유치권 판단

유치권자는 경매개시결정등기일 이전부터 점유해야 한다. 현황조사서상 유치권자의 점유에 관한 기록이 없는데 이후 유치권이 신고가 있다면 유치권 존부에 대한 판단에서 유치권주장자에게는 불리한 증거가 된다.

4) 법정지상권 판단

현황조사서상 최선순위의 저당권설정 당시에 건물이 없었거나, 또는 토지와 건물이 공동담보로 제공되었다가 구건물을 철거하고 현황 건물이 신축된 경우 토지저당권의 순위와 동 순위로 건물에 저당권을 설정하지 않았다면 「민법」 제366조의 법정지상권이 성립하지 않는다.

2절 부동산의 평가 및 최저매각가격의 결정

경매법원은 개시결정 후 3일 이내 감정평가명령을 발하며, 이때의 감정평가 가격이 통상 최초매각가격이 된다.

1. 평가명령의 시기 및 완료

1) 평가명령은 임의경매의 경우 '경매개시결정일로부터'3일 안에, 강제경매의 경우 '경매개시결정등기의 등기필정보통지서 접수일로부터'3일 안에 해야 한다.

실무상 경매개시결정등기의 촉탁과 동시에 채권신고의 최고, 현황조사명령 및 평가명령을 발하는 것이 통상이다.

2) 예외적인 경우

매각부동산의 법률관계가 복잡해 법원이 감정인에 대해 특별히 지시할 필요가 있는 경우에는 등기관의 통지 및 현황조사보고서가 도착한 후에 평가명령을 발한다.

3) 완료: 평가서의 제출기간은 평가명령일로부터 2주 이내로 한다.

2. 감정평가의 대상

1) 부동산 자체에 대한 평가

(1) 현황평가

건물을 평가함에 있어서 현상대로 평가하지 않고 등기부상의 표시에만 의존해야 한 경우에는 그 평가는 위법한 것으로 간주한다.

(2) 동일여부에 대한 결정기준

등기부에 표시된 소재, 지번, 종류, 구조와 면적 등이 실제 건물과 사회통념상 동일성이 인정될 정도로 합치되는지의 여부에 따라 결정된다.

2) 제시 외 건물

(1) 의의

건축물대장에 없는 건물로서 무허가이거나 사용승인 미필의 증·개축이 된 부분이나 부속물, 종물을 일컬어 경매실무상 "제시 외 건물"이라 하며, 감정평가에서 사용되는 용어다.

경매 신청 목적물 목록에는 없으나 실제로 현장에는 존재하는 것을 일컬어 제시 외 건물이라 한다.

(2) 제시 외 건물의 종류

가. 무허가 건물(건축법 제8조 및 제9조)

나. 사용승인 미필 건물(건축법 제18조 및 29조)

다. 채권자대위권에 의해 등기된 건물(부동산등기법 제52조)

라. 건물등기가 경료되지 아니한 건물(조세회피 목적)

마. 부합물(민법 제256조)

바. 종물(민법 제100조 제1항)

(3) 제시 외 건물이 경매 대상에 포함되는 경우

가. 건물의 증·개축된 부분 또는 미등기되어 있는 부속물 등

나. 단층건물 위에 증축된 2층, 옥탑, 지하구조물

다. 땅속에 부설된 유류저장탱크, 주유소의 주유기

라. 화장실, 목욕탕, 창고

마. 경매의 대상이 된 토지 위에 생립하고 있는 채무자 소유의 미등기 수목

(4) 제시 외 건물이 경매 대상에 포함되지 않는 경우

가. 독립된 건축물대장을 가지고 있는 경우

나. 소유자가 다른 건물

다. 물리적 기능적으로 독립된 건물

라. 전체 평가액에서 너무 큰 비중을 차지하는 독립된 건물

마. 입목등기나 명인방법을 갖춘 수목

3) 부합물, 종물

부동산에 부합된 물건이 사실상 분리복구가 불가능해 거래상 독립한 권리의 객체성을 상실하고 그 부동산과의 일체를 이루는 부동산의 구성부분이 된 경우에는 타인이 권원에 의해 이를 부합시켰더라도 그 물건의 소유권은 부동산의 소유자에게 귀속된다.

경매 신청 대상인 부동산을 감정평가함에 있어서 부합된 물건이나 종물도 포함해서 평가해야 한다.

부합된 물건이나 종물을 제외한 경매부동산의 가격만을 평가해 이를 최저매각가격으로 정했다면 최저매각가격의 결정에 중대한 하자가 있는 때에 해당해 직권에 의한 매각불허가 사유가 된다.

(1) 부합물(민법 제256조) – 부합의 정도

가. 의의

해당 부동산(주물)에 부가되어 거래상 독립성을 잃고 주물과 일체된 물건을 일컫는 것이며 수 개의 물건이 부동산과는 소유자가 다르지만 거래관념상 해당 부동산에 결합해 하나의 소유자에 속하게 된 것을 부합물이라 함.

나. 부합의 정도

① 훼손하지 않으면 분리할 수 없거나

② 분리에 과다한 비용을 요하는 경우

③ 분리하게 되면 경제적 가치를 심히 감손하는 경우

다. 즉 민법 제256조 단서 규정은 타인의 권원에 의해 부속시킨 물건이라도 그 부속된 물건이 분리해도 경제적 가치가 있는 경우에 한해 타인의 권리에 영향이 없다는 취지이며, 경제적 가치가 없는 경우에는 원래의 부동산 소유자의 소유에 귀속된다.

「민법」 제256조 단서
타인의 권원(지상권, 전세권, 임차권 등)에 의해 부속(부합된 물건이 어느 정도 독립성을 갖춘 경우를 말한다)된 것은 평가의 대상이 되지 않는다.

라. 부합물의 종류
① 토지의 부합물
정원수, 정원석, 석등 수목('입목에 관한 법률에 따라 등기된 입목'과 '명인방법을 갖춘 수목', '타인의 권원(지상권, 전세권, 임차권)에 의해 식재된 수목'이 아닌 것), 지하구조물, 유류저장탱크, 교량, 도랑, 돌담, 도로의 포장

정원수의 경우
수목은 토지의 일부이고 예외적으로 "이동의 용이성 + 거래가치(경제적 가치)"가 인정되면 독립한 거래의 객체가 될 수 있다.

---

② 건물의 부합물
벽·천장에 부착시킨 석재, 합판, 증·개축된 부분(옥탑방 등 타인의 소유로 거래될 수 없는 경우)
기존건물에 부합된 증축 부분이 기존건물에 대한 매각절차에서 경

매목적물로 평가되지 않아도 매수인은 증축 부분의 소유권을 취득할 수 있다.

(2) 종물(민법 제100조 제1항) - 동일인 소유

주된 부동산의 경제적 효용에 이바지하기 위해 부속된 동일인 소유의 독립된 건물은 종물.

주된 부동산의 경제적 효용에 이바지하고 있다 하더라도 종물이 주된 부동산과 관계가 없고 온전히 개별적인 독립성을 가진다면 종물로 보지 않는다.

일정한 건물에 대해 저당물건과 별개의 등기부가 존재하고 있다고 하더라도 저당건물의 종물로 볼 수 있을 경우(소유자가 동일한 경우)에는 그 건물도 평가의 대상이 된다.

가. 종물의 요건

① 주물의 상용에 이바지할 것(주물의 소유자나 이용자의 상용에 공여되고 있더라도 주물 그 자체의 효용과 직접 관계가 없는 물건은 종물이 아니다)
② 주물에 부속되었을 것(장소적 관련성)
③ 종물이 주물의 구성품이 아닌 독립한 물건일 것
④ 주물과 종물이 동일한 소유자에 속할 것. 즉 주물과 다른 사람의 소유에 속하는 물건은 종물이 될 수 없다.

나. 종물의 종류

· 부동산인 것은 별동으로 되어 있으되 주물의 경제적 효용에 계속 이바지하는 화장실, 목욕탕, 창고, 정화조.
· 동산인 것은 보일러시설, 지하수펌프, 주유소의 주유기, 백화점 지

하 2층 기계실에 설치된 전화교환설비, 농지에 부속된 양수시설 등

다. 종물과 부합물의 차이점

물건으로서의 독립성 또는 부합의 정도가 종물과 부합물을 판별하는 기준

① 종물
　　· 독립한 별개의 물건으로 존재
　　· 장소적으로 밀접한 위치에 있으면 된다.

② 부합물
　　· 독립성을 잃고 완전히 하나의 물건(강부합)
　　· 어느 정도 독립성이 남아 있는 경우(약부합)
　　· 분리하면 훼손되거나 과다한 비용

4) 미분리의 천연과실, 법정과실

(1) 미분리의 천연과실

원칙: 원래 토지의 구성부분이므로 평가의 대상이 된다.

강제경매에서 예외:
　· 명인방법을 구비해 제3자에게 양도된 경우
　· 매각허가결정 시까지 수확기에 달해 채무자에 의해 수취될 것이
　　예상되거나 채굴이 예상되는 경우

　※임의경매에서는 항상 천연과실까지 고려해서 평가해야 한다.

「민법」 제359조(과실에 대한 효력)
저당권의 효력은 저당 부동산에 대한 압류가 있은 후에 저당권설정자가 그 부동산으로부터 수취한 과실 또는 수취할 수 있는 과실에 미친다.

(2) 법정과실

· 물건의 사용대가로 받는 금전 기타의 물건으로 지료, 임료 등
이 있다

· 법정과실은 압류 및 저당권의 효력이 미치지 않으므로 평가의
대상이 되지 않는다.

5) 종된 권리

부동산의 종된 권리에는 토지에 관해서는 지역권(경매목적토지가
요역지인 경우), 건물에 관해서는 지상권이 있다. 건물에 대한 저당권
의 효력은 그 건물의 소유를 목적으로 한 지상권, 건물의 소유를 목
적으로 한 토지의 임차권에도 미친다.

그러나 임차권의 양도에 있어서는 임대인의 동의를 요하므로 동의
가 있다면 양도대상으로서 평가대상이고, 동의가 없다면 양도대상이
아니고 평가대상도 아니다.

※ 법원이 재평가를 하는 경우는?

감정인의 평가가 합리적 근거가 없거나 평가 시에 당연히 고려해야 할 사정을 평
가하지 않아 이를 최저매각가격으로 삼을 수 없다고 인정되는 경우 법원은 재평
가를 명할 수 있다.

최저매각가격이 결정된 후 시일이 상당히 경과되어 부동산가격이 변동되었다 할
지라도 평가의 전제가 된 중요한 사항이 변경된 경우와 같은 특별한 사정이 없는
한 집행법원은 재평가를 명하지 않는다

단. 첫 매각기일 이후 어떤 사유로 집행절차가 장기간 정지되어 있었다면 평가시
점에 비해 부동산가격이 현저히 변동된 경우라면 재평가를 명하기도 한다.
만약 재평가 사유가 있음에도 재평가를 하지 않고 매각절차가 진행된 경우라면 매
각기일 전이라면 집행에 관한 이의를 신청할 수 있고, 매각허가 이후라면 매각허
가에 대한 이의 또는 매각허가결정에 대한 즉시항고를 할 수 있다.

3. 감정평가

1) 법정지상권은 부동산을 평가할 당시에는 아직 발생하지 않았고 매각에 의해 성립할지 안 할지도 분명하지 않은바, 나대지 상태로의 평가와 지상의 건물로 인한 제한받는 가격을 같이 평가한다.

2) 도시계획선이 저촉된다든지 혹은 공법상 법령에 따라 토지의 사용수익에 제한이 있는 때에는 그 내용도 적어야 한다.

3) 낙찰자의 선의취득

저당부동산의 상용에 공해진 물건이 제3자 소유인 경우 그 물건이 경매의 목적물로 되었고 낙찰자가 선의이며 과실없이 그 물건을 점유하는 등으로 선의취득의 요건을 구비해야 한다(대판 2008.5.8. 2007다36933).

4) 근린생활시설을 업무시설로 잘못 평가한 경우

매각목적물의 평가를 실시함에 있어 부동산의 물적 상태나 그 용도 및 이에 대한 각종 규제 등을 실제와 다르게 적용해 그 가격을 결정했다는 것에 불과해 그러한 사유가 매각허가에 대한 이의신청사유가 될 수 있음은 별론으로 하고, 이로써 매각허가결정에 대한 취소사유가 된다고 할 수 없다(대결 2005.8.8. 2005마643).

5) 환지예정지의 평가

환지예정지의 지정에 의한 토지의 사용관계는 그 예정지 위에 이전하는 것이므로 그 예정지의 위치, 평수, 형상 그 밖의 사정도 종전 토지의 평가 시에 참작되어야 한다.

6) 부동산의 전부 또는 일부가 멸실된 경우 집행법원의 처리

감정결과 평가를 명한 건물의 전부 또는 일부가 멸실된 것으로 인정될 경우에는 곧바로 채권자에게 그 부분에 대해 적절한 조치(신청취하 등)를 취하도록 보정명령을 한다. 보정명령을 받고도 아무런 조치를 취하지 않는다면 그 부분에 대한 경매개시결정을 취소하고 신청을 기각한다.

7) 공법상 제한을 받는 토지의 평가

도시계획선이 저촉된다든지 혹은 공법상의 법령에 의해 토지의 사용수익에 제한이 있는 때에는 이를 고려해서 평가해야 한다. 이에 관한 사항은 평가성의 필요적 기재사항이다.

8) 장기미집행 도시계획 시설부지에 대한 실효제도, 매수청구제도

실효제도는 도시계획시설부지로 묶인 날부터 20년이 될 때까지 보상을 하지 않으면 효력을 상실한다는 것이고 다만, 2000년 7월 1일 이전에 이미 도시계획시설부지로 묶였던 토지는 2020년 7월 1일에 실효된다는 경과규정을 두었다.

매수청구제도는 지목이 '대'인 토지로서 10년 이상 도시계획시설부지로 묶여 있으면 행정청에 매수청구를 할 수 있다는 것이다.

9) 도로부지 소유자의 부당이득반환청구

도로는 사권행사가 제한되므로 보상이 이루어지지 않는다면 부당이득반환청구가 가능하다. 부당이득반환청구권이 성립하려면 첫째, 지방자치단체가 도로부지를 점유하고 있어야 하고 둘째, 토지소유자가 도로부지에 대한 독점적이고 배타적인 사용수익권을 포기하지 않았어야 한다. 부당이득반환청구 시 주의할 점은 행정청이 오히려 취

득시효를 주장하면서 소유권이전등기를 주장하는 경우가 있다. 이는 과거에 이미 보상 또는 기부채납이 있었으나 소유권이전등기를 하지 못한 경우로서, 행정청의 주장이 법원에서 받아들여지면 보상은 고사하고 소유권을 잃을 수도 있다.

10) 도로에 대한 배타적 사용수익권 포기이론

토지소유자가 일단의 택지를 여러 사람에게 분양할 때, 그 택지의 공로로의 통행로를 제공하기 위해 만든 도로에서 도시계획법 내지 도로법에 의한 도로를 만들었다 해서 토지소유자에게 손실이 발생했다고 볼 수 없다. 왜냐하면 토지소유자는 모든 사람들에 대해 그 도로를 무상으로 통행할 수 있는 권한을 부여했다고 볼 수 있어 독점적이고 배타적인 사용수익권을 포기했다고 보기 때문이다.

4. 불복

1) 감정인의 평가에 대해서는 직접 불복할 수 없고, 이를 기초로 한 법원의 최저매각가격결정에 대해 집행에 관한 이의신청을 통해 불복해야 한다.

2) 사례

1동의 건물 중 특정 부분에 대한 구분소유적 공유관계를 표상하는 공유 지분을 목적으로 하는 근저당권이 설정된 후 경매 절차에서 위 공유 지분을 취득한 낙찰자는 구분소유적 공유 지분을 취득하는 것이므로, 건물에 관한 구분소유적 공유 지분에 대한 입찰을 실시하는 집행법원으로서는 감정인에게 위 건물의 지분에 대한 평가가 아닌 특정 구분소유 목적물에 대한 평가를 하게 하고 그 평가액을 참작해 최저입찰가격을 정해야 한다.

따라서 근저당권을 실행하는 채권자는 집행법원이 지분에 대한 감정평가를 하게 하고 최저매각가격을 결정했다면 집행에 관한 이의신청 등을 통해 최저매각가격을 바로잡아야 한다.

※ (부동산)취득시효

타인의 물건일 지라도 장기간 권리를 행사하고 있는 것 같은 외관 상태를 존중해 그 상태가 진실한 권리관계냐를 따지지 않고 권리를 인정해 사회질서의 안정을 도모하기 위한 제도이다.

민법은 점유취득시효와 등기부취득시효의 두 가지를 인정하고 있다.
점유취득시효는 20년간 소유의 의사로 평온, 공연하게 부동산을 점유하고 등기함으로써, 등기부취득시효는 소유자로 등기한 후 10년간 소유의 의사로 평온, 공연하게 선의, 무과실로 부동산을 점유한 때에 소유권을 취득한다.

5장 매각물건명세서 작성과 비치

1절 매각물건명세서

매각물건에 관한 등기부등본, 현황조사서, 감정평가서, 제3자의 권리신고 등을 기초로 집행법원의 판단을 구체화한 문건으로 그 내용은 점유자에 대한 기록, 권리의 인수 여부, 경매 진행상 유의점 등이다.

경매법원이 부동산에 설정되어 있는 권리관계 등을 기재한 매각물건명세서를 작성하고 그 사본을 비치해 일반인이 열람할 수 있도록 해서 매수희망자가 부동산의 물적 부담상태, 취득할 종물, 종된 권리의 범위, 최저매각가격 산출의 기초가 되는 사실 등의 정보를 제공해 매수희망자의 의사결정을 위한 기능을 한다.

2절 열람을 위한 비치

1. 경매법원은 작성한 매각물건명세서의 사본에 현황조사보고서, 감정평가서의 사본을 일괄 편철한 후 매각기일마다 1주 전까지 위

의 서류를 법원의 집행과 사무실 등에 비치해 일반인이 열람할 수 있게 해야 한다.

매각기일 7일 전부터 입찰일 전까지 일반인에게 열람(대법원 경매 사이트, 경매사이트, 경매계 비치)

2. 매각물건명세서 등 사본의 열람을 위한 비치기간은 훈시규정이 아니다.

3절 매각물건명세서의 기재사항

1. 부동산의 표시:
· 등기부상의 표시를 그대로 기재하며, 표시와 현황이 다른 경우에 그 현황도 함께 기재하게 된다.
· 미등기건물이 매각에서 제외 된 경우에는 반드시 그 취지를 표시해야 한다.

2. 현황조사보고서와 감정평가서 등에 의해 부동산의 점유관계와 관계인의 진술

3. 소멸되지 않는 등기부상의 권리
· 저당권, 압류채권, 가압류채권에 대항할 수 있는 지상권, 지역권, 전세권 및 등기된 임차권, 가처분
· 배당요구하지 아니한 최선순위 전세권, 등기된 임차권은 '매수인에게 대항할 수 있는 임차인 있음'으로 기재
· 가처분의 경우 매수인이 인수하는 것은 기재하며 말소기준등기

이후의 것이라도 토지소유자가 건물소유자 상대로 건물을 철거하고 토지를 인도하라는 내용을 피보전권리로 하는 가처분일 경우 말소되지 않으므로 반드시 기재

4. 유치권에 대한 기재 여부
실무에서는 '유치권신고자' 또는 '유치권신고서 제출', '유치권신고 있음'으로 기재

5. 최선순위저당권설정일자 또는 가압류등기일자를 기준으로 임차인의 대항력 여부가 결정되므로 그 일자를 기재한다.
그 일자를 기준으로 임차인의 매수인에 대한 대항력 여부가 결정되기 때문이다. 만약 그 일자보다 빠른 전입일의 임차인이 있을 경우 매수인이 인수할 경우가 있으니 주의해야 한다는 내용 기재

6. 매수인이 부담하게 될 지상권이나 법정지상권 유무에 대한 기재
법정지상권 성립 유무에 대한 기재를 하고 만약 불확실한 경우 "법정지상권 성립할 여지가 있음"이라고 기재된다.
토지의 일부에 대해서만 법정지상권이 성립하는 경우라도 그 뜻을 기재할 뿐, 그 범위를 특정해 표시하지는 않는다.

7. 집행법원은 대지사용권의 유무에 대해 조사책임이 있으며, 매각물건명세서를 작성할 때 대지사용권의 유무에 대해 표시해야 한다.

8. 예고등기는 부동산에 관한 권리관계를 공시하는 등기가 아니므로 기재대상이 아니다.

매각물건명세서 양식

전주지방법원 정읍지원

매각물건명세서

사 건	2018타경24 부동산강제경매	매각물건번호	5	작성일자	2019.02.13	담임법관(사법보좌관)	전
부동산 및 감정평가액 최저매각가격의 표시	별지기재와 같음	최선순위 설정	2011.05.19. 가압류			배당요구종기	2018.10.10

부동산의 점유자와 점유의 권원, 점유할 수 있는 기간, 차임 또는 보증금에 관한 관계인의 진술 및 임차인이 있는 경우 배당요구 여부와 그 일자, 전입신고일자 또는 사업자등록신청일자와 확정일자의 유무와 그 일자

점유자의 성 명	점유부분	정보출처 구 분	점유의 권 원	임대차기간(점유기간)	보 증 금	차 임	전입신고일자,사업자등록 신청일자	확정일자	배당요구여부(배당요구일자)

조사된 임차내역없음

※ 최선순위 설정일자보다 대항요건을 먼저 갖춘 주택·상가건물 임차인의 임차보증금은 매수인에게 인수되는 경우가 발생 할 수 있고, 대항력과 우선변제권이 있는 주택·상가건물 임차인이 배당요구를 하였으나 보증금 전액에 관하여 배당을 받지 아니한 경우에는 배당받지 못한 잔액이 매수인에게 인수되게 됨을 주의하시기 바랍니다.

등기된 부동산에 관한 권리 또는 가처분으로 매각으로 그 효력이 소멸되지 아니하는 것

해당사항없음

매각에 따라 설정된 것으로 보는 지상권의 개요

매각에서 제외하는 지상 건물 위하여 법정지상권이 성립할 여지 있고, 지상 소재 분묘를 위하여 분묘기지권이 성립할 여지 있음

비고란

제시외 건물(재실.비석 등) 매각 제외함. 지분매각(공유자우선매수는 1회에 한함). 현황은 일부 도로, 건부지 및 지상에 분묘 소재함.

주1 : 매각목적물에서 제외되는 미등기건물 등이 있을 경우에는 그 취지를 명확히 기재한다.
  2 : 매각으로 소멸되는 가등기담보권, 가압류, 전세권의 등기일자가 최선순위 저당권등기일자보다 **빠른** 경우에는 그 등기일자를 기재한다.

부동산의 표시

[물건 5]
  7. 전라북도 고창군 공음면 두암리 7
      임야 10538㎡

  매각지분 최 우 지분(2분의 1) 전부

감 정 평 가 액	38,463,700

회차	기 일	최저매각가격
1회	2019.02.11	38,463,700
2회	2019.03.18	26,925,000
3회	2019.04.22	18,848,000
4회	2019.05.27	13,194,000

제시외 건물(재실.비석 등) 매각 제외함. 지분매각.

4절 매각물건명세서의 비치 후 정정

1. 매각물건명세서 등 사본의 열람을 위한 비치기간은 훈시규정이 아니다. 따라서 정해진 매각기일의 1주 전까지 매각물건명세서 등 사본을 비치하지 않았다면 매각기일 등을 변경해야 한다.

이러한 비치기간을 지키지 않은 채로 매각한 경우에는 매각불허가 사유가 된다.

2. 중대한 흠이 있는 매각물건명세서 등 사본을 비치했다가 매각기일 전에 이를 정정했음에도 매각기일을 변경하지 않은 채로 그대로 매각절차를 진행하면서 그 정정내용을 일반 매수희망자들에게 따로 고지하지 않았다면 이해관계인의 이익이 침해되거나 매각절차의 공정성을 해칠 우려가 있는 중대한 절차 위반으로 매각불허가 사유에 해당한다.

5절 매각물건명세서에 중대한 하자가 있는 경우

1. 중대한 하자
1) 전입신고가 되어 있는 선순위임차인이 있음에도 전입신고 된 임차인이 없음이라도 기재된 경우
2) 농지취득자격증명의 필요 유무를 반대로 기재한 경우
3) 토지와 건물의 선순위(근)저당권설정일자가 상이함에도 이를 기재하지 않은 경우
4) 후순위임차인을 선순위임차인이 있는 것으로 기재한 경우
5) 선순위임차인의 보증금 칸에 아무런 표시가 없이 비워둔 경우 등

6) 대지권미등기 시 대지사용권 유무의 불기재

7) 도로경매 시 그 도로가 기부체납된 도로임에도 불구하고 기부
체납에 관한 불표시 등

2. 불복

「민사집행법」제121조 제6호 "부동산에 관한 중대한 권리관계가
변동된 사실이 경매 절차 진행 중에 밝혀진 때"에 해당하며, 매각물
건명세서 작성 자체의 위법사유를 근거로 집행에 관한 이의신청은
허용되지 않고 그러한 매각물건명세서를 토대로 매각허가가 이루어
진 경우에 매각허가에 대한 이의 및 매각허가결정에 대한 즉시항고
를 할 수 있다.

6장

매각기일·매각결정기일의 지정·공고·통지

매각기일이란 집행법원이 압류부동산을 매각하는 날을 말하는 것으로 매각기일과 매각결정기일을 지정해서 매각기일 14일 전까지 공고해야 한다(규칙 제56조).

1절 매각기일의 지정

최초매각기일의 지정·개시 및 공고는 배당요구의 종기로부터 1월 안에 해야 한다.

1. 수회 매각기일의 일괄지정

집행법원은 부동산매각절차를 진행함에 있어 한 기일씩 매각 및 매각결정기일을 개별지정하는 방식에 의하지 않고 수회 매각 및 매각결정기일을 일괄지정하는 방식에 의해 진행할 수 있다. 실무적으로 통상 3회 내지 4회 정도로 하고 있다.

2. 매각기일의 연기, 취소 및 변경

1) 직권에 의한 경우

· 매각절차 과정에 위법한 점이 있음을 발견했다든지, 불가피한 사정이 발생해 매각기일에 경매를 실시할 수 없는 경우

· 민사집행법 제49조의 집행정지서류가 제출된 경우 : 매각기일의 지정을 취소하는 것이 원칙이나 실무에서는 기일을 변경해 추후지정하며 변경 후의 매각기일도 공고일로부터 2주 이후로 정해야 한다.

· 경매개시결정에 대한 이의가 제기되고 그 사유가 상당하다고 인정되는 경우

· 이해관계인에 대한 송달의 부적법, 매각물건명세서 작성의 중대한 하자, 최저매각가격 결정의 하자, 공고의 중대한 오류 등

2) 당사자의 신청에 의한 경우

· 이해관계인은 기일지정·변경신청권이 없어 신청이 있더라도 직권발동을 촉구하는 의미

· 실무에서는 경매 신청채권자가 연기 신청한 경우 1회의 연기 기간을 2개월 이내로 해서 2회까지 허용하고 있고, 채무자 또는 소유자가 연기 신청할 경우에는 채권자의 동의가 없는 한 허가하지 않는다.

· 49조4호의 변제유예증서가 제출된 경우 매각기일을 연기하고 2개월간 정지한다(51①) 그 정지는 2회에 한하며, 통산해 6월을 넘길 수 없다(동조②).

2절 매각기일, 매각결정기일의 공고

매각기일의 2주일 전까지 공고 따라서 공고일과 매각기일 간의 중간기간이 13일이면 충분하다 즉 최초매각기일은 공고일로부터 14일 이후로 정해야 한다.

춘 천 지 방 법 원
매각기일공고

사　　건　　2018타경532　부동산강제경매
채 권 자　지　경
채 무 자　김 선
소 유 자　채무자와 같음

다음 기재와 같이 이 사건(별지 기재) 부동산을 기일입찰의 방법으로 매각합니다.
등기부에 기입할 필요가 없는 부동산에 대한 권리를 가진 사람은 그 채권을 신고하여야 하며, 이해관계인은 매각기일에 출석할 수 있습니다. 매각물건명세서, 현황조사보고서, 평가서의 사본이 매각기일 1주일전부터 법원에 비치되어 일반인의 열람에 제공됩니다.

2019. 4. 22.
춘 천 지 방 법 원

1. 매각 및 매각결정기일
　　가. 제 1회
　　　　매각기일 2019.05.13. 10:00
　　　　매각결정기일 2019.05.20. 15:00
　　나. 제 2회
　　　　매각기일 2019.06.17. 10:00
　　　　매각결정기일 2019.06.24. 15:00
　　다. 제 3회
　　　　매각기일 2019.07.15. 10:00
　　　　매각결정기일 2019.07.22. 15:00
　　라. 제 4회
　　　　매각기일 2019.08.19. 10:00
　　　　매각결정기일 2019.08.26. 15:00

공 고 의 게 시	
공고게시기간	2019. 4. 29.~2019. 8. 5.
장　　소	법 원 게 시 판
게 시 자	법원주사보　박　록

2. 매각 및 매각결정장소 춘 천 지 방 법 원 (매각)경매법정(102호 법정) (매각결정)102호 경매법정
3. 매각담당 집행관의 성명　임 희
4. 부동산의 점유자, 점유의 근원,점유 사용할 수 있는 기간, 차임 또는 보증금의 약정유무와 그 액수 및 최저매각가격 기타 : 민사집행과 사무실에 비치되어 있는 매각물건명세서와 같음
5. 매수신청보증방법 : 현금, 자기앞수표, 지급보증위탁체결문서

주의: 제2회 이후의 매각기일은 선행매각기일에서 허가할 매수가격의 신고가 없이 매각기일이 최종적으로 마감된 때에 실시된다는 사실을 유의하시기 바랍니다.

훈시규정이 아니므로 정해진 매각기일의 2주일 전까지 공고가 없는 때에는 집행법원은 매각기일을 변경해야 한다. 또한 이 기간을 지키지 않은 채로 매각이 실시된 때에는 매각불허가 사유가 된다.

1. 위법공고의 효력

위법공고를 간과하고 집행을 속행하면 매각허가에 대한 이의 및 매각불허가사유가 되고 매각허가결정에 대한 항고사유가 된다. 다만, 불복없이 매각허가결정이 확정되면 하자는 치유된다.

2. 매각조건

법원이 부동산을 매각해 그 소유권을 매수인에게 이전하는 데 있어서 지켜야 할 조건, 즉 경매의 성립과 효력에 관한 조건을 말한다.

1) 법정매각조건

경매도 일종의 매매라 할 수 있으나 통상의 매매와 같이 당사자가 그 조건을 자유롭게 정할 수 없다. 경매는 소유자의 의사에 반해 행해지고 이해관계 또한 복잡하므로 법은 매각조건을 획일적으로 정했다. 이와 같이 모든 매각절차에 있어서 공통적으로 적용하도록 「민사집행법」과 동 규칙이 미리 정해놓은 매각조건을 말한다. -최저매각가격 미만 매각 불허, 소멸주의, 인수주의, 잉여주의 등

2) 특별매각조건

법정매각조건 중에서 공공의 이익이나 경매의 본질에 관계되지 않는 조건으로서 이해관계인의 합의 또는 법원의 직권으로 변경한 조건, 이러한 조건으로는 매각대금의 지급방법과 시기, 부동산 위의 담보권·용익권의 인수·소멸이다.

(1) 입찰보증금의 변경

전회차의 최고가매수신고인이 잔금을 납부하지 않아 재매각으로 진행되는 경우 입찰보증금은 법원에 따라 최저매각가격의 20% ~ 30%로 진행이 되는 것을 잘 살펴보아야 한다.

(2) 농지취득자격증명서

농지의 경우 최고가매수신고인은 낙찰 후 매각허가결정일까지 지방자치단체장으로부터 농지취득자격증명서를 발급받아 관할법원에 제출해야 한다.

(3) 주무관청의 매각허가 챙기기

학교법인이나 사회복지법인의 기본재산의 최고가매수신고인은 낙찰 후 주무관청의 매각허가서를 제출해야 한다.

3. 경매 기록의 열람 복사

매각기일공고 전에는 매각절차의 이해관계인 또는 당사자와 이해관계를 소명한 제3자에 한해서 기록의 열람을 허용하고, 그 밖의 자에 대해서는 열람을 허용하지 않는다.

※ 열람·복사를 신청할 수 있는 이해관계인의 범위

「부동산 등에 대한 경매 절차 처리지침(재민 2004-3)」제 53조(경매 기록의 열람·복사)

1. 경매 절차상의 이해관계인 외의 사람으로서 경매 기록에 대한 열람·복사를 신청할 수 있는 이해관계인의 범위
   - 파산관재인이 집행당사자가 된 경우의 파산자인 채무자와 소유자
   - 최고가매수신고인, 차순위매수신고인, 매수인, 자기가 적법한 최고가 매수신고인 또는 차순위매수인고인임을 주장하는 사람으로서 매수신고 시 제공한 보증을 찾아가지 않은 매수신고인
   - 민법, 상법, 그 밖의 법률에 의해 우선변제청구권이 있는 배당요구채권자
   - 대항요건을 구비하지 못한 임차인으로서 현황조사보고서에 표시되어 있는 사람
   - 건물을 매각하는 경우의 그 대지 소유자, 대지를 매각하는 경우의 그 지상 건물 소유자
   - 가압류채권자, 가처분채권자
   - 「부도공공건설임대주택 임차인 보호를 위한 특별법」의 규정에 의해 부도임대주택의 임차인대표회의 또는 임차인 등으로부터 부도임대주택의 매입을 요청받은 주택매입사업시행자

2. 경매 기록에 대한 열람·복사를 신청하는 사람은 이해관계인에 해당된다는 사실을 소명해야 한다. 다만, 이해관계인에 해당한다는 사실이 기록상 분명한 때에는 그러하지 아니하다.

3. 경매 기록에 대한 복사청구를 하는 때에는 경매 기록 전체에 대한 복사청구를 해서는 아니되고 경매 기록 중 복사할 부분을 특정해야 한다(재민2004-3, 53조).

3절 매각기일 및 매각결정기일의 통지

이해관계인에게 통지해야 한다. 그 통지는 배당요구의 종기로부터 1월 안에 해야 한다.

춘 천 지 방 법 원
매각기일 및 매각결정기일통지서

사 건	2018타경532 부동산강제경매
채 권 자	지 경
채 무 자	김 선
소 유 자	채무자와 같음

매각기일 및 매각결정기일과 장소를 다음과 같이 정하였으므로 통지합니다.

1. 매각기일 및 매각결정기일
가. 제1회 매각기일 2019.09.23. 10:00 매각결정기일 2019.09.30. 15:00
나. 제2회 매각기일 2019.10.28. 10:00 매각결정기일 2019.11.04. 15:00
다. 제3회 매각기일 2019.12.02. 10:00 매각결정기일 2019.12.09. 15:00
라. 제4회 매각기일 2020.01.06. 10:00 매각결정기일 2020.01.13. 15:00

2. 최저매각가격

매각물건	제1회	제2회	제3회	제4회
1	20,250,000 원	14,175,000 원	9,923,000 원	6,946,000 원

3. 매각 및 매각결정장소 춘 천 지 방 법 원 (매각)경매법정(102호 법정) (매각결정)102호 경매법정

2019. 8. 8.

법원주사보 박

주의 : 1. 제2회 이후의 매각기일은 선행매각기일에서 허가할 매수가격의 신고가 없이 매각기일이 최종적으로 마감된 때에 실시된다는 사실을 유의하시기 바랍니다.
2. 마지막 매각기일에서도 허가할 매수가격의 신고가 없이 매각기일이 최종적으로 마감된 때에는 다시 매각 및 매각결정기일을 지정하여 통지서를 송달합니다.
3. 일괄 지정된 매각기일 중 한 기일을 변경하는 경우에는 새로 매각기일 및 매각결정기일을 지정하여 통지서를 송달합니다.
4. 매각결정은 매각기일에 허가할 매수가격의 신고가 있는 경우 그 매각결정기일에 법정에서 선고하는 외에 법원게시판에 공고되며, 그 허부결정을 이해관계인에게 송달하지 않습니다. 따라서 매각허부결정에 대한 즉시항고는 위 선고기일 다음날부터 1주 이내에 하여야 합니다.
5. 사건진행ARS는 지역번호 없이 1588-9100입니다. 바로 청취하기 위해서는 안내 음성에 관계없이 '1'+'9'+[열람번호 000260 2018 013 53251]+'*'를 누르세요.

법원 소재지	춘천시 공지로 284춘천지방법원
전 화[장소]	033-259-9710(본관 1층 민사신청과내)
⊙ 주차시설이 협소하오니 대중교통을 이용하여 주시기 바랍니다.	

1. 통지하지 않은 하자의 효과

1) 이해관계인의 권리신고가 매각기일의 공고 및 다른 이해관계인들에 대한 통지절차가 완료되기 전에 행해졌다면 그 이해관계인에 대한 통지가 이루어지지 않은 채 집행법원이 매각기일

의 매각절차를 속행한 것은 매각허가결정에 대한 적법한 항고
사유가 된다.

2) 그러나 매각기일의 공고 및 다른 이해관계인에 대한 매각기일·
매각결정기일의 통지절차가 끝난 뒤에 비로소 권리신고가 있는
경우에는 비록 그 신고가 매각기일 전에 행해졌다고 할지라도
당해 이해관계인에게 통지하지 않아도 된다.

3) 공유 지분 경매 시 다른 공유자에게 통지를 흠결했다면 매각허
가결정에 대한 항고사유가 된다.

4) 매각기일과 매각결정기일을 통지함에 있어 최저매각가격을 착
오로 잘못 통지한 것은 항고사유가 되지 않는다.

2. 등기우편에 의한 발송송달

집행기록에 표시된 이해관계인의 주소(예, 등기기록, 권리신고서 또는
배당요구신청서상의 주소 등)에 등기우편으로 발송할 수 있다(우편송달).
· 발송 시에 송달의 효력 발생

3. 통지를 하지 않은 하자

1) 매각허가에 대한 이의사유인'집행을 속행할 수 없는 때'에 해당
(=매각허가결정에 대한 즉시항고)
· 따라서 이의신청이 없더라도 법원은 직권으로 매각을 허가하지
않아야 한다.

※ 배당요구종기일로부터 1월 안에 이해관계인에게 매각 및 매각결정기일의 통
지 누락으로 인한 절차상 하자로 직권불허가결정을 함.

정년 없는 부동산 경매

경매구분	강제경매	채권자	성유철강외1		
용도	답	채무/소유자	강OO	매각기일	19.07.17
감정가	236,496,000(18.11.30)	청구액	334,396,026	종국결과	
최저가	236,496,000(100%)	토지면적	379.0㎡(114.6평)	경매개시일	18.11.19
입찰보증금	23,649,600(10%)	건물면적	0㎡(0.0평)	배당종기일	19.02.19
주의사항			· 입찰외 · 농지취득자격증명		

경매진행과정	법원문건접수내역	
① 236,496,000 2019-05-01 유찰 ② 30% ↓ 165,547,000 2019-06-12 매각 매수인 노OO 응찰수 8명 매각가 1위 244,122,000(103.22%) 2위 226,600,000(95.82%) 3위 223,625,000(94.56%) 불허 2019-06-19 ① 236,496,000 2019-07-17 매각 매수인 박OO 응찰수 5명 매각가 1위 260,111,000(109.99%) 허가 2019-07-24 납기 2019-08-29 납부 2019-08-22	2019.06.18	최고가매수신고인 농지취득자격증명 제출
	법원문건송달내역	
	2019.06.27	제3취득자 강OO 매각및 매각결정기일통지서 발송
	2019.06.27	임차인 주OO 매각및 매각결정기일통지서 발송
	2019.06.27	채무자겸소유자 김OO 매각및 매각결정기일통지서 발송
	2019.06.27	채권자대리인 해O 매각및 매각결정기일통지서 발송
	2019.06.27	배당요구권자 삼OOOO OOOO 매각및 매각결정기일통지서 발송
	2019.06.27	배당요구권자 주OOO OOOO 매각및 매각결정기일통지서 발송

2) 민사집행법 129조 1항에서 말하는 '손해'

현실적인 재산상의 손해 뿐 아니라 법이 보장하는 절차상 권리를 침해당한 손해

3) 매각허가결정 확정 후 이해관계인인 채무자에게 매각기일을 통지하지 않은 사유로써 매각허가 결정의 효력을 다툴 수 있는지 여부(=적극)

　· 통지를 하지 않아 매각허가결정에 대한 항고기간을 준수하지 못했다면 매각대금이 완납된 이후에도 추완항고가 허용될 수 있다.

4절 매각기일^{입찰일}

집행법원이 매각부동산에 대한 매각을 실시하는 기일을 말한다.

가. 낙찰

응찰자 중에서 최고가매수신고인을 결정한다. 최고가매수신고인을 제외한 입찰자들의 보증금은 즉시 돌려받는다.

나. 유찰

매각기일에 응찰자가 없을 경우 다음 기일에 20~30% 최저가를 저감해 진행한다.

경매 입찰 진행 과정

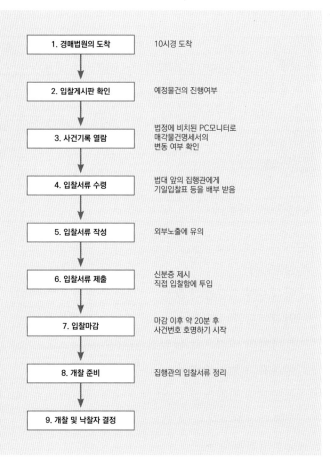

1. 경매법원의 도착	10시경 도착
2. 입찰게시판 확인	예정물건의 진행여부
3. 사건기록 열람	법정에 비치된 PC모니터로 매각물건명세서의 변동 여부 확인
4. 입찰서류 수령	법대 앞의 집행관에게 기일입찰표 등을 배부 받음
5. 입찰서류 작성	외부노출에 유의
6. 입찰서류 제출	신분증 제시 직접 입찰함에 투입
7. 입찰마감	마감 이후 약 20분 후 사건번호 호명하기 시작
8. 개찰 준비	집행관의 입찰서류 정리
9. 개찰 및 낙찰자 결정	

1. 입찰준비물

1) 개인과 법인

입찰자 준비물	개 인		법 인	
	본인	대리인	대표이사	대리인
입찰자신분증	○	○	○	○
입찰자도장	○	○	○ (법인인감)	○
입찰보증금	○	○	○	○
위임장(인감날인)	×	○	×	○
본인(법인) 인감증명서	×	○	×	○
법인등기사항 전부증명서	×	×	○	○

2) 공동입찰

· 참석자의 신분증과 도장

· 입찰보증금

· 불참자의 인감으로 날인된 위임장

· 불참자의 인감증명서

· 불참자의 인감도장(간인)

· 공동입찰신고서

· 공동입찰자목록

2. 입찰서류 작성

성남6계 2018타경539**[1]

사건내용

과거사건	성남8계 2014-232**										
관련물건번호	1 진행	2 매각									

소재지	경기 성남시 분당구 석운동 72-5				
경매구분	강제경매	채권자	신용보증기금		
용도	전	채무/소유자	이OO/ 이OO 외 32	매각기일	19.07.22(월) 10:00
감정가	69,333,200 (18.08.14)	청구액	310,633,770	다음예정	19.08.26 (33,973,000)
최저가	48,533,000 (70%)	토지면적	전체 5,021㎡ 중 지분 59.8 ㎡(18.1평)	경매개시일	18.08.02
입찰보증금	4,853,300 (10%)	건물면적	0㎡(0.0평)	배당종기일	18.10.15
주의사항	· 지분매각 · 입찰외 · 농지취득자격증명				

[전산양식 A3360] 기일입찰표(앞쪽)　　　　　용지규격 210㎜× 297㎜(A4용지)

(앞면)

기 일 입 찰 표

지방법원 집행관 귀하　　　　　　　　　입찰기일 2019 년 7 월 22 일

| 사건번호 | 2018 타경 53967 호 | 물건번호 | ※물건번호가 여러개 있는 경우에는 꼭 기재 | 1 |

입찰자	본인	성 명	조자룡 (조자룡)	전화번호	010-1234-5678
		주민(사업자)등록번호	950112-1234567	법인등록번호	
		주 소	서울 중구 세종대로 110		
	대리인	성 명	㉑	본인과의 관계	
		주민등록번호		전화번호	-
		주 소			

입찰가격	천억	백억	십억	억	천만	백만	십만	만	천	백	십	일		보증금액	백억	십억	억	천만	백만	십만	만	천	백	십	일	
					5	6	7	9	0	0	0	0	원					4	8	5	3	3	0	0		원

| 보증의 제공방법 | ☐ 현금·자기앞수표
☐ 보증서 | 보증을 반환 받았습니다.

　　　　　　　입찰자 조자룡 ㉑ |

주의사항.
1. 입찰표는 물건마다 별도의 용지를 사용하십시오, 다만, 일괄입찰시에는 1매의 용지를 사용하십시오.
2. 한 사건에서 입찰물건이 여러개 있고 그 물건들이 개별적으로 입찰에 부쳐진 경우에는 사건번호외에 물건번호를 기재하십시오.
3. 입찰자가 법인인 경우에는 본인의 성명란에 법인의 명칭과 대표자의 지위 및 성명을, 주민등록란에는 입찰자가 개인인 경우에는 주민등록번호를, 법인인 경우에는 사업자등록번호를 기재하고, 대표자의 자격을 증명하는 서면(법인의 등기사항증명서)을 제출하여야 합니다.
4. 주소는 주민등록상의 주소를, 법인은 등기부상의 본점소재지를 기재하시고, 신분확인상 필요하오니 주민등록증을 꼭 지참하십시오.
5. **입찰가격은 수정할 수 없으므로, 수정을 요하는 때에는 새 용지를 사용하십시오.**
6. 대리인이 입찰하는 때에는 입찰자란에 본인과 대리인의 인적사항 및 본인과의 관계 등을 모두 기재하는 외에 본인의 위임장(입찰표 뒷면을 사용)과 인감증명을 제출하십시오.
7. 위임장, 인감증명 및 자격증명서는 이 입찰표에 첨부하십시오.
8. 일단 제출된 입찰표는 취소, 변경이나 교환이 불가능합니다.
9. 공동으로 입찰하는 경우에는 공동입찰신고서를 입찰표와 함께 제출하되, 입찰표의 본인란에는 "별첨 공동입찰자목록 기재와 같음" 이라고 기재한 다음, 입찰표와 공동입찰신고서 사이에는 공동입찰자 전원이 간인 하십시오.
10. 입찰자 본인 또는 대리인 누구나 보증을 반환 받을 수 있습니다.
11. 보증의 제공방법(현금·자기앞수표 또는 보증서)중 하나를 선택하여 ☑표를 기재하십시오.

[전산양식 A3360] 기일입찰표(흰색) 용지규격 210㎜×297㎜(A4용지)

(앞면)

기 일 입 찰 표

지방법원 집행관 귀하						입찰기일 2019 년 7 월 22 일			
사 건 번 호		2018 타경 53967 호			물건 번호	※물건번호가 여러개 있는 경우에는 꼭 기재		1	

입 찰 자	본인	성 명	조자룡 ㉑		전화 번호	010-1234-5678	
		주민(사업자) 등록번호	950112-1234567	법인등록 번 호			
		주 소	서울 중구 세종대로 110				
	대리인	성 명	조운 조운		본인과의 관 계	친구	
		주민등록 번 호	950233-148670□		전화번호	02-345-7456	
		주 소	서울 강남구 강남대로 222				

입찰 가격	천 억	백 억	십 억	억	천 만	백 만	십 만	만	천	백	십	일		보증 금액	백 억	십 억	억	천 만	백 만	십 만	만	천	백	십	일	
					5	6	7	9	0	0	0	0	원				4	8	5	3	3	0	0		원

보증의 제공방법	□ 현금·자기앞수표 □ 보증서	보증을 반환 받았습니다. 입찰자 조 운 ㉑

주의사항.

1. 입찰표는 물건마다 별도의 용지를 사용하십시오. 다만, 일괄입찰시에는 1매의 용지를 사용하십시오.
2. 한 사건에서 입찰물건이 여러개 있고 그 물건들이 개별적으로 입찰에 부쳐진 경우에는 사건번호외에 물건번호를 기재하십시오.
3. 입찰자가 법인인 경우에는 본인의 성명란에 법인의 명칭과 대표자의 지위 및 성명을, 주민등록란에는 입찰자가 개인인 경우에는 주민등록번호를, 법인인 경우에는 사업자등록번호를 기재하고, 대표자의 자격을 증명하는 서면(법인의 등기사항증명서)을 제출하여야 합니다.
4. 주소는 주민등록상의 주소를, 법인은 등기부상의 본점소재지를 기재하시고, 신분확인상 필요하오니 주민등록증을 꼭 지참하십시오.
5. **입찰가격은 수정할 수 없으므로, 수정을 요하는 때에는 새 용지를 사용하십시오.**
6. 대리인이 입찰하는 때에는 입찰자란에 본인과 대리인의 인적사항 및 본인과의 관계 등을 모두 기재하는 외에 본인의 위임장(입찰표 뒷면을 사용)과 인감증명을 제출하십시오.
7. 위임장, 인감증명 및 자격증명서는 이 입찰표에 첨부하십시오.
8. 일단 제출된 입찰표는 취소, 변경이나 교환이 불가능합니다.
9. 공동으로 입찰하는 경우에는 공동입찰신고서를 입찰표와 함께 제출하되, 입찰표의 본인란에는 "별첨 공동입찰자목록 기재와 같음"이라고 기재한 다음, 입찰표와 공동입찰신고서 사이에는 공동입찰자 전원이 간인 하십시오.
10. 입찰자 본인 또는 대리인 누구나 보증을 반환 받을 수 있습니다.
11. 보증의 제공방법(현금·자기앞수표 또는 보증서)중 하나를 선택하여 ☑표를 기재하십시오.

[전산양식 A3360] 기일입찰표 (흰색)   용지규격 210㎜ × 297㎜(A4용지)

(앞면)

기 일 입 찰 표

지방법원 집행관 귀하   입찰기일 2019 년 7 월 22 일

사건번호	2018 타경 53967 호	물건번호	※물건번호가 여러개 있는 경우에는 꼭 기재	1

입찰자	본인	성 명	별첨 공동입찰자 목록기재와 같음		전화번호	
		주민(사업자)등록번호			법인등록번호	
		주 소				
	대리인	성 명	조 운 (조운)		본인과의관계	
		주민등록번호	950233-1486700		전화번호 02-345-7456	
		주 소	서울 강남구 강남대로 222			

입찰가격	천억	백억	십억	억	천만	백만	십만	만	천	백	십	일	
					5	6	7	9	0	0	0	0	원

보증금액	백억	십억	억	천만	백만	십만	만	천	백	십	일	
					4	8	5	3	3	0	0	원

보증의 제공방법	☐ 현금·자기앞수표 ☐ 보증서	보증을 반환 받았습니다.
		입찰자 조운 외1 ㉑

주의사항.
1. 입찰표는 물건마다 별도의 용지를 사용하십시오, 다만, 일괄입찰시에는 1매의 용지를 사용하십시오.
2. 한 사건에서 입찰물건이 여러개 있고 그 물건들이 개별적으로 입찰에 부쳐진 경우에는 사건번호외에 물건번호를 기재하십시오.
3. 입찰자가 법인인 경우에는 본인의 성명란에 법인의 명칭과 대표자의 지위 및 성명을, 주민등록란에는 입찰자가 개인인 경우에는 주민등록번호를, 법인인 경우에는 사업자등록번호를 기재하고, 대표자의 자격을 증명하는 서면(법인의 등기사항증명서)을 제출하여야 합니다.
4. 주소는 주민등록상의 주소를, 법인은 등기부상의 본점소재지를 기재하시고, 신분확인상 필요하오니 주민등록증을 꼭 지참하십시오.
5. **입찰가격은 수정할 수 없으므로, 수정을 요하는 때에는 새 용지를 사용하십시오.**
6. 대리인이 입찰하는 때에는 입찰자란에 본인과 대리인의 인적사항 및 본인과의 관계 등을 모두 기재하는 외에 본인의 위임장(입찰표 뒷면을 사용)과 인감증명을 제출하십시오.
7. 위임장, 인감증명 및 자격증명서는 이 입찰표에 첨부하십시오.
8. 일단 제출된 입찰표는 취소, 변경이나 교환이 불가능합니다.
9. 공동으로 입찰하는 경우에는 공동입찰신고서를 입찰표와 함께 제출하되, 입찰표의 본인란에는 "별첨 공동입찰자목록 기재와 같음" 이라고 기재한 다음, 입찰표와 공동입찰신고서 사이에는 공동입찰자 전원이 간인 하십시오.
10. 입찰자 본인 또는 대리인 누구나 보증을 반환 받을 수 있습니다.
11. 보증의 제공방법(현금·자기앞수표 또는 보증서)중 하나를 선택하여 ☑표를 기재하십시오.

대리 입찰

위 임 장

대 리 인	성 명	조 운	직업	자영업
	주민등록번호	950233-1486756	전화번호	02-345-7456
	주 소	서울 강남구 강남대로 222		

위 사람을 대리인으로 정하고 다음 사항을 위임함.

다 음

지방법원 2018 타경 53967(1) 호 부동산

경매사건에 관한 입찰행위 일체

본 인 1	성 명	조자룡 조자룡	직 업	회사원
	주민등록번호	950112-1234567	전 화 번 호	010-1234-5678
	주 소	서울 중구 세종대로 110		
본 인 2	성 명	(인감인)	직 업	
	주민등록번호	-	전 화 번 호	
	주 소			
본 인 3	성 명	(인감인)	직 업	
	주민등록번호	-	전 화 번 호	
	주 소			

* 본인의 인감 증명서 첨부
* 본인이 법인인 경우에는 주민등록번호란에 사업자등록번호를 기재

지방법원 귀중

공동 입찰

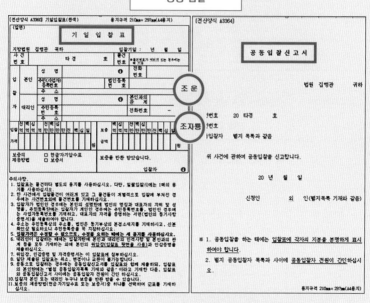

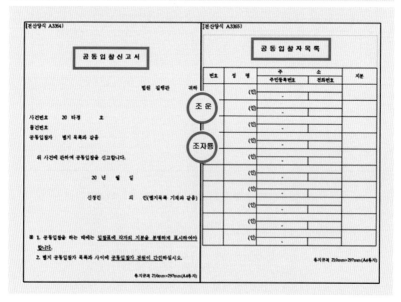

정년 없는 부동산 경매

[전산양식 A3364]

공 동 입 찰 신 고 서

법원 집행관 　　귀하

사건번호 　2018　타경 539　　호
물건번호 　1
공동입찰자 　별지 목록과 같음

위 사건에 관하여 공동입찰을 신고합니다.

2019 년 7 월 22 일

신청인 　조운　외 1 인(별지목록 기재와 같음)

※ 1. 공동입찰을 하는 때에는 입찰표에 각자의 지분을 분명하게 표시하여야
　　합니다.
　2. 별지 공동입찰자 목록과 사이에 공동입찰자 전원이 간인하십시오.

용지규격 210mm×297mm(A4용지)

공동입찰자목록

번호	성 명	주소		지분
		주민등록번호	전화번호	
1	조 운 (조 운)	서울 강남구 강남대로 222		1/2
		950233-1486756	02-345-7456	
2	조자룡 (조자룡)	서울 중구 세종대로 110		1/2
		)50112-1234567	02-234-5678	
	(인)	-		
	(인)	-		
	(인)	-		
	(인)	-		
	(인)	-		
	(인)	-		
	(인)	-		
	(인)	-		

용지규격 210mm×297mm(A4용지)

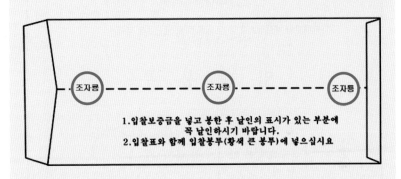

서울중앙지방법원

매수신청보증금봉투

사건번호	2018 타경539　호
물건번호	1
제출자	조자룡 　조자룡

조자룡 ------ 조자룡 ------ 조자룡

1. 입찰보증금을 넣고 봉한 후 날인의 표시가 있는 부분에
   꼭 날인하시기 바랍니다.
2. 입찰표와 함께 입찰봉투(황색 큰 봉투)에 넣으십시요

입찰자용 수취증
00법원(연결번호 번)

주의: 이 부분을 절취하여 보관하다가 매수신청보증금을 반환받을 때 제출 하십시요

분실시에는 매수신청보증금을 반환 받지 못할 수가 있으니 주의하십시요

집행관 인

─ ─ ─ ─ ─ ─ ─ ─ 절 취 선 ─ ─ ─ ─ ─ ─ ─

00법원(연결번호 번)

접는선 뒷면의 사건번호와 물건번호를 반드시 기재하여 주시기 바랍니다.

─ ─ ─ ─ ─ ─ ─ 접 는 선 ─ ─ ─ ─ ─ ─ ─

매수신청인이 직접 이곳을 스테이플러(찍개)로 찍으십시요

※타인이 사건번호를 볼 수 없도록 위 접는선을 접어서 제출하여 주십시요

입 찰 봉 투

제출자 성 명	본인	조자룡 외	조자룡
	대리인		(인)

◈ 주 의 사 항 ◈

1. 입찰대상이 아닌 경매사건에 응찰한 경우에는 즉시 매수보증금을 반환받을 수 없고 개찰이 모두 완료한 후 매수보증금을 반환받을 수 있으므로 매각기일을 꼭 확인하여 주시기 바랍니다.
2. 매수신청보증금(입찰보증금)봉투와 입찰표를 넣고 사건번호를 타인이 볼 수 없도록 접어서 제출하여 주십시요
3. 위 입찰자 성명란을 기재하고, 입찰봉투 제출 시 신분증을 제시 하십시요
4. 입찰자용 수취증의 절취선에 집행관의 날인을 받으십시요

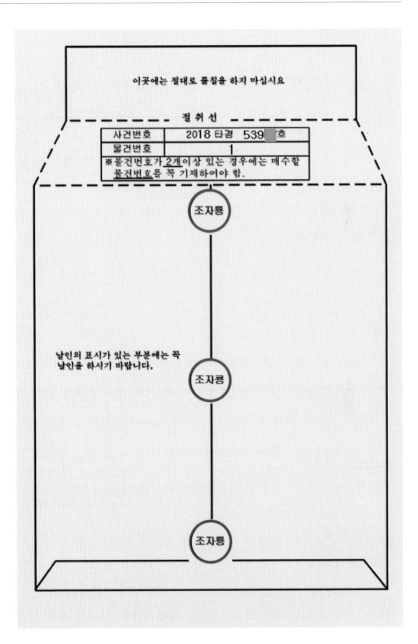

이곳에는 절대로 풀칠을 하지 마십시요

절 취 선

| 사건번호 | 2018 타경 539 호 |
| 물건번호 | 1 |

※물건번호가 2개이상 있는 경우에는 매수할
물건번호를 꼭 기재하여야 함.

조자룡

날인의 표시가 있는 부분에는 꼭
날인을 하시기 바랍니다.

조자룡

조자룡

3. 입찰과정

1) 입찰시작 : 전국 대부분의 경매법정 입찰시작 시간은 오전 10시

　　입찰마감 : 집행관이 입찰표의 제출을 최고한 후 1시간 후이다

　　　　　　　통상 빠르면 오전 11시 늦으면 정오 12시(대부분 11시

　　　　　　　10분, 20분, 30분)

　　　　　　　※ 입찰표의 제출을 최고한 후 1시간 경과 전에 입찰을 마감한 때에는
　　　　　　　　매각허가에 대한 이의사유가 된다(121조7호).

2) 법원 가기 전 준비

(1) 당일 아침에 원하는 경매 물건 사건이 진행되는지 여부를 확인한다.

(2) 본인입찰, 대리인입찰, 법인입찰에 따른 준비물, 매수보증금(현금 또는 수표), 필요에 따라 펜, 인주 등

　　· 매수보증금은 최저매각가격의 10%(특별매각조건 또는 재매각 시 20~30% 일 수 있음)이며, 수표로 제출 시 사건번호와 이서를 해두는 것이 좋다.

3) 법원 도착 후

(1) 경매법정의 위치는 법원내 표지판이나 법원직원에게 물어보면 친절하게 안내해준다.

(2) 약 30분 전쯤 법원에 도착해 경매법정 입구에 게시된 입찰 사건목록표에 내가 입찰할 사건이 그대로 진행되는지 재확인 한다.

(3) 법원에 비치된 컴퓨터 모니터를 통해서 매각물건명세서의 변경사항이 있는지 확인한다.

　　현황조사서 및 감정평가서 등은 '대한민국법원 법원경매정보'

나 민간경매정보사이트를 통해서 이미 매각기일 2주 전부터 열람이 가능한 자료들이므로 특별한 경우 아니면 굳이 열람할 필요는 없다.

4) 입찰서류 수령, 작성, 제출(입찰시작)

(1) 경매개시 시각(오전 10시)이 되면 집행관의 경매개시 알림과 입찰에 관한 대략적인 설명을 한다.

(2) 입찰표 등을 배부받고 타인에게 입찰물건에 대한 정보의 노출에 유의해서 입찰표 등을 작성한다. 입찰표만 법원경매사이트에서 서식을 다운받아 미리 작성 가능

(3) 모든 입찰관련 서류를 대봉투에 넣고 법대 앞에 비치된 스테이플러를 찍은 후 집행관에게 제출한다.

(4) 집행관은 대봉투의 입찰자용수취증 부분을 절취해 입찰대봉투와 입찰자용수취증를 입찰자에게 준다.

(5) 이를 받은 입찰자는 입찰자용수취증은 소중하게 간직하고, 대봉투는 사건번호가 안보이게 반을 접어서 입찰함(유리함)에 투입한다.

5) 입찰마감 및 개찰

(1) 입찰개시 후 1시간 정도가 지나면 집행관은 입찰마감시간이 임박했음을 고지하고 더 이상 입찰자가 없는지 확인한 다음에 입찰 마감을 선언한다.

(2) 입찰마감시간이 경과 후 개찰이 시작되어 입찰봉투와 입찰서류의 정리를 위한 약20분간의 시간이 경과 후 각 사건번호를 호명하기 시작한다.

(3) 사건번호가 호명되어 최고가매수인으로 결정되면 입찰자용수

취증을 반납하고 매수보증금 영수증을 받아 나오고, 최고가매
수인이 아니면 입찰자용수취증을 반납하면서 매수보증금을 반
환받는다.

(4) 최고가 입찰자가 2인 이상인 경우 현장에서 바로 그들만을 대
상으로 추가입찰을 해서 더 높은 금액으로 응찰한 입찰자를 최
고가 매수신고인으로 지정한다. 그럼에도 입찰가가 같다면 추
첨으로 최고가 매수신고인을 지정한다.

(5) 집행관이 입찰물건의 종결을 고지하기 전까지 차순위매수신
고, 공유자우선매수청구, 임차인우선매수청구를 할 사람은 재
빨리 손을 들어 권리를 행사해야 한다.

4. 입찰금액의 결정

1) 감정평가액 기준

예전에는 감정가액이 다소 부정확했지만 요즘은 다양한 시세자료
(국토부 실거래가공개, 인터넷의 매물시세, 인근지역의 낙찰사례 등)등으
로 감정가액의 정확도는 높은 편이라 이를 참고로 해도 무방하다.

다만, 수도권에서 지방, 도심에서 교외로 갈수록 시세와 감정평가
금액의 차이에 대한 확인작업이 필요한 편이다.

2) 평균 낙찰가액

과거 약2년간의 평균 낙찰가액을 기준으로 산정한다.

3) 의식하지 않는 입찰가

높은 경쟁률을 의식한 낙찰을 받기 위한 높은 입찰가보다는 예상
수익을 확보할 수 있는 입찰가를 소신껏 결정해야 한다.

높은 경쟁이 예상됨에도 소신껏 입찰가를 쓰고 단독입찰일지라도

후회하지 않는 입찰가가 중요하다.

4) 경매법정 분위기 파악

입찰법정 안팎의 응찰자들이 다른 때에 비해 얼마나 많이 또는 적게 왔는지, 현장실습생, 컨설팅업체 직원 등을 제외한 실제 입찰에 참여할 사람들은 얼마나 되는지, 참석자들의 연령대와 성비 등을 파악하고 당일 매각사건의 건수를 비교하며 입찰분위기를 파악한다. 당일 진행되는 경매 건수 중 입지나 가격 및 개발호재 측면에서 입찰자들이 몰릴 만한 우량물건이 어느 정도 있는지, 1~2회 유찰된 물건은 얼마나 있는지 등은 내가 오늘 입찰할 물건의 예상경쟁률과 입찰가격을 결정하는 데 참고할 사항들이다.

※ 경매 신청채권청구액을 참고하라

채권자들에게 배당이 되고 잉여액은 채무자(소유자)에게 배당이 되는 것을 알수 있다. 즉 1,300만 원은 채무자가 보관하고 있다. 지상의 건물은 상태가 양호하다. 이런 경우 채무액보다 높은 가격으로 입찰해 낙찰받는 것이 수익을 확보할 수 있는 방법이 된다.

통영2계 2012타경116**

경매구분	강제경매	채권자	한○○○○○		
용도	대지	채무/소유자	허○○	매각기일	13.03.14 매각
감정가	15,750,000	청구액	30,000,000	종국결과	13.05.22 배당종결
최저가	15,750,000(100%)	토지면적	525.0㎡(158.8평)	경매개시일	12.11.28
입찰보증금	1,575,000(10%)	건물면적	0㎡(0.0평)	배당종기일	13.02.08
주의사항			법정지상권 · 입찰외		

소재지/감정요약	물건번호/면적(㎡)	감정가/최저가/과정	임차조사	등기권리
경남 고성군 대가면 금산리 383 감정평가서요약 세동마을 내 위치 주위 농가주택 및 농경지, 축사 등 혼재한 농촌취락지대 인근 차량 접근 가능 제반 교통 사정 보통 사다리평지 지적도상 남동측소로 접함, 남서측 폭 3m 도로개설 계획관리지역 2012-12-07 대화감정 표준지가 : 16,000 개별지가 : 13,800 감정지가 : 50,000	물건번호: 단독물건 대지 525.0 (158.81평) ₩15,750,000 현 : 일부도로 입찰 외 제시 외 · 제실 56.7 (17.14평) ₩81,576,000 · 제실 6.8(2.04평) ₩9,720,000 · 제실 6.8(2.04평) ₩9,720,000 · 화장실 10.0 (3.03평) ₩4,500,000 · 대문 2.4 (0.73평) ₩1,728,000 법정지상권 성립 여지 있음 *제시 외 감안가격임	감정가 15,750,000 · 토지 15,750,000 (100%) (평당 99,175) 최저가 15,750,000 (100%) 경매진행과정 ① 15,750,000 2013-03-14 매각 매수인 정○○ 응찰수 2명 매각가 43,210,000 (274.35%) 2위 24,999,900 (158.73%) 허가 2013-03-21 납기 2013-04-19 납부 2013-05-22 종결	법원임차조사 *본건지상에 제시 외 (청운재소유) 소재함. 주민등록 열람한 바 전입자 없음.	소유권 허○○ 2012-11-20 강제 한국자산관리 2012-11-28 *청구액: 30,000,000원 열람일자 : 2012-12-27

※ 공동입찰을 할 것인가? 단독입찰을 할 것인가?

조만간 보상금이 지급되는 토지이다. 즉 낙찰로 취득하자 마자 매도(수용)가 예정된 물건으로 단기매도로 인한 양도소득세를 고민해야 한다.

1인의 단독입찰보다는 기본공제 250만 원을 고려해 5~6명이 공동입찰하는 것이 올바른 방향이지 않을까? 더구나 단기매도가 예정되어 있으니 공동 투자에 대한 일반적인 위험도 없다고 할 것이다.

동부산5계 2006타경**

경매구분	강제경매	채권자	서OOO		
용도	전	채무/소유자	김OO	매각기일	06.09.28 종결
감정가	121,160,000	청구액	3,518,753	종국결과	06.09.28 배당종결
최저가	96,928,000(80%)	토지면적	932.0㎡(281.9평)	경매개시일	06.01.05
입찰보증금	9,692,800(10%)	건물면적	0㎡(0.0평)	배당종기일	06.04.04

소재지/감정요약	물건번호/면적(㎡)	감정가/최저가/과정	임차조사	등기권리
부산 기장군 정관읍 방곡리 27 감정일자: 2006.01.16. 정관택지개발지구 A-23, 24블럭 (예정) 북측 양산-동면간 도로개설예정구간_(2000.07월 완공예정)에 포함된 도로예정부지에 편입되는 토지임 조사시점 현재 도로개설을 위해 보상평가가 완료된것으로 추정됨 정관신도시개발공사로 인해 조사시점_현재 본건까지의 접근은 공	물건번호: 단독물건 전 932.0 (281.93평) ₩96,928,000 농취증필요 (보증금몰수조항) *보증금확인바랍니다	감정가 121,160,000 최저가 96,928,000 (80%) 경매진행과정 ① 121,160,000 2006-06-15 유찰 ② 20%↓96,928,000 2006-07-20 매각 매수인 김OO 응찰수 1명 매각가 100,200,000 (82.70%) 2006-09-28 종결	법원임차조사 미상	소유권 김OO 1983-03-05 저당권 정관농협 1997-08-19 150,000,000 이전 동부산농 2000-01-11 정관농협 (97.08.19) 압류 부산진세 2002-10-24 압류 기장군 2003-10-31 강제 서울보증 2006-01-05 ★2006타경24 채권총액 150,000,000원 열람일자 : 2006-03-09

감정평가액산출근거및그결정에관한의견

3) 기타요인

> 본건은 이미 보상평가가 완료된 것으로 조사되었으므로 (@130,000/㎡) 이를
> 감안하여야 할 것임.

4. 토지가격 결정

공시지가 (원/㎡)	시점수정 (지가변동률)	지역 요인	개별 요인	기타 요인	산출단가 (원/㎡)	결정단가 (원/㎡)
90,000	1.0726	0.7	0.8	2.4	129,741	130,000

※본건은 공적용도(도로개발)로 이용하기 위하여 보상평가가 이루어진 토지로서
사적용도로의 이용은 제한될 뿐만 아니라, 사실상 일반거래에서도 제한됨을
유의하시길 바랍니다.

5. 최고가매수신고인 결정

1) 최고가격으로 입찰한 자를 호명해 최고가매수신고인으로 결정

2) 최고가매수신고인이 2인 이상일 경우

   (1) 추가입찰-추가입찰자는 종전 입찰가격보다 낮은 가격으로
   입찰할 수 없다(종전 입찰가와 동일한 입찰은 가능).

   (2) 추첨결정-또 다시 2인 이상이 최고가로 응찰한 경우에는 추
   첨에 의해 결정

6. 차순위매수신고

1) 최고가매수인 이외의 입찰자 중 최고가입찰액에서 보증금을 공
   제한 금액을 초과(이상 아님)한 입찰한 자 중에서 차순위신고
   를 한 자

   · 2등이 차순위신고를 포기하면 3등이 차순위신고 가능

2) 매수보증금-최고가매수신고인이 매각대금을 납부하면 그때 돌려받을 수 있다.

3) 매각불허가-최고가매수신고인에 대한 매각불허가 결정이 내려지면 차순위매수인에게도 매각허가결정을 내리지 않고 새매각을 실시한다.

4) 최고가매수신고인이 매각잔금을 납부하지 못할 경우에 재매각을 실시하지 않고 차순위매수신고인에게 매각이 허가된다.

7. 입찰의 무효

1) 입찰가격의 기재를 수정한 경우
2) 매수신청보증금이 부족한 경우
3) 동일사건에 입찰자이면서 다른 입찰자의 대리인이 된 경우
4) 동일사건에 관해 다른 2인 이상의 대리인이 된 경우
5) 인감증명서나 자격증명서류를 제출하지 않은 경우
6) 한 장의 입찰표에 여러 개의 사건번호나 물건번호를 기재한 경우
7) 채무자, 매각절차에 관여한 집행관, 매각부동산을 평가한 감정인, 재매각절차에서 종전의 매수인이 응찰한 경우

　　※입찰 가능한 사람: 물상보증인, 채무자의 처

8) 입찰가격이 최저매각가격 미만인 경우

그 밖의 입찰표의 기재에 불비가 있는 경우의 처리기준에 관해서는 재민2004-3, 33조4항 별지3에서 구체적으로 규정하고 있다.

8. 매수신청인의 자격

법인이 아닌 사단이나 재단이라도 대표자나 관리인이 있으면 입찰할 수 있다. 종중, 사찰, 교회 등 법인 아닌 사단이나 재단 명의로 입찰하려면 정관 그 밖의 규약, 대표자 또는 관리인임을 증명하는 서

면, 사원총회결의서, 대표자 또는 관리인의 주민등록등본 등의 서류를 제출해야 한다.

9. 공유자의 우선매수청구권(공유자우선매수신고제도)

1) 개념 및 취지

공유 지분이 경매될 경우 공유자는 매각기일까지 보증을 제공하고 최고가매수신고가격과 같은 가격으로 채무자의 지분을 우선 매수할 수 있는 권리.

공유물 전체를 이용 관리하는 데 있어서 기존 공유자들 간의 인적 유대관계를 유지할 필요가 있기 때문에 새로운 사람이 공유자가 되는 것 보다는 기존 공유자에게 우선권을 부여해 공유 지분을 매수할 기회를 주는 것이 취지다.

2) 공유자우선매수권의 행사

(1) 시한

집행관이 입찰일 당일 '최고가매수신고인의 이름과 가격을 호창하고 이 사건매각의 종결을 고지를 하기 전'까지 할 수 있다(법140①, 규칙76①).

(2) 매각기일 전의 우선매수권신고-법원문건접수 확인

보증의 제공 또는 없이 우선매수청구권을 행사하겠다고 신고할 수 있다.

(3) 매각기일에 출석해 입찰도 가능, 우선매수청구권 행사도 가능

최고가매수신고인이 될 수도 있고 1등이 아닌 경우 다른 입찰자의 최고가매수신고가격으로 우선매수권 행사 가능

(4) 입찰일 공유자우선매수신고를 하기 전에 미리 입찰표에 "입찰가격"만 빈칸으로 비워두고 작성한 뒤, 입찰봉투에 보증금과 함께 넣

어 가지고 준비하고 있는게 불필요한 시비를 차단할 수 있다.

(5) 공유자우선매수신고인이 수인일 경우

지분비율에 따라 매수하게 함.

3) 공유자우선매수권행사의 남용

매각기일 전 우선매수 신고를 하고 입찰자가 없자 보증금을 납부하지 않는 방법으로 유찰이 되었다가 4회 매각기일에 매수신고인이 나타나자 비로소 보증금을 납부하고 최고가매수신고인의 지위를 얻은 것은 법108조2, 121조, 123조에서 정하는 '매각의 적정한 실시를 방해한 사람'에 해당하므로 매각불허가사유가 된다-적당히 약2회 정도까지는 가능하나 4회까지는 매각의 적정한 실시를 방해한 사람에 해당.

실무상 보증금없이 매수신고를 해서 매각기일 종결 시까지 보증금을 제공하지않은 경우 추후 공유자우선매수권 행사를 제한하는 특별매각조건을 부가함.

예) 공유자의 우선매수신청권행사는 신고한 첫 기일에만 유효하고 다음 기일부터는 행사할 수 없음.

4) 공유자우선매수청구의 제한

① 공유물분할 경매의 경우

② 경매개시결정 등기 이후에 공유 지분을 취득한 경우 다만. 권리신고를 해서 이해관계인에 해당하는 경우는 가능

③ 구분소유적 공유관계인 경우

④ 일괄매각으로 진행되는 경매 물건 중 일부의 공유자

⑤ 경매 신청을 받은 당해 공유자

⑥ 채무자(지분권자)의 상속인이자 별도의 지분권자

10. 채권상계신청(=차액지급신고)

경매 채권자나 배당받는 임차인 등의 관계자라면 상계 신청을 해야 한다. 상계 신청이란 배당기일에 매각가에서 본인이 배당받을 금액을 뺀 나머지 차액에 대한 잔금을 납부하는 제도로 배당액에 따라서 별도의 경락자금대출을 받지 않아도 된다. 상계신청도 매각결정기일 전까지 신청해야 하고, 입찰 당일도 가능하므로 매각을 받게 되면 담당 경매계에 제출하면 된다.

11. 농지취득자격증명서의 제출

농지를 낙찰받은 경우라면 매각결정기일까지 농지취득자격증명서를 제출해야 한다. 증명서를 발급기간이 통상 2~4일 정도의 시간이 걸릴 수 있으므로, 가급적 매각받고 당일이나 하루 이틀 사이에 접수하러 가는게 좋다.

2018.07.05.부터 '정부24'에서 온라인으로 신청 가능.

매각결정기일 오후2까지 해당 경매계에 제출해야 한다(법원별 시간차이 있음).

12. 임차인의 우선매수신청권

'임대주택법'상 임대주택을 계약한 임차인은 그 주택이 경매되는 경우 우선매수를 신고할 수 있다.

즉 국가, 지방자치단체, 한국토지주택공사, 지방공사, 임대주택법 6조에 따라 주택임대사업 등록한 자 또는 임대주택법 7조에 따라 설립된 임대주택조합 등이 건설해 공급한 임대주택을 말한다.

임차인의 우선매수신고는 공유자우선매수신고와 절차 및 효력이 같다.

종전에 공공건설임대주택의 임차인에게만 인정되던 임차인 우선

매수권이 일반임대사업자의 임대주택에까지 확대된 것이다.

13. 채권자 매수신고(무잉여통지)

집행법원은 최저매각가격으로 압류채권자의 채권에 우선하는 경매 부동산상의 모든 부담과 절차비용을 변제하고 나면 남을 가망이 없다고 인정한 때에는 압류채권자에게 이를 통지해야 하고 압류채권자는 해당 통지를 받은 날로부터 1주일 이내에 선순위자의 채권액과 집행비용을 공제하고 남을 만한 가격을 정해 매수신청을 할 수 있다.

압류채권자는 매수신청을 함에 있어서는 충분한 보증을 제공해야 하는데 실무에서는 '저감된 최저매각가격과 매수신청액의 차액'을 충분한 보증액의 기준으로 삼고 있다.

신청채권자의 매수신청이 있으면 그 신청금액을 공개해야 하며, 매수신청된 부동산을 낙찰받고자 하는 사람은 그 금액을 초과하는 금액으로 입찰해야 한다. 만약 매수신고된 금액보다 많이 써낸 응찰자가 없거나 개찰 결과 입찰자가 없는 경우에는 매수신청한 채권자가 최고가매수신고인이 된다.

채권자 매수신고를 한 압류채권자는 입찰일에 법원에 출석할 필요가 없으며, 입찰일까지 매수신고를 철회하고 보증금을 반환받을 수도 있다.

14. 진행단계에 따른 대응책

낙찰이 되었다면 기본적으로 명도와 대출을 준비하고 혹시 모를 물건의 하자나 권리상에 문제가 없는지 다시 한번 확인한다. 경매목적물에 대한 권리의 하자에 대해서는 담보책임을 인정하나 물건의 하자에 대해서는 낙찰자의 부담으로 한다.

1) 매각기일에서 매각결정기일 사이

최고가매수인은 매각불허가 신청을 한다.

2) 매각결정기일에서 매각허가결정확정기일 사이

매수인은 매각허가에 대한 이의신청을 하거나 매각허가결정에 대한 즉시항고를 할 수 있다. 매각허가결정에 대한 즉시항고 시에는 매각대금의 10%에 해당하는 항고보증금을 공탁해야 한다.

3) 매각허가결정확정기일 이후에서 대금납부 전 사이

매수인은 매각허가결정의 취소신청을 할 수 있다. 매수인이 꼭 소유권을 이전받기 원한다면 집행법원에 대금감액신청을 할 수 있다. 집행법원은 민법상 쌍무계약에 있어서의 위험부담 내지 하자담보책임의 이론을 적용해 감액결정을 할 수 있다.

4) 대금 납부 후 배당기일 사이

집행법원에 대해 경매에 의한 매매계약을 해제하고 납부한 대금의 전부나 일부의 반환을 청구할 수 있다.

소유권에 관한 가등기의 목적이 된 부동산을 낙찰받아 낙찰대금까지 납부해 소유권을 취득한 낙찰인이 그 뒤 가등기에 기한 본등기가 경료됨으로써 일단 취득한 소유권을 상실하게 된 때에는 매각으로 인해 소유권의 이전이 불가능했던 것이 아니므로 「민사집행법」 제96조에 따라 집행법원으로부터 그 경매 절차의 취소결정을 받아 납부한 낙찰대금을 반환받을 수는 없다고 할 것이나, 이는 매매의 목적 부동산에 설정된 저당권 또는 전세권의 행사로 인해 매수인이 취득한 소유권을 상실한 경우와 유사하므로 「민법」 제578조, 제576조를 유추적용해 담보책임을 추급할 수 있다고 할 것인바, 이러한 담보책임은 낙찰인이 경매 절차 밖에서 별소에 의해 채무자 또는 채권자를 상대로 추급하는 것이 원칙이라고 할 것이나, 아직 배당이 실시되기 전이라면 이러한 때에도 낙찰인으로 하여금 배당이 실시되는 것을 기다렸다가 경매 절차 밖에서 별소에 의해 담보책임을 추급하게 하는 것은 가혹하므로, 이 경우 낙찰인은 「민사집행법」 제96조를 유추적용해 집행법원에 대해 경매에 의한 매매계약을 해제하고 납부한 낙찰대금의 반환을 청구하는 방법으로 담보책임을 추급할 수 있다 (대결 1997.11.11. 96그64).

5) 배당 이후

「민법」상의 매도인의 담보책임에 관한 규정(「민법」 제578조 등)을 유추적용해 채무자에게 계약해제 또는 대금감액을 청구할 수 있다. 채무자가 무자력자인 경우 배당받은 채권자를 상대로 대금의 반환을 청구할 수 있다. 단, 뒤로 갈수록 구제가능성이 떨어지고 어려워진다는 점을 고려해 가능한 초기(첫째나 둘째 단계)에 대응해야 한다.

5절 매각허가에 대한 이의신청 _{매각불허가신청}

매각결정기일까지 해야 할 일은 우선 매각을 받은 후, 경매사건을 열람 후 권리분석을 재검토하거나, 매수인의 입장에서 다시 부동산 점유자를 만나러 가는 과정에서 예상하지 못했던 문제점이 생길 경우 매각불허가 신청 또는 매각허가에 대한 이의신청을 해야 한다.

매각허가에 대한 이의신청
(=매각불허가신청)

채 권 자 :
채 무 자 :
소 유 자 :

   위 당사자간 귀원   타경   호 부동산 임의경매사건에 관하여 아래와 같은 사유로 인하여 매각불허가를 신청합니다.

신청 취지

별지목록 기재 부동산에 대한 매각은 이를 불허한다.
라는 재판을 구합니다.

신청 이유

   신청인은 귀원 2018타경1836(1) 부동산임의경매 최고가매수신고인으로서 매각절차에 있어서 별지 표시 부동산들은 모두가 일단을 이루고 있는 부동산으로서 이들을 모두 동일인에게 매수시키는 것이 경제적 효용가치가 높을 뿐 아니라, 이들의 분할매각으로 인한 장차 복잡한 법률관계의 야기를 사전에 예방할 수 있으므로, 별지 표시 부동산의 일괄매각이 합리적이라 사료됩니다.

   따라서 위 부동산임의경매 사건의 매각절차에서 민사집행법 제121조 제1항 내지 제5항의 이의신청사유에 해당하는 경우이므로 본건은 당연히 매각 불허되어야 할 것이므로 본 신청에 이르게 된 것입니다.

년   월   일

신청인(최고가매수신고인)   (인)

인천지방법원 경매14계 귀중

1. 의의

   매각허가에 대한 이의란 이해관계인이 민사집행법 121조 소정의 이의사유에 기해 매각을 허가해서는 안 된다는 소송법상의 진술
  ·이의신청은 매각허가결정의 선고 전까지 해야 한다.
  ·법원은 이의신청이 정당하다고 인정한 때에는 매각을 허가하지

아니한다(123조1항).

2. 매각허가에 대한 이의신청 사유(121)

121조 1호~7호에 열거된 것에 한정되므로 그 이외의 사유에 기해 이의를 진술할 수 없다.

1) 강제집행을 허가할 수 없거나 집행을 계속 진행할 수 없을 때

· 집행의 정지 또는 취소 사유가 있을 때, 매각기일을 이해관계인에게 통지하지 아니한 경우, 경매개시결정이 채무자에게 송달되지 아니한 경우 등 집행절차 중에 집행절차의 진행을 저해하는 사유가 발생한 경우

※ 사례

(1) 경매개시결정이 당사자에게 고지되지 않으면 유효하게 경매절차를 속행할 수 없다(대결 1991.12.16. 91마239).

(2) 특별한 사유가 없는 한 매각기일과 매각결정기일은 이해관계인에게 통지하도록 규정하고 있으며, 이러한 기일 통지의 누락은 매각에 대한 이의사유가 된다(대결 1999.11.15. 99마5256).

> 예) 배당요구종기일로부터 1월 안에 이해관계인에게 매각 및 매각결정기일의 통지 누락으로 인한 절차상 하자로 직권불허가결정

(3) 부동산의 일부가 수용되거나 멸실된 경우 수용되거나 멸실된 부분은 "집행을 진행할 수 없는 때"에 해당하므로 그 부분에 대해 매각을 불허해야 한다. 또한 수용되거나 멸실된 부분을 제외한 부분의 상황 등에 비추어 최고가매수신고인이 잔존부분만을 매수할 의사가 있다고 인정되지 아니하는 경우에는 그 부동산 전부에 대해 매각을 불허해야 할 것이다(대결1993.09.27.

93마480).

(4) 건물이 인접한 다른 건물과 합동됨으로 인해 건물로서의 독립
성을 상실했다면 민사집행법 제268조에 의해 준용되는 같은
법 제123조 제2항, 제121조 소정의 강제집행을 허가할 수 없
는 때에 해당될 것이므로 직권으로 매각을 불허해야 한다(대결
2010.03.22. 2009마1385).

2) 최고가매수신고인이 부동산을 매수할 능력이나 자격이 없는 때

※ 사례

(1) 미성년자 등과 같이 독립해 법률행위를 할 수 있는 능력이 없는
경우와 부동산을 취득하려면 관청의 증명이나, 인·허가를 받아
야 하는 경우를 의미하며, 경제적 능력을 의미하는 것은 아니다
(대결 2004.11.09. 2004마94).

3) 부동산을 매수할 자격이 없는 사람이 최고가매수신고인을 내세
워 매수신고를 한 때

4) 최고가매수신고인, 그 대리인 또는 최고가매수신고인을 내세워
매수신고를 한 사람이 제108조(매각장소의 질서유지) 각호 가운
데 어느 하나에 해당되는 때

※ 사 례

가. 공유자가 여러 차례 우선매수신고만 해 다른 매수신고인이 없
는 때에는 보증금을 납부하지 아니하는 방법으로 유찰이 되었
다가 최저매각가격이 저감된 매각기일에 다른 매수신고인이

나타나면 비로소 보증금을 납부해 공유자에게 매각을 허가하도록 하는 것은 민사집행법 제121조, 제108조 제2호의 "매각의 적정한 실시를 방해한 사람"에 해당되는 매각불허가 사유가 된다(대결 2011.08.26. 2008마637).

5) 최저매각가격의 결정, 일괄매각의 결정 또는 매각물건명세서의 작성에 중대한 흠이 있는 때

※ 사례

(1) 건물을 현상대로 평가하지 않고 등기부상의 표시에만 의존해서 평가한 경우

(2) 층별 용도를 바꾸어 평가하거나 면적을 다르게 평가한 경우

> ※ 지상의 미등기건물이 같이 경매되는 경우와 그렇지 아니한 경우는 그 부지의 평가액에도 영향이 있다 할 것인데 미등기건물을 제외하면서 토지평가액의 보정을 명하는 등의 조치없이 종전에 제출된 미등기건물을 포함한 전체평가액에서 미등기건물의 가액만을 공제하고 최저매각가격을 정한 것은 중대한 하자가 있다(대결 1991.12.27. 91마608).

소 재 지	전남 구례군 토지면 문수리 754-31			
경매구분	임의경매	채 권 자	김OO	
용 도	임야	채무/소유자	해OOOOO	매각기일	15.05.18 매각
감정가	101,129,500(15.03.10)	청구액	135,345,200	종국결과	15.05.18 취하
최저가	49,553,000(49%)	토지면적	1,285.0㎡(388.7평)	경매개시일	14.09.30
입찰보증금	4,955,300(10%)	건물면적	0㎡(0.0평)	배당종기일	14.12.10
주의사항	· 법정지상권 · 입찰외			

소재지/감정요약	물건번호/면적(㎡)	감정가/최저가/과정	임차조사	등기권리
전남 구례군 토지면 문수리 754-31 중대마을 남측인근 주변주택, 농경지 등 소재하는 산간 농촌지대 교통 사정 보통 부정형평지 약 6m도로 개설되어있음 영농 여건 불리 농지 1차 감정: 93,805,000 생산관리지역 준보전산지 2015-03-10 제일감정 표준지가 : 8,200 개별지가 : 730 감정지가 : 78,700	물건번호: 1번 (총물건수 2건) 임야 1,285.0 (388.71평) ₩101,129,500 현: 대지 입찰 외 제시 외 주택 39.4 (11.92평) ₩59,100,000 타인 소유 보일러실 1.6 (0.48평) ₩192,000 타인 소유 *2015.2월 재감정	감정가 101,129,500 · 토지 101,129,50 (100%) (평당 260,167) 최저가 ① 49,553,000 (49%) ② 49,553,000 (49%) 경매진행과정 ① 93,805,000 2015-02-23 매각 매수인 ㈜대한자산 응찰수 1명 매각가 97,580,000 (96.49%) 불허 2015-03-02 (대금 미납) ② 25%↓ 70,790,650 2015-04-06 유찰 미결 2015-05-25 2015-05-18 취하	법원임차조사 *제3자점유. 현 이곳에 제3자 김용기 점유소유의 제시 외 단층 한옥주택[약15평] 1동. 건립되어 있음	소유권 해OOOOO 2011-07-08 근저당 김재천 2012-12-21 117,000,000 근저당 신용택 2014-03-19 180,000,000 임의 김재천 2014-09-30 *청구액: 135,345,200원 채권총액 297,000,000원 열람일자 : 2015-04-30

법원문건접수내역	
2015.02.26	최고가매수신고인 매각허가에 대한 이의신청서 제출

토지. 건물 평가명세표

일련번호	소재지	지번	지목 용도	용도지역 및 구조	면 적 (㎡)		감정평가액		비 고
					공부	사정	단가	금액	
1	전라남도 구례군 토지면 문수리	754-31	임야	생산관리지역	1,285	1,285	73,000	93,805,000	
2	"	754-35	임야	"	1,462	1,462	73,000	106,726,000	
	소 계							₩200,531,000	
	제시외건물								
ㄱ	"	754-31	주택	목조 기와지붕 단층	(39.4)	39.4	1,500,000	59,100,000	1,500,000 x 45/45
ㄴ	"	"	보일러실	판넬조 판넬지붕 단층	(1.6)	1.6	120,000	192,000	120,000 x 35/35

토지 평가명세표

일련번호	소재지	지번	지목 용도	용도지역 및 구조	면 적 (㎡)		감정평가액		비 고
					공부	사정	단가	금액	
1	전라남도 구례군 토지면 문수리	754-31	임야	생산관리지역	1,285	1,285	78,700	101,129,500	법정지상권 성립시 가격 ₩70,790,650 현"대"

(4) 토지위에 생립하고 있는 미등기 수목의 가액을 제외시킨 채 오직 토지가격만을 평가해 최저매각가격으로 결정한 것은 중대한 하자가 있는 경우에 해당한다(대결 1998.10.28. 98마1817).

(5) 분할매각을 하는 것보다 일괄매각을 하는 것이 타당한 경우 이를 분할매각하는 것은 집행법원의 재량권의 범위를 넘어 위법한 것이 된다(대결 2004.11.09. 2004마94).

※ 애초 2018타경18**(1), (2), (3)의 개별매각으로 진행되었으나 물건번호(1)과 (2)는 개별매각보다 일괄매각이 더 합리적인 것으로 최고가매수신고인의 불허가신청과 채권자의 일괄매각신청에 따라 물건번호(2)는 (1)에 흡수되어 일괄매각으로 진행됨.

인천14계 2018-18(1)**

경매구분	임의경매	채권자	박OO		
용도	주택	채무/소유자	송OO	매각기일	18.12.21 매각
감정가	407,835,820	청구액	363,228,234	종국결과	19.03.06 배당종결
최저가	407,835,820(100%)	토지면적	417.0㎡(126.1평)	경매개시일	18.01.17
입찰보증금	40,783,582(10%)	건물면적	224㎡(67.6평)	배당종기일	18.03.29

정년 없는 부동산 경매

소재지/감정요약	물건번호/면적(m²)	감정가/최저가/과정	임차조사	등기권리
(21005) 인천 계양구 선주지동 107-1[선주로 62] 감정평가액 토지 : 161,772,000 건물 : 75,243,820 합계 : 237,015,820 벽돌조스라브지붕 가장형평지 일괄 입찰 계양초등학교 동측인근 주위 단독 주택, 소규 모공장, 농경지 등 혼재한지대 1차 감정: 232,257,820 1종일반주거지역 2018-01-29 세종감정 표준지가 : 718,000 감정지가 : 884,000 -------------- 인천 계양구 선주지동 107-6 감정평가액 토지 : 170,820,000 자루형평지 1종일반주거지역 표준지가 : 718,000 감정지가 : 730,000	물건번호: 1번 (총물건수 3건) 대지 183.0 (55.36평) ₩161,772,000 건물 · 1층 주택 91.7 (27.75평) ₩48,366,930 · 2층주택 40.1 (12.12평) · 지층창고 91.7 (27.75평) ₩26,876,890 - 총2층 - 승인 : 1995-01-16 - 보존 : 1995-02-24 담장(울타리)포함 (107-6번지를 일부 포함 해 구축, 포함 면적 및 위 치 등의 자세한 사항은 지적 측량이 필요) -------------- 전 234.0 (70.79평) ₩170,820,000 현: 일부107-1번지의 부속토지(마당 등), 주거나지등 *2018.10월 개별에서 일괄로 변경되면서 재감정	감정가 407,835,820 · 대지 332,592,000 (81.55%) (평당 2,636,689) · 건물 75,243,820 (18.45%) 최저가 407,835,820 (100%) 경매진행과정 ① 232,257,820 2018-10-24 매각 매수인 김OO 응찰수 1명 매각가 312,678,000 (76.67%) 불허 2018-10-31 ① 407,835,820 2018-12-21매각 매수인 양OO 응찰수 1명 매각가 435,000,000 (106.66%) 허가 2018-12-28 납기 2019-01-30 납부 2019-01-25 2019-03-06 종결	법원임차조사 조OO 전입 2011-03-08 주거 *현황조사차 현장에 임한 바, 폐문부재로 이해관계인을 만날 수 없어 상세한 점유 및 임대차관계는 알 수 없으나, 전입세대열람결과 임차인이 점유하는것으로 추정됨. 조사서의 조사내용은 전입세대열람에 의한 조사사항임 *조영우는 무상거 주하고 있다는 신청채권자 제출의 무상거주확인서 있음(2018.10.26.자 확인서 참조)	건물 소유권 송OO 1995-02-24 근저당[공동] 농협자산관리 2012-06-28 240,000,000 근저당[공동] 농협자산관리 2013-01-25 102,000,000 가압류 [공동] 계양농업협동조합 2015-12-03 5,495,477 2015 카단 7802 임의[공동] 농협자산관리 2018-01-17 *청구액: 363,228,234원 압류[공동] 국민건강보험공단 인천계양지사 2018-02-27 채권총액 347,495,477원 토지 소유권 송OO 1986-09-08 압류 인천시계양구 2015-05-11 채권총액 347,495,477원

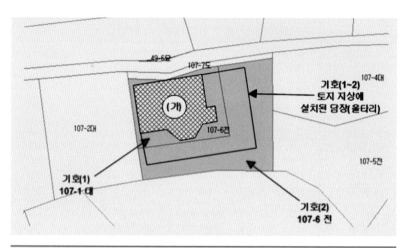

법원문건발송내역	
2018.10.30	최고가매수신고인 열람및복사신청 제출
2018.10.30	최고가매수신고인 매각허가에 대한 이의신청서 제출
2018.11.14	채권자 농○○○○○○○○○(○○○○○) 열람및복사신청 제출
2018.11.16	감정인 ㈜○○○○○○ ○○ 감정평가서 제출
2018.11.20	채권자 농○○○○○○○○○○ 열람및복사신청 제출
2018.11.23	채권자 농○○○○○○○○ 일괄매각신청서(물건번호1, 2) 제출

(6) 매각기일까지 물건명세서에 임차인의 전입일자가 저당권설정
일자보다 앞선 일자로 잘못 기재되어 있어 임차인이 대항력을
갖춘 것처럼 보이게 되었는데 임차인이 매각기일까지 배당요
구를 하지 않은 경우 이러한 물건명세서의 하자는 매수희망자
들이 매수가격을 결정함에 중대한 영향을 미치는 중대한 하자
(대결 1999.09.06. 99마2696).

(7) 미등기건물을 목적물에서 제외할 경우에는 그 취지를 명확히
해 매수희망자들이 그 취지를 알 수 있도록 해야 할 것이고 물
건명세서의 부동산표시에 등기부상 목적물 외에 미등기건물이

있음을 아무 설명 없이 표시해 마치 미등기건물이 목적물에 포함되어 있는 것처럼 기재했고, 지상권의 개요란에도 토지와 건물이 다른 사람에게 매각되면 지상권이 설정되는 것으로 보게 될 여지가 있다고만 기재했다면 물건명세서의 작성에 중대한 하자(대결 1991.12.27. 91마608).

(8) 매각목적물의 취득에 농지법 소정의 농지취득자격증명이 필요하지 않음에도 불구하고 매각물건명세서 및 매각기일 공고가 이와 반대의 취지로 작성된 것은 매각불허가사유에 해당한다(대결 2003.12.30. 2002마1208).

※ 일반적으로 농지전용협의가 완료된 농지는 농취증이 필요 없음.

영월3계 2017타경309**

경매구분	강제경매	채 권 자	변OO		
용 도	답	채무/소유자	김OO	매각기일	18.11.13
감정가	690,017,000 (17.09.07)	청구액	400,000,000	종국결과	19.01.30 배당종결
최저가	338,108,000 (49%)	토지면적	1,657.0㎡ (501.2평)	경매개시일	17.08.08
입찰보증금	33,810,800 (10%)	건물면적	0㎡(0.0평)	배당종기일	17.10.30

소재지/감정요약	물건번호/면적(m²)	감정가/최저가/과정	임차조사	등기권리
(25309) 강원 평창군 봉평면 면온리 870-2 [태기로 360] 보광휘닉스파크 남동측 인근 부근음식점, 숙박시설, 펜션, 스키샵, 근린생활시설 및 농경지 등 형성 차량 접근 가능 대중교통 사정 보통 부정형 평탄지 북동측 왕복 2차선 도로 접하고 있음 소로1류(10-12m)접함 하천저촉 농지전용 허가됨(허 가신청자(이상헌: 510 ㎡ 전용, 김준범: 490 ㎡ 전용), 허가년월일 (2003.11.10), 전용목 적(1종근린생활시설(스 킨샵 2동)) 감정평가서상토지	물건번호: 단독물건 답 1,657.0 (501.24평) ₩690,017,000 현: 제시외건부지, 휴경지 입찰외제시외소유자 미상점포소재 법정지 상권성립여지있음 소유자미상 수목 포함 농취증 불요 *제시외감안가격임 (1,419㎡)	감정가 690,017,000 토지 690,017,000 (100%) (평당 1,376,620) 최저가 338,108,000 (49%) 경매진행과정 ① 690,017,000 2018-04-10 유찰 ② 30% ↓ 483,012,000 2018-05-15 유찰 ③ 30% ↓ 338,108,000 2018-06-19 매각 매수인 강OO 응찰수 1명 매각가 413,680,000 (59.95%) 불허 2018-06-26	*현지 출장시 이해관 계인을 만나지 못해 점유관계를 알 수 없 음. 전입세대열람내 역과 같이 주민등록 등재자가 없음. 지상 에 제시외 경량철골 조 판넬지붕 단층점 포 1동(공실상태)이 소 재하는 것으로 보임.	소유권 김OO 2003-01-22 전소유자: 김칠성 근저당 해방새대부 2015-05-27 540,000,000 지상권 해방새대부 2015-05-27 30년 강제 변수정 2017-08-09 *청구액: 400,000,000원 임의 해방새대부 2017-10-18 2017타경3749 채권총액 540,000,000 열람일자 : 2018-09-16

※ 애초에는 농취증 필요함으로 공고함.

6) 천재지변, 그 밖에 자기가 책임을 질 수 없는 사유로 부동산이
   현저하게 훼손된 사실 또는 부동산에 관한 중대한 권리관계가
   변동된 사실이 경매 절차의 진행 중에 밝혀진 때

(1) 입찰 전 부동산의 현저한 훼손 등이 생긴 경우
가. 법원은 재평가 후 최저매각가격을 변경해 매각을 실시하고 이
   를 생략한 채 매각을 실시한 경우에는 매각불허가사유(121조 5

호,6호)에 해당하므로 직권으로 매각불허가결정하거나 매각허가에 대한 이의사유가 된다.

나. 그 훼손 및 이를 간과한 것이 자기가 책임을 질 수 없는 사유로 인한 것인 때에는 매각허가결정의 취소신청을 할 수 있다(대결 2001.8.22. 2001마2652). 즉 입찰 전에 부동산의 현저한 훼손이 발생한 경우라 하더라도 매각허가결정의 확정 후에 그 사실이 밝혀진 경우에는 매각허가결정의 취소신청을 할 수 있다.

다. 매각허가결정 후 확정 전

즉시항고를 제기해 집행법원 스스로의 경정에 의하거나(23①) 항고법원의 취소결정에 의해 구제

(2) 입찰 후 부동산의 현저한 훼손 등이 생긴 경우 시기에 따른 구제방법

가. 매각허가결정 전

최고가매수신고인은 매각불허가결정을 신청가능(121조 6호)

나. 매각허가결정 확전 전

최고가매수신고인은 매각허가에 대한 이의신청(121조 6호) 또는 매각허가결정에 대한 즉시항고(129)를 할 수 있다.

참고로 이 단계에서 매각허가결정의 취소신청이 있으면 실무상 매각허가결정에 대한 즉시항고로 보아 처리한다. 매각허가결정취소신청에는 집행정지의 효력이 없는 반면(15조5항), 매각허가결정에 대한 즉시항고에는 항고보증금 납부의 부담이 있지만, 사실상 정지효가 있어(126조3항) 신청인에게 유리하다.

다. 매각허가결정 확정 후 대금납부 전

매각허가결정의 취소신청 가능(127조 1항)

(3) 부동산의 훼손 등으로 인한 매각목적물의 하자와 담보책임

가. 매수의 목적 달성 불능

① 매각허가에 대한 이의신청(121조 6호), 대금납부 때까지 매각허가결정의 취소신청(121조 1항)

② 대금납부 후 배당 전: 매각허가결정에 의한 매매를 해제해 납부한 대금의 반환 청구 가능

나. 대금감액을 구할 경우

① 대금납부 시까지는 대금의 감액을 주장

② 대금납부 후 배당실시 전이면 감액분의 대금반환 청구

※ 사례

(1) 선순위 근저당권의 존재로 후순위 처분금지가처분(내지 가등기)이나 대항력있는 임차권 등이 소멸하는 것으로 알았으나 그 이후 선순위 근저당권의 소멸로 인해 처분금지가처분(내지 가등기)이나 임차권의 대항력이 존속하는 것으로 변경된 경우는 '부동산에 관한 중대한 권리관계의 변동'에 해당한다(대결 2005.08.08. 2005마643).

(2) 부동산 임의경매 절차에서 이미 최고가매수인고인이 정해진 후 매각결정기일까지 사이에 유치권의 신고가 있고 그 유치권이 성립될 여지가 없음이 명백하지 아니한 경우, 집행법원으로서는 장차 매수신고인이 인수할 매각부동산에 관한 권리의 부담이 현저히 증가해「민사집행법」제121조 제6호가 규정하는 이의사유가 발생된 것으로 보아 이해관계인의 이의 또는 직권으로 매각을 허가하지 아니하는 결정을 하는 것이 상당하다(대결 2007.5.15. 2007마128).

창원5계 2011타경100**

경매구분	임의경매	채권자	서OOOOO		
용도	점포	채무/소유자	박OO	매각기일	12.12.26 (133,877,000원)
감정가	205,975,700(11.06.24)	청구액	100,000,000	종국결과	13.02.28 배당종결
최저가	105,460,000(51%)	토지면적	321.5㎡(97.3평)	경매개시일	11.06.17
입찰보증금	10,546,000(10%)	건물면적	전체 37.6㎡(11.4평)	배당종기일	11.08.26
주의사항	· 재매각물건 · 유치권 · 입찰외				

소재지/감정요약	물건번호/면적(㎡)	감정가/최저가/과정	임차조사	등기권리
경남 김해시 삼계동 1436-20 경량철골조샌드위치 판넬지붕 공부상: 자동차관련시설 화정초등교남서측인근 부근구획정리된주상 용지대로서점포, 단독 주택, 다세대주택및공 원등형성 제반차량접근가능, 대중교통사정무난 평탄하게조성된가장 형토지 소로2류(폭8-10m) 접함 1종일반주거지역 1종지구 단위계획구역 상대정화구역 2011-06-24 미리내감정	물건번호: 단독물건 주차장용지 321.5 (97.25평) ₩196,115,000 건물 자동차관련시설 25.1(7.59평) ₩7,273,200 현사무실 - 총1층 - 보존 : 2004-07-14 제시외 사무실등 12.5 (3.78평) ₩2,587,500 입찰외이동가능한 컨테이너1동, 놀이기 구(트램폴린)소재	감정가 205,975,700 대지 196,115,000 건물 7,273,200 제시 2,587,500 최저 105,460,000 (51%) 경매진행과정 ① 205,975,700 2011-12-29 매각 매수인 김OO 외1 응찰수 1명 매각가 218,990,000 (106.32%) 허가 2012-01-05 납기 2012-02-02 (대금미납) 이후 3회 낙찰 모두 미납 ② 164,781,000 2012-09-24 매각 매수인 김OO 응찰수 1명 매각가 187,894,000 불허 2012-09-28 (대금미납)	이OO 사업 2010-06-03 배당 2011-08-23 (보) 2,000,000 (월) 100,000 점포/1층일부 점유기간 2010.6.1.- 2012.5.31 사인정보시스템 김OO 사업 2010-06-17 확정 2010-06-17 배당 2011-08-23 (보) 2,000,000 (월) 100,000 점포/1층일부 점유기간 2010.6.16.- 2012.6.15 대창바이오 정OO 전입 2010-07-30 주거 점유기간 미상 *소자점유	소유권 박OO 2004-07-14 저당권[공동] 서김해(새) 2009-08-12 130,000,000 가압류[공동] 신용보증기금 김해 2010-12-28 85,000,000 가압류[공동] 농협중앙 함안군지부 2011-01-13 30,382,584 임 의[공동] 서김해(새) 2011-06-17 *청구액: 100,000,000원 채권총액 266,935,986원

2012.09.26	유치권자 주○○○○○○○ 유치권권리신고서 제출
2012.09.27	최고가매수신고인 열람및복사신청 제출
2012.09.27	최고가매수신고인 매각불허가신청서 제출

7) 경매 절차에 그 밖의 중대한 잘못이 있는 때

※ 사례

(1) 대항력을 갖춘 임차인이더라도 매각허가결정이 있을 때까지 권리를 증명해서 신고해야 경매 절차에 있어서 이해관계인이 되며 그 권리신고를 하기 전에 임차 목적물에 대한 경매 절차의 진행사실에 관한 통지를 받지 못했더라도 이는 낙찰허가결정에 대한 불복사유가 될 수 없다.

(2) 최저매각가격이 압류채권에 우선하는 채권과 절차비용의 합산액에 미달하는데도 경매 절차를 진행한 경우, 매수가액이 우선 채권총액과 절차비용에 미달하면 절차 위반의 하자가 있다(대결 1995.12.01. 95마1143).

(3) 입찰기일의 공고를 신문에 게재함에 있어서 부동산의 면적을 실제 면적인 1,507㎡를 15.7㎡로 표시한 것은 이해관계인에게 목적물을 오인하게 하거나 평가를 그르치게 할 정도라고 할 것이므로 그 입찰기일 공고는 부적법하다(대결 1999.10.12. 99마4157).

(4) 중대한 하자가 있는 매각물건명세서 사본을 비치했다가 매각기일 5일 전에 이를 정정했음에도 매각기일을 변경하지 아니한 채 그대로 매각절차를 진행하면서 그 정정내용을 일반 매수희망자들에

게 따로 고지하지도 아니한 것은 매각불허가사유에 해당한다(대결 2010.11.30. 2010마1291).

3. 선순위 저당권이 소멸함으로써 인수할 부담이 생긴 경우 매각불허가사유 여부?

즉 매각대금이 지급되기 전에 다른 사유로 선순위저당권이 소멸되어 원래 인수하지 않아도 되는 권리나 대항력이 있는 임차인이 발생한 경우

1) 매각허가결정 확정 전인 경우

최초가매수신고인은 민사집행법 제121조 6호의 사유를 들어 매각허가에 대한 이의신청을 하거나 매각허가결정에 대한 즉시항고를 할 수 있다.

2) 매각허가결정 확정 후 대금납부 전인 경우

매각부동산의 부담이 현저히 증가하는 경우에 해당해 「민사집행법」 제127조 제1항에 의해 매각허가결정의 취소신청을 할 수 있으며(대결 1998.8.24. 98마1031 참조), 매수인이 대금을 감액해 매수의사가 있는 경우 집행법원에 대금 감액을 신청할 수 있다.

3) 대금납부 후 배당의 실시 전

집행법원에 대금의 전부나 일부의 반환을 청구할 수 있다.

4) 배당 실시 후

「민법」상 매도인의 담보책임 등을 유추적용해 채무자에게 계약해제 또는 대금감액을 청구할 수 있고 채무자가 무자력인 경우에는 배

당을 받은 채권자 등에게 대금반환의 청구를 할 수 있을 것이다(대결 1997.11.11. 96그64 참조).

※ 대위변제

1. 의의
제3자 또는 공동채무자(연대채무자·보증인·불가분채무자 등)의 한 사람이 채무자 또는 다른 공동채무자를 위해 변제하는 경우에 그 변제자는 채무자 또는 다른 공동채무자에 대해 구상권(求償權)을 취득하는 것이 보통인데, 이 경우 그 구상권의 범위 내에서 종래 채권자가 가지고 있던 채권에 관한 권리(채권·담보권 등)가 변제자에 이전되는 일, 또 그 제도를 말한다. 변제자의 대위 또는 변제에 의한 대위라고도 한다.

2. 대위변제의 종류
1) 임의대위(任意代位)
변제할 정당한 이익이 없는 자(제3자 등)는 채권자의 승낙이 있어야만 대위할 수 있는데 이를 임의대위라 하며, 지명채권(채권자가 특정되어 있는 통상의 채권)을 대위변제한 때에는 채권자가 채무자에게 대위변제사실을 통지해야 대위변제자는 채무자에게 대항할 수 있다.

2) 법정대위(法定代位)
변제할 정당한 이익이 있는 자(연대채무자·보증인·불가분채무자·물상보증인, 담보물의 제3취득자, 후순위담보권자 등)는 변제로 법률상 당연히 채권자를 대위하는데, 이를 법정대위라고 한다(민법 480·481조). 채권자나 채무자의 승낙을 필요로 하지 않는다.

3. 경매에서 대위변제의 효과(순위상승)
1) 선순위 가압류
가압류의 피보전채무를 변제 또는 변제공탁하고 채권자대위권에 기해 채무자를 대위해 가압류취소신청을 하고 취소결정을 받아(합의가 안될 시) 가압류등기를 말소시키고 말소된 등기부등본을 집행법원에 제출하면 후순위임차인이 순위상승의 이익(대항력 취득)을 얻을 수 있다.

2) 선순위 담보권

담보권이 담보하는 피담보채무를 변제함과 동시에 그 등기를 말소한 후 말소된 등기부등본을 집행법원에 제출해야 한다. 채권자가 등기말소에 동의하지 않을 경우에는 변제공탁하고 그 등기의 "말소청구의 소"를 제기해 그 등기를 말소해야 하나 이런 경우는 실무상 거의 없다.

3) 경매 신청채권

이해관계가 있는 제3자(연대보증인/보증인/물상보증인/경매목적부동산의 제3취득자 등)는 변제할 정당한 이익이 있는 자로서

(1) 강제경매의 경우

경매 신청채권의 원인채무 등을 변제 또는 변제공탁하고 채권자대위권에 기해 채무자를 대위해 "집행정지신청" 및 "청구이의의 소"를 통해 경매의 취소를 구할 수 있다.

(2) 임의경매의 경우

경매 신청채권의 원인채무 등을 변제하고 그 등기를 말소해 말소된 등기부등본을 제출하고 채무자로 하여금 경매개시결정에 대한 이의신청을 하게 하거나 채권자 대위권에 기해 채무자를 대위해 "채무이의의 소"를 제기해 수소법원의 집행정지 결정을 받아 집행법원 제출하고 경매의 취소를 구할 수 있다.

4. 경매 물건의 체크사항

사전에 대위변제 가능성이 있는 물건은 피하거나 주의할 필요가 있다. 실무상 대위변제 가능성이 있는 경매 물건은 선순위의 소액채권 때문에 후순위 임차인(상대적으로 고액의 보증금)이 발생하고 이로 인해 대항력이 없고 임차보증금의 일부 또는 전부를 배당받지 못할 것으로 예상되는 경우가 대부분이다.

5. 낙찰자의 대응방안

대위변제에 의해 후순위권리자들의 대항력 취득으로 예상하지 못한 손해가 발생할 경우 단계별 대응방안을 살펴보자.

1) 매각허가결정 전

　　→ 매각불허가 신청

2) 매각허가결정 후 ~ 매각허가확정 전

　→ 즉시항고

3) 매각허가확정 후 ~ 잔대금 납부 전

　→ 「민사집행법」 제127조, 제121조 제6호의 사유에 의한 매각허가결정의 취
　　소신청

4) 대금 납부 후 ~ 배당기일 전

　→ 경매에 의한 매매계약 해제 및 납부한 매각대금 반환청구, 경매정지신청(배
　　당절차정지신청), 대금의 전부 또는 일부의 반환을 청구

5) 배당 이후

　→ 배당받은 채권자를 상대로 부당이득반환청구의 소 제기

4. 이의에 대한 재판

1) 법원은 이의가 정당하다고 인정한 때에는 매각을 허가하지 않는다(123조 1항). 이의가 정당하지 않다고 결정한 경우 이의신청에 응답하지 않고 매각허가결정을 선고한다.

2) 이의신청을 한 이해관계인은 별도로 매각허가에 대한 즉시항고를 할 수 있을 뿐 불복항고를 할 수 없다.

5. 매각불허가결정을 해야 할 경우

1) 이해관계인의 이의가 정당하다고 인정할 때(123①)

　※ 이해관계인의 범위: 민사집행법 90조 보다 넓은 개념으로 최고가매수신고인 포함.

2) 매각결정기일에 이의가 없더라도 법원이 직권조사 결과 민사집행법 121조의 열거된 이의사유(1호~7호)가 있다고 인정되는 때는 직권으로 매각 불허가결정을 한다.

① 강제집행을 허가할 수 없거나 집행을 계속 진행할 수 없을 때
② 최고가매수신고인이 부동산을 매수할 능력이나 자격이 없는 때
③ 부동산을 매수할 자격이 없는 사람이 최고가매수신고인을 내세워 매수신고를 한 때
④ 최고가매수신고인, 그 대리인 또는 최고가매수신고인을 내세워 매수신고를 한 사람이 제108조 각호 가운데 어느 하나에 해당되는 때
⑤ 최저매각가격의 결정, 일괄매각의 결정 또는 매각물건명세서의 작성에 중대한 흠이 있는 때
⑥ 천재지변, 그 밖에 자기가 책임을 질 수 없는 사유로 부동산이 현저하게 훼손된 사실 또는 부동산에 관한 중대한 권리관계가 변동된 사실이 경매 절차의 진행 중에 밝혀진 때
⑦ 경매 절차에 그 밖의 중대한 잘못이 있는 때

예) 매각물건명세서의 작성에 중대한 하자가 있는 때(예: 선순위임차인의 주민등록 기재 누락 등), 경매 절차에 중대한 하자가 있을 때, 농지취득자격증명을 미제출한 때 등

3) 과잉매각의 경우(124①)
(1) 원칙
하나의 부동산에 대한 경매로도 모든 채권자의 채권액과 집행비용을 변제하기에 충분하면 다른 부동산의 매각을 허가해서는 아니 된다(124조1항). 따라서 채무자는 그 부동산 가운데 매각할 것을 서면

(매각부동산지정신청서)으로 지정할 수 있다. 채무자는 매각허가결정이 선고되기 전까지 지정권을 행사해야 한다.

(2) 예외

민사집행법 101조 3항 단서에 따른 일괄매각의 경우에는 적용되지 않는다

4) 49조 2호 소정의 집행정지결정 정본이 제출된 경우

민사집행법 121조 1호 후단에 해당하므로 매각불허가결정을 해야 하며, 매각허가결정선고가 난 후 제출된 경우라면 매수인은 매각대금납부 전까지 매각허가결정의 취소신청을 할 수 있다.

이 신청에 관한 결정에 대해서는 즉시항고를 할 수 있다.

5) 무잉여경매인 경우: 우선채권을 넘는 가격으로 매수하는 자가 없을 경우 압류채권자가 스스로 7일 기간 동안 충분한 보증금의 제공과 함께 매수신고를 하지 않는다면 그 경매 절차는 취소된다.

6) 농지취득자격증명이 불필요함에도 매각물건명세서가 반대의 취지로 작성된 경우

입찰물건명세서 및 입찰기일공고가 입찰 목적물의 취득에 농지법 소정의 농지취득자격증명이 필요하지 않음에도 불구하고 이와 반대의 취지로 작성되어, 일반인에게 입찰대상 물건에 대한 필요한 정보를 제공하는 역할을 할 부동산표시를 그르친 하자가 있는 경우, 이와 같은 하자는 일반 매수희망자가 매수의사나 매수신고가격을 결정함에 있어 심대한 영향을 끼쳤다고 할 것이므로, 이는 낙찰불허가사유에 해당한다(대결 2003.12.30. 2002마1208).

7장
매각결정기일 매각허부결정

1절 개요

입찰을 한 법정에서 최고가 입찰자에 대해 낙찰허가 여부를 결정하는 날로 입찰법정에서 선고한 후 법원 게시판에 공고만 할 뿐, 매수인 채권자 채무자 기타 이해관계인에게 개별적 통지는 하지 않으며 통상 매각기일로부터 7일 이내에 결정한다.

※ 대부분 오후 2시 전에 재판으로 결정하며, 그날의 오후 6시가 아님에 주의

매각이 실시되어 최고가매수신고인이 있을 때 입찰절차 및 입찰자의 하자유무와 입찰 이후의 권리변동 등 법에 저촉될 때는 「매각불허가결정」 그러하지 아니한 경우에는 「매각허가결정」을 선고하는 기일
 ·매각기일부터 1주 이내로 정해야 한다. 이는 훈시규정
 ·항고
위 매각허가결정 또는 매각불허가결정에 대해 이의가 있다고 주장하는 이해관계인은 항고사유 등의 요건을 갖추어 7일 이내 위 결정

에 불복하는 항고를 할 수 있다.

2절 이해관계인의 진술

법원은 매각결정기일에 출석한 이해관계인에게 매각허가에 관한 의견을 진술하게 해야 한다. 여기서 이해관계인은 「민사집행법」 제90조의 이해관계인보다 넓은 개념으로서 동조가 규정하는 이해관계인뿐만 아니라 최고가매수신고인 또는 자기에게 매각을 허가할 것을 구하는 그 외의 매수신고도 포함한다. 다만 자기가 최고가매수신고인으로서 매각허가를 받아야 한다고 주장하는 자는 매수신고 시에 제공한 보증을 찾아가지 아니하고 맡겨둔 채로 있어야 하며, 이를 찾아간 경우에는 매각결정기일에 출석해 의견진술할 자격을 상실한 것으로 본다.

이해관계인이 매각허가에 관한 의견을 진술할 수 있는 시기는 매각허가 여부의 결정의 선고가 있을 때까지다.

3절 매각결정기일의 변경

매각결정기일은 매각의 실시에 앞서 지정되어 이해관계인에게 통지되며 공고되지만, 매각실시를 마친 뒤에 매각결정기일이 변경된 때에는 법원사무관 등은 최고가매수신고인 및 이해관계인에게 통지해야 한다. 변경된 기일을 공고할 필요는 없다.

예로는 매각불허가 사유의 유·무를 조사하는 데 심문을 위한 시간이 필요한 때, 농지취득자격증명을 매각결정기일까지 제출할 수 없

는 때, 매각기일 후 유치권신고가 들어오고, 유치권 성립에 관해 심
문이 필요하다고 판단될 때 등이다.

매각결정기일연기(변경)신청

사건번호   타경   호

채 권 자
채 무 자 겸 소유자
신 청 인

위 사건에 관하여 귀원에서는 '농지취득자격증명서'의 제출하는 것을 조건으로 하여 별지
목록 토지(이하 '이 사건 토지'라 합니다)를 매각하였습니다.
그러나 OOO면사무소에서는 이 사건 토지가 불법형질변경되어 지상에 무허가 건물이 소
재함으로 인해 '농지취득자격증명 반려 통보' 공문을 발급하였습니다.

따라서 신청인은 OOO면사무소에 농지취득자격증명서의 발급을 위한 근거자료를 제출하
였으며, 이에 OOO면사무소의 농지취득자격증명신청서의 발급여부를 판단하기 위한 시일이
늦어질 수 있으므로 법원의 매각결정기일에 관하여 연기신청을 하는 바입니다.

년   월   일

신 청 인   (인)
연락처(☎)

OO지방법원 OO지원 경매O계 귀중

4절 즉시항고

1. 의의

이해관계인은 매각허가 여부의 결정에 따라 손해를 볼 경우에만 그 결정에 대해 즉시항고를 할 수 있다(129조 1항).

항 고 장

사 건   2000타경 0000호 부동산임의경매
항고인(최고가매수인고인) 유 현 덕
　　　　　　　서울특별시 강남구 도곡동 461

　위 항고인은 OO지방법원 OO지원 2000타경0000 부동산임의경매사건에 관하여 동 법원에서 2000년 O월 O일 매각불허가결정을 하였으나, 그 결정에 대하여 불복이므로 항고를 제기합니다.

항 고 취 지

1. 이 부동산강제경매사건의 최고가매수신고인에 대한 2000. OO. OO.자 최고가매각불허가결정은 이를 취소한다.
2. 원심결정을 취소하고 항고인에게 매각을 허가한다.
　라는 재판을 구합니다.

항 고 이 유

항고인은 귀원 2000타경0000 부동산임의경매 최고가매수신고인으로서 2018.11.25. 매각결정기일 전까지 농지취득자격증명서를 귀원에 제출해야 했으나 발급관서인 화성시 00면으로부터 '반려 통보'공문을 받았습니다.
따라서 항고인은 '농지취득자격증명 반려 통보'공문을 귀원에 제출하였고, 결국 매각불허가결정을 받았습니다.
항고인은 농지취득자격증명 발급관서인 화성시 양감면에 별지 목록 기재 토지(이하 '이 사건 토지'라 합니다)에 대한 농지취득자격증명서 신청을 하려고 하자 담당자가 "이 사건 토지 지상에 무허가건물이 건축되어 있어 농지법을 위반하고 있으므로 농지취득자격증명을 발급할 수 없다"고 하였습니다.

이 사건 토지 지상에 건립되어 있는 무허가건물은 항고인이 건축한 것이 아닌데도 불구하고 그것을 이유로 농지취득자격증명서의 발급을 거부하는 것은 매우 부당한 처분으로서 항고인은 농취증 발급을 위해 화성시 00면과 재차 긴밀히 협의하고 있으므로 근시일내에 농지취득자격증명서를 발급받아 귀원에 제출하도록 하겠습니다.
하오니 원심 불허가 결정을 취소하시고 항고인에게 매각을 허가하여 주시기 바랍니다.

첨 부 서 류

1. 송달료 납부서   1통

　　　　　　년　　　월　　　일

　　　　위 항고인 유 현 덕　　　(인)

OO지방법원 OO지원　귀중

매각허가에 대한 정당한 이유가 없거나 결정에 적은 것 외의 조건으로 허가해야 한다고 주장하는 매수인 또는 매각허가를 주장하는 매수신고인도 즉시항고를 할 수 있다(129조 2항)

· 매각허가 여부의 결정에 대해서는 즉시항고만이 인정되고 다른 방법으로는 이의를 할 수 없다.

2. 즉시항고의 방법

1) 항고기간

항고는 매각결정기일로부터 1주일 이내에 집행법원에 항고장을 제출해야 한다. 매각허가 여부의 결정은 선고한 때에 고지의 효력이 발생하므로 위 1주의 기간은 매각허가 여부의 결정선고일부터 일률적으로 진행되는 불변기간이다.

2) 보증의 제공

(1) 항고인은 매각대금의 1/10에 해당하는 현금이나 법원이 인정한 유가증권을 공탁해야 한다.

따라서 즉시항고가 제기되었다 하더라도 당황하지 말고 항고보증금을 납부했는지 확인하자 항고보증금 미납 시 1주일 이내 각하해야 한다. 다만, 낙찰자는 공탁보증금 납부가 생략된다.

(2) 매각허가결정에 대한 즉시항고의 경우에만 항고의 보증을 제공하며, 매각불허가결정에 대한 즉시항고의 경우에는 보증을 제공할 필요가 없다(130조3항).

3) 항고의 제기방식

원심재판의 취소 또는 변경을 구하는 사유가 법령의 위반 또는 사실의 오인인 경우를 구별해 각각의 이유를 기재해야 한다. 따라서 그 사유가 법령위반인 때에는 그 법령의 조항 또는 내용과 법령에 위반되는 사유를, 사실의 오인인 때에는 오인에 관계되는 사실을 구체적으로 밝혀야 한다.

4) 항고가 기각(각하, 항고취하)된 경우(보증의 반환 여부)

채무자 또는 소유자의 경우는 보증금을 전액 몰수한다.

그 이외의 사람의 경우는 항고한 날로부터 항고기각결정이 확정된 날까지의 매각대금에 대한 연12%의 이율에 의한 금액을 몰수하고 나머지 금액만 반환받을 수 있다.

다만, 일부 또는 전액 몰수된 보증금은 경매 신청이 취하되거나 매각절차가 취소된 경우 반환받을 수 있다.

5) 채무자 및 소유자의 항고의 실익

최근에는 항고보증금을 몰취 당할 가능성이 많음에도 이를 적극적으로 이용하는 채무자나 소유자가 늘고 있다.

그 이유는 매가허가결정에 대한 항고의 보증으로 담보를 제공한 후 항고가 기각되었더라도 매수인이 매각대금을 납부할 때까지 채무자나 소유자가 경매 신청채권자의 채권을 변제하고 집행취소서류를 제출하는 경우 경매 절차가 취소되므로 항고인은 보증금을 반환받을 수 있다.

따라서 채무자나 소유자가 경매 신청채권자의 채권을 변제할 시간을 좀 더 갖고자 하는 경우 즉시항고를 통해 경매 절차를 사실상 정지시킨 다음 즉시항고의 기각으로 몰수된 보증금도 나중에 집행취소서류를 제출함으로써 돌려받는 것이다.

정년 없는 부동산 경매

6) 항고장에 항고이유를 적지 않은 경우

항고장을 제출한 날로부터 10일 이내에 항고이유서를 제출해야 한다. 이유서를 제출하지 않으면 즉시항고는 각하된다.

7) 항고기간을 도과한 경우

즉시항고의 각하결정을 한다.

다만, 상당한 이유가 있다고 인정되는 때(예컨대 기간의 도과 또는 송달의 적법 여부 등에 관해 충분한 의심을 할 만한 사유가 있어, 후일 원재판이 취소 또는 변경될 경우 항고인이 회복하기 어려운 손실을 입게 될 염려가 있을 때 등)에는 민사집행법 15조 6항에 의해 항고에 대한 결정이 있을 때까지 경매 절차를 정지할 수 있다.

3. 항고권자(이해관계인)

1) 해당하는 자

(1) 매각허가결정 또는 불허가결정에 의해 손해를 받을 가능성이 있는 이해관계인-부동산매각허가결정에 대한 즉시항고는 이해관계인, 매수인 및 매수신고인만이 제기할 수 있다.

(2) 민사집행법 제90조 각호에서 규정하는 압류채권자

(3) 집행력 있는 정본에 의해 배당을 요구한 채권자

(4) 채무자 및 소유자

(5) 등기부에 기입된 부동산 위의 권리자, 부동산위의 권리자로서 그 권리를 증명한 자

(6) 최고가매수신고인 및 경매개시결정기입등기 이후에 전입신고를 한 임차인도 배당요구의 종기까지 배당요구를 하면 항고인이 될 수 있다.

(7) 과잉매각의 금지에 위반해 매각허가결정을 한 경우에는 이 결

정에 의해 불이익을 입는 이해관계인은 즉시항고를 할 수 있다
(129조 1항, 121조 7호).

2) 해당하지 않는 자

(1) 최고가매수신고인은 그가 신고한 가격 이하로 매각을 허가할
것을 주장할 수 없다.
(2) 경매개시결정등기 이후에 소유권을 취득한 자나 가압류권자,
가처분권자 등은 이해관계인에 해당하지 않는다.
(3) 경매 절차에 관해 사실상의 이해관계를 가진 자라 하더라도 90
조 각호에서 규정하는 자에 해당하지 아니한 경우에는 경매 절
차에서의 이해관계인이라고 할 수 없다.

4. 항고이유

1) 매각허가결정의 경우

(1) 매각허가에 대한 이의신청사유가 있다거나
(2) 매각허가결정 이전의 매각절차에 중대한 잘못이 있는 경우(121
조 7호)
(3) 매각허가결정절차 자체에 대해 중대한 잘못이 있는 경우
· 매각기일 이후 매각결정기일 종료 시까지 49조 2호 서류(121조
1호 후단사유)가 제출되었음에도 간과해 매각허가결정이 이루어
진 경우
※ 매각허가결정이 있은 뒤에 49조 2호 서류가 제출된 경우에는 매수인은 매각허가결
정의 취소를 신청할 수 있다.

· 과잉매각인 경우로서 124조 1항 본문에 반해 매각허가결정이
선고된 경우
· 채무자에 대한 경매개시결정 송달의 흠을 매각허가결정에 대한

항고사유로 가능

2) 매각불허가결정의 경우

매각불허가결정에 대한 항고는 그 매각불허가결정에 기재된 사유에 대해서만 항고이유가 된다.

3) 임의경매에서 실체상의 이유에 의한 항고

강제경매와 달리 임의경매에서는 담보권의 부존재·소멸, 피담보채권의 불발생·소멸·이행기의 연기 등 실체상의 하자를 매각허가결정에 대한 항고사유로 가능하다.

임의경매의 실체상의 이유는 민사집행법 121조 1호에 해당하는 것을 판례는 긍정한다.

5. 즉시항고의 효력

1) 민사소송법상의 즉시항고에는 집행정지의 효력이 있으나 집행절차에 관한 집행법원의 재판에 대한 즉시항고에는 이심의 효력과 확정차단의 효력이 있을 뿐이고 집행정지의 효력은 없다(156조 6항 본문).

다만, 즉시항고가 된 경우 매각허가결정이 확정되지 않으므로 그 이후의 절차들 즉 대금납부 및 배당기일을 지정·실시할 수 없게 된다.

2) 매각허가결정이 된 후에 집행정지·취소서류가 제출된 경우

대금납부 전까지 강제집행의 일시정지를 명하는 결정정본이 제출된 경우, 집행법원은 매각절차를 정지해야 한다. 또 강제집행을 허가하지 아니한다는 취지의 집행력있는 판결정본이 제출된 경우에는 이미 실시한 집행처분을 취소해야 하는 것이므로, 집행법원이 한 경매

개시결정도 취소해야 한다.

그러나 일시정지를 명하는 재판의 정본이 제출되었음에도 매각절차의 진행을 정지하지 않은 채 그대로 매수인으로부터 대금을 지급받는 것은 위법하므로, 이해관계인은 집행에 관한 이의에 의해 또는 매각허가결정의 취소신청에 의해 그 시정을 구할 수 있는바, 이러한 불복절차 없이 매각절차가 완결된 경우에는 그 집행절차에 의해 발생된 법률효과를 부인할 수 없다.

· 항고심의 재판에 불복하거나 손해를 받는 이해관계인에게는 재항고권이 있다.

8장

매각허부결정 확정

1절 항고가 없는 경우

매각결정기일에 매각허가결정이 선고된 후 1주일 내에 이해관계인(매수인, 채무자, 소유자, 임차인, 근저당권자 등)이 즉시항고하지 않으면 매각허가결정 후 7일이 지나면 매각허가결정이 확정된다.

2절 항고가 있는 경우

항고가 기각되거나 경매 기록이 상소법원으로부터 경매법원에 돌아온 때 매각허가결정이 확정된다.

3절 대금지급기일 지정

대금납부기일은 통상 낙찰허가 결정이 확정된 날로부터 1개월 이내로 지정한다.

4절 매각불허가결정이 확정된 경우

1) 최고가매수신고인은 매수신청보증금 환급신청을 해서 보증금을 돌려받을 수 있다.

2) 최고가매수신고인에 대한 매각불허가결정이 내려지면 차순위매수신고인에게도 매각허가를 하지 않고 재입찰을 실시하게 된다.

3) 121조 6호 사유에 의해 매각불허가결정을 하고 새매각기일을 열게 된 경우 법원은 최저매각가격 결정부터 새로 해서 경매를 속행한다(125조 2항).

4) 매각불허가가 종국적으로 매각을 불허할 사유(부동산 멸실, 집행취소사유(50조, 49조 1호, 3호)인 경우 불허가 결정이 확정되면 경매 신청을 포함한 매각절차는 소멸해 종결된다.

5절 매각허가결정의 취소신청 127조

민사집행법 제127조(매각허가결정의 취소신청)
① 제121조 6호에서 규정한 사실이 매각허가결정의 확정 뒤에 밝혀진 경우에는 매수인은 대금을 낼 때까지 매각허가결정의 취소신청을 할 수 있다.
② 매각허가결정의 취소신청에 대한 결정에 대해서는 즉시항고를 할 수 있다.

이는 통상의 매매와 비교해 경매에서 매수인 보호를 위해 특별히 설계된 규정이다.

1. 의의

매각허가결정 단계에서 부동산의 현저한 훼손이나 중대한 권리관계의 변동을 간과해 매각허가결정이 되고 매수인도 이를 모르고 즉시항고를 제기하지 않아 매각허가결정이 확정된 경우에는, 민사집행법 127조1항에 의해 매각허가결정의 취소신청을 할 수 있다.

매각허가결정이 있은 뒤에 민사집행법 49조 2호, 266조 1항 5호의 서류가 제출된 경우도 마찬가지다(규칙50조 2항).

2. 시기

매각허가결정 확정 후 대금을 낼 때까지 할 수 있다(127조 1항)

49조2호 소정의 집행정지결정 정본이 매각허가결정선고가 난 후 제출된 경우라면 매수인은 매각대금납부 전까지 매각허가결정의 취소신청을 할 수 있다.

이 신청에 관한 결정에 대해서는 즉시항고를 할 수 있다.

3. 해당사항

1) 매각기일과 대금납부기일 사이에 오랜 기간이 경과되어 그 사이에 매각부동산의 가격이 현저히 하락한 경우 127조 1항 준용해 매각허가결정의 취소를 구할 수 있다.

2) 매수인이 경락받은 후에야 부동산의 현저한 훼손이나 중대한 권리관계의 변동된 사실을 알게 된 경우

3) 민사집행법 127조의 취지에 따라 상당 정도의 확정해석이나 유추해석이 용인됨으로써 미리 물건을 살펴보지 못한 매수인 구제의 기능을 한다.

※ 매수인이 경락받은 후에야 목적물의 훼손이나 중대한 권리관계의 변동이 있는 경우 최고가매수인은 매각허가결정 전이라면 매각허가에 대한 이의신청을, 매각허가결정 후 대금을 납부하기 전이라면 매각허가결정에 대한 취소신청을, 이외에 대금납부 후 배당 전

인 경우에는 집행법원에 대하여 매각허가결정에 의한 매매를 해제해 납부한 대금의 반환을 청구할 수 있다(대결 1997.11.11. 96그64 참조).

> ※ 이 경매사건의 청구이의의 소에서 종국적으로 원고(채무자)가 패소해 기존의 경매는 진행되었다.

대구6계 2015타경4**

소재지/감정요약	물건번호/면적(m²)	감정가/최저가/과정	임차조사	등기권리
(42190) 대구 수성구 지산동 359-1, -16, -17 동 서무학 101동 16층 1603호 [지산로14길83] 지봉초등학교 북서측인근 부근 아파트단지 및 간선도로변 상가 등 형성, 북측 인근 임야 형성 차량출입자유 대중교통사정보통 부정형남서향 완경사지 주진입로는 남측왕복 2차선도로접함 3종일반주거지역 2015-01-30 삼일감정	물건번호: 단독물건 대지 32.1/7143 (9.70평) ₩61,620,000 건물 건물 84.9 (25.69평) ₩175,380,000 공용: 43.4902 - 총26층 - 승인: 1994-10-24 - 보존: 1994-11-18	감정가 237,000,000 대지 61,620,000 건물 175,380,000 최저가 165,900,000 (70%) 경매진행과정 ① 237,000,000 2015-06-29 변경 ① 237,000,000 2015-07-30 매각 매수인 윤OO 외1 응찰수 6명 매각가 259,510,000 (109.50%) 불허 2015-08-17 (대금미납) ① 237,000,000 2016-03-31 유찰 매각 226,290,000 2016-10-06 종결	한OO 전입 2002-02-27 주거 소유자의 처 *방문했으나 거주자를 만나지 못해 현황조사통지서를 두고 왔으나 전혀 반응이 없음. 동사무소에 확인한바 목적물 주소지에 주민등록상 전입자로 한경숙이 등재되어 있다고 함. 위 한경숙은 전입은 되어 있으나 서류를 제출하지 않아 상세한 내용은 알 수 없음. *한경숙 : 소유자의 처로 조사됨. 전입세대조사 02.02.27 한OO 주민센터확인: 2015-06-12	소유권 박OO 2010-10-20 전소유자: 오광록 근저당 참산(새) 2010-10-20 100,100,000 가압류 이옥출 2011-09-27 60,000,000 2011카단8221 대구 근저당 김희영 2011-11-25 30,000,000 가압류 김효균 2012-12-04 200,000,000 2012카단4452 대구 대구서부 압류 국민건강보험공단 대구수성지사 2014-01-20 강제 이옥출 2015-01-12

참고사항

관련사건 대구지방법원2015가단30081(청구이의)

· 특별매각조건 매수보증금 20%

대한민국법원 나의사건검색

사건번호	2015가단30081	사건명	[전자] 청구이의
원고	박영주	피고	이옥출
재판부	제12민사단독		
접수일	2015.07.29	종국결과	2016.01.29 원고패
원고소가	60,000,000	피고소가	립
수리구분	제소	병합구분	없음

법원문건접수내역

2015.08.05	채무자대리인 이OO 집행정지신청서 제출
2015.08.07	가압류권자 김OO 열람및복사신청 제출
2015.08.13	최고가매수인 자격취소신청 제출

4. 매매해제를 하지 않고 대금의 감액만을 청구할 경우

소유자 내지 채무자 또는 매수인의 책임 없는 사유로 매각목적물의 일부가 멸실되었고 매수인이 나머지 부분이라도 매수할 의사가 있어서 대금납부 시까지는 집행법원에 대해 대금의 감액 주장을 할 수 있을 것이며, 대금납부 후 배당실시 전인 때에는 감액분의 대금의 반환을 청구할 수 있다(대결 2004.12.24. 2003마1665).

공장의 경우 가동이 중단된 채 경매가 진행되는 도중 절도범들에 의해 고가의 장비들이 도난당하거나 훼손된 경우가 종종 있다.

이 경우 감정평가서상의 사진과 훼손된 장비 사진, 도난당한 사실을 입증할 수 있는 사진, 정상으로 회복시키는 데 필요한 공사견적성 등을 첨부해 '매각대금 일부 반환신청서'를 제출한다.

매각대금의 납부

9장

1절 대금지급의무 및 대금지급기한의 지정

1. 매수인은 매각허가결정 확정 후에 법원이 정한 기한까지 매각대금을 지급해야 한다(142조 2항).
   · 대금지급기한은 매각허가결정이 확정된 날로부터 1개월 안의 날로 정해지며 그 안에 대금을 납부하면 된다.
2. 법원은 매각허가결정의 확정일부터 또는 상소법원으로부터 기록송부를 받은 날부터 3일 안에 대금지급기한을 지정하고 통지해야 한다.

2절 대금납부 방법

1. 일반적인 방법(법원 경매계 방문)
법원으로부터 '대금지급기한 통지서'를 수령하고 매각대금이 준비되면 아래의 절차에 따라 잔금을 납부한다.

1) 매수인은 경매계를 방문해서 납부명령서를 수령 후 각 법원별 취급점(법원청사 내에 있는 금융기관의 지점)에 비치되어 있는 법원보관금납부서를 작성해 취급점에 납부해야 한다.

대금납부는 현금(자기앞수표 포함)으로 납부해야 하며, 대각대금(입찰가액)에서 매수신청 시 지급된 매수보증금을 공제한 잔액을 납부하면 된다.

2) 잔금을 납부하면 은행에서 '법원보관금 영수증서'를 2장을 수령 후 '법원제출용'은 경매계에 제출하고 '납부자용'은 본인이 잘 보관한다. 이때 대금완납증명원을 작성할 때 필요한 수입인지(500원)도 은행에서 구매한다.

3) 경매계로 와서 그곳에 비치된 '매각대금 완납 증명원'을 2부 작성한다.

4) 민사신청과로 가서 작성한 '매각대금 완납 증명원' 중 한 장을 수입인지(500)를 붙이고 다른 한 장은 수입인지를 붙이지 말고 제출한다. 그러면 민사신청과에서는 접수확인 직인과 날짜를 찍어 돌려준다.

5) 경매계로 가서 민사신청과에서 직인과 날짜를 찍어준 '매각대금 완납 증명원' 그리고 은행에서 받은 '법원보관금 영수증(법원제출용)'을 제출한다. 그러면 경매계에서 증명직인을 찍은 다음에 수입인지를 붙이지 않은 '매각대금 완납증명원'을 돌려준다.

※ 지방의 경우 한 사무실에 경매계와 민사신청과가 같이 있는 곳도 있다.

2. 예외적 방법

1) 채무인수

채권자의 동의하에 채무자가 부담하고 있던 채무를 인수할 수 있다. 매수인은 그 채무를 인수하는 대신에 대각대금 중에 그만큼 공제하고 매각대금을 배당기일에 납부하면 된다. 이를 위해서는 대금지급기한 전에 법원에 신고(신청)해야 한다.

· 매수인이 관계채권자의 승낙서를 첨부해 채무인수신고를 한 경우, 대금지급기한을 정할 필요가 없고 바로 배당기일을 정하면 된다.

2) 차액지급(상계신청)

차액지급신고인: 배당받을 채권자가 해당 부동산을 매수한 경우에는 법원에 매각결정기일까지 차액지급신고서를 제출할 수 있다.

· 상계신청이 받아들여지면 배당받아야 할 금액만큼 대급지급 효력이 생기고 채권에 대해서는 배당지급 효과가 있다.

· 매수인은 자신이 배당받을 금액과 상계되고 남은 부분을 배당기일에 대금으로 납부하면 된다.

3. 추완항고

매각허가결정이 일단 확정되어 매각대금이 지급이 있었더라도 이해관계인의 추후보완에 의한 항고제기가 항고법원에서 허용되었다면 비록 위 추후보완항고에 의한 항고가 기각되고 또한 재항고가 기각되었다 하더라도 위 대금지급은 적법한 지급이라 할 수 없다.

이 경우 소유권이전등기를 마쳤다고 하더라도 처음부터 소유권을 취득하지 못한 것으로 된다. 경락인이 입은 손해는 자신에 대한 경락이 적법 유효한 것으로 믿고 출연한 금액이 될 뿐이다.

3절 대금납부의 효력

1. 대금납부를 하게 되면 소유권이전등기와 관계없이 매각부동산의 소유권을 취득하게 된다. 단 소유권이전등기 없이는 처분할 수 없다.

1) 매수인이 취득하는 부동산소유권의 범위
· 매각허가결정서에 적힌 부동산과 동일성이 인정되는 범위이다. 즉 매각 대상 부동산의 구성부분, 종물 및 종된 권리는 매각허가결정서에 기재되어 있지 않더라도 매수인이 소유권을 취득하는 범위에 포함

2) 매각 대상이 아닌 부동산이 매각부동산 목록에 포함된 경우
매각허가결정의 효력이 그 부동산에 미치지 않으며 소유권도 취득할 수 없다.

2. 이해관계인은 경매의 취하신청과 경매개시결정에 대한 이의신청을 할 수 없다.

3. 매각대금을 전부 납부한 매수인은 매각부동산의 인도명령을 신청할 수 있다.

4. 재산처분에 감독관청의 허가가 필요함에도 불구하고 허가 없이 경매로 처분된 경우에는 소유권을 취득할 수 없다. 사회복지법인의 기본재산, 공익법인의 기본재산, 「사립학교법」에 의한 학교법인의 기본재산(유치원도 적용)

「전통사찰보존법」에 의한 사찰소유의 부동산, 「국가유공자등예우

및지원에관한법률」에 의한 대부금으로 취득한 부동산 등은 감독관청의 허가를 요한다.

5. 잔금 납부에 따라 소유권을 취득했으나 이후 소유권을 상실하는 경우
  1) 예고등기로 인한 경우
  2) 말소기준등기보다 앞서서 보전가등기, 처분금지가처분등기가 있는 경우
  3) 저당권등기 원인의 부존재·무효, 피담보채권의 불발생·소멸이 있는 경우
  4) 현재의 부동산소유자 또는 종전의 소유권이전 단계에서 원인무효 사유가 있으면 낙찰자도 소유권을 상실한다. 등기에 공신력이 없기 때문이다.

6. 잔금을 납부하더라도 소유권을 취득하지 못하는 경우
1) 강제경매의 경우
집행권원의 부존재-위조된 경우
집행권원의 무효-공정증서가 무권대리인에 의해 작성된 경우
그러나 확정판결에 터 잡아 경매 절차가 진행된 경우에는 그 뒤 확정판결이 재심소송에서 취소되었다 하더라도 경매 절차를 미리 정지하거나 취소하지 못한 채 경매 절차가 진행된 이상 매각대금을 완납한 매수인은 매각목적물의 소유권을 취득한다.

  2) 임의경매의 경우
  애초부터 담보권이 부존재-담보권설정계약이 무효이거나 위조서류에 의해 담보권설정등기가 된 경우

경매개시결정 전에 담보권이 소멸된 경우

그러나 유효한 저당권에 의해 경매가 개시되고, 그 후 저당권 또는 피담보채권이 소멸되었다 하더라도, 그 경매 절차를 미리 정지하거나 취소하지 못한 채 경매 절차가 진행된 이상, 매수인은 소유권을 취득한다.

7. 매각대금을 납부했으나 소유권을 취득하지 못한 매수인의 구제

경매 절차가 유효인 경우와 무효인 경우로 나눠야 한다. 경매 절차가 유효인 경우는 하자담보책임을, 무효인 경우는 부당이득반환청구를 할 수 있다.

8. 경매 절차에서 절차상의 하자를 다툴 수 있는 종기

경매개시결정이 채무자에게 송달되지 않는 것과 같이 강제경매 절차를 무효로 하는 하자가 아닌 한, 경매 절차에 하자가 있더라도 경매 절차 내의 구제방법에 의해 매각허가결정의 확정을 저지하지 못하고 대금이 완납된 이상 경매 절차 외에 별소로서 매수인의 소유권 취득의 효과를 부정하는 것은 허용될 수 없다.

9. 공매와 경매의 경합

체납절차와 민사집행절차는 별개의 절차로서 그 절차 상호간의 관계를 조정하는 법률의 규정도 없으므로 한쪽의 절차가 다른 쪽의 절차에 간섭할 수 없는 반면 쌍방 절차에서의 각 채권자는 서로 다른 절차에서 정한 방법으로 그 다른 절차에 참여할 수밖에 없고 체납처분에 의한 공매 절차가 진행 중인 경우에도 법원은 그 부동산에 대해 경매의 절차를 진행할 수 있으며, 이 경우 양 매수인 중 먼저 잔금을 납부한 자가 그 소유권을 취득한다.

4절 대금미납 이후

1. 최고가매수신고인이 대금납부기한 내에 대금납부를 하지 않으면 차순위매수신고인이 있을 경우 차순위매수신고인에게 매각을 허가하고 대금납부를 하게 한다.
 · 차순위매수신고인에게 매각허가결정
 · 차순위매수신고인에 대한 매각결정기일은 최초의 대금지급기한 후 3일 안에 지정하되, 최초의 대금지급기한 후 2주 이내의 날로 정해야 한다.

2. 차순위매수신고인도 대금납부를 하지 않을 경우 재매각이 실시된다. 하지만 재매각 3일 전까지 지연이자 포함해 대금을 먼저 납부하는 사람이 소유권을 취득하게 된다.

5절 대금지급기한의 변경

1. 매수인의 신청에 의한 변경
여러 부동산을 매각하는데 그 중 일부가 먼저 매각되었고 나머지는 상당한 기간이 지난 후에야 매각될 것으로 예상되며 먼저 매각된 부동산의 매각대금만으로 일부 배당절차를 실시하는 것은 적당하지 않은데, 먼저 매각된 부동산에 임차인이 있어 임차인이 배당을 받기 전에 인도명령이 발하여질 가능성이 있거나 매수인이 인도받지 못할 사유가 있고 한편 매수인은 그 부동산을 대체 주거로 매수했는데 그 매수비용이 주로 종전 주거의 처분비용인 경우에는 이를 받아주기도 한다.

2. 법원의 직권에 의한 변경

매각물건명세서에 적힌 매각조건에 변경이 있는 것으로 밝혀진 때 매수인이 매각허가결정의 확정 후 천재지변, 그 밖에 매수인이 책임 질 수 없는 사유로 부동산이 현저하게 훼손되었거나 또는 부동산에 관한 중대한 권리관계가 변동되어 매각허가결정취소신청을 한 경우 그 진위에 대한 조사가 상당한 시간이 필요하다고 판단되면 법원은 직권으로 대금지급기한을 변경할 수도 있다.

잔금 납부 및 등기촉탁신청 절차

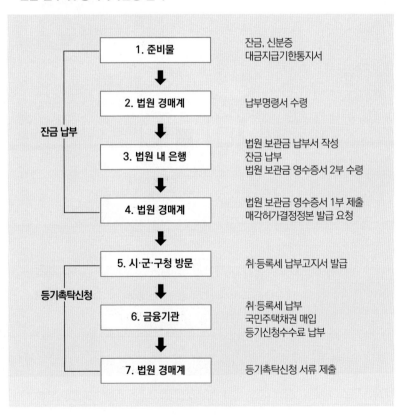

매각잔대금
납부 후 절차

소유권이전 및 말소등기 촉탁신청

1장

최고가매수신고인은 매각대금을 납부한 후에 법원에 소유권이전 등기에 필요한 서류를 갖추어 신청하면 법원사무관이 등기소에 소유 권이전등기를 촉탁하게 된다.

등기촉탁은 촉탁신청서류가 제출되면 서류제출일로부터 3일 안에 해야 한다. 한 개의 부동산에 대해 공동으로 매수인이 된 경우, 한 통 의 신청서에 매수인의 인적사항만 그대로 추가한다.

1절 등기촉탁신청서 및 준비서류 인터넷 출력 및 작성할 서류

① 이전 및 말소등기 촉탁신청서(표지)-**작성**
② 매각에 의한 소유권이전 및 말소 등기 촉탁신청서-**작성**
③ 등기사항전부증명서 1통(열람용이 아닌 제출용 1,090원)-**인터 넷 등기소**

part 03 매각잔대금 납부 후 절차

④ 매각허가결정정본 1통-**법원, 전자소송홈페이지**

⑤ 토지대장, 건축물대장 1통-**정부24**

⑥ 주민등록초본 1통-**정부24**

⑦ 취득세 납부 확인서(이전)-**위택스 발급, 이택스 발급**

⑧ 등록면허세 납부 확인서(말소 및 변경)-**위택스 발급, 이택스 발급**

⑨ 등기신청수수료 영수필 확인서-**납부은행 출력**

⑩ 말소할 등기 목록 4부 작성-**작성**

부동산소유권이전 및 말소등기 촉탁신청서

사건번호 2018타경 00000호
부동산 강제경매

매수인 0 0 0
(010-0000-0000)

춘천지방법원 00지원 경매2계 귀중

매각에 의한 소유권이전 및 말소 등기 촉탁신청서

사건번호 2018 타경 00000   부동산강제경매
채 권 자 0000
채 무 자 000
소 유 자 000
매 수 인 000

위 사건에 관하여 매수인 000은 귀원으로부터 매각허가결정을 받고 2018년 00월 00일 대금전액을 완납하였으므로 별지목록기재 부동산에 대하여 소유권이전 및 말소등기를 촉탁하여 주시기 바랍니다.

2018. 00. 00

위 매수인 000 (인)

연락처(☎) 010-0000-0000

◎말소할 등기 : <u>별지 부동산목록 기재와 같음</u>
◎국민주택채권 발행번호 : <u>2186-10-2029-7144</u>
　채권매입 금액 : 금 <u>일천이백만원정</u>

◎첨부서류
1. 부동산등기사항전부증명서　　1통
1. 매각허가결정정본　　　　　　1통
1. 토지대장등본　　　　　　　　1통
1. 주민등록초본　　　　　　　　1통
1. 취득세 납부 확인서(이전)　　1통
1. 등록면허세 납부 확인서(말소) 1통
1. 등기신청수수료 영수필 확인서 1통
1. 별지 말소할 등기 목록　　　　4통

춘천지방법원 00지원 경매2계 귀중

1. 말소촉탁의 대상 등기

원칙적으로 말소기준등기 이후의 모든 등기는 말소촉탁대상이다. 다만 예외가 있다.

- 저당권, 담보가등기
- 매각으로 소멸되는 용익물권인 지상권, 지역권, 전세권(경매 신청 또는 배당요구)
- 임차권등기
- 말소기준등기보다 늦는 소유권이전청구권가등기
- 가압류등기
- 말소기준보다 늦는 가처분
- 국세체납처분에 의한 압류등기
- 저당권말소등기의 예고등기
- 화의법, 회사정립법, 파산법상의 등기
- 경매개시결정등기 등

2. 별도로 판단해야 되는 등기

1) 선순위 전세권

경매 신청 또는 배당요구하면 말소된다. 그러므로 배당요구를 한 이상 배당금이 전세금반환채권에 미달하더라도 전세권은 소멸하고 말소촉탁의 대상이 된다.

2) 주택이나 상가건물에 대한 임차권등기

원칙적으로 말소되어야 하나, 그 임차인이 대항력있는 선순위임차인인 경우 배당절차에서 전액배당을 받게 될지 여부에 대해 말소촉탁의 시점에서 불분명한 경우도 있을 수 있다. 이런 때에는 일단 배당표에 나타나 내용을 보고 말소촉탁 여부를 판단할 수밖에 없다. 또한 일부라도 배당이 되는 경우에는 임차권등기의 보증금 액수를 변경하는 변경등기촉탁을 신청해야 한다.

3) 전 소유자에 대한 가압류 등기

전 소유자에 대한 가압류등기 후 소유권이 이전되고, 현 소유자의 채권자가 경매를 신청한 사건에서 전 소유자에 대한 가압류등기말소 여부는, 집행법원이 전소유자의 가압류를 말소대상이라고 인식하고 그 취지를 매각물건명세서에 기재한 경우에 한해 말소된다. 다만. 이런 때에도 현 소유자 명의의 소유권이전등기가 말소되어서는 안 된다.

4) 말소촉탁 대상인지의 여부

주의할 것은 말소촉탁의 대상인지의 여부는 오로지 부동산등기기록에 적힌 것을 기준으로 판단해야 하고 등기기록에 기입되지 아니한 권리로서 특별법에 의해 우선변제권이 인정되지 않는 권리를 기준으로 판단해서는 안 된다는 것이다. 예를 들어 매각에 의해 소멸하는 부담 중 최선순위의 것보다 앞서 보전가등기가 있는데 다시 그 등기보다 앞선 대항력과 우선변제권을 갖춘 주택임차권자가 있고, 임차권자가 경매 절차에서 보증금 전액을 배당받은 경우에도 위 가등기의 부담은 소멸하지 않고 매수인에게 인수된다. 이에 대해 말소가 가능하다는 반대의 견해도 있다(실무제요 2-359).

5) 선순위 가처분의 말소촉탁 여부

근저당권 설정등기청구권을 보전하기 위해 처분금지가처분등기를 한 후, 본안에서 승소해 근저당권설정등기를 마친 후 이에 기해 부동산임의경매를 신청한 사건에서, 경매를 신청한 가처분채권자가 집행법원의 권유에도 불구하고 말소신청을 하지 않을 경우, 위 가처분은 바로 압류채권자가 신청한 처분금지가처분으로서 압류채권자에 우선하는 가처분이라고 해석할 수 없으므로 말소촉탁의 대상이 된다. 말소촉탁을 누락했다 하더라도, 매수인 스스로 근저당권설정등기로 가처분이 목적달성했음을 소명해 집행법원이나 가처분을 한 법원의 사무관에게 가처분의 말소촉탁을 요구할 수 있다.

6) 별도등기에 있어서의 말소촉탁

매수인이 인수하도록 특별매각조건을 정하지 않았다면 매각 대상인 구분건물의 대지권에 해당하는 지분에 별도등기라는 취지의 등기가 있으면 이것도 말소해야 한다. 단 대지권의 목적인 토지 전체에 등기된 별도등기라는 취지는 말소촉탁해서는 안 된다(등기예규 1045호 부칙2조).

7) 예고등기

예고등기는 권리의 공시를 목적으로 하는 등기가 아니므로 부동산의 부담으로 되지 않으므로 말소촉탁의 대상이 되지 않는다.

2절 등기 촉탁신청 절차 _{일반적인 방법}

① 경매법원 (입찰일) (잔금 납부일)	매각허가결정정본	사본 각1부씩 준비해 물건소재지 시·군·구청 세무과 과세 신고 시 제출
	입찰보증금 영수증	
	잔대금납부 영수증	
② 직접작성	이전 및 말소등기촉탁신청서	작성 후 직인(도장)날인
	등기필증우편송부신청서	작성 후 직인(도장)날인
	말소할 등기 목록	4부 작성

※ 매각허가결정정본: 잔금 납부 시 경매계에 발급 요청

③ 인터넷등기소	부동산등기사항전부증명서	발급용: 등기촉탁 시 첨부 사본1부: 세무과 제출용
④ 정부24	토지(임야)대장	등기촉탁 시 첨부
	건축물대장	
	매수자 주민등록초본	

※ 등기사항전부증명서는 반드시 발급용으로 발급.

⑤ 물건소재지 시·군·구청 세무과	취득세 납부 고지서 발급	매가결정정본, 보증금·잔대금 납부영수증 제출
	말소 등록면허세 납부 고지서 발급	등기사항전부증명서 사본 제출 (말소등록면허세 산정용)
⑥ 물건소재지 시·군·구청 내 금융기관	취득세 납부 영수증	등기촉탁 시 첨부
	말소등록면허세 납부 영수증	
	국민주택채권 매입 영수증	
	등기신청수수료 납부 후 영수증	

※ 말소 등록면허세 납부금액 산정: 등기부상 말소할 건수X7,200원
※ 국민주택채권매입 영수증: 은행에 비치된 국민주택채권 매입신청서 작성 후 취득세 납부 고지서상의 시가표준액을 금융기관 직원에게 알려주고 '매입 후 즉시 매각' 할 것을 요청함.
※ 등기신청수수료 산정기준
 (소유권이전 물건수X15,000원) + (말소할 건수X3,000원)

⑦ 우체국	우표 구입	등기필증 우편수령 법원 경매계에 금액 문의
⑧ 촉탁신청	②, ③, ④, ⑥, ⑦ 서류 제출	관할법원 경매계 방문 또는 우편 제출

3절 등기 촉탁신청 절차 인터넷처리, 우체국 별도

1. 취득세 납부확인서

1) 부동산 소재지 지자체 세무과 부동산취득세 담당자와 통화해 경매로 낙찰받은 부동산 취득세신고서를 작성해 팩스로 넣어줄 테니 팩스번호 알려달라고 요청함.

2) "취득세신고서"를 작성하고 출력 후 "취득세 납부서 겸 영수증"을 받을 팩스번호와 전화번호를 기재한 뒤 지자체에 팩스전송

3) "취득세 납부서 겸 영수증"의 취득세가 맞는지 확인하고 서울을 제외한 지방인 경우 "위택스"사이트에 접속 후, '납부하기'에서 "취득세 납부서 겸 영수증"상의 전자납부번호 19개를 입력

하고 순서에 따라 납부

4) 잠시 후 다시 전자납부번호를 입력 후 취득세 납부확인서 출력

※ 온라인으로 취득세 납부하기

① 요건

전 소유자의 인적사항(주민등록번호)을 알고 있을 때

② 방법

지방세인터넷납부시스템인 "위택스"(서울은 "이택스")로 접속해 부동산취득세 신고하기에서 신고(부동산정보, 매수인 및 전소유자의 인적사항을 입력하고 잔금완납증명서 등의 첨부서류를 제출)·접수를 하면 지방세 담당자의 확인을 하고 취득세 신고서가 활성화되면 이때 납부함.

③ 전 소유자의 인적사항은 공매의 경우는 매각결정통지서에 기재되어 있지만 경매의 경우는 대금지급기한통지서에 첨부된 전자소송 안내문에 따라 집에서 전자소송 동의 후 사건기록을 열람해 파악할 수 있다.

※ 공장낙찰 후 취득세 납부

낙찰 후 낙찰금액에서 기계·기구의 낙찰금액 해당 부분을 공제한 금액이 취득세의 과세표준이 된다. 즉 감정가격에서 차지하는 기계·기구의 비율만큼 공제한 금액이 과세표준이다.

2. 등록면허세(말소) 납부하기

1) 인터넷등기소에서 '등록면허세 정액분 신고' 클릭 후 필요사항 입력 후 신고를 하면 '지방세납부서' 생성

2) 생성된 '지방세납부서' 상의 전자납부번호 19개를 위택스의 '납부하기'의 전자납부번호 칸에 입력 후 순서에 따라 납부

3) 잠시 후 다시 전자납부번호를 입력 후 등록면허세 납부확인서 출력

4) 말소를 위한 등록면허세: 건당 7,200원(지방교육세 포함)

3. 등기신청수수료 납부하기

1) 인터넷 등기소에서 전자납부하기에서 등기신청수수료 납부 후 납부확인서 출력
2) 말소: 건당 3,000원, 이전: 건당 15,000원

4. 국민주택채권 매입 발행번호 확인

1) 본드114 사이트에서 '국민주택채권 계산기'에서 해당 부동산에 적용한 채권금액 및 본인부담액을 확인한다.
2) 본드114에 전화해 개인이며, 낙찰자 주민번호, 채권금액, 본인부담액 등을 설명하고 계좌입금한다.
3) 잠시 후 문자로 "채권발행번호"를 확인하고 등기신청서에 "채권발행번호"와 "채권금액"을 기재함.

5. 집행법원 경매계로 촉탁신청서 등을 발송

1) 등기촉탁신청서와 첨부서류 및 "등기필증 우편송부신청서"와 (대)봉투, 우표를 대봉투에 넣고 집행법원 사건경매계로 발송
2) 동봉할 우표요금은 사건경매계로 전화해 문의함.

4절 법원의 등기 촉탁

법원사무관은 매수인이 대금을 지급하면 바로 매각허가결정의 등본을 첨부해 ① 매수인 앞으로 소유권을 이전하는 등기, ② 매수인이 인수하지 않는 등기부상의 권리를 말소하는 등기, ③ 경매개시결정등기를 말소하는 등기를 등기관에게 촉탁해야 한다.

법원실무에서는 매각대금을 완납한 매수인의 촉탁신청이 선행되고 이후 법원사무관이 등기소에 촉탁하는 절차를 밟는다.

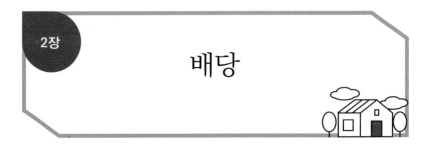

2장

배당

1절 배당의 개요

매수자가 매각대금을 완납하면 집행비용을 공제하고 채권별로 순위에 따라 배당을 하게 된다. 이 배당에 따라 임차인의 임차보증금을 인수하게 되는 금액이 발생할 수도 있고 이는 건물명도 계획에도 영향을 미치므로 입찰을 하고자 하는 사람은 해당 물건이 매각된 후 어떻게 배당절차가 진행되는지 미리 숙지해두는 것이 좋다.

1. 배당절차

배당절차

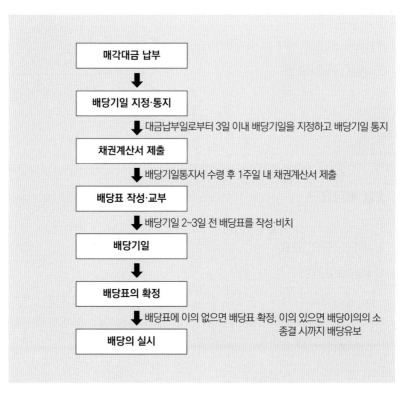

2. 배당분석 시 숙지할 사항

• 주택·상가건물임대차보호법에 따른 임차인들의 권리

• 등기부상의 권리들

• 물권과 채권의 배당순위

• 조세채권, 당해세채권, 임금채권, 재해보상금 채권, 퇴직금채권, 보험료채권 등

3. 배당요구의 시기와 조건

1) 배당요구의 시기

배당요구의 종기까지 배당요구를 해야 한다.

2) 배당요구의 조건

배당요구를 할 수 있는 채권자라도 채권이 이행기에 도래해야 한다(단, 가압류채권자는 예외).

2절 배당요구

1. 배당요구의 개요

1) 배당요구란?

다른 채권자에 의해 개시된 집행절차에 참가해 그 매각대금에서 변제를 받으려는 집행법상의 행위로서 다른 채권자의 강제집행절차에 편승한다는 점에서 종속적인 의미를 갖는다.

2) 배당요구와 권리신고

배당요구와 대비되는 개념으로 '권리신고'가 있는데 매각부동산의 권리자가 집행법원에 자신의 권리를 신고해 증명하는 것을 말한다. 권리신고를 통해 경매 절차의 이해관계인이 되지만 배당요구는 별도로 해야 한다. 즉 권리신고만으로 당연히 배당을 받게 되는 것은 아니며 별도로 배당요구를 해야 한다.

3) 배당요구 통지

이해관계인에게 통지(매각으로 소멸하지 않고 존속하는 용익물권자에게 미통지)

4) 배당요구 채권자 및 제출서류

(1) 집행력 있는 정본을 가진 채권자

- 배당요구신청서
- 집행력 있는 정본(판결만뿐만 아니라 집행문을 부여받은 집행권원)

(2) 경매개시결정이 등기된 뒤에 가압류 채권자

- 배당요구신청서
- 가압류등기된 등기사항전부증명서

(3) 민법·상법 그 밖의 법률에 의해 우선변제 청구권이 있는 채권자

가. 미등기 임대차보증금채권, 임금채권, 우선변제권은 인정되나 등기되어 있지 않아 존부나 액수를 알 수 없는 채권

나. 첫 경매개시결정등기 후에 저당권, 전세권, 등기된 임차권 등

주 택	상 가
권리신고 및 배당요구서	배당요구서
임대차계약서 사본	임대차계약서 사본
주민등록초본	상가건물 임대차현황서 등본
도면(일부 임대차)	건물도면(일부)

(4) 등기된 담보권자의 제출서류

근저당권자	전세권자	가압류권자
채권계산서	전세권 설정계약서	채권계산서
근저당권 설정계약서	전세주택 등기부등본	가압류결정문
-	-	차용증서
-	-	공증·약속어음 등 증빙서류

4) 배당요구 관련 주의사항

입찰 전 반드시 배당요구 유무 및 정해진 기일 안에 했는지도 확인해야 한다.

2. 배당요구 철회의 제한

1) 개요

배당요구의 철회가 가능하나 배당요구의 철회에 따라 매수인이 인수해야 할 부담이 바뀌는 경우 배당요구 채권자는 배당요구 종기가 지난 뒤에는 철회하지 못한다. 종기일 이후 철회하더라도 집행법원은 배당요구가 있는 것으로 취급해 배당한다.

2) 부담이 바뀌는 경우

(1) 부담이 새로 생기는 경우

대항력과 우선변제권이 있는 임차인이나 선순위 전세권자가 배당요구를 해서 인수하지 않는 걸로 알고 있었는데 배당요구를 철회하여 보증금을 인수하는 경우다.

(2) 부담이 증가하는 경우

대항력있는 소액임차인이 배당요구를 했다가 후에 철회하는 경우를 말한다. 대항력있는 소액임차인이 배당요구를 하면 최우선변제금은 매수인이 인수하지 않아도 되나 배당요구를 철회하면 그 최우선변제금도 매수인이 인수해야 한다.

3. 배당요구 확장의 제한

1) 판례

배당요구가 필요한 채권자가 배당요구 종기까지 배당요구를 하지 아니하면 배당받을 수 없고, 압류채권자나 배당요구한 채권자가 채권의 일부 금액으로 경매 신청 또는 배당요구한 경우 배당요구 종기 이후에는 새로운 채권을 추가하거나 확장할 수 없다-실권효(대판 2005.08.25. 2005다14595).

2) 채권의 일부를 청구

채권의 일부를 청구한 경우 청구금액의 확장은 허용되지 않는다. 이때 나머지 채권을 배당받는 방법은 강제경매와 임의경매에 따라 차이가 있다.

(1) 강제경매
배당요구 종기까지 잔액에 대해 배당요구를 하면 배당받을 수 있다.

(2) 임의경매
잔액에 대해 이중경매를 신청하거나 별도의 집행권원을 취득해 배당요구 종기까지 배당요구를 해야 한다.

4. 배당받을 수 있는 채권자

1) 자동배당

매각으로 그 권리가 소멸하는 채권자는 배당요구를 하지 않아도 배당을 받을 수 있다. 배당요구 및 채권계산서를 제출하지 않았더라도 배당에서 제외해서는 안되고 집행기록에 있는 서류와 증빙에 의해 계산해서 배당금액을 산정해야 한다.

① 이중 경매 신청채권자-배당요구 종기까지 경매 신청을 한 이중 경매 채권자는 자동배당 대상이다. 그러나 배당요구 종기 이후에 경매 신청을 한 채권자는 선행사건으로 배당을 하는 경우 배

당을 받을 수 없다. 단, 선행사건이 취하, 취소되어 배당요구 종기를 다시 정하고 배당하는 경우 배당을 받을 수 있다.

② 첫 경매개시결정등기 전에 등기된 가압류채권자

③ 첫 경매개시결정등기 전의 체납처분에 의한 압류권자

④ 경매로 소멸하는 저당권, 담보가등기, 전세권자로서 첫 경매개시결정등기 당시 등기된 자, 경매 신청 채권자가 아닌 근저당권자는 배당요구를 하지 않더라도 당연히 채권채권액 한도 내에서 배당받을 수 있다. 근저당권자는 매각대금 완납 시에 채권액이 확정되므로 배당기일이 아닌 배당표 작성 시까지 채권계산서를 제출해서 청구금액을 확장할 수 있다.

⑤ 임차권등기명령에 의한 임차권자

⑥ 대위변제자는 따로 배당요구를 하지 않아도 배당기일까지 대위자임을 소명하면 된다.

⑦ 토지별도등기권자-토지별도등기권자는 전유부분 건물 매각대금 중 대지권에 해당하는 경매 대가에서 우선 변제받을 수 있다(대판 2012.3.29. 2011다74932).

⑧ 재개발·재건축으로 공급된 부동산에 대한 경매 시 종전 등기부상의 저당권, 가압류 등(토지별도등기권자)은 새로운 등기부에 이기되지 아니했더라도 등기된 것과 동일하게 보아 자동배당 대상이다.

⑨ 우선변제권 임차인의 경매 신청-우선변제권 있는 임차인이 경매 신청을 하면 별도의 배당요구가 없더라도 우선변제를 받을 수 있다(대판 2013.11.14. 2013다27831).

※ 이 경우 법원은 임차인의 경매 신청 자체를 배당요구로 보아 경매 신청일을 배당요구일로 기록하기도 한다.

인천9계 2012타경174**

경매구분	강제경매	채 권 자	이○○		
용 도	다세대	채무/소유자	황○○	매각기일	13.01.03
감정가	70,000,000(12.03.27)	청구액	20,000,000	종국결과	13.03.08 배당종결
최저가	24,010,000 (34%)	토지면적	22.0㎡(6.7평)	경매개시일	12.03.08
입찰보증금	2,401,000(10%)	건물면적	40㎡(12.0평)	배당종기일	12.08.02
주의사항	· 선순위가등기				

소재지/감정요약	물건번호/면적(㎡)	감정가/최저가/과정	임차조사	등기권리
인천 부평구 십정동 186-476 에덴빌라 가동 지하층 3호 철콘조슬래브지붕 백운초등교 북서측인근 주위다세대주택, 아파트, 근린생활시설 등 소재한주거지대 차량출입가능 인근버스(정) 및 지하철 1호선 백운역 소재 대중교통이용 편의도양호 세장형토지 북측도로접함 도로저촉 3종일반주거지역 1종지구단위 계획구역 (십정4구역 주택재개발) 2012-03-27 예일감정	물건번호: 단독물건 대지 22.0/344 (6.66평) ₩28,000,000 건물 건물 39.6 (11.98평) ₩42,000,000 - 총 4층 - 보존 : 1992-07-11	감정가 70,000,000 대지 28,000,000 건물 42,000,000 최저가 24,010,000 경매진행과정 ① 70,000,000 2012-09-28 유찰 ② 30% ↓ 49,000,000 2012-11-01유찰 ③ 30% ↓ 34,300,000 2012-11-30 유찰 ④ 30% ↓ 24,010,000 2013-01-03 매각 매수인 김○○○○○ 응찰수 3명 매각가 38,580,000 (55.11%) 허가 2013-01-10 납기 2013-02-08 납부 2013-03-08 종결	이○○ 전입 2005-04-16 확정 2007-09-03 배당 2012-03-07 (보) 20,000,000 주거/전부 점유기간 2007.8.30.- *현장에 현황조사코져 임했던바 폐문부재로 이해관계인을 만나지 못했으므로 상세한 점유및 임대관계는 미상 전입세대조사 05.04.16 이○○ 주민센터확인: 2012-10-08	소유권 황○○ 2007-08-23 전소유자: 강계룡 가등기 김미송 2009-03-12 소유이전청구가등 압류 인천시서구 2009-07-16 가압류 이동길 2010-09-13 20,000,000 압류 서인천세무서 2010-10-27 강제 이동길 2012-03-08 *청구액: 20,000,000원 채권총액 20,000,000원 열람일자 : 2012-04-04

2) 수동배당

등기부에 권리내용이 기입되지 않은 권리자(임차인 등)는 집행법원에서 그 권리내용을 알 수 없어 배당요구 종기까지 배당요구를 해야만 배당을 받을 수 있다. 만약 배당요구 종기일까지 배당요구를 해야만 배당을 받을 수 있는 채권자가 배당요구를 하지 않으면 부당이득 반환청구도 할 수 없다.

(1) 판결문 등 집행력 있는 정본을 가진 채권자-강제경매 신청과 달리 배당요구 시에는 사본을 제출해도 된다.

(2) 「민법」, 「상법」, 그 밖의 법률에 의해 우선변제청구권이 있는 채권자

가. 등기가 안 된 우선변제권자

① 등기가 되어 있지 않기 때문에 배당요구를 하지 않으면 그 채권의 존부나 액수를 알 수 없는 채권

② 주택·상가임차인은 임차인이 이해관계인으로서 권리신고를 한 경우에도 이를 배당요구로 볼 수 없으므로 반드시 배당요구를 해야 한다.

나. 임금채권자

경남 창녕군 창녕읍에 있는 병원이 부도로 24억 3,700만 원에 경매로 나와 17억 3,300만 원에 팔렸다. 이 병원에서 근무하던 김숙희 씨 외17명은 밀린 임금 5,500만 원(그 중 4,420만 원이 최우선변제에 해당)에 대해 배당요구를 했다. 그러나 집행법원은 배당기일날 이들에 대한 배당을 하지 않았다. 이유인즉 배당요구종기일을 지나 배당요구를 해서이다.

다. 법인

「주택임대차보호법」에 의해 대항력이 인정된 법인이 주택을 임차한 후 지방자치단체의 장 또는 해당 법인이 선정한 입주자가 그 주택에 관해 인도와 주민등록을 갖추고 법인과 임대인 사이의 임대차계약서에 확정일자를 갖추었을 경우

> ※ 대항력 있는 선순위 임차인의 보증금 인수
>
> 대항력 있는 선순위 임차인이 우선변제권이 있음에도 배당요구를 하지 않은 경우 낙찰자는 선순위 임차인의 보증금을 인수하게 되며 임차인은 만기까지 임차권의 효력을 주장할 수 있다.

남부8계 2012타경91**

소재지/감정요약	물건번호/면적(㎡)	감정가/최저가/과정	임차조사	등기권리
다세대주택 서울 강서구 화곡동 870-41, -52 서로아트빌 2층 202호 철콘조 평슬래브지붕 신정초등학교 동측인근위치 주위다세대주택 및 단독주택 등 혼재 차량접근용이 버스(정)인근소재 대중교통사정무난 2필일단남하향 부정형완경사지 남측, 동측각6m, 5m도로접함 2종일반주거지역 (7층 이하) 2012-04-24 강남감정	물건번호: 단독물건 대지 33.6/365.6 (10.15평) ₩68,000,000 건물 건물 53.8 (16.26평) ₩102,000,000 공용:19.87 - 총 4층 - 보존 : 2002-06-18 *10세대	감정가 170,000,000 대지 68,000,000 건물 102,000,000 최저가 35,652,000 (21%) 경매진행과정 ① 170,000,000 2012-10-16 유찰 ↓ ↓ ↓ ↓ ⑦ 20% ↓ 44,565,000 2013-05-14 유찰 ⑧ 20% ↓ 35,652,000 2013-06-19매각 매수인 이〇〇 응찰수 3명 매각가 47,389,000 (27.88%) 허가 2013-06-26 납기 2013-08-02 납부 2013-08-29 종결	이〇〇 전입 2003-09-18 확정 2003-09-18 (보) 88,000,000 주거/전부 점유기간 2003.9.- *임차인점유. 전입 세대 열람내역에는 처 김숙진 전입일이 2002.09.13으로 되어 있음 지지옥션 전입세대조사 03.09.18 이〇〇 02.09.13 김〇〇 주민센터확인: 2012-10-10	소유권 장〇〇 2006-06-16 전소유자: 송경진 근저당 청도일성(새) 2009-05-26 61,600,000 임의 청도일성(새) 2012-04-06 *청구액 : 46,256,640원 채권총액 61,600,000원 열람일자 : 2012-04-25

참고사항

현황조사서상 대항력 있는 임차인 이윤성이 존재하나, 권리신고는 하지 않음

(3) 경매개시결정 기입등기 이후에 등기된 저당권, 가압류 채권자-집행법원에서 경매개시결정기입등기 이후에 설정된 근저당권자에게 배당요구 종기를 고지하지 않아도 위법하지 않다.

(4) 선순위 전세권자

(5) 담보가등기권자-담보가등기권리자는 경매 절차에서 저당권자와 동일한 대우를 받는다. 등기부에 적힌 내용만으로 그 가등기가 담보가등기인지 알 수 없고, 담보가등기라 할지라도 피담보채권의 공시가 없기 때문이다. 담보가등기권자는 채권신고의 최고기간까지 채권신고를 한 경우에 한해 배당받을 수 있다(「가등기담보 등에 관한 법률」 제16조 제2항).

가등기담보 등에 관한 법률 제16조 【강제경매 등에 관한 특칙】 ② 압류등기 전에 이루어진 담보가등기권리가 매각에 의해 소멸되면 제1항의 채권신고를 한 경우에만 그 채권자는 매각대금을 배당받거나 변제금을 받을 수 있다.

이 경우 그 담보가등기의 말소에 관해서는 매수인이 인수하지 아니한 부동산의 부담에 관한 기입을 말소하는 등기의 촉탁에 관한 「민사집행법」 제144조 제1항 제2호를 준용한다.

---

(6) 배당요구할 수 있는 채권자의 채권이 압류된 경우 압류채권자는 별도로 경매법원에 채권자대위권의 요건을 갖추어 배당요구를 해야 한다.

(7) 주택임대차보호법상 임차인으로서의 지위와 전세권자로서의 지위를 함께 가지고 있는 자가 그중 임차인의 지위에 기해 경매법원에 배당요구를 했다면 배당요구를 하지 않은 전세권에 관해서는 배당요구가 있었던 것으로 볼 수 없다.

3) 배당 불가

(1) 첫 경매개시결정의 배당요구 종기일 전에 이중경매 신청을 한 채권자는 별도의 배당요구 없이도 배당을 받을 수 있다. 그러나 배당요구 종기 후의 이중경매 신청 채권자는 배당에 참여할 수 없다.

(2) 확정일자 없는 임차인(소액임차인으로 최우선변제 대상 임차인 제외)은 배당잉여금이 있더라도 배당에 참여할 수 없다.

(3) 공증이나 판결을 받지 않고 차용증 등을 소지한 채권자도 배당 받을 수 없다.

(4) 전 소유자의 일반채권자는 어떠한 경우라도 배당에 참여할 수 없다.

5. 배당요구와 부당이득반환청구의 관계

1) 부당이득반환청구 가능

배당요구를 한 채권자나 배당요구를 하지 않아도 당연히 배당에 참여할 수 있는 채권자는 부당이득반환청구가 가능하다.

> 확정된 배당표에 의해 배당을 실시하는 것은 실체법상의 권리를 확정하는 것이 아니므로 배당을 받아야 할 채권자가 배당을 받지 못하고 배당을 받지 못할 자가 배당을 받은 경우에는 배당을 받지 못한 채권자로서는 배당에 관해 이의를 한 여부에 관계없이 배당을 받지 못할 자이면서 배당을 받았던 자를 상대로 부당이득반환청구권을 갖는다 할 것이고 배당을 받지 못한 그 채권자가 일반채권자라고 해서 달리 볼 것은 아니다(대판 2001.2.13. 99다26948).

2) 부당이득반환청구 불가능

배당요구가 필요한 채권자가 배당요구를 하지 않으면 실권효로서 배당받을 수 없고, 배당요구를 했다면 배당받을 수 있었던 금액 상당의 금원이 후순위 채권자에게 배당되었다고 해서, 이를 부당이득으로 반환청구할 수 없다.

주택(상가건물)임차인의 우선변제권이나 최우선변제권, 임금채권의 최우선변제권자가 배당요구를 하지 않아 후순위 채권자가 배당을 받았더라도 그 후순위 채권자를 상대로 부당이득반환청구를 할 수 없다.

3절 배당표의 작성

1. 배당기일

매수인이 매각대금을 완납하면 집행법원은 배당에 관한 진술 및 배당을 실시할 기일을 정해야 한다. 배당기일은 대금납부 후 3일 안에 지정하되, 대금납부 후 2주 내로 잡아야 하지만 실무적으로 송달기간을 고려해 대금납부 후 1개월 내외로 잡는다. 배당기일이 정해지면 이해관계인과 배당을 요구한 채권자에게 이를 통지해야 한다.

2. 채권계산서의 제출의 최고

채권계산서 제출의 최고

○○지방법원

최고서

귀 하

사　　　건　　2019 타경 0000 부동산강제(임의)경매

압류채권자
채 무 자

　위 사건에 관하여 귀하가 청구하는 채권의 원금·배당기일까지의 이자, 그 밖의 부대채권
및 집행비용을 적은 계산서를 이 최고서를 송달받은 날부터 1주 안에 법원에 제출하시기
바랍니다.

년　　　　월　　　　일

법원사무관　　　　　　　　　　　　(인)

> ※　문의사항 연락처 : 00지방법원 경매0계　법원주사 000
>   　　전화 : 031-000-1354
>   　　팩스 : 031-111-4521

채 권 계 산 서

사 건 번 호   2018타경332▒▒ 부동산임의경매   [담당재판부·경매3계]

채 권 자   주식회사 ▒▒▒부동산지분투자

채 무 자   이▒애

위 사건에 관하여 배당요구채권자 현대부동산지분투자는 아래와 같이 채권계산서를 제출합니다.

- 아 래 -

1. 원   금 : 금 팔천만 원정 (₩ 80,000,000 원)

1. 이   자 : 금 이천이백삼십육만팔천 원정 (₩ 22,368,000 원)

합   계 : 금 일억이백삼십육만팔천 원정 (₩ 102,368,000 원)

2019.08.26

채권자 주식회사 ▒▒▒부동산지분투자

여주지원 귀중

집행법원은 배당기일이 정해지면 각 채권자에게 채권의 원금, 배당기일까지의 이자, 그 밖의 부대채권 및 집행비용을 적은 계산서를 1주 안에 법원에 제출할 것을 최고해야 한다.

1) 계산서를 제출하지 않은 경우

계산서의 제출은 배당표 작성의 준비행위에 지나지 않으므로 계산서 제출의 유무에 따라 채권자의 권리가 좌우되는 것은 아니다. 즉 채권자가 계산서를 제출하지 않았다 해서 배당을 받지 못하는 것은 아니다. 단, 제출하지 않았을 경우 배당요구신청서의 내용대로 채권계산을 하므로 배당요구 종기일 이후 증액된 부분에 대해서는 배당을 받지 못한다.

2) 배당요구 종기 후 추가·확장 여부

(1) 채권 중 일부만을 청구한 경우 배당요구 없이도 당연히 배당받을 수 있는 채권자인 경매개시결정등기 전에 등기된 근저당권자, 가압류권자, 체납처분에 의한 압류권자 등은 채권을 추가·확장할 수 있다.

즉 근저당권자가 자신이 경매를 신청하면 신청 당시를 기준으로 피담보채권이 확정된다. 그러나 집행채권자가 아닌 그 외의 근저당권자의 피담보채권은 그 근저당권이 소멸하는 때, 즉 매수인이 매각대금을 완납한 때에 확정되므로 그 채권이 매각대금의 완납 시까지 발생한 것이기만 하면 채권최고액 범위 내에서는 배당요구종기 이후라도 채권계산서의 제출에 의해 배당요구채권액을 확장할 수 있다.

(2) 반면 배당을 받기 위해서는 반드시 배당요구가 필요한 채권자는 추가·확장이 안 된다. 즉 배당요구종기일에 일부만 배당요구한 경우 배당요구 종기 이후에는 나머지 부분에 대해 채권을 추가하거나 확장하지 못한다.

3. 배당금 수령 시 명도확인서가 있어야 배당되는 자

1) 명도확인서

임차인이 집행법원으로부터 임차보증금에 대한 배당금을 지급받기 위해선 매수인으로부터 명도확인서를 받아 제출해야 한다. 명도확인서에는 매수인의 인감을 날인하고 인감증명서를 첨부해야 한다.
- 임대차계약이 종료된 경우 임대차보증금 반환채무와 임차목적물 인도채무는 동시이행관계에 있다.

2) 명도확인서가 필요한 경우

(1) 주택(상가건물)임차인

임차인은 확정일자에 의한 우선변제를 받든 보증금이 소액이어서 최우선변제를 받든 불문하고 명도확인서가 필요하다. 또한 대항력이 있는 임차인이든 없는 임차인이든 역시 불문한다. 임차권자가 경매신청했을 경우에도 필요.

(2) 전세권자

전세권자도 배당금을 수령하기 위해서는 매수인의 명도확인서가 필요하다(불필요하다는 견해도 있음).

명도확인서

명 도 확 인 서

사건번호 2019 타경 OOOOO   부동산강제(임의)경매
채 권 자
채 무 자
매 수 인

부동산의 표시 :

매수인은 위 사건에 관하여 아래 임차인이 그 점유부동산을 20 . 00. 00. 매수인에
게 명도하였음을 확인합니다.

아 래

임차인 :
주소 :

첨부서류: 매수인의 인감증명서 1통

20 . . .

위 매수인   .   (인감 날인)
(연락처☎:   )

청주지방법원 OO지원 경매O계 귀중

3) 명도확인서가 필요 없는 경우

(1) 대항력 있는 임차권자가 일부만 배당받은 경우-대항력 있는 임차인(전입은 빠르나 확정일자가 늦은 경우)이 배당요구를 했으나 일부만 배당받은 경우 배당금 수령 시 명도확인서가 필요 없다. 대항력 있는 소액임차인도 일부만 배당받는 경우 마찬가지다.

(2) 매수인으로부터 명도확인서를 받지 못했지만 이미 목적물을 인도했음을 증명할 수 있는 경우-통·반장의 확인서, 관리소장의 명도입증서 등을 제출하거나 집행법원에 사실조회신청을 해서 명도 했음을 확인받을 수 있다.

(3) 미등기 건물 임차인이 대지의 매각대금에서 배당을 받은 경우-대지만 매각된 경우 그 매각대금에서 배당을 받게 된 건물의 임차인은 매각 대상 토지와는 무관한 미등기건물 소유자의 명도확인서가 필요 없다. 또한 토지소유자의 명도확인서도 필요하지 않다. 왜냐하면 미등기주택의 임차인은 대지의 점유자가 아니기 때문이다. 건물의 부지가 된 토지의 점유자는 건물의 소유자이다.

(4) 부도임대주택의 임차인이 매수인과 새로이 임대차계약을 체결한 경우

4) 명도확인서의 경우

전액배당을 받을 수 있는 세입자와 이사날짜에 대한 현실적이고 구체적인 합의만 있다면 먼저 주는 방법도 고려해볼 필요가 있다.

- 이사 갈 곳의 임대(매매)계약서, 명도이행각서 작성 등

4. 배당표 작성

1) 배당표 원안의 작성

(1) 법원은 배당기일 3일 전에 배당표 원안을 작성해서 비치해야 한다.

(2) 배당표 원안은 단지 배당계획안에 불과하나 이해관계인은 이를 기초로 배당에 관한 의견을 진술하게 된다. 배당기일에 채권자들 사이에 합의가 성립하거나 이의가 없을 때 배당표는 확정된다.

2) 배당할 금액

배당할 금액을 실무에서는 배당재단이라고 하는데 다음과 같다.

(1) 매각대금

(2) 지연이자-대금지급기한이 지난 뒤부터 대금의 지급·충당까지의 이자를 말한다.

(3) 항고보증금-항고가 기각. 각하되거나 취하된 때에는 채무자·소유자는 매각가의 1/10에 해당하는 항고보증금 전액이 몰수되고, 채무자·소유자 외에는 항고일로부터 항고기각·각하결정이 확정된 날까지의 매각대금에 대한 연12%의 이율에 해당하는 항고보증금이 몰수되어 배당재단에 편입된다.

(4) 전 매수인의 매수보증금-차순위매수인에 대한 매각허가결정이 있는 경우의 매수보증금도 포함한다.

(5) 위 각 금액에 대한 배당기일까지의 보관금 이자

3) 실제 배당할 금액

실제로 각 채권자에게 배당할 금액은 본래의 배당할 금액(매각대금+지연이자+항고보증금+전 매수인의 매수보증금+보관금 이자)에서 집행비용을 공제한 금액이다.

4) 배당표

배당표는 매각대금, 채권원금, 이자, 비용, 배당순위, 배당비율 등
이 기재되어 있다.

배당표 양식

춘천지방법원 영월지원
배 당 표

사 건	2018타경306▨▨ 부동산강제경매				
배 당 할 금 액	금	17,025,039			
명	매 각 대 금	금	17,020,000		
	지연이자 및 절차비용	금	0		
세	전경매보증금	금	0		
	매각대금이자	금	5,039		
	항고보증금	금	0		
집 행 비 용	금	1,182,438			
실제배당할 금액	금	15,842,601			
매각부동산	1. 강원도 평창군 평창읍 주진리 1▨ 대 324㎡				
채 권 자	▨▨카드 주식회사				
채 권 금 액	원 금	11,991,380	0		0
	이 자	18,552,045	0		0
	비 용	0	0		0
	계	30,543,425	0		0
배 당 순 위	1				
이 유	신청채권자(13가소4886▨)				
채 권 최 고 액	0		0		0
배 당 액	**15,842,601**		**0**		**0**
잔 여 액	0		0		0
배 당 비 율	51.87 %				
공 탁 번 호 (공 탁 일)	금제 호 (. . .)		금제 호 (. . .)		금제 호 (. . .)

2019. 1. 23.

사법보좌관   이▨식

1-1

4절 배당순위 및 배당원칙

　매각대금으로 배당에 참가한 모든 채권자를 만족시킬 수 있다면 배당순위는 의미가 없다. 그러나 실무에서는 대부분 매각대금이 채권자의 채권액에 턱없이 부족하다. 따라서 집행법원은 「주택임대차보호법」과 「민법」, 「상법」, 「국세징수법」 등 그 밖의 법률에 의한 우선순위에 따라 배당을 한다.

1. 배당기준
　배당에 참가하는 채권이 모두 일반채권자라면 그 채권발생의 선후를 불문하고 평등한 비율로 배당을 받게 된다. 그러나 「민법」, 「상법」, 「국세징수법」 등의 법률에 의해 일반채권에 우선해 변제받을 수 있도록 규정되어 있는 채권은 우선적으로 배당을 받게 된다.

1) 조세와 저당권·전세권·임차권 등의 순위 기준일
　㉠ 조세와 저당권·전세권·임차권 사이의 우선순위는 조세의 법정기일과 설정등기일(확정일자를 갖춘 날)의 선후를 따져 정한다.
　㉡ 조세의 압류일은 5월 1일이나 법정기일은 3월 3일이고 근저당권의 설정일은 4월 10일이라면 조세의 압류일로 따지면 근저당권이 우선하나, 조세는 법정기일로 배당순위를 따지기 때문에 조세가 근저당권보다 우선한다.

2) 조세의 법정기일과 저당권 등의 설정기일이 같은 경우–조세채권 우선
　「국세기본법」 제35조 제1항 제3호가 법정기일 '전'에 설정된 저당권 등을 조세우선권의 예외로서 인정하는 규정에 근거해 조세의 법정기일과 저당권 등의 설정기일이 같은 경우 조세채권이 우선한다.

3) 임차보증금과 조세채권

소액임차인은 언제나 조세채권에 우선한다. 확정일자 임차인은 조세의 법정기일과의 선후를 따져 그 순위를 정한다. 만약 우선변제권 기산일과 조세채권의 법정기일이 같으면 「국세기본법」 규정에 의해 조세가 우선한다.

4) 당해세

당해세는 최우선순위의 소액임차인과 임금채권을 제외하고 어떠한 채권에 대해서도 우선한다. 따라서 당해세는 법정기일을 따질 필요가 없다.

순위	권리의 종류	변제방법
1	집행비용	비용변제
2	주택관리에 사용된 필요비 및 유익비	비용변제
3	*소액임차인 보증금 중 일정액 *근로기준법에 의한 임금채권	최우선변제
4	당해세(국세, 지방세)	최우선변제
5	*담보물권(전세권,저당권,담보가등기) *확정일자 있는 임차권 *당해세 이외 국세, 지방세	시간순서에 따라 우선변제
6	일반임금채권	우선변제
7	국세·지방세 및 그 징수금(체납처분비, 가산금 등)	우선변제
8	각종 보험료(국민건강보험, 연금보험, 산업재해보상보험료)	우선변제
9	일반채권	보통변제

2. 배당순위

1) 제1순위-집행비용

배당할 금액에서 집행비용을 제일 먼저 공제해 집행비용을 예납한 경매 신청 채권자에게 돌려준다.

2) 제2순위-저당물의 제3취득자가 그 부동산의 보존과 개량을 위해 지출한 필요비·유익비

주택임차인이 고장난 기름보일러를 수리하는 대신 가스보일러로 교체 시설해 지출한 비용, 집 앞 통로의 포장비용 등. 단, 전세권자(등기된)는 전세목적물인 부동산에 대해 수선·유지 등 통상의 관리의무가 있으므로 필요비에 대한 청구를 할 수 없다.

3) 제3순위-주택·상가 최우선변제금, 근로자의 임금채권

주택·상가 소액임차보증금 중 일정액, 최종 3개월분의 임금과 3년간의 퇴직금, 재해보상금

가. 이들 상호간에는 같은 순위로 성립시기를 불문하고 채권액에 비례해 배당받는다.

나. 배당받는 금액에 있어서는 차이가 있다.
① 주택임차인은 매각가의 1/2 한도 내에서 최우선배당을 받는다.
② 상가건물임차인은 매각가의 1/2 한도 내에서 최우선배당을 받는다.
③ 근로자의 임금채권은 매각가의 제한이 없다.

다. 최우선변제권 상호간의 우선순위

이들 상화간에는 우열을 따질 수 없으므로 같은 순위로 채권액에 비례해 배당한다.

라. 임금우선변제권이 적용되지 않는 경우

① 사용자가 법인인 경우 법인 소유의 재산만을 가리키며, 법인의 대표자 등 사업경영 담당자의 개인재산은 이에 포함되지 않는다.

② 사용자가 재산을 취득하기 전에 설정된 담보권에 대해서는 임금 우선변제권이 인정되지 않고 또한 사용자의 재산이 제3자에게 양도된 경우 위 우선권은 그 재산에 대해 더 이상 추급할 수 없어 양수인의 양수재산에 대해서는 우선변제권이 인정되지 않는다(대판 1994.1.11. 93다30938).

마. 임금채권은 어떻게 알 수 있나?

① 등기사항전부증명서의 갑구란에 가압류가 개인명의로 대추나무 연 걸리듯 설정된 경우 금액을 보면 알 수 있다. 금액이 소액이면 임금채권일 가능성이 높다, 반면 설정액이 몇 천만 원 이상일 경우 유치권일 가능성이 높다.

② 근로복지공단에서 압류를 했을 경우 임금채권에 의한 최우선변제 가능성을 염두에 두고 '가'배당표를 짤 필요가 있다. 특히 대항력 있는 임차인이 있을 때에는 조심해야 한다. 임금채권자들이 배당금을 뺏어가면 그만큼 매수인이 인수해야 한다.

근로복지공단에서 신청한 경매는 주의할 필요가 있다. 근로복지공단에서 경매를 진행했다는 것은 체당금이 있다는 것인데, 이러한 부동산이 경매로 진행되면 근로자의 퇴직 전 3개월의 급여와 3년간의 퇴직금이 소액임차인의 최우선변제권과 같은 순위로 경매비용을 제외하고 가장 우선적으로 배당되기 때문에 입찰 시 각별한 주의가 필요하다.

근로복지공단은 근로자에게 체불임금을 먼저 지급하고 대위변제금의 구상권으로 채무자 부동산에 압류 후 채권변제를 요구하기 때문이다.

근로자퇴직보장법 제12조 【퇴직급여등의 우선변제】

4) 제4순위–당해세(국세, 지방세와 그 가산금)

가. 당해세 우선의 원칙

당해세란 당해 재산을 소유하고 있다는 사실 자체에 대해 부과된 국세, 지방세와 그 가산금을 말한다. 현재 경매 진행 중인 부동산에 부과된 재산세나 종합부동산세는 당해세이다. 당해세는 저당권·전세권으로 담보되는 채권보다 우선해 징수하는데 이를 '당해세 우선의 원칙'이라고 한다(「국세기본법」 제35조 제1항 제3호, 「지방세기본법」 제99조 제1항 제3호).

나. 당해세 해당 여부

목적물이 양도된 경우에는 양도인인 저당권 설정자에게 부과된 세금에 한해 당해세가 우선하지 그 목적물을 양수한 양수인에게 부과된 증여세·상속세 등과 같은 당해세는 기존의 저당권자에게 우선하지 못한다(대판1990.7.10. 89다카13155). 즉 담보권 설정 후 상속이나 증여 등으로 소유권이 이전되어 양수인에게 부과된 상속세와 증여세는 당해세가 아니다.

다. 1개의 부동산에 대해 수개의 조세가 있고 그것이 모두 당해세인 경우 압류선착주의에 의해 그 우열관계를 따져야 한다.

라. 당해세의 종류
① 국세: 상속세, 증여세, 종합부동산세(2005.01.05.부터)
② 지방세: 재산세, 자동차세, 지역자원시설세 및 지방교육세
③ 단, 취득세, 등록세는 당해세가 아니다(헌재1994.8.31. 91헌가1).

5) 제5순위
국세 및 지방세의 법정기일 전에 설정된 저당권·전세권에 의해 담보되는 채권, 확정일자를 갖춘 주택·상가건물의 임차보증금, 임차권등기된 주택·상가건물의 임차보증금, 기타 국세·지방세로 이들 채권 간의 우열순위는 등기설정일(저당권, 전세권, 담보가등기), 법정기일(국세·지방세), 우선변제권 취득일(임차권)등의 선후에 따라 순위가 정해진다.

가. 조세채권 우선의 원칙
국세, 지방세, 관세 및 그 가산금과 체납처분비는 다른 공과금 기타 채권에 우선한다.

나. 조세의 법정기일
국세·지방세는 '압류일'을 기준으로 배당하는 것이 아니라 '법정기일'에 따라 배당한다. 저당권·전세권의 설정일과 조세의 법정기일이 같은 경우 조세채권이 우선한다.

다. 법정기일 기준일
① 신고일

- 국세: 소득세, 법인세, 부가가치세, 특별소비세, 주세, 증권거래세, 교육세, 교통세 등
- 지방세: 취득세 등
② 납세고지서 발송일
- 국세: 양도소득세, 상속세, 증여세, 재평가세, 부당이득세, 전화세(폐지)등
- 지방세: 주민세, 자동차세, 등록면허세, 재산세, 종합토지세(폐지) 등
③ 납세의무확정일
- 국세: 소득세, 법인세, 인지세 등
- 지방세: 특별징수농지세, 특별징수주민세 등

사례	시세 1억 4,000만 원으로 유찰 후 1억 원에 낙찰 시					
설정일	채권자	채권금액 (보증금액)	말소기준에 따른 순위	배당의 순서	실제 배당금액
2010.05.01.(전입) 2010.05.01.(확정)	임차권 (임차인)	6,000	①	②	② 3,000
2010.06.15	압류 (이천시청)	7,000	②	①	① 7,000

말소기준등기에 따른 임차인이 1순위로 6,000만 원 전액 배당이 가능한 것으로 판단할 수 있다. 하지만 이때는 후순위 국세·지방세의 법정기일을 확인해야한다. 왜냐하면 배당순위 압류일 기준이 아닌 법정기일을 기준으로 배당의 순서를 정한다.

여기서 후순위 체납세금의 법정기일은 2009.11.10.일로 밝혀졌다. 이천시청에서 1순위로 7,000만 원 전액배당이 되고 나머지 3,000만 원은 임차인에게 배당이 된다. 그리고 배당을 받지 못한 보증금 3,000만 원은 낙찰자가 인수해야 한다.

라. 압류선착주의

① 조세는 원칙적으로 교부청구의 선후에 관계없이 동순위로 그사이에는 우열관계가 없다. 그러나 동순위 조세간에는 압류한 조세가 교부청구한 조세보다 우선한다.

② 납세를 담보로 제공된 재산을 매각했을 때에는 압류 여부와 관계없이 다른 국세·지방세보다 우선한다. 당해세는 압류선착주의가 적용되지 않는다. 여기에서 압류선착주의는 압류 순서대로 우선권이 있다는 말이 아니라 압류와 교부청구사이에는 압류가 우선한다는 원칙이다.

마. 조세채권 상호간의 배당순위

① 1순위: 당해세

② 2순위: 납세담보 우선

납세담보된 조세는 압류선착주의의 적용을 받지 않는다.

③ 3순위: 압류선착주의

조세채권 상호간에는 법정기일에 의해 순위를 따지지 않고 압류선착주의에 의해 순위가 정해진다. 같은 압류기관에서 다른 세목(양도세와 부가세 등)을 동시에 압류한 경우 동순위로 안분배당한다.

④ 4순위: 교부청구

교부청구권자는 동순위로서 채권액에 비례해 안분배당한다.

바. 근저당권자에게 채권최고액 초과부분 배당여부

근저당권의 실제 채권액이 채권최고액을 초과하고 매각대금으로 채권자의 청구금액을 만족하고도 남는 경우 근저당권자에게 채권최고액 초과부분을 배당할 수 있는가?

① 근저당권 설정자가 물상보증인이거나 제3취득자가 생긴 경우

배당 후 잔액은 물상보증인이나 제3취득자가 받는다. 즉 근저당권자는 초과부분을 배당받지 못한다.

② 근저당권 설정자와 채무자가 동일한 경우

초과부분은 근저당권자가 배당을 받는다. 만일 채권최고액을 초과하는 근저당권자가 여럿이면 초과부분은 일반채권으로 우선변제권이 없어 안분배당을 받는다.

6) 제6순위-2순위 임금채권을 제외한 기타 임금채권

가. 저당권이 우선: 저당권 〉 임금채권 〉 조세 등

나. 조세 등이 저당권에 우선: 조세 등 〉 저당권 〉 임금채권

다. 조세 등이 없는 경우: 임금채권은 언제나 저당권에 비해 후순위이다.

라. 저당권이 없는 경우: 임금채권이 언제나 조세 등 채권에 우선한다.

7) 제7순위-국세·지방세 및 지방자치단체의 징수금(체납처분비 및 가산금 등)

국세와 지방세 간에는 우열이 없으며, 교부청구된 조세 상호간에도 교부청구의 선후에 관계없이 동순위이다.

※ 가산금과 가산세

1. 가산금: 국세 등을 납부기한까지 납부하지 않은 때에 고지세액에 가산해 징수하는 금액
2. 가산세: 납세의무자가 세법에 의한 신고의무, 보고의무, 징수의무를 이행하지 않거나 위반하는 경우에 행정벌적인 성격으로 부과하는 것

※ 경매개시결정등기 전에 압류를 하지 아니한 조세채권자는 배당요구종기까지 교부청구한 조세에 대해서만 배당받을 수 있다.

8) 제8순위–조세 다음 순위의 공과금(국민건강보험료, 산업재해보상보험료, 국민연금보험료 등)

① 공과금이란 조세채권 이외의 채권이면서 「국세징수법」상의 체납처분의 예에 의해 징수할 수 있는 것을 말한다.

② 공과금 채권은 그 납부기한 전에 설정된 저당권 등에는 우선하지 못하나, 납부기한 이후에 설정된 저당권, 기타 일반채권에 대해서는 우선한다.

③ 다만, 위 보험료가 납부기한 후에 설정된 저당권 등보다 우선한다고 하더라도 조세보다는 우선하는 것은 아니다. 따라서 보험료의 납부기한 후에 설정된 저당권보다 후순위의 조세가 있는 경우 저당권보다 우선하는 보험료채권과 저당권 및 저당권보다 후순위의 조세채권 사이에 순환관계가 성립한다.

④ 공과금 상호간에는 압류선착주의가 적용되지 않는다.

⑤ 각종 보험료 등의 공과금은 조세채권과 일반임금채권에 언제나 뒤지는 것이 원칙이나 그 공과금채권을 위해 압류등기를 한 경우에는 압류의 효력 때문에 압류등기일과 조세채권의 법정기일의 선후에 의해 우선순위를 정한다. 일반임금채권과의 관계에서는 경매개시결정기입등기 전에 압류등기를 했다면 일반임금채권보다 우선한다.

※ 공과금–저당권–일반조세의 순환관계

배당의 순위를 결정할 때, 공과금의 납부기한 다음에 저당권이 설정되고 이 저당권의 설정 후에 일반조세의 법정기일 순으로 배열될 때에는 이 3자 간에 순환관계가 성립한다. 즉 공과금은 저당권에 선순위고, 저당권은 일반조세에 선순위고, 조세는 공과금에 선순위가 된다. 왜냐하면 공과금은 조세의 징수 예에 따라 배당받을 수 있으나 조세에 대해서는 순위에 관계없이 항상 열위하기 때문이다(순환배당, 흡수배당 참조).

9) 제9순위-일반채권

재산형, 과태료, 국유재산 사용료, 대부료, 변상금

3. 배당원칙

1) 물권 상호 간

(1) 물권은 설정일 순서에 따른다. 즉 먼저 설정된 물건이 먼저 배당받는다(선입선출법)

(2) 저당권, 전세권, 가등기담보권, 확정일자 있는 주택임차권 상호 간의 우선순위는 설정일 순서에 따른다. 설정일은 등기사항전부증명서의 원인일자가 아닌 접수일자로 따진다.

(3) 등기의 설정일이 같은 경우 접수번호 순으로 정한다.

2) 채권 상호 간

(1) 채권 상호 간에는 채권자 평등의 원칙이 적용된다. 채권은 그 성립 시기를 따지지 않고 순위가 같다.

(2) 동순위자 간의 배당은 자신의 채권액 비율에 따라 평등배당(= 안분배당)을 한다.

3) 물권과 채권 간

(1) 물권과 채권이 경합 시 물권이 선순위인 경우 흡수배당, 채권이 선순위인 경우 안분배당을 실시한다.

(2) 물권은 모든 사람에게 주장할 수 있는 권리인 반면 채권은 특정인에게만 권리를 주장하기 때문이다.

4) 물권과 가압류의 우선순위

(1) 물권우선주의에 따라 물권이 항상 우선한다.

(2) 그러나 가압류가 선순위인 경우 안분배당을 한다.

(3) 가압류는 채권으로서 물권에 대항할 수 없는 반면, 물권은 등기부의 공시 순위에서는 후순위로서 선순위인 가압류에 대항할 수 없어 상호 모순관계가 성립한다.

※ 가압류의 배당금 계산

1. 배당기일까지 집행권원 제출: 등기부상 채권최고액이 아닌 집행권원상의 금액을 기준으로 배당금을 계산한다.

2. 배당기일까지 집행권원 미제출: 등기부상 채권최고액을 기준으로 (안분)배당 후 배당금액을 공탁한다. 가압류권자는 집행권원을 제출해야 공탁금을 수령할 수 있다.

---

5) 임차인의 배당

(1) 확정일자 있는 임차인

가. 임차인의 대항력 유무는 주민등록으로 따지나 배당은 확정일자를 기준으로 한다.

나. 따라서 확정일자 받은 임차인은 대항력 요건과 확정일자 중 늦은 날을 기준으로 해서 근저당권자나 전세권자, 가압류권자들과 배당 순위를 다툰다.

다. 일반채권보다는 언제나 선순위로 배당받는다.

(2) 확정일자 없는 임차인

가. 원칙: 배당 불가

확정일자가 없으며 임차보증금은 단순한 채권에 불과해 배당에서 배제 된다. 임차인은 소유자에게 돌아가는 금액에 대해 채권가압류를 한 뒤 지급명령이나 전세보증금반환청구소송을 제기해 판결을 받아 배당금을 회수해야 한다.

나. 예외: 제한적 배당

경매집행비용과 채권자들에게 배당을 하고도 남은 경우, 즉 배당금에 대해 잉여가 발생 시 소유자에게 잉여금을 돌려주어야 한다. 그러나 배당기법상 소유자와 합의하에 확정일자를 받지 않은 임차인에게 배당을 해 주는 경우도 있다.

(3) 임차인과 압류

근저당권 〉압류 〉 압류(당해세) 〉 소액임차인

사례	이천시 소재 부동산 매각대금이 1억 원

2010.1.10. 기준 지역별 소액보증금의 최우선변제금액 2,000만 원

설정일	채권자	채권금액 (보증금액)	말소기준에 따른 순위	배당순서 및 배당금액	비고
2010.01.10	근저당권	6,000	①	④ 5,300	700 소멸
2010.02.10	압류 (이천시청)	700	②	③ 700	법정기일 10.01.05
2010.03.10	압류 (이천세무서)	2,000	③	② 2,000	당해세
2010.05.01. (전입 및 확정)	임차권 (임차인)	4,000	④	① 2,000 (최우선변제액)	2,000 소멸

(4) 상가임차인

임차권 〉 근저당권 〉 임차권

사례		2015년 기준, 이천시 소재 부동산 매각대금이 8,000만 원			
설정일	채권자	채권금액 (보증금액)	배당순서 및 배당금액	비고	
2010.05.01. (등록 및 확정)	임차인(갑)	보증금 4,000 월세 250	② 4,000	–	
2010.07.10	근저당권자	5,000	③ 2,100	–	
2010.09.15. (등록)	임차인(을)	보증금 1,000 월세 30	① 1,900만 원	최우선변제액	

환산보증금이 「상가건물 임대차보호법」의 적용을 받는다.

임차인(갑): 4,000 + 250 × 100 = 2억 9,000만 원

임차인(을): 1,000 + 30 × 100 = 4,000만 원

환산보증금이 5,500만 원일 때 최우선변제금액은 1,900만 원이다. 따라서 임차인(을)만 소액보증금 최우선변제대상이 된다.

5절 배당의 실시

배당의 실시

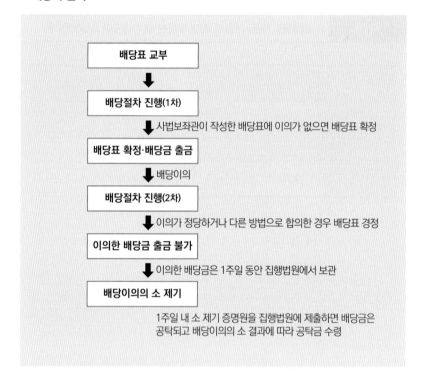

1. 배당표의 확정

1) 집행법원은 출석한 이해관계인과 배당을 요구한 채권자를 심문한 후 배당표를 확정한다.

2) 배당기일에 이해관계인의 이의가 없는 경우에는 배당표 원안대로, 이해관계인의 합의가 있으면 합의한 내용대로 배당표가 확정된다.

3) 배당표에 대해 이의가 있으면 그 부분에 한해 확정되지 않으며,

집행법원이 이의가 정당하다고 인정하거나 다른 방법으로 합의한 때에는 이에 따라 배당표를 수정해 배당표를 확정하고 배당을 실시한다.

4) 배당기일에 출석하지 아니한 이해관계인은 배당에 관해 이의가 없는 것으로 간주한다. 이후에는 배당에 관해 이의를 제기할 수 없다.

2. 배당표에 대한 이의

1) 배당이의 신청

(1) 배당기일에 출석한 채권자 및 채무자는 배당표의 작성·확정·실시와 다른 채권자의 채권과 순위에 대해 이의를 신청할 수 있다.

(2) 이의신청이 있으면 법원은 그 이의신청이 적법한가 여부만을 심사해 이의사유의 존부에 관해서는 심사할 수 없다. 이의신청의 당부는 배당이의의 소에서 판결절차에 따라 심리·판단해야 한다.

(3) 배당표에 대하여 이의신청이 있으면 그 이의 있는 부분에 한해 배당표는 확정되지 않고 이의 없는 부분에 한해 배당을 실시한다.

2) 채권자의 이의신청

(1) 채권자는 이의의 결과 자기의 배당액이 증가되는 경우에 한하여 이의할 수 있다. 이의는 배당기일에 출석해 진술해야 한다.

(2) 채권자가 이의신청을 하는 경우 그 이의가 있는 채권에 대한 배당의 실시가 일시 유보된다. 이의신청 채권자는 그 이의가 있

는 채권의 채권자를 상대로 배당이의의 소를 제기해야 한다.

(3) 배당이의의 소는 배당기일로부터 7일 이내에 제기해야 하고 '소제기증명서'를 집행법원에 제출해야 한다. 집행법원은 이의 있는 채권의 배당금을 공탁하게 된다.

(4) 만일 이의신청자가 7일 이내에 배당이의의 소를 제기하지 않 거나 소제기 증명원을 집행법원에 제출하지 않으면 배당은 확 정·실시된다.

3) 채무자의 이의신청

(1) 채무자가 집행정본을 가지고 있는 채권자에게 이의신청을 하는 경우 채무자는 배당기일로부터 7일 이내에 청구이의의 소를 제 기해 그 소제기증명원과 함께 배당절차의 일시정지를 명하는 잠정처분명령서 등을 경매법원에 제출해야 한다. 만일 어느 하 나라도 제출하지 않으면 이의가 취하된 것으로 본다(「민사집행 법」 제154조 제2항·제3항).

(2) 채무자가 집행정본이 없는 채권자(근저당권자, 전세권자, 임차인, 임금채권자, 경매기입등기 이후에 가압류한 채권자)를 상대로 이의 를 하는 경우 그 채무자는 7일 이내에 배당이의의 소를 제기하 여야 한다.

(3) 채무자가 7일 내에 소제기 증명을 하면 그 부분의 배당액은 공 탁된다.

4) 배당이의의 소의 취하 간주

원고가 배당이의의 소의 첫 변론기일에 출석하지 아니하면 소를 취하한 것으로 본다(「민사집행법」 제158조). 여기서 첫 변론기일에 첫 변론준비기일은 포함되지 않는다. 따라서 첫 변론준비기일에 출석했더라도 첫 변론기일에 불출석하면 소 취하로 간주된다.

민사집행법 제158조【배당이의의 소의 취하 간주】이의한 사람이 배당이의의 소의 첫 변론기일에 출석하지 아니한 때에는 소를 취하한 것으로 본다.

5) 배당금 공탁

(1) 배당 시 명도확인서가 필요한 경우-명도를 조건으로 배당하는 주택임차인의 우선변제권, 최우선변제권이나 전세권자는 배당금이 공탁된다. 그러나 대항력 있는 소액임차인이 배당요구를 했으나 일부만 받은 경우 그 잔액에 대해 매수인에게 동시이행의 항변을 할 수 있으므로 명도확인서가 필요 없다.

(2) 가압류 채권자의 미확정 채권에 대한 배당금

(3) 배당이의의 소가 제기된 배당금

(4) 배당받을 채권자가 불출석한 경우-10일 동안 지급청구를 기다린 후 공탁한다.

(5) 집행정본에 의하지 않고 배당요구한 채권을 채무자가 인정하지 않을 때-채권확정의 소가 종결될 때까지 공탁한다.

(6) 저당권설정의 가등기권리자에 대한 배당-경매개시결정등기 전에 저당권설정의 가등기권자는 본등기를 하면 우선변제를 받을 수 있으므로 본등기를 했다는 가정하에 배당할 금액을 정해 공탁한다.

(7) 저당권부 채권이 압류 또는 가압류된 경우

3. 추가배당 및 재배당

1) 추가배당

배당에 대해 이의하지 않은 채권자를 포함한 모든 채권자와의 관

계에서 배당표를 변경하지 않으면 안되는 경우를 추가배당이라고
한다.

2) 재배당

배당이의의 소의 결과에 따라 배당이의의 소의 원고와 피고 사이
에서만 다시 배당하는 절차를 말한다.

4. 배당금 수령 시 필요한 서류

1) 임차인

① 임대차계약서 원본

② 주민등록 초본

③ 등록사항현황서 등본 1통(상가임차인)

④ 매수인의 인감이 날인된 명도확인서 1통

⑤ 매수인의 인감증명서 1통

⑥ 신분증, 도장

⑦ 배당기일 경과 후에는 임차인의 인감증명서 2통

2) 근저당권자

① 근저당권 등기권리증 원본

② 원인증서(약정서, 차용증, 약속어음 등)

③ 신분증, 도장

3) 가압류권자

① 집행권원(집행문 부여받은 판결정본)

② 가압류결정문, 가압류신청서 사본

③ 신분증, 도장

6절 배당방법

1. 안분배당

최우선변제권에 해당하는 소액임차인이나 근로자의 임금채권처럼 채권자들의 배당순위가 같거나 일반채권자, 선순위 가압류와 후순위 근저당권처럼 우열을 가릴 수 없는 채권은 채권액에 따라 안분해 배당한다.

등기부상 가압류채권, 강제경매 신청채권, 집행권원으로 배당요구한 채권 등은 동 순위로 안분배당된다. 다만 등기부상 가압류 후에 담보물권이 존재하면 그 가압류는 담보물권과 동 순위가 되어, 결과적으로 담보물권 설정 전의 가압류는 담보물권 설정 후의 가압류에 대해 배당에 있어서 유리한 위치에 서게 된다.

2. 순위(흡수)배당

「민법」, 「상법」 또는 그 밖의 법률에 의해 정해진 순위에 따라 배당을 한다. 근저당권, 전세권 등의 물권은 다른 후순위 채권자보다 먼저 돌려받는 우선 변제권이 있다. 이를 '흡수배당'이라고 한다. 후순위 채권자의 배당 몫까지 흡수해 돈을 돌려받는다

3. 순환배당(안분흡수배당)

집행비용을 공제한 후 배당할 금액 1,000만 원일 경우 가정했을 때 우선 각 채권자의 채권액을 기초로 안분배당 후 자기보다 후순위 권리자의 배당액은 자기 채권 만족 시까지 흡수배당한다.

1) 안분배당

순위	채권자	금액(만 원)	개별채권/총채권	안분금액(배당금액)
1	가압류	800	800/2,000	400
2	근저당	400	400/2,000	200
3	일반조세	600	600/2,000	300
4	가압류	200	200/2,000	100
합계	-	2,000	1	1,000

2) 흡수배당

1순위 가압류는 2순위 근저당권과 4순위 가압류와는 평등한 반면 3순위 조세에게는 후순위다. 3순위 조세는 1, 4순위 가압류보다는 선순위이나 2순위 근저당권보다는 후순위로 상호 순위가 모순되는 관계가 된다.

(1) 흡수 순서

4순위에 안분배당된 것을 흡수할 권리자는 2순위와 3순위가 있는데 둘 사이에는 2순위가 선순위이므로 2순위의 채권에 먼저 흡수되고 그 다음에 3순위의 채권에 흡수되는 순서를 밟아야 한다.

(2) 흡수당하는 순서

2순위에 흡수당할 채권은 3순위와 4순위가 있는데 이 3순위와 4순위 사이에서는 4순위가 열후하므로 4순위에 배당된 것(100만 원)을 먼저 흡수하고 모자라는 한도 내에서 3순위(100만 원)를 흡수한다. 이때 3순위와 4순위가 동순위일 경우에는 안분해 흡수한다.

(3) 흡수의 한도

두 번째로 흡수해야 할 3순위의 흡수범위를 정하는 데 있어서 3순위가 1차로 안분배당(300만 원) 받았다가 2순위에 흡수당한 부분(100만 원)까지도 흡수할 수 있는가 하는 문제다. 이에 관해서는 흡수당한 부분(100만 원)은 일단 배당받은 것이므로 그 부분을 공제한 나머지(300만 원)만 1순위에서 흡수해야 한다.

순위	채권자	금액(만 원)	안분금액	흡수한도	1차흡수	2차흡수	최종 배당액
1	가압류	800	400	0	400	100	100
2	근저당	400	200	200	400	400	400
3	일반조세	600	300	300	200	500	500
4	가압류	200	100	0	0	0	0
합계	-	2,000	1,000	-	1,000	1,000	1,000

4. 공동저당에 있어서의 배당

공동저당권의 목적부동산이 전부 매각되어 매각대금을 동시에 배당하는 때에는 각 부동산의 경매 대가에서 비례해 그 채권의 분담을 정한다(민법 제368조).

'각 부동산의 경매 대가'란 매각대금에서 당해 부동산이 분담할 집행비용과 선순위 채권액을 공제한 금액을 말한다.

※ 집행비용의 계산
일괄매각-최저매각가격의 비율로 안분
분할매각-각 부동산의 매각대금의 비율로 안분

1) 동시배당

(1) 동일채무자 소유

가. 각 부동산의 경매 대가에 비례해 채권의 분담을 결정해야 한다.

나. 배당예

총 집행비용 100만 원

부동산	매각대금	집행비용	순위1번저당권	순위2번저당권
A	500만 원	50만 원	乙 150만 원	공동저당권자甲 500만 원
B	300만 원	30만 원	丙 90만 원	
C	200만 원	20만 원	丁 60만 원	

가) 집행비용과 선순위저당권 배당

① 500 - (50 + 150) = 300만 원
② 300 - (30 + 90) = 180만 원
③ 200 - (20 + 60) = 120만 원

600만 원

나) 공동저당권자 甲 500만 원의 각 부동산 분담액

A : 500 × 300/600 = 250만 원

B : 500 × 180/600 = 150만 원

C : 500 × 120/600 = 100만 원

(2) 일부는 채무자 소유 일부는 물상보증인 소유

공동저당권이 설정되어 있는 수 개의 부동산 중 일부는 채무자 소유이고 일부는 물상보증인 소유인 경우 채무자 소유 부동산의 경매 대가에서 공동저당권자에게 우선적으로 배당을 하고 부족분이 있는 경우에 한해 물상보증인 소유 부동산의 경매 대가에서 추가로 배당을 한다.

2) 이시배당

(1) 동일채무자 소유

가. 공동저당권이 설정된 부동산 중 일부 부동산이 먼저 매각되어 배당하는 때에는 그 매각부동산의 차순위 저당권자는 공공저당 부동산 전부가 매각되어 배당을 했더라면 선순위저당권자가 다른 부동산의 경매 대가에서 변제를 받을 수 있는 한도 내에서 선순위자를 대위해 저당권을 행사할 수 있다.

나. 배당예

부동산	매각대금	순위1번 공동저당권	순위2번 공동저당권
A	400만 원	甲 300만 원	乙 300만 원
B	200만 원		

① A 부동산 먼저 매각

매각대금 400만 원에서 甲이 300만 원 전액 배당받고 乙은 잔액 100만 원을 배당받는다.

② 동시배당 가정

A, B 부동산이 동시에 매각되어 동시에 배당되었다면 甲의 채권 안분액

A부동산: $300 \times 400/600 = 200$만 원

B부동산: $300 \times 200/600 = 100$만 원

③ 乙의 B부동산 매각대금에서 배당액

선순위저당권자 甲이 B부동산의 매각대금에서 변제받을 수 있는 금액 100만 원의 한도 내인 100만 원에 대해 乙은 甲을 대위해 나중

에 B의 부동산의 매각대금으로부터 변제를 받을 수 있다.

5. 공동저당의 배당 시 물상보증인과의 관계

1) 채무자 부동산(A)과 물상보증인 부동산(B) 중 채무자 부동산(A)이 먼저 매각되는 경우

채무자 부동산(A)의 후순위 채권자는 물상보증인 부동산(B) 매각절차에서 채무자 부동산의 선순위 공동저당권자를 대위해 물상보증인 소유 부동산에 대해 대위행사할 수 없다.

후순위저당권자의 대위와 물상보증인의 변제자 대위가 충돌하는 경우 변제자대위가 우선하기 때문이다.

※공유자우선매수청구권의 행사여부 판단

부동산	공유 지분권자	순위 1번 공동저당권	순위2번 저당권	경매 매각	공유자 우선매수
A	甲	채무자	채무자(甲지분)	甲 지분	-
	乙	(물상보증인)	-	-	O

2번 저당권자는 배당받지 못한 채권액을 乙의 지분에 대해 물상대위를 할 수 없다.

2) 채무자 부동산(A)과 물상보증인 부동산(B) 중 물상보증인 부동산(B)이 먼저 매각되는 경우

물상보증인 부동산(B)의 후순위 저당권자와 물상보증인은 채무자 부동산(A)의 매각절차에서 선순위 공동저당권자를 대위행사할 수 있다. 대위행사 순위는 물상보증인 부동산 후순위 저당권자가 먼저 행사하고 그 후에 B 부동산 물상보증인이 행사한다.

즉 후순위저당권자는 민법 368조 2항의 대위를 갖고, 채무자(물상보증인)는 민법 481조, 제82조에 기한 변제자대위의 권리를 갖는다.

※공유자우선매수청구권의 행사 여부 판단

부동산	공유 지분권자	순위 1번 공동저당권	순위2번 저당권	경매 진행	공유자 우선매수
A	甲	(물상보증인)	채무자(甲지분)	甲 지분	–
	乙	채무자	–	–	X

2번 저당권자는 배당받지 못한 채권액을 乙의 지분에 대해 물상대위를 할 수 있다.

6. 소액임차인 배당

사례	서울시 소재 주택의 낙찰 후 배당할 금액 1억 5,000만 원인 경우

설정일	순위(설정일)	채권	채권금액(보증금액)	예상배당순서	실제 배당순서
2011.05.01	1	근저당권	6,000	② 6,000	② 6,000
2012.09.13	2	임차인	7,000	① 2,500 ③ 4,500	① 2,500 ③ 4,500
2014.01.17	3	근저당권	7,000	⑤ 7,000	–
2014.04.01	4	임차인	9,000	④ 3,200 ⑥ 5,800	④ 2,000
–	–	–	29,000	29,000	15,000

1) 소액임차인 여부의 판단 시점은 등기사항전부증명서에 기재된 최선순위 담보물권 설정일이다.

2) 1순위 근저당권에 2순위 임차인은 소액임차인을 주장하는 것이 가능하나 4순위 임차인은 불가하다. 3순위 근저당권자 대해서는 2순위, 4순위 임차인 모두 소액임차인임을 주장할 수 있다. 만약 매각금액이 1순위의 근저당권자가 전액 배당을 받고도 남아 3순위의 군저당권자에게 배당이 가능하면 소액임차인 적용시점은 3순위의 근저당설정일인 2014년 1월 17일로 변경된다.

3) 담보물권을 취득한 자의 범위가 아주 중요한데 저당권이나 가등기담보권은 포함되나 압류나 가압류는 포함되지 않는다. 왜냐하면 가압류나 압류는 우선변제권이나 순위보전의 효력이 없기 때문이다. 만일 저당권이나 가등기담보권이 없는 경우 현행법(서울기준 1억1천만 원 한도 내 3,700만 원 최우선변제)의 기준을 적용한다.

7. 가압류의 배당

1) 가압류의 배당순위

가압류와 비교해 일반조세의 법정기일 및 공과금의 납부기한이 뒤처진다 하더라고 배당에 있어서는 가압류가 항상 조세 및 공과금에 대해 후순위다.

가압류의 배당순위는 가압류에 의해 보전된 피보전권리의 「민법」, 「상법」, 그 밖의 법률에 의한 우선순위에 따른다. 즉 가압류 자체는 채권으로서 우선변제권이 없지만 가압류의 원인채권인 임차보증금에 대해 가압류를 했다든지 근로자가 임금채권에 대해 가압류를 한 경우 일반채권자로서 배당을 받는 것이 아니라 우선변제권으로서 먼저 배당을 받게 된다.

가압류권자는 추심명령 또는 전부명령을 받아 배당금을 수령한다.

2) 가압류 후 소유권이 변동된 경우(전 소유자 가압류)

가압류 후 소유권이 변동된 경우 배당은 소유권 변동 전과 변동 후로 나누어 배당한다. 소유권 변동 전 채권자의 채권금액을 먼저 배당하고 남은 금액이 있을 때 소유권 변동 후 채권자들에게 배당한다.

※실제 배당할 금액 5,000만 원 중 전 소유자의 채권자의 채권금액 4,000만 원

설정일	채권	채권금액	전소유자 채권 안분배당	실제 배당순서
2011.05.01	가압류	1,000	4,000 x 1,000/4,000 = 1,000	① 1,000
2012.09.13	근저당권	3,000	4,000 x 3,000/4,000 = 3,000	① 3,000
2014.01.17	소유권이전	–	–	–
2014.04.01	근저당권	2,000	배당잔여 1,000	② 1,000
–	임의경매	6,000	–	5,000

전소유자 가압류(일명 할아버지 가압류)의 사례로서 먼저 전소유자 당시의 채권자인 가압류와 근저당권이 안분배당 받는다. 이때 주의할 점은 안분배당 대상에 현재의 채권자는 참여시키지 않는다.

전 소유자에 대한 채권금액 배당 후 초과 시 형식은 안분배당이지만 내용은 순위에 따른 배당이 가능하다.

8. 토지별도등기의 배당

토지와 건물은 별개로서 각각 거래의 주체가 된다. 즉 토지와 건물에 대해 대부분은 공동담보 형태를 취하나 드물게 각각 근저당이 설정된 경우도 있다.

1) 배당원칙

토지에 근저당권이나 가압류가 설정된 상태에서 집합건물로 전환되었을 때 발생되는 문제이다. 집합건물 이후에 설정된 근저당권이나 임차권이 기준이 되어 그 전에 토지상에 근저당권이나 가압류 등이 있을 때에는 매각대금을 토지와 건물의 감정비율에 따라 나눈 후 각 지분별로 배당을 하게 된다.

| 사례 | 아파트 낙찰 시 배당할 금액이 1억 원인 경우 토지와 건물 배분비율(3:7) |

토지에 배당할 금액 3,000만 원
건물에 배당할 금액 7,000만 원

설정일	채권	채권금액	실제배당금	비고
2011.05.01	토지근저당	7,000	3,000	1억원 x 30%
2012.09.13	집합건물 등기	–	–	–
2014.01.17	임차인	8,000	7,000	인수 1,000
2014.04.01	전체근저당	5,000	–	–

이때 임차인은 매각대금 전부가 아닌 건물부분에서만 배당을 받아야 하기 때문에 배당 시 부족분이 발생하면 매수인이 그 금액만큼 인수해야 한다.

9. 가처분에 기한 근저당권 배당순위

1) 가처분의 피보전권리가 근저당권설정등기청구권인 경우

선순위 가처분권자가 후순위 근저당권자(갑)일 경우 배당순위는 어떻게 되는가?

설정일	채권	권리자	채권액	실제배당액	비고
2011.05.01	가처분	갑	-	-	피보전권리: 근저당권설정등기청구권
2012.09.13	근저당권	을	700	② 500	-
2014.01.17	근저당권	병	500	0	-
2014.04.01	근저당권	갑	500	① 500	-

이는 가등기에 순위보전의 효력이 있는 것처럼 가처분의 순위보전효에 의해 선순위가처분 기입등기 시점에 근저당권의 우선변제권이 발생한다. 다시 말하면 가처분에 기해 근저당권설정등기를 마치 근저당권의 배당순위 기준일은 '근저당권설정등기일'일 아니라 '가처분등기일'이다.

2) 가처분이 말소된 경우

이는 가처분에 기한 근저당권설정 이후 가처분이 말소되었을 경우에도 배당순위는 같다.

가처분권자가 가처분에 기해 근저당권설정등기를 마친 다음 그 가처분등기를 말소했더라도 배당순위는 역시 근저당권설정등기일이 아닌 가처분기입등기일이다. 그래야 선순위가처분의 실행 의미가 있기 때문이다(대판2002.3.15. 2001마6620).

10. 집합건물의 전유부분에 대한 전세권

건물부분에 대해서만 전세권설정등기를 할 수 있고 대지사용권의 목적인 토지에 대해서는 전세권설정등기를 할 수 없어 전세권은 "건물만에 관한 것"이라는 취지의 부기등기를 하게 된다.

대지사용권의 분리처분이 가능하도록 규약으로 정하는 등의 특별한 사정이 없는 한, 전세권의 효력은 대지사용권에도 미치므로, 전세권자는 대지사용권의 매각대금 중에서도 배당받는다.

11. 지분경매 시 전체 선순위 권리의 배당에 관한 견해

1) 부동산 전체 지분에 관해 최선순위의 근저당이나 가압류 등이 있는데 그 근저당권자나 가압류권자가 아닌 후순위 채권자의 경매신청에 의해 경매가 개시되었고, 경매목적물이 일부 지분인데, 위 선순위 권리를 매수인이 인수한다는 취지의 특별매각조건을 정하지 아니하고 매각한 경우에, 최선순위의 근저당권자나 가압류권자에게 배당해야 할 금액에 관해 ① 근저당의 채권최고액이나 가압류의 청구금액을 경매목적물의 지분에 상응한 비율로 안분한 금액이라는 견해와, ② 하나의 부동산을 지분으로 분할해 매각할 경우에는 전체로 매각할 경우보다 저가로 매각되는데 근저당권자나 가압류권자는 전체를 매각할 때보다 불리한 배당을 받아서는 안 된다는 이유로 채권최고액이나 청구금액 전액에 대해 우선적으로 배당받고, 다른 권리자와의 관계는 변제자의 대위문제로 해결해야 한다는 견해로 나뉘어져 있는데 후자(②)의 견해가 다수설이다.

2) 지분경매 시 집행실무

실무에서는 위와 같은 경우 ① 근저당이나 가압류를 매수인이 인수하도록 특별매각조건을 정하거나, ② 선순위 권리자로부터 근저당의 채권최고액이나 가압류 청구금액 중 매각지분에 해당한 비율로 안분한 금액만을 받고 매각지분에 해당하는 권리를 일부 말소하는데 동의한다는 각서를 받고 매각한다. 이러한 법리는 집합건물이 매각 대상인 경우에 그 집합건물의 대지권의 목적인 토지 전체에 관한 별도등기에 대해서도 그대로 적용된다(실무제요 2-561).

12. 지분경매 시 임차보증금의 배당

1) 소액임차인 여부에 대하여는 지분비율에 의하여 판단할 것이 아니라 임차보증금 전액을 기준으로 판단해야 한다.

2) 공동임대인이 임차인에 대하여 부담하는 임차보증금반환의무는 그 성질상 불가분채무이다. 그러므로 주택의 일부 지분경매 시에도 보증금은 전액 배당되어야한다. 이때 집행채무자(경매지분 소유자)는 공동임대인인 다른 공유자에게 그 지분에 상응하는 금원에 대하여 구상권을 행사할 수 있다.

   ※ 보증금 전액을 배당함에 따라 손해를 보는 후순위 채권자는 부당이득을 보게 된 나머지 공유 지분권자에게 구상권을 행사할 수 있다.

3) 이때 전액 배당받지 못한 대항력 없는 임차인은 다른 공유자에게 반환청구가 가능하고, 대항력 있는 임차인의 잔여보증금은 낙찰자가 인수하게 되는데, 인수금액은 지분만큼 인수하게 되고 나머지 금액은 다른 공유자가 부담하게 된다. 즉 인수금액의 산식은 임차인의 배당금과 낙찰자의 인수금액의 합이 임차보증금의 지분 해당 금액과 같으면 된다는 것이다. 즉 매수지분이 2/3이고 임차보증금이 6,000만 원인 경우 매수지분의 매각절차에서 3,000만 원을 배당받았다면 잔여 3,000만 원에서 추가로 1,000만 원만 인수하면 된다는 것이다. 만약 위 대항력 있는 임차인이 배당요구를 하지 않아 전액을 인수하게 된다면 매수지분에 해당하는 4,000만 원을 인수하게 된다. 낙찰자가 이를 대위 지급한 경우는 다른 공유자에게 구상권을 행사할 수 있다.

   (1) 대항력 없는 임차인은 다른 공유자에게 잔여보증금 전액을 청구한다.

   (2) 대항력 있는 임차인은 원칙적으로 낙찰자가 인수한다.

      가. 배당요구 않았을 때: 보증금에 대한 지분의 비율만큼 매

수인이 인수한다.

나. 배당요구 했으나 지분비율에 미달되게 배당받은 경우: 배당금액 및 인수금액의 합이 보증금에 대한 지분의 비율에 이르도록 인수금액이 결정된다.

(3) 배당요구 했으나 지분비율을 초과해 배당받은 경우: 집행채무자는 다른 공유자에게 지분비율을 초과하는 금액에 대해 구상권을 행사한다.

4) 지분경매의 경우, 임차권이 발생하기 전에 지분 전체에 대해 선순위 저당권이 설정되어 있었다면 이 저당권에 대한 배당방법에 따라 후순위 임차인은 보증금의 손실을 가져올 수 있다.

13. 공유 지분에 대한 근저당 설정 후에 전체지분에 설정한 용익물권의 처리

공유 지분에 대해 근저당이 설정된 후 전체지분에 대해 전세권 등 용익물권이 설정되고 이후 그 공유 지분이 경매될 경우 전체지분에 설정된 전세권은 소멸한다. 이때 타 지분에 대해 전세권이 변경등기 될 것인가가 문제인데 등기법상 용인물권은 지분에 대해 설정할 수 없는 것이다. 그러므로 전세권은 타 지분권자에 대해 우선변제권은 소멸하고 일반채권자의 지위를 갖게 된다.

14. 과반수지분권자와 계약한 임차인의 경매 신청권

임차인과 직접 임대차계약을 체결한 공유자인 임대인과 그 계약에 동의한 지분권자에게는 보증금반환청구소송을 통해 강제경매 신청이 가능하다. 그런데 동의하지 않은 공유자의 지분에도 경매를 신청할 수 있느냐 하는 것이 문제가 될 수 있다. 왜냐하면 사용·수익에 관한 관리행위의 결과가 이제는 동의하지 않은 공유자의 지분에 대한 처분행위로 발전할 수 있느냐의 문제에 봉착하기 때문이다.

동의하지 않은 다른 지분권자에게는 대항력과 우선변제권은 가능하나 지분의 경매 신청은 어렵다고 볼 수 있다. 따라서 과반수의 지분권자와 임대차계약을 하는 경우에도 과반수라는 이유만으로 모두가 해결되지 않는다는 사실을 유념해야 한다.

15. 토지등기부와 건물등기부가 다른 경우 임차인의 배당

1) 대항력있는 임차인의 판단기준은 건물등기부상 말소기준등기이다.

2) 나대지 상태에서 대지에 저당권이 설정된 후 건물이 신축된 경우, 신축건물의 임차인은 토지분 매각대금에서 최우선변제를 받을 수 없다. 그러나 그 저당권의 배당 후 잔액에 대해서는 받을 수 있다.

3) 토지와 건물이 공동저당되었다가 건물을 철거하고 신축했거나, 토지근저당권설정 당시 미등기건물이 있었는데 이후 이를 철거하고 신축했거나, 토지저당권설정 당시 건축 중이었던 경우에는 토지분 매각대금에서 최우선변제가 인정된다.

※ 다만 과거 1층 건물이었는데 이를 철거하고 10층 건물을 지었을 경우에는 판례상 토지분 매각대금에서 최우선변제가 허용되지 않는 경우가 있다. 이에 관해서는 세심한 주의가 요망된다.

3장 부동산인도명령

1절 의의

매수인이 매각대금을 납부한 후 점유자에 대해 낙찰부동산을 인도할 것을 구할 수 있으나 그 소유자가 응하지 않을 경우 매수인이 법원에 신청하여 집행관으로 하여금 매각부동산을 강제로 매수인에게 인도하는 절차다.

매각대금을 내고 6개월 이내에 인도명령신청을 하면 법원은 채무자, 소유자 또는 부동산점유자에 대해 부동산을 매수인에게 인도하도록 명할 수 있다(136조1항).

정년 없는 부동산 경매

인도명령결정 절차

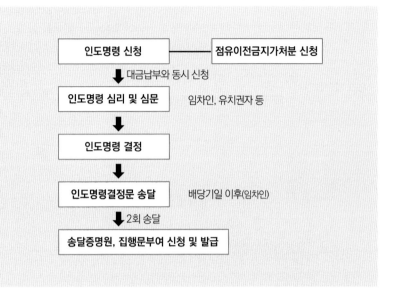

2절 신청방법

1. 매수인의 지위를 승계한 일반승계인은 그 일반승계 사실을 증명
   해 인도명령을 신청할 수 있다.
   - 가족관계증명서 또는 상업등기부등본 등
2. 기록상 드러나지 않는 점유자일 경우 그 점유사실과 점유개시시
   기를 증명할 수 있는 서면을 제출
   - 집행관이 작성한 집행불능조서등본 혹은 주민등록등본 등
   - 이 경우 법원은 먼저 심문서를 송달한 후 그 심문서가 점유자
     에 의해 수령되었다는 송달보고서가 도달하면 위의 서면이 없
     이도 인도명령을 발할 수 있다.
3. 상대방이 특정 부분만을 점유하고 있는 경우 매수인은 감정평

가서나 현황조사보고서에 첨부된 도면을 이용해 특정할 수 있으며, 집행법원은 그 점유 부분을 특정해 인도명령을 발하게 된다.

인도명령신청서

부동산인도명령신청

사건번호
신청인(매수인) 000
피신청인(채무자) 000

신 청 취 지

피신청인은 신청인에게 별지목록 기재 부동산을 인도하라 라는 재판을 구합니다.

신 청 이 유

1. 신청인은 귀원 2019타경0000호 부동산 임의경매사건에서 2019.00.00. 낙찰대금을 완납한 후 유치권자라고 주장하는 채무자의 인척인 피신청인에게 별지 매수부동산의 인도를 청구하였으나 이에 응하지 않고 있습니다.

2. 유치권자라고 주장하는 피신청인의 유치권권리신고서의 내용을 살펴보면 스스로 축사의 공사 기간이 2019.02.20.부터 2019.03.20.까지 1개월간으로 되어 있고 그 이후 점유를 개시하였음을 자인하고 있습니다. 본건 임의경매시결정기일은 2019.01.25.이며, 대법원 2005.8.19.선고 2005다22688호 건물명도등 사건의 판례에 의하면 채무자 소유의 건물 등 부동산에 경매개시결정의 기입등기가 경료되어 압류의 효력이 발생한 이후에 채무자가 위 부동산에 관한 공사대금 채권자에게 그 점유를 이전함으로써 그로 하여금 유치권을 취득하게 한 경우, 그와 같은 점유의 이전은 목적물의 교환가치를 감소시킬 우려가 있는 처분행위에 해당하여 민사집행법 제92조 제1항, 제83조 제4항에 따른 압류의 처분금지효에 저촉되므로 점유자로서는 위 유치권을 내세워 그 부동산에 관한 경매절차의 매수인에게 대항할 수 없다 할 것이라고 판시하고 있습니다.

3. 따라서 피신청인은 채무자의 인척으로서 유치권권리신고를 하였으나 위와 같이 점유할 아무런 법적권원이 없음에도 불구하고 수차에 걸친 인도요구에 응하지 않고 있으므로 귀원 소속 집행관으로 하여금 피신청인의 위 부동산에 대한 점유를 풀고 이를 매수인에게 인도하도록 하는 명령을 발령하여 주시기 바랍니다.

2019년 00월 00일

매 수 인   (인)
연락처(☎)

전주지방법원 00지원   **귀중**

4. 인도명령신청서 제출 시 유치권을 인정받을 수 없는 허위유치권자나 가장임차인 등일 경우 법원이 납득할 수 있는 확실한 증거자료 함께 제출한 경우법원은 인도명령을 발하기도 한다. 다만 그 진위여부를 파악하기 위해 법원은 심문기일을 정해 점유자에게 진술의 기회를 주기도 한다.

3절 인도명령 신청을 할 수 있는 시기

인도명령신청은 매각대금을 납부한 뒤 6개월 이내에 신청해야 한다. 일반적으로 낙찰자는 잔금 납부와 동시에 신청한다. 세입자나 전 소유자와의 명도합의가 수월하게 진행될 수 있다. 6개월이 지난 뒤에는 점유자를 상대방으로 해서 소유권에 기한 인도 또는 명도소송을 제기해야 한다.

> ※ 일반적으로 집행법원이 인도명령결정을 발하는 시기
> ① 소유자, 채무자: 인도명령신청일로부터 3일 이내
> ② 배당받는 임차인: 배당기일 종결 후 3일 이내
> ③ 유치권자: 심문기일의 심문 후 결정
> ④ 기타 점유자: 심문기일을 정하거나 심문서를 발송해 답변을 들은 후 결정

4절 인도명령 신청인

매수인과 매수인의 상속인 등 일반(포괄)승계인에 한한다. 따라서 특별승계인은 신청인 적격이 없다.

- 즉 매수인이 제3자에게 부동산을 매도한 경우 양수인인 제3자는 인도명령신청을 할 권리가 없다. 또한 매수인을 대위해 인도명령을 신청하는 것도 허용되지 않는다.

5절 인도명령 신청의 상대방

1. 채무자

1) 인도명령의 상대방이 채무자(경매개시결정에 표시된 채무자)인 경우에 그 인도명령의 집행력은 당해 채무자는 물론 채무자와 한 세대를 구성하며 독립된 생계를 영위하지 아니하는 가족과 같이 그 채무자와 동일시되는 자에게도 미친다(대판 1998.4.24. 96다30786 참조). - 점유보조자 포함.

2) 인도명령이 발해진 뒤에 승계관계가 발생했을 경우(미리 부동산점유이전금지 가처분결정을 받음) 승계집행문을 부여받아 집행할 수 있다.

3) 상속인이 다수인 경우 각 공동상속인마다 개별적으로 인도명령의 상대방이 된다.

4) 채무자의 점유 여부-채무자의 점유는 직접점유는 물론 간접점유도 요건이 아니므로 채무자(소유자)에 대해서는 점유여부와 상관없이 인도명령을 발령할 수 있다. 다만. 채무자가 부동산을 직접점유하고 있지 않은 경우에는 인도집행을 할 수 없다. 이 경우 채무자가 직접점유자에게 인도청구권을 가지고 있을 때에는 인도청구권을 넘겨받는 방법으로 집행할 수 있다.

5) 토지만 매각되고 채무자의 건물이 법정지상권이 성립하는 경우에는 채무자는 인도명령의 대상이 될 수 없다. 따라서 그 토지

의 인도만을 구할 수 있을 뿐이고 지상건물의 철거 및 인도를 구할 수는 없다.

6) 채무자가 임차인의 지위를 겸하고 있는 경우-대항력있는 임차인이 보증금 중 배당받지 못하는 금액이 있는 경우 단순히 채무자로 취급할 것이 아니라 점유자로서 매수인에게 대항할 수 있는지 여부를 따져 인도명령을 결정하게 된다.

2. 부동산점유자

1) 점유를 시작한 때가 압류의 효력발생 전·후와 관계없이 매수인에게 대항할 수 있는 권원에 의한 점유가 아니라면 인도명령의 대상 – 매수인에게 대항할 수 있는 권원
   (1) 매수인에게 인수되는 권리 즉 대항력있는 용익권(임차권, 지상권) 혹은 유치권 등
   (2) 매각 후 매수인과의 사이에 새로이 성립한 점유권원, 즉 법정지상권, 매수인과 점유자의 합의에 의해 새로 성립한 용익권 등

2) 직접점유자만이 인도명령의 대상이 되며 간접점유자는 대상이 될 수 없다.

3) 매수인이 일단 부동산을 인도받은 후에는 제3자가 불법으로 이를 점유해도 그 제3자를 상대방으로 더 이상 인도명령을 신청할 수 없다. – 미리 점유이전금지가처분

3. 공유 지분에 기한 인도청구

1) 종전의 공유자였던 채무자가 점유하고 있는 경우

매수인은 보존행위로서 채무자를 상대로 인도명령을 받을 수 있다. 그러나 그 공유물의 사용이 공유자의 지위를 떠나서 용익권에 기한 점유의

경우에는 다른 공유자가 점유하고 있는 점유에 준하여 처리해야 한다.

2) 채무자가 아닌 다른 공유자가 점유하고 있는 경우

매수인이 취득할 공유 지분이 과반수에 달하면 점유자를 상대로 인도명령신청가능하나 과반수에 미달하면 신청할 수 없다(대판 1994.3.22. 93다9392, 9408 참조).

- 소수지분권자가 다른 소수지분권자에 대한 공유물인도청구(=적극)
- 1/2지분권자가 다른 1/2지분권자에 대한 공유물인도청구(=적극)
- 소수지분권자가 다수지분권자에게 공유물인도청구(=소극)

> ※ 아파트 1/2지분 경매 시 인도명령 여부
>
> 인도명령결정을 받을 수도, 못 받을 수도 있다. 그 대상과 인도부분이 불분명하기 때문이다. 설령 인도명령이 떨어져도 집행이 불가능할다. 점유부분을 특정하여 집행하는 것이 사실상 불가능하기 때문이다. 이 경우는 부당이득반환청구 또는 공유물분할청구가 답이다.

4. 토지소유자의 건물점유자에 대한 퇴거청구

건물소유자에 대해 당해 건물의 철거 및 그 대지의 인도를 청구할 수 있는 상황에서 토지소유자는 건물점유자에 대해 퇴거청구를 할 수 있다.

5. 임차인에 대한 인도명령신청

1) 인도명령 대상 임차인

- 말소기준권리보다 후순위의 임차인
- 대항력과 우선변제권을 겸유한 임차인이 배당요구를 해서 배당기일에 임차보증금 전액을 배당받을 수 있고 그 배당표가 확정

된 경우
- 전출 등으로 대항력을 상실한 임차인

2) 인도명령 대상이 아닌 임차인
- 임차한 주택을 전대해준 임차인(간접점유자)
- 확정일자를 갖추지 않아서 우선변제권이 없거나 우선변제권이 있어도 배당요구를 하지 않은 대항력 있는 임차인
- 임차보증금의 일부만 배당받은 대항력있는 임차인
- 임차보증금 전액을 배당받을 수 있으나 배당이의 등으로 배당표가 확정되지 않은 대항력 있는 임차인
- 유치권을 행사하고 있는 임차인은 유치권에 해당하는 채권에 대해 반환받을 때까지 임차목적물을 점유할 수 있다.
- 부도공공건설임대주택을 매수한 자가 주택매입사업시행자에 해당하지 않는 경우 임차인이 계속 임차를 원하면 임차인에게 3년의 범위 이내에서 임대를 해주어야 하는 의무발생

※ 점유자의 인적사항을 알 수 없는 경우

집행법원의 경매 관련서류의 열람으로도 인적사항을 알 수 없는 경우 먼저 전 주인을 상대로 인도명령을 신청하고 강제집행 시 집행관과 방문했을 때 실제 점유자는 강제집행을 당하지 않기 위해서 자신의 인적사항을 집행관에게 밝혀야 한다.

※ 인도명령의 신청 상대방이 유치권을 주장하는 경우

신청서 작성단계에서부터 신중하게 대처해야 한다. 인도명령의 단계에서 유치권을 배제하지 못하면 명도소송으로 넘어가야 하기 때문이다. 이렇게 되면 장기전의 양상으로 전개된다. 이때는 왜 유치권이 성립하지 않는지에 관해 집행법원이 수긍할 수 있는 자료를 첨부해야 한다. 또한 인도명령신청이 기각되었다면 이에 대해 이의신청서를 접수하고 그 이유를 명확하게 기재해야 한다.

만약 유치권자를 상대로 인도명령을 받아내면 항고에 관계없이 집행이 가능하다. 유치권자가 항고해 인도집행을 정지하려면 현금 공탁을 명하게 되는데 통상 낙찰받은 건물의 상당액이다. 매수인은 이 공탁금에 대해 인도집행의 지연에 따른 손해배상채권으로 압류할 수 있다.

※ 유치권에 대한 정보가 없다면 인도명령 신청서에 유치권 내용은 생략하고 단순히 "낙찰자로서 소유권이 바뀌었으니 부동산을 인도하라"는 취지만으로 신청한다. 그러면 유치권을 주장하는 자가 반박의견서로 유치권에 관한 상세한 자료와 첨부서류를 제출할 것이다. 이런 반박의견서와 첨부서류상의 구체적 내용을 분석해 허위유치권임을 밝혀 내는 것도 전략이다.
- 도급계약서상의 계약일자가 경매개시결정일보다 나중의 일자

6절 인도명령의 재판과 불복

1. 집행법원의 심리

1) 인도명령신청이 있으면 법원은 서면심리만으로 인도명령의 허부를 결정할 수도 있고 또 필요하다고 인정되면 상대방을 심문하거나 변론을 열 수도 있다(민사소송법 제134조).

2) 채무자 및 소유자 외의 점유자에 대해 인도명령을 발하려면 그 점유자를 심문해야 한다.

3) 점유자가 심문에 응하지 않은 경우 법원은 점유자의 진술 없이도 인도명령을 발할 수 있다.

4) 점유자가 매수인에게 대항할 수 있는 권원에 의해 점유하고 있지 않음이 명백하거나 이미 그 점유자를 심문한 때에는 심문하지 않는다(136조4항 참조).

2. 인도명령결정에 대한 불복

1) 즉시항고

(1) 인도명령의 신청에 관한 결정에 대해서는 즉시항고 할 수 있다 (「민사집행법」 제136조5항 참조). 상대방은 재판결과를 고지받은 날부터 1주의 불변기간 이내에 항고장을 원심법원에 제출해야 한다(15조2항 참조).

(2) 항고장에 항고이유를 적지 않았을 경우 항고장을 제출한 날부터 10일 내에 항고이유서를 원심법원에 제출해야 한다. 항고이유서를 제출하지 않거나 항고이유가 규정에 위반한 때 또는 항고가 부적법하고 이를 보정할 수 없음이 분명한 때에는 원심법원은 결정으로 그 즉시항고를 각하할 수 있다. 항고이유는 대법원규칙이 정하는 바에 따라 적어야 한다(15조4항).

(3) 인도명령에 대한 즉시항고가 있었으나 그 사이 인도명령에 기한 집행이 종료되었다면 즉시항고의 효력은 상실된다. 인도명령에 대한 즉시항고는 집행정지의 효력이 없다 따라서 집행정지명령을 받아 이를 집행관에게 제출해 그 집행을 정지할 수 있다.

2) 불복사유

(1) 신청인의 자격, 상대방의 범위 및 신청기한 등에 관한 절차적, 실체적 하자

(2) 인도명령 심리절차의 하자

(3) 인도명령 자체의 형식적 하자

(4) 매수인인 상대방에게 부동산을 양도했거나 임대한 경우 등

3) 인도명령이 확정된 경우 불복

(1) 청구에 관한 이의의 소 제기: 인도명령의 상대방

(2) 제3자 이의의 소 제기: 인도명령의 상대방이 아닌 제3자가 인도집행을 받게 되는 때

(3) 민사집행법 46조의 잠정처분을 받아 이를 집행관에게 제출하여 그 집행을 정지할 수 있다.

4) 인도명령의 집행에 대한 불복

인도명령 집행 자체의 위법에 대해서는 집행에 관한 이의를 제기해야 한다.

7절 인도명령정본 송달

1. 인도명령은 집행권원이 송달되어야 하며 신청인 및 상대방에게 인도명령 정본이 송달되어야 하는 것은 집행개시요건이다.

> ※ 인도명령결정문의 송달에는 발송송달이 가능하다.
> 경매개시결정의 송달에는 발송송달이 불가하고 공시송달은 가능하다. 그러나 인도명령결정의 경우에는 발송송달이 가능하다. 경매 물건의 소유자가 경매개시결정의 송달을 고의로 지연시킨다면 공시송달에 의한 송달을 위해 상당기간이 소요되나 이미 공시송달을 그친 소유자에 대해서는 방송송달을 허용한다.

2. 상대방에게 송달한 정본을 신청인에게 교부해 집행관으로 하여금 집행 시에 상대방에게 송달하게 해도 무방한 것으로 본다.

3. 인도명령은 송달만으로 즉시 효력(집행력)이 생기며 즉시항고가 제기되더라도 집행정지의 효력이 생기지 않는다(156조6항 참조).

※ 점유자가 법인일 경우 빠른 송달을 위해 폐업한 회사의 주소로 송달하기보다 법인대표의 주소로 송달하여야 한다. 미리 법인대표의 주소지를 방문해서 실제 살고있는지 확인해보는 것도 중요하다.

※ 전 주인이 짐의 일부만 남겨놓고 이사 간 후 과도한 이사비를 요구하는 경우 인도명령결정문을 송달시킨 후 송달증명원 첨부하여 집행관실에 집행을 청구한다. 만일 고의로 송달을 지연시키는 경우에는 집행관과 현장에 함께 방문하여 유치송달할 수 있다. 또한 전소유자의 주민등록말소를 위해 소유권이 이전된 등기부등본을 첨부해 읍·면·동사무소에 말소신청을 한다.

8절 인도명령의 집행

인도명령집행 절차

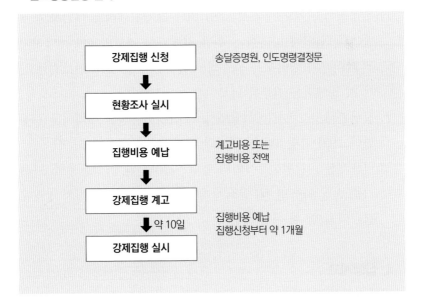

강제집행 신청	송달증명원, 인도명령결정문
현황조사 실시	
집행비용 예납	계고비용 또는 집행비용 전액
강제집행 계고	
↓ 약 10일	집행비용 예납 집행신청부터 약 1개월
강제집행 실시	

1. 강제집행신청

상대방이 인도명령에 따르지 않을 때에는 신청인은 집행관에게 그 집행을 위임해 집행관으로 하여금 민사집행법 제258조에 의해 인도 집행을 하도록 한다(136조6항 참조). - 인도명령의 집행신청

인도명령결정 정본과 집행법원의 송달증명서를 첨부한 신청서를 집행관사무소에 접수해 인도집행을 위임하게 된다.

2. 현황조사

현황조사의 목적은 인도명령 피신청인과 점유자가 일치하는지 여부와 집행비용을 산정하기 위해서이나 아파트 등 주거용부동산은 현황조사 없이 강제집행 기일을 정하기도 한다.

3. 집행비용 예납

1) 집행일이 지정되면 집행1주일 전에 강제집행비용 예납을 통보받는다. 법원에 따라서는 우선 집행관의 계고비용만 예납하고 계고 이후 집행비용을 산출해 예납하는 곳도 있고 인도집행 신청 시 집행비용 전부를 납부하는 법원도 있다.

2) 집행관사무소에서는 현황조사 후 집행비용산출 내역서를 작성한다. 대략 평당 8만 원 내외의 집행비용을 예상할 수 있다.

3) 비용계산 - 동원인부 1인당 일당 약10만 원, 차량운송비 2.5톤 기준 대당 약35만 원, 열쇠개폐비용 약 5만 원, 3개월치 창고보관료약 60만 원 예상된다.

4. 집행계고

강제집행 전 집행관이 점유자와 매수인이 인도에 대해 합의를 보지 못하면 3일에서 10일 사이에 강제집행을 하겠다는 예고다.

이는 점유자를 상대로 집행 전 마지막 압박 절차이다. 이 단계에서 대부분 점유자와 매수인의 합의가 성립되기도 한다.

5. 강제집행의 실시

1) 증인의 참여

집행관은 집행하는데 저항을 받거나 채무자의 주거에서 집행을 실시하려는데 채무자나 사리를 분별하는 지능이 있는 그 친족, 고용인을 만나지 못한 경우에는 성인 2인이나 공무원 또는 경찰관 중 1인을 증인으로 참석시켜야 하며, 위 공무원들은 집행실시의 증인으로 참여하도록 요구받은 경우 정당한 이유없이 그 요구를 거절하지 못한다.

2) 물건의 반출 및 목록의 작성

물건을 들어내는 경우, 점유자가 있으면 집 밖 아무 곳이나 들어내도 되지만, 점유자가 없으면 집행관은 입회자의 참여하에 물건의 목록을 작성하고 유료창고에 맡긴다.

3) 유체동산의 처리

집행관사무소에서 발행해주는 영수증은 별도의 재판없이 점유자의 동산을 압류해 동산경매 신청을 해서 매각대금으로 상계처리할 수 있으며, 또한 창고업자에게 3개월치 보관료를 납부하게 되는데, 이후 별도의 손해배상채권에 해당하는 소송(아파트관리비대위변제금 청구소송 등)을 제기해 그 판결문에 의하든지 또는 창고료대위변제금 청구소송을 제기해 그 집행권원으로 동산경매를 실시하고, 입찰자가 없으면 매수인이 낙찰받아 폐기처분한다. 또는 창고업자가 유치권을 발동해 동산경매를 실시할 수도 있다.

6. 인도집행 시 다른 사람이 점유하고 있는 경우

본인(가족 포함) 이외의 사람들(조사되지 않은 다른 임차인, 친척 등)이 점유하고 있다고 진술한다면 그 부분에 대해 집행을 하지 못한다.

다만, 허위 또는 거짓진술을 할 경우 즉석에서 사실관계를 확인한 후 소명자료를 제출하지 못한 경우 바로 인도집행을 하기도 한다.

- 실무에서는 집행관은 집행을 중단하게 되는데 매수인은 그 점유자의 신원확인, 진위여부 등을 확인해 줄 것을 적극적으로 집행관에게 요청할 필요가 있다.

※ 정체불명의 점유자에 대한 인도명령 신청

일단 불명의 사람이 거주하는 것으로 판명되면, 집행관의 현황조사서상 기재된 임차인과 현 주민등록등재자 그리고 소유자를 상대로 인도명령을 신청하고 인도명령결정을 받아 강제집행을 실행한다. 그러면 집행관은 그 집행과정에서 점유자의 인적사항을 조사하게 되는데 이때 집행의 상대방이 인도명령 상대방과 다르므로 집행불능이 된다. 이때 주의할 것은 반드시 집행관에게 집행의 일시정지를 신청해야 한다는 것이다. 강제집행이 취소되어서는 안 된다는 말이다. 그런 다음 이 집행불능조서를 근거로 다시 인도명령신청을 하면서, 현 점유자를 불법점유자로 표시하고 승계집행의 취지를 기재하면 심문절차를 생략하고 인도명령결정을 받을 수 있다. 수령 즉시 강제집행속행신청을 하면 된다. 또한 그 점유자를 상대로 손해배상청구 및 형사상 권리행사방해죄로 형사고소할 수도 있다.

4장 점유이전금지가처분

1절 의의

부동산에 대한 인도·명도청구권을 보전하기 위한 다툼이 있는 물건에 대한 인적(임대, 임차권양도, 사용대차, 증여, 매매 등)이전이나, 물적(목적물의 증·개축해 동일성 상실하는 경우)현상변경을 금지하고자 함을 목적으로 한다.

민사집행이 승계인에게는 판결의 효력이 미치지 않으므로, 인도·명도청구권을 보전하기 위한 잠정조치이다.

보통 매수자가 부동산을 인도받기 전에 점유자의 점유이전이나 현상변경을 막기 위한 목적으로 인도명령신청 전이나 명도소송 전에 이 점유이전금지가처분신청을 하게 된다.

점유이전금지가처분신청서

부동산점유이전금지가처분신청

채 권 자   갑(주민등록번호:)
　　　　　 서울 00구 00동 00번지
채 무 자   을
　　　　　 서울 00구 00동 00번지
목적물의 표시　　별지목록기재와 같음
목적물의 가격　　금　　　　원
피보전권리의 요지　　건물임대차계약해지로 인한 건물반환청구권

신 청 취 지

1. 채무자는 별지목록 기재 부동산에 대한 점유를 풀고 채권자가 위임하는 집행관에게 인도하여야 한다.
2. 채무자는 그 점유를 타인에게 이전하거나 또는 점유명의를 변경하여서는 안된다.
3. 집행관은 위 명령의 취지를 적당한 방법을 공시하여야 한다.
　　라는 재판을 구합니다.

신 청 이 유

1. 채권자는 별지목록 기재 건물 및 대지의 근저당권자인 신청 외 00은행이 신청한 00지방법원 0000타경 0000호 부동산담보실행을 위한 경매사건에 매수신청하여 금 0000000원에 매수한 뒤, 2000. 0. 0 매각대금을 모두 납입함으로써 별지목록 기재 부동산 및 그 대지의 소유권을 취득하였습니다.

1. 채무자는 2000. 0. 0 별지목록 기재 부동산의 소유자인 신청외 00와 별지목록 기재 부동산에 관하여 전세금 0000000원, 존속기간 2000. 0. 0 까지로 하는 전세권설정등기를 마친 전세권자로서 현재 별지목록 기재 부동산을 점유하고 있습니다. 채무자의 전세권은 제0순위 근저당권이 설정된 이후에 전세권설정등기를 마쳤기 때문에 위 경매로 인하여 그 권리가 모두 소멸하였으므로 채무자는 별지목록 기재 부동산을 점유할 권리나 권한인 없는데도 채권자의 명도청구에 응하지 않고 있습니다.

2. 따라서 채권자는 채무자를 상대로 귀원에 건물명도 등 청구의 소를 제기하려고 준비중에 있으나 위 판결 이전에 채무자가 점유명의를 변경한다면 채권자가 나중에 위 본안소송에서 승소판결을 받더라도 집행불능이 되므로 이의 집행보전을 위하여 이 사건 신청에 이른 것입니다.

3. 한편, 이 사건 부동산 점유이전금지가처분명령의 손해담보에 대한 담보제공은 민사집행법 제19조 제3항, 민사소송법 122조에 의하여 보증보험주식회사와 지급보증위탁계약을 맺은 문서를 제출하는 방법으로 담보제공을 할 수 있도록 허가하여 주시기 바랍니다.

소 명 방 법

　　1. 소갑 제1호증　매각허가결정문등본
　　1. 소갑 제2호증　각 부동산등기부등본

첨 부 서 류

　　1. 위 소명방법　각 1통
　　1. 건축물대장등본 1통

2000. 00. 00

위 채권자　000(서명 또는 날인)

○○지방법원귀중

2절 신청 대상 및 피보전권리

1. 점유이전금지가처분은 등기를 요하는 것이 아니므로 등기된 부동산은 물론 미등기 부동산도 그 대상이 될 수 있다.
2. 가처분의 피보전권리는 채무자에게 대항할 수 있는 한 물권이든 채권(임차권 등)이든 상관이 없다.

3절 점유이전금지가처분의 신청과 집행

1. 부동산점유이전금지가처분신청서 제출: 본안의 관할법원 또는 목적부동산 소재지 관할법원
2. 보증제공명령서 접수 후 보증제공: 목적물의 가액을 기준으로 결정한다(과세대장등본 등의 목적물 가액을 계산할 수 있는 자료를 첨부해야 한다).
3. 부동산의 특정: 부동산 일부에 가처분신청을 할 경우 도면, 사진 등을 첨부해서 특정해야 한다. 하지만 특정의 정도는 가처분의 범위를 정할 수 있는 정도면 된다.
4. 점유이전금지가처분 결정문 수령 후 14일 이내 강제집행신청서를 관할법원 집행관사무실에 제출
5. 집행관사무실에서 일정통보 후 부동산점유이전금지 가처분 집행(목적물이 집행관의 보관하에 있음을 밝히는 공시를 목적물에 붙이고 채무자에게 가처분의 취지를 고지함으로서 집행실시)

4절 점유이전금지가처분의 효력

1. 부동산의 주관적(인적), 객관적(물적)변상변경 금지-점유이전과

형상변경 금지

"채무자는 그 점유를 타인에게 이전하거나 또는 점유명의를 변경해서는 안 된다."

2. 객관적 현상변경의 결과 목적물의 동일성이 상실된 경우 본안소송에서 청구취지를 새로운 목적물로 변경할 수 밖에 없고 이를 게을리하면 본 집행이 불능될 수도 있다.

3. 점유이전금지가처분을 받아두게 되면 점유를 이전받은 자가 가처분채권자에게 대항할 수 없게 된다.

4. 점유이전금지가처분의 공시 후 소유자가 목적물을 처분하는 것을 금지하거나 제한할 수 없다.

5절 점유이전금지가처분 이후 현상변경된 경우의 조치

1. 점유가 이전된 경우
   가처분채권자는 본안소송을 계속할 수 있다. 하지만 가처분 자체의 효력으로 직접 퇴거를 강제할 수는 없다.

2. 채무자가 목적물의 현상을 객관적으로 변경한 경우
   「형법상」 공무상비밀표시무효죄에 해당한다.

3. 객관적 현상변경에 대한 경고에 채무자가 따르지 않는다면 민법 제389조 3항에 기한 수권결정을 얻어 원상회복의 강제집행을 할 수 있다.

※ 「민법」 제389조(강제이행) 3항
그 채무가 부작위를 목적으로 한 경우에 채무자가 이에 위반한 때에는 채무자의 비용으로써 그 위반한 것을 제각하고 장래에 대한 적당한 처분을 법원에 청구할 수 있다.

5장

명도소송

1절 의의

명도소송은 인도명령의 대상이 아니거나 인도명령 대상이었지만 인도명령신청기간이 지난 대상인 점유자가 매수인에게 점유를 이전해주지 않을 경우 하게 되는 소송을 의미한다.

1. 점유이전금지가처분 신청

명도소송은 시일이 많이 소요되므로 보통 소송 전에 점유이전금지가처분신청을 하게 된다.

2. 부당이득반환 청구

1) 명도청구에 부수해 매각대금 납부일부터 명도기일까의 임대료에 해당하는 손해금을 청구할 수 있다. 배당받는 임차인일 경우 배당표가 확정된 이후의 사용·수익에 의해 발생한 손해이며 그 손해금의 예정액으로 임차인의 가재도구에 가압류할 수 있다.

2) 임차인을 상대로 소송할 경우의 부당이득금액은 임대차계약서 상 월 차임 상당액의 경과일자를 기준으로 계산한다. 지연이자 는 연 12%다. 실제 소송을 진행해보면 조정으로 이어지는 경우 가 많다

2절 명도소송의 대상

1. 임대차 기간이 만료가 되어도 퇴거를 불응하는 경우
2. 경매 낙찰 후 점유권원이 없는 임차인 등이 인도를 거절하는 경우
3. 임차인이 차임을 지불하지 않는 경우
4. 임대인 동의없이 목적물을 제3자에게 임대할 경우
5. 매수인에게 대항할 수 있는 점유자
6. 배당요구하지 않은 선순위 전세권자
7. 배당금 일부만 배당받은 선순위 임차인
8. 적법한 유치권자

3절 명도소장 접수 시 필요한 서류

☑ 매각허가결정 정본
☑ 매각대금납부증명서
☑ 임대차계약서
☑ 부동산등기부등본
☑ 건축물대장도면(부동산일부가 목적물인 경우)
☑ 권리신고 및 부동산현황조사서 사본

☑ 상대방(피고)주민등록초본

☑ 임대료 미납 등의 내용증명서류, 임대차계약해지 내용증명

4절 명도소송 본안

일반적으로 점유이전금지가처분과 같은 시기에 법원에 소장이 접수되면 상대방의 답변서가 법원에 접수되며, 서면공방의 절차를 거친다. 이후 사안에 따라 1회 또는 수 회의 변론기일을 거쳐 판결을 하게 된다.

5절 명도관련 문제

1. 강제집행면탈죄는 어떤 경우에 해당되는가?

형법 제327조의 강제집행면탈죄는 위태범으로서, 현실적으로 민사소송법에 의한 강제집행 또는 가압류·가처분의 집행을 받을 우려가 있는 객관적인 상태에서, 즉 채권자가 본안 또는 보전소송을 제기하거나 제기할 태세를 보이고 있는 상태에서 주관적으로 강제집행을 면탈하려는 목적으로 재산을 은닉, 손괴, 허위양도하거나 허위의 채무를 부담해 채권자를 해할 위험이 있으면 성립하는 것이고 반드시 채권자를 해하는 결과가 야기되거나 행위자가 어떤 이득을 취해야 범죄가 성립하는 것은 아니다(대결 2009.5.28. 2009도875 참조).

2. 소액임차인을 주장하던 자가 배당에서 배제되고 명도를 거부할 경우

집행법원에서조차 인정하지 않은 권리를 계속 낙찰자에게 주장하

는 격이 되므로 경매방해죄 또는 강제집행효용침해죄로 처벌될 수 있음을 주지시킨다.

3. 외국인에 대한 집행

인도명령이든 명도신청이든 외국인의 등록번호를 모르면 신청이 불가하다. 외국인 등록번호는 출입국관리법에 의해 90일 이상 장기체류 외국인에 대해 여권에 기재하고 있다. 이는 내국인의 주민등록번호와 같은 효력을 가진다. 외국인등록번호가 집행기록에 기재되어 있지 않으면 현실적으로 알아내기는 어렵다고 본다.

> **※ 국외송달**
> 해당 국가에 주재하는 대한민국 영사관에 촉탁한다. 외국 공시송달의 경우에는 법원게시판에 게시하고 그 사유를 주재국 대한민국 대사 또는 영사에게 통지한다. 이때에는 법원게시판 게시 후 2개월이 경과하면 송달효력이 발생한다.

4. 강제집행 후 전 소유자가 다시 짐을 들여놓은 경우

무단침입죄와 강제집행의 효용을 해한 죄로 형사고소할 수 밖에 없다. 집행관으로부터 부동산을 명도 받는 즉시 현관 열쇠를 교체해야 한다.

5. 경매부동산의 집기나 동산에 압류물표가 붙어 있는 경우

1) 압류채권자에게 통보해 유체동산경매를 조속히 진행해 줄 것을 요청한다. 이때 유체동산경매를 조속히 진행하지 않으면 손해배상을 청구할 수 있음을 정중히 내용증명으로 통보한다.
2) 그 이후에도 유체동산경매가 진행되지 않으면 집행법원으로 하여금 유체동산압류를 취하시키도록 청구한다.

3) 인도집행을 신청해 집행관 입회하에 보관창고를 정해 입고하고, 임대료 대위지급을 기초로 반환청구소송을 하고 그 판결문에 집행문을 첨부해 유체동산경매 신청하고, 입찰자가 없으면 본인이 낙찰받고 폐기처분한다.

6. 명도합의는 권한이 있는 사람과 해야 한다

특히 상가의 경우 사업자등록상의 명의와 별도로 실제로 운영한다고 주장하는 사람이 있는 경우 가급적 사업자등록상의 명의자와 합의를 하거나 실제로 운영한다고 주장하는 사람에게 위임장을 요구해야 될 것이다.

7. 한 푼도 배당을 받지 못하는 세입자가 과도한 이사비를 요구하는 경우

정중하되 명확하게 거절의 의사표시를 해야 한다. 애매한 태도를 보이면 세입자는 터무니없는 요구를 들어줄 수도 있겠다는 기대를 하게 되고 이는 최악의 상황을 갈 수도 있다.

8. 다가구주택의 경우 점유자가 많을 때

점유자들을 모두 한자리에서 만나기 보다 개별적으로 같은 조건으로 명도협상을 진행해야 한다.

6장

명도강제집행

강제집행절차는 신청서 접수, 1차계고, 본집행 접수, 본집행 등으로 진행하게 된다.

1절 명도집행절차

1. 집행문 발급
승소판결문 또는 제소전화해조서가 있다고 해도 집행하기 위해서는 집행문을 발급받아야 한다.

2. 신청서 접수
집행문을 발급받은 후 법원의 집행관사무소에 방문해 강제집행신청서를 작성하고 신청접수하고 집행비용을 교부받아 예납하게 되고 계고집행 날짜를 정한다.

3. 계고집행

강제집행을 서면으로 미리 예고하는 것으로 7~10일간 무단점유자가 스스로 부동산을 인도할 기회를 주는 것.

당일에 폐문부재로 개문을 할 경우 열쇠수리공과 증인 두 명 확보해야 한다.

4. 본집행 접수

계고 집행 기간에도 임차인이 자진 인도를 거부할 경우 임대인은 집행관사무소에 강제집행속행신청서를 제출해 집행관이 강제집행 날짜를 지정하게 되어 지정된 날 강제집행을 실시한다.

본집행 당일에도 열쇠수리공과 증인 두 명을 확보한다.

2절 강제집행비용

1. 접수비

약 10만 원정도로 건물 규모에 따라 가산될 수 있다.

2. 물류비

물류비용이란 강제집행된 점유자의 물건을 보관하는 물류센터로 이동하는 운반비용과 창고비용을 말한다. 5톤 컨테이너 트럭의 경우 한대당 50만 원 정도 하며, 보관비는 3개월치를 선납하는데 컨테이너 1대당 1달에 20만 원 정도다.

3. 노무비용

비용측면에서 큰 비중을 차지하는 노무비를 들 수 있다. 노무비란 명도소송강제집행 당일날 현장에 나가 임차인의 짐을 바깥으로 옮기는 일을 하는 사람들의 인건비를 말한다. 이 비용은 집행관이 부동산의 면적에 따라 사람수를 책정한다. 한명당 10만 원 정도다.

명도소송강제집행은 이사를 하는 일이 아니라 말 그대로 강제집행이기 때문에 최대한 많은 인원을 투입시키며, 이는 빠른 시간에 집행이 완료되어야 하기 때문이다. 20평 정도라면 약 20명 이상 책정하는 것이 일반적이다.

4. 기타 비용

사다리차, 포크레인 등 장비 및 특수인원 투입, 열쇠공, 열쇠교체, 엘리베이터 사용료 등이 있다.

5. 예상 명도비용

노무비는 대략 1명당 10만 원 정도이고, 운반비용은 대략 5톤 1대당 50만 원이라면 $165m^2$(50평 정도)를 강제집행하는 경우 노무자 20명 200만 원, 물류차량 3대 150만 원, 물류보관비 3개월치 60만 원 정도 이므로 총 집행비용은 약 410만 원이 예상된다.

Part 4

기본적
권리분석

1장

권리분석의 개념

1절 의의 및 방법

1. 의의

매각 대상 부동산에 대해 말소기준권리를 바탕으로 권리상의 하자 여부를 판단해 치유가능 여부 및 그에 따라 인수 또는 소멸되는 권리를 파악하고 인수되는 권리로 인한 추가적인 인수금액과 예상배당액을 고려해 입찰여부 및 입찰가 등을 분석하는 작업이다.

임차인과의 관계나 취득세 관련 세금, 법률 상호 간의 다툼으로 인해 배당의 순위가 달라질 수 있고, 권리의 진위여부에 대한 결과 등에 따라 입찰자의 추가적인 비용(인수냐, 소멸이냐)이 발생하기 때문에 이에 대한 정확한 이해가 필요할 것이다. 이러한 소멸과 인수되는 권리를 파악하는 일을 권리분석이라고 표현하는데, 투자자는 이러한 권리분석을 통해 부동산의 권리관계의 하자가 없는지를 조사하고, 예상 배당액과 추가적인 인수금액을 고려해 입찰예정가와 수익성을 잘 판단해야 한다.

2. 권리분석 방법

권리분석을 하기 위해서는 법원에서 제공한 서류 등을 분석할 줄 알아야 되고 그러기 위해서는 전제로 각종 사례와 판례, 민법, 민사집행법, 부동산관련법 등에 관해 어느 정도의 지식이 필요하다 할 것이다.

하지만 낙찰 한 건 받기위해 초보자가 처음부터 광범위한 공부를 할 수도 없거니와 하더라도 낙찰을 위한 공부가 아니라 공부를 위한 공부가 되어 정작 입찰 한번 제대로 못해보고 쉽게 포기하는 경우가 많게 된다.

가장 좋은 방법은 기본적인 내용을 책이나 인터넷, 학원에서 공부하고 입찰하면서 꾸준히 부족한 지식을 채워 넣는 것이 효과적이다.

2절 권리분석 시 체크사항

☑ 등기부상 매각으로 인해 말소 및 인수되는 권리 확인

☑ 대항력있는 임차인, 인수되는 보증금

☑ 매각물건에 포함되지 않는 제시외건물

☑ 임차인(전세권자)의 배당요구 및 종기일 확인

☑ 법정지상권 여부

☑ 유치권

☑ 대위변제

☑ 체납, 인수되는 공과금

☑ 취하의 가능성

☑ 법정기일 내의 조세채권

☑ 실제 채권액이 없는 근저당 최선순위일 때 반드시 확인(대법확인)

※ 물권과 채권의 이해
- 물권 : 특정의 물건을 직접지배해서 사용, 수익, 처분에 관한 물건에 대한 배타적인 권리-8개(소유권, 점유권, 저당권, 유치권, 질권, 전세권, 지상권, 지역권)
- 채권 : 채권자가 채무자에게 어떤 행위를 요구할 수 있는 권리로서 당사자들의 계약에 따라 종류와 내용이 다양하다.

※ 물권과 채권의 차이(※ 반대개념 아님)

물권	채권
물건(또는 재산권)	특정인의 행위(급부)
절대적 지배권 → 타인의 행위 불필요	상대적 청구권 → 타인의 협조 필요
대세권(모든 사람)	채무자 즉 특정인에게만
일물일권주의	동일내용의 채권 양립 가능
우열존재	우열부존재
효과강력 → 일반인보호 → 공시 필요	공시 불필요
효과강력 → 물권법정주의(강행규정)	계약자유의 원칙(임의규정)
배타성 존재 → 물권적청구권 인정	배타성 부존재 → 물권적청구권 불인정
양도의 자유	양도의 동의 필요

※ 물권과 채권의 우열
· 물권 상호 간에는 순위에 따라 먼저 성립한 물권이 나중에 성립한 물권보다 우선한다.
· 물권과 채권 간에는 성립한 시기와 상관없이 항상 물권이 채권보다 우선한다.
· 채권 상호 간에는 성립한 시기와 관계없이 평등하다.

※ 경매에서 물권과 채권의 의미
경매에서 물권우선주의와 채권자 평등의 원칙에 따라 배당에서 채권에 앞서 물권이 먼저 배당되고, 남는 것으로 채권자들에게 공평하게 배당이 된다. 임차권인 전세는 채권이지만 임대차보호법으로 물권우선주의의 예외에 해당한다.

3절 기본적 물건검색

1. 법원경매정보

법원경매정보(www.courtauction.go.kr)는 사이트에는 경매 공고, 경매 물건, 매각통계, 경매지식, 나의 경매 등이 주게시판에 있으며, 빠른물건검색, 용도별 물건정보, 다수관심물건, 경매 절차 등의 정보를 제공하고 있다.

법원에서 제공하는 공식사이트이기 때문에 현재 경매 입찰예정자라면 진행되는 과정을 여기서 살펴봐야 한다. 경매가 변경, 중지 등이 되는 절차상의 내용과 문건접수내역, 송달내역 등의 확인되기 때문에 경매 진행과정을 확인해야 한다.

경매에 대한 기본지식이 없다면 경매 절차, 경매 용어, 경매 서식, 입찰안내, 경매 비용 등의 내용이나 주택임대차, 상가임대차, 종합법률정보 등의 내용도 확인이 가능하다.

검색방법은 '법원경매정보'사이트에 접속한 다음 화면상단의 '경매공고' 메뉴에서 '부동산매각공고'를 클릭한다. '부동산매각공고' 화면에서는 법원별로 매각기일에 해당하는 매각물건을 보여준다.

매각기일(입찰일) 14일 전에는 경매물건에 대한 개략적인 내용이 공고되며, 감정평가서와 현황조사서도 볼 수 있다. 매각물건명세서는 입찰일 7일 전에 공고되니 그 때 다시 사이트에 접속해야 한다.

부동산의 소재지별로 검색을 하고싶다면 '법원경매정보'사이트에 접속한 다음 화면 상단의 '경매 물건'메뉴에서 '물건상세검색'을 클릭한다. '물건상세검색'에서 지역별, 용도별, 특수물건 등의 검색이 가능하다.

즉 경기도 성남시에서 지목이 대지인 법정지상권 물건을 찾고 싶다면 '물건상세검색'을 추천한다.

법원경매정보 홈페이지

2. 온비드(한국자산관리공사의 원스탑 자산처분시스템)

온비드(www.onbid.co.kr)사이트에는 부동산, 동산/기타자산, 정부재산정보 공개, 입찰안내 등이 주게시판에 있으며, 용도별, 지역별 검색과 국유재산, 압류재산, 수탁자산 등의 정보를 제공하고 있다.

공매물건의 검색은 온비드사이트에 접속한 후 화면상단의 '부동산'을 클릭하고 '물건'에서 '물건검색'을 클릭하면 다음과 같은 화면이 나온다.

여기서 지역별, 용도별, 처분방식, 금액별의 다양한 검색옵션 설정이 가능하도록 되어 있다.

온비드 홈페이지

온비드는 매수희망자에게 공매정보 조회 및 전자입찰 서비스를 제공하고, 자산처분기관에게 공매물건 홍보 및 인터넷 입찰장 서비스를 제공한다.

3. 유료정보사이트

부동산 경매정보와 관련해 유료사이트에는 법원경매정보 사이트에 없는 자료들이 많이 있다. 법원경매정보에는 기본적으로 매각물건명세서, 현황조사서, 감정평가서만 제공해준다. 이에 반해 유료정보사이트에서는 등기사항증명서, 토지대장, 건축물대장, 전입세대열람내역 등은 기본적으로 제공해준다.

여기에 권리분석, 수익률분석, 예상배당표, 낙찰통계분석, 소유권 이전비용, 예상인도비용 등의 추가적인 기능이 있는데, 사이트만의 차별화된 정보나 질적 우위에 따라 사이트의 가치를 판단할 수 있다. 유료정보사이트의 경우 대표적으로 지지옥션, 굿옥션, 스피드옥션, 부동산태인 등을 들 수 있다. 기본적인 정보 제공은 유사하지만 사이트마다 차별화된 전략이 있다.

다만 유료정보사이트의 정보를 100% 맹신해서는 안되고 스스로 권리분석과 현장답사를 해보아야 한다.

4절 권리분석을 위한 자료

1. 등기사항전부증명서

부동산의 권리관계를 공시하는 등기사항증명서에는 표제부와 갑구, 을구의 세 가지 부분으로 구성되어 있다.

1) 표제부

부동산의 지번과 면적, 소재지, 용도, 구조 등이 기재된다.

2) 갑구

소유권에 관한 사항으로 소유권 및 소유권과 관련한 가등기, 가처분, 가압류, 압류, 경매 신청 등이 기재되어 있다.

3) 을구

소유권 이외의 권리에 관한 사항으로 소유자의 사용·수익·처분권능 중에서 일정한 권능을 제한하는 제한물권인 저당권, 지상권, 지역권, 전세권 등이 기재된다.

토지, 건물의 등기사항전부증명서는 세 부분으로 구성된다.

【표제부(토지의 표시 또는 건물의 표시)】
【갑구】
【을구】

집합건물등기사항전부증명서는 네 부분으로 구성된다.

【표제부(1동의 건물의 표시, 대지권의 목적인 토지의 표시)】
【표제부(전유부분의 건물의 표시, 대지권의 표시)】
【갑구】
【을구】

집합건물 등기사항전부증명서

등기사항전부증명서(말소사항 포함)
- 집합건물 -

고유번호 1146-2003-006███

[집합건물] 서울특별시 강남구 논현동 ███외 1필지 제1층 제1██호

【 표 제 부 】 (1동의 건물의 표시)

표시번호	접 수	소재지번,건물명칭 및 번호	건 물 내 역	등기원인 및 기타사항
1	2003년6월12일	서울특별시 강남구 논현동 ███ █ ███	철근콘크리트조 철근콘크리트지붕 6층 공동주택(아파트) 지하2층 1,150.41㎡ 지하1층 540.14㎡ 1층 635.02㎡ 2층 635.02㎡ 3층 621.32㎡ 4층 464.12㎡ 5층 175.32㎡ 옥탑 54.52㎡	도면편철장 1책 687장

(대지권의 목적인 토지의 표시)

표시번호	소 재 지 번	지 목	면 적	등기원인 및 기타사항
1	1. 서울특별시 강남구 논현동 ███	대	647.4㎡	2003년6월12일
	2. 서울특별시 강남구 논현동 ███	대	649.1㎡	

【 표 제 부 】 (전유부분의 건물의 표시)

표시번호	접 수	건 물 번 호	건 물 내 역	등기원인 및 기타사항
1	2003년6월12일	제1층 제102호	철근콘크리트조 145.68㎡	도면편철장 1책 687장

(대지권의 표시)

표시번호	대지권종류	대지권비율	등기원인 및 기타사항
1	1, 2 소유권대지권	1296.5분의 73.58	2003년6월12일 대지권 2003년6월12일
2			별도등기 있음 ~~1토지(을구 1번 근저당권 설정등기)~~, ~~2토지(을구 1번 근저당권 설정등기)~~ ~~2003년6월12일~~
3			2번 별도등기말소 2003년6월25일

【 갑 구 】			(소유권에 관한 사항)
순위번호	등 기 목 적	접 수	등 기 원 인	권리자 및 기타사항

순위번호	등 기 목 적	접 수	등 기 원 인	권리자 및 기타사항
1	소유권보존	2003년6월12일 제55245호		소유자 윤■수 450602-******* 광주시 도척면 상림리 산 ■■
2	소유권이전	2003년6월17일 제56974호	2003년6월17일 신탁	수탁자 주식회사신한은행 110111-0303183 서울 중구 태평로2가 120(취급지점:영업2부)
				신탁 신탁원부 제28■호
3	소유권이전	2004년12월24일 제104108호	2004년12월23일 신탁재산의귀속	소유자 윤■수 450602-******* 광주시 도척면 상림리 산 ■■
				2번 신탁등기말소 원인 신탁재산의귀속
4	가압류	2005년2월24일 제13473호	2005년2월21일 서울중앙지방법원의 가압류결정(2005카단4■■)	청구금액 금840,590,000원 채권자 주식회사유로시스템창호(금510,000,000원) 용인사 마평동 157 서■복(금209,000,000원) 서울 종로구 숭인동 72-46-1■호 오■래(금73,590,000원)

【 을 구 】			(소유권 이외의 권리에 관한 사항)

순위번호	등 기 목 적	접 수	등 기 원 인	권리자 및 기타사항
1	전세권설정	2005년1월26일 제5917호	2004년12월31일 설정계약	전세금 금330,000,000원 범 위 주거용 건물의 전부 존속기간 2004년 12월 31일부터 2006년 12월 30일까지 반환기 2006년 12월 30일 전세권자 이■우 800728-******* 남원사 인월면 인월라■■
1-1				1번 등기는 건물만에 관한 것임 2005년1월26일 부기
2	1번전세권설정등기말소	2006년3월3일 제20931호	2006년3월2일 해지	
3	전세권설정	2006년3월6일 제21067호	2006년2월27일 설정계약	전세금 금400,000,000원 범 위 건물의 전부 존속기간 2007년 2월 26일까지 반환기 2007년 2월 26일

주요 등기사항 요약 (참고용)

[주 의 사 항]

본 주요 등기사항 요약은 증명서상에 말소되지 않은 사항을 간략히 요약한 것으로 증명서로서의 기능을 제공하지 않습니다.
실제 권리사항 파악을 위해서는 발급된 증명서를 꼭 확인하시기 바랍니다.

[집합건물] 서울특별시 강남구 논현동 2▓9외 1필지 제1층 제1▓호

1. 소유지분현황 (갑구)

등기명의인	(주민)등록번호	최종지분	주　　　　소	순위번호
정▓윤 (소유자)	500227-*******	단독소유	서울특별시 강남구 봉은사로29길 ▓ 101동 1▓호(논현동)	8

2. 소유지분을 제외한 소유권에 관한 사항 (갑구)

순위번호	등기목적	접수정보	주요등기사항	대상소유자
13	가압류	2014년5월26일 제116188호	청구금액 금58,687,673 원 채권자 중구농업협동조합	정▓윤
19	소유권이전청구권가등기	2016년5월10일 제89976호	가등기권자 최▓순	정▓윤
23	강제경매개시결정	2018년2월19일 제27546호	채권자 주▓연	정▓윤

3. (근)저당권 및 전세권 등 (을구)

순위번호	등기목적	접수정보	주요등기사항	대상소유자
5	근저당권설정	2006년9월15일 제91488호	채권최고액 금432,000,000원 근저당권자 주식회사한국스탠다드차타드제일은행	정▓윤
8	근저당권설정	2009년11월12일 제85418호	채권최고액 금200,000,000원 근저당권자 강▓숙	정▓윤
9	근저당권설정	2015년8월4일 제211763호	채권최고액 금403,000,000원 근저당권자 강▓숙	정▓윤

[참 고 사 항]

가. 등기기록에서 유효한 지분을 가진 소유자 혹은 공유자 현황을 가나다 순으로 표시합니다.
나. 최종지분은 등기명의인이 가진 최종지분이며, 2개 이상의 순위번호에 지분을 가진 경우 그 지분을 합산하였습니다.
다. 지분이 통분되어 공시된 경우는 전체의 지분을 통분하여 공시한 것입니다.
라. 대상소유자가 명확하지 않은 경우 '확인불가'로 표시될 수 있습니다. 정확한 권리사항은 등기사항증명서를 확인하시기 바랍니다.

토지등기사항전부증명서

등기사항전부증명서(말소사항 포함)
- 토지 -

고유번호 1155-1996-114▩▩

[토지] 경기도 가평군 상면 연하리 3▩▩

【 표 제 부 】 (토지의 표시)

표시번호	접 수	소 재 지 번	지 목	면 적	등기원인 및 기타사항
1 (전 1)	1984년8월31일	경기도 가평군 상면 연하리 3▩▩	대	450㎡	
					부동산등기법시행규칙부칙 제3조 제1항의 규정에 의하여 1998년 12월 30일 전산이기

【 갑 구 】 (소유권에 관한 사항)

순위번호	등 기 목 적	접 수	등 기 원 인	권리자 및 기타사항
1 (전 6)	소유권이전	1998년7월14일 제10868호	1998년7월1일 매매	소유자 유 철 340925-******* 가평군 상면 연하리 3▩▩
2 (전 7)	소유권이전청구권가 등기	1998년8월31일 제13426호	1998년8월29일 매매예약	권리자 박 순 430311-******* 가평군 상면 연하리 3▩▩
				부동산등기법시행규칙부칙 제3조 제1항의 규정에 의하여 1번 내지 2번 등기를 1998년 12월 30일 전산이기
3	2번가등기말소	2010년4월16일 제10570호	2010년4월15일 해제	
4	소유권이전	2010년4월16일 제10571호	2010년4월15일 증여	소유자 박 순 430311-******* 경기도 가평군 상면 연하리 3▩▩
4-1	4번등기명의인표시 변경	2011년7월5일 제17321호	1997년1월14일 호적신고에 의한 정리	박 순의 주소 경기도 가평군 상면 연하리 ▩▩ 10
4-2	4번등기명의인표시 변경		2011년10월31일 도로명주소	박갑순의 주소 경기도 가평군 상면 가와집길 274-15 2013년11월20일 부기
4-3	4번등기명의인표시 변경	2016년11월1일 제26210호	2016년5월26일 실제지번경정	박 순의 주소 경기도 가평군 상면 기와집길 2▩
5	강제경매개시결정	2018년12월24일 제34221호	2018년12월24일 의정부지방법원의 강제경매개시결 정(2018타경852 ▩)	채권자 신한카드 주식회사 110111-0412926 서울 중구 을지로 100 에이동 (을지로2가, 파인에비뉴)

【 을 구 】			(소유권 이외의 권리에 관한 사항)	
순위번호	등 기 목 적	접 수	등 기 원 인	권리자 및 기타사항
~~1~~	~~근저당권설정~~	~~2011년7월5일~~ ~~제17322호~~	~~2011년7월5일~~ ~~설정계약~~	~~채권최고액 금28,000,000원~~ ~~채무자 박 순~~ ~~경기도 가평군 상면 연하리 328-10~~ ~~근저당권자 가평군농업협동조합~~ ~~115536-0000817~~ ~~경기도 가평군 가평읍 읍내리 465~~ ~~(상면지점)~~
~~2~~	~~지상권설정~~	~~2011년7월5일~~ ~~제17323호~~	~~2011년7월5일~~ ~~설정계약~~	~~목 적 건물기타 공작물이나 수목의 소유~~ ~~범 위 토지전부~~ ~~존속기간 설정등기일로부터 30년~~ ~~지 료 없음~~ ~~지상권자 가평군농업협동조합 115536-0000817~~ ~~경기도 가평군 가평읍 읍내리 465~~
3	근저당권설정	2016년11월1일 제26211호	2016년11월1일 설정계약	채권최고액 금39,000,000원 채무자 박 순 경기도 가평군 상면 기와집길 근저당권자 가평신용협동조합 115541-0000741 경기도 가평군 하면 현창로44번길 1
4	1번근저당권설정등 기말소	2016년11월3일 제26447호	2016년11월3일 해지	
5	2번지상권설정등기 말소	2016년11월3일 제26448호	2016년11월3일 해지	

-- 이 하 여 백 --

관할등기소 의정부지방법원 가평등기소

주요 등기사항 요약 (참고용)

──────── [주 의 사 항] ────────

본 주요 등기사항 요약은 증명서상에 말소되지 않은 사항을 간략히 요약한 것으로 증명서로서의 기능을 제공하지 않습니다.
실제 권리사항 파악을 위해서는 발급된 증명서를 필히 확인하시기 바랍니다.

고유번호 1155-1996-

[토지] 경기도 가평군 상면 연하리 3 -1 대 450㎡

1. 소유지분현황 (갑구)

등기명의인	(주민)등록번호	최종지분	주 소	순위번호
박 순 (소유자)	430311-*******	단독소유	경기도 가평군 상면 기와집길	4

2. 소유지분을 제외한 소유권에 관한 사항 (갑구)

순위번호	등기목적	접수정보	주요등기사항	대상소유자
5	강제경매개시결정	2018년12월24일 제34221호	채권자 신한카드 주식회사	박 순

3. (근)저당권 및 전세권 등 (을구)

순위번호	등기목적	접수정보	주요등기사항	대상소유자
3	근저당권설정	2016년11월1일 제26211호	채권최고액 금39,000,000원 근저당권자 가평신용협동조합	박 순

말소기준등기의 파악하기 위해서는 등기부를 펴놓고 갑구와 을구에 기재된 권리를 순위대로 확인해 보면 근저당권이나 가압류, 경매개시등기 등의 말소기준등기가 보인다. 말소기준등기를 기준으로 접수한 날짜가 빠르면 선순위권리, 늦으면 후순위권리가 되는 것이다. 선순위권리는 기본적으로 인수, 후순위권리는 소멸로 이해하되, 사안에 따라 예외적인 부분만 신경쓰면 된다.

가등기는 소유권이전청구권가등기와 소유권이전담보가등기가 있는데, 소유권이전청구권가등기의 경우 매매 대금을 지불했으나 본등기를 할 수 없는 경우에 이중매매 등을 방지하기 위해 설정한 권리이기 때문에, 낙찰을 받아 대금납부를 해도 소유권을 잃을 수 있다. 그에 반해 소유권이전담보가등기는 채무변제의 담보를 위한 등기로 가등기담보법을 적용받지만 저당권과 동일한 효력으로 말소되기 때문에 투자자에게 큰 문제가 되지 않는다.

선순위가처분이 있다면 소유권이 다른 권리자에게 넘겨질 수도 있고, 후순위가처분이라도 하더라도 진정한 소유권에 대한 다툼에 기한 것이라면 대금을 납부해도 문제가 될 수 있다. 선순위지상권이 있다면 토지의 사용이 어렵지만, 근저당권의 재산보호를 위해 동시에 설정한 권리라면 잔금 납부와 함께 소멸시킬 수 있다. 선순위전세권의 경우 전세권자가 경매를 신청했거나 전세권에 의한 배당요구를 했다면 말소기준권리로 보아 소멸될 수 있지만, 그렇지 않다면 매수인이 전세보증금을 추가로 부담해야 되기 때문에 주의가 필요하다.

등기사항전부증명서의 발급 및 열람은 각 지역의 등기소나 대한민국법원 인터넷등기소(www.iros.go.kr/PMainJ.jsp)에서 열람 및 발급이 가능하다.

인터넷으로 처리하는 경우 수수료가 열람은 700원, 발급은 1,000원으로 제출용은 발급으로 신청해야 한다.

인터넷등기소

※ 물권변동

물권의 발생, 변경, 소멸을 말하며, 물권의 발생에는 원시취득과 승계취득이 있다. 원시취득으로서 건물의 신축에 의한 소유권의 취득, 무주물선점(無主物先占)에 의한 점유권의 취득 등이 그 예이다.

승계취득은 타인이 소유한 권리에 기해 권리를 취득하는 것을 말하며, 이전적 승계, 설정적 승계, 포괄(일반)승계와 특정승계로 나눌 수 있다.

이전적 승계는 포괄승계(상속과 같이 하나의 법률상 원인으로 당사자의 의사와는 상관없이 여러 권리를 일괄적으로 취득하는 것)와 특정승계(개개의 법률상 원인으로 당사자의 의사에 따라 개별적으로 권리를 취득하는 것)로 분류한다.

물권변동에는 법률행위에 의한 물권변동과 법률의 규정에 의한 물권변동이 있다. 법률행위에 의한 부동산물권변동은 등기(登記)해야 효력이 발생하며(민법 제186조)-대표적으로 매매, 증여 등.

법률의 규정에 의한 부동산물권변동은 등기를 하지 않아도 효력이 발생하지만, 등기를 하지 않으면 처분하지 못한다(187조)-상속, 경·공매, 공용징수, 혼동, 취득시효, 소멸시효 등.

공신의 원칙

어떤 부동산 등기를 신뢰해 거래한 자가 있는 경우에 비록 그 등기가 진실한 권리 관계에 합치되지 않는 것이더라도 그 자의 신뢰가 보호되는 등기의 효력을 말하는 것이다. 공신의 원칙을 인정하면 물권거래의 안전은 보호되는 반면, 불인정하면 진정한 권리자는 보호받게 된다. 우리 민법상 등기의 공신력은 인정하지 않고 있다.

공시의 원칙

물권변동은 언제나 외부에서 인식할 수 있는 공시방법(부동산물권변동은 등기, 동산 물권변동은 인도, 명인방법)을 갖추어야 한다는 것을 말한다. 이는 물권 거래의 안전을 위해 인정하는 것이다.

공시를 강제하는 방법은 (1) 공시방법을 갖추지 않으면 제3자에 대한 관계는 물론 당사자간에서도 물권변동이 생기지 않는다는 성립요건주의 (2) 당사자간에는 물권변동이 일어나지만 공시방법을 갖추지 않는 한 그 물권변동을 제3자에게 대항하지 못한다는 대항요건주의. 우리 민법은 성립요건주의를 취하고 있다.

2. 감정평가서, 현황조사서, 매각물건명세서

1) 감정평가서

법원의 최초매각가격을 정하기 위한 것으로 현 부동산의 낙찰 후 수익을 분석하는 기초가 되는 자료이다. 감정평가서는 보통 10~15장 내외인데 ①표지, ②괄호감정평가표, ③평가의견, ④감정평가 명세표, ⑤감정평가 요항표, ⑥위치도, ⑦지적도, ⑧건물개황도, ⑨내부 구조도, ⑩현장사진으로 구성되어 있다. 평가의견에는 경매 물건의 평가방법이나 특이사항이 기재되어 있다 토지만의 평가일 경우 지상에 건물이 있는 경우 감정평가액이 제한받는 것을 감안한 평가인지 여부를 알 수 있다. 감정평가 명세표에는 매각할 물건의 종류와 평가액이 기재되어 있다. 특히 법정지상권 관련한 토지만이 매각물건일 경우 두 개의 평가액이 산출된다하나는 지상에 건물이 소재함으로 인해 토지의 사용과 처분에 제한을 받는 평가액과 또 다른 하나는 지상에 소재하는 건물에 구애됨이 없이 토지만을 정상평가하는 나지상정평가액이다.

춘천2계 2018타경39**

경매구분	임의경매	채권자	이○○		
용도	대지	채무/소유자	조○○	매각기일	19.01.21
감정가	19,680,000 (18.08.28)	청구액	23,485,753	종국결과	19.03.18 배당종결
최저가	13,776,000 (70%)	토지면적	40.0㎡(12.1평)	경매개시일	18.08.07
입찰보증금	1,377,600 (10%)	건물면적	0㎡(0.0평)	배당종기일	18.11.08
주의사항	· 법정지상권 · 입찰외				

소재지/감정요약	물건번호/면적(㎡)	감정가/최저가/과정	임차조사	등기권리
(25133) 강원 홍천군 홍천읍 진리 62-7 [진삼거리길28] 한국국토정보공사 홍천지사 남동측 인근 주위근린생활시설 및 단독주택 등 혼재한 지대 인근차량 접근 가능 대중교통 등 교통사정 보통 사다리형평지 인접지62-8번지 북측 6m 내외도로 접하며 인접지 통해 출입가능 일반상업지역 도시계획구역 2018-08-28 경일감정 표준지가: 510,000 개별지가: 25,700 감정지가: 492,000	물건번호: 단독물건 대지 40.0 (12.10평) ₩19,680,000 입찰 외 제시 외 주택, 근린시설 등 46.3 (14.00평) 등기부 및 대장상 타인소유 (조금여, 조한자) 주택 등 22.8 (6.90평) 등기부 및 대장상 타인 소유(조성현) 법정지상권 성립여지있음	감정가 19,680,000 토지 19,680,000 (100%) (평당 1,626,446) 최저가 13,776,000 (70%) 경매진행과정 ① 19,680,000 2018-12-17 유찰 ② 30% ↓ 13,776,000 2019-01-21 매각 매수인 차○○ 응찰수 1명 매각가 16,290,000 (82.77%) 허가 2019-01-28 납부 2019-02-21 2019-03-18 종결	*신청부동산은 공 부상 대지로, 현 재 옆지번 건물의 일부분이 소재하 고 있는 것으로 목 측되나, 현장조사 당시 옆지번 건물 의 소유자및 신청 부동산의 이해관계 인 및 점유자를 만 나지 못해 점유관 계 별도 확인이 요 망됨. 주민등록 등재자 : 없음. 신청부동산에 대하 여 건축물대장 및 등기부등본 조사 : 없음.	소유권 조○○ 2004-12-02 전소유자: 농협중앙 가등기 이충만 2009-07-06 소유이전청구가등 압류 홍천세무서 2012-08-20 가압류 신용보증기금 춘천 2012-12-18 57,000,000 2012 카단 11573 서울서부 압류 국민건강보험공단 홍천지사 2015-05-21 임 의 이충만 2018-08-07 *청구액: 23,485,753원 채권총액 57,000,000원 열람일자 : 2018-08

(토지)감정평가표

감정평가액	일천구백육십팔만원정(₩19,680,000.-)				
의 뢰 인	춘천지방법원 사법보좌관 이■태		감정평가 목적		경매
채 무 자	-		제 출 처		경매2계
소 유 자 (대상업체명)	조■현 (2018타경39■)		기준가치		시장가치
			감정평가조건		-
목록표시 근거	귀 제시목록		기준시정	조사기간	작성일
			2018.08.28	2018.08.28	2018.08.28

감 정	공부(公簿)(의뢰)		사 정		감 정 평 가 액	
	종 류	면적 또는 수량(㎡)	종 류	면적 또는 수량(㎡)	단 가	금 액
	토지	40	토지	40	492,000	19,680,000

토지 감정평가명세표

일련 번호	소재지	지번	지목?용도	구 조	연 적 (㎡)		감 정 평 가 액		비 고
					공부	사정	단 가	금 액	
1	강원도 홍천군 홍천읍 진 리	■	대	일반상업지역	40	40	492,000	19,680,000	제시외건물 소 재
	합 계		<제시외 건물이 소재하지 않을 시 토지 단가 : 703,000원/㎡>					₩19,680,000	-
			이 하		여		백		

※ 나지상정평가액 : 703,000원/㎡×40㎡=28,120,000원

여주3계 2018타경332**

경매구분	임의경매	채 권 자	현대부동산지분투자		
용 도	대지	채무/소유자	이○○/배○○	매각기일	19.07.03
감정가	134,890,000(18.10.19)	청구액	81,200,000	종국결과	-
최저가	94,423,000(70%)	토지면적	658.0㎡(199.0평)	경매개시일	18.10.05
입찰보증금	9,442,300(10%)	건물면적	0㎡(0.0평)	배당종기일	19.01.14
주의사항	· 법정지상권 · 입찰외				

소재지/감정요약	물건번호/면적(㎡)	감정가/최저가/과정	임차조사	등기권리
(12572) 경기 양평군 강상면 신화리 442-1 [강상로353번길25] 강상초등학교남서측 근거리위치 부근농촌마을, 농경지, 임야 등 혼재하는 국도주변농촌지대 차량출입가능 버스(정)인근소재 교통사정보통 부정형평지 남동측 3-4m 도로접함 계획관리지역 자연보전권역 공장설립승인지역 (2016.12.09) 2018-10-19 중부감정 표준지가: 171,000 개별지가: 160,700 감정지가: 293,000	물건번호: 단독물건 대지 658.0 (199.05평) ₩134,890,000 입찰 외 제시 외 주택 56.0 (16.94평) ₩15,120,000 주택 19.0 (5.75평) ₩3,420,000 창고 28.0 (8.47평) ₩3,360,000 창고 28.0 (8.47평) ₩2,800,000 *제시 외 감안가격임	감정가 134,890,000 토지 134,890,000 (100%) (평당 677,703) 최저가 94,423,000 (70%) 경매진행과정 ① 134,890,000 2019-05-29 유찰 ② 30% ↓ 94,423,000 2019-07-03 매각 매수인 차○○ 응찰수 1명 매각가 101,900,000 (75.54%) 허가 2019-07-10 납기 2019-08-22 납부 2019-08-22	*소유자점유. 제시외 주택이 소재하며, 소유자가 거주하고 있음	소유권 배안자 1998-01-06 근저당 현대부동산 지분투자 2018-07-23 120,000,000 임의 현대부동산지분 투자 2018-10-05 *청구액: 81,200,000원 가압류 한상덕 2018-12-12 80,000,000 채권총액 200,000,000원 열람일자: 2019-05-14

감정평가액의 산출근거 및 결정의견

(3) 기타 참고사항

1) 본건 지상에는 제시외건물 수개동 소재하는 바, 토지는 제시외 건물에 구애됨이 없이 정상평가 하였으며, 제시외건물은 평가목적을 고려하여 목측에 의한 개략적인 면적사정 후 관찰감가를 포함한 원가법으로 평가하였사오니 경매진행시 참고하시기 바랍니다.

2) 본건 지상에 소재하는 제시외건물이 경매대상에서 제외되어 그 대지가 소유권 행사를 제한받는 경우, 제한받는 상태를 기준으로한 토지가격은 아래와 같습니다.

⇒ 토지면적(658㎡) * 제한받는 상태의 토지단가(@205,000원/㎡) =134,890,000원

토지 감정평가명세표

Page : 1

| 기호 | 소재지 | 지번 | 지목 및 용도 | 용도지역 및 구조 | 면 적 (㎡) | | 감 정 평 가 액 | | 비 고 |
					공 부	사 정	단 가	금 액	
1	경기도 양평군 강상면 신화리	▨	대	(계획관리)	658	658	293,000	192,794,000	
	소 계							₩192,794,000	

특히 대지권 미등기 아파트 경매 시 대지권의 감정평가 여부가 중요하다. 이러한 부분은 감정평가명세표상으로도 확인이 가능하다. 대지권이 감정평가 되었다면 차후 대지권의 소유권을 취득하나 감정평가 되지 않았다면 차후 대지권의 소유권을 별도로 취득해야 한다.

감정평가 요항표에는 도로 사정이나 주변환경 등 시장가치를 가늠해 볼수 있는 사항이 기재 되어 있다.
또한 지적도, 건물개황도, 내부구조도, 현장사진 등으로 현장답사 전에 건물의 노후화, 구조 등을 가늠하는 데 도움이 된다.

감정평가를 위해서는 토지이용계획확인, 토지(건물)대장, 지적도
건축도면, 등기사항전부증명서 등의 자료를 참고하기 때문에 감정
평가서는 부동산 관련 서류들의 요약본이라고 해도 과언이 아니다.

2) 현황조사보고서

매각물건명세서 작성의 기본이 되며 부동산의 현황 및 점유관계조
사서, 임대차관계조사서 등이 첨부되어 있으며, 이를 통해 현재 부동
산의 현상과 소유자 또는 임차인 점유, 유치권자의 점유개시시기 등
을 파악하는 기본적인 자료이다.

다만 현황조사서에는 점유자의 진술이 거짓이라는 의심이 들어도
집행관의 개인적 의견이나 판단을 기재하기보다는 점유자의 진술을
들은 내용 그대로 기록한다. 그래서 선순위 임차인이 누락되거나 전
입신고일이 잘못 기록된 경우도 있다.

즉 현황조사서에 '임차 관계 미상'이나 '주민센터 확인 안됨'이라
는 문구가 있다면 반드시 입찰자가 더 알아보아야 한다. 그러므로 현
황조사서도 참고자료로만 활용하는 것이 좋다.

3) 매각물건명세서

경매법원이 부동산에 설정되어 있는 권리관계 등을 기재한 매각물
건명세서를 작성하고 그 사본을 비치해 일반인이 열람할 수 있도록
해서 매수희망자가 부동산의 표시, 점유자의 권원, 점유할 수 있는 기
간, 차임 또는 보증금에 관한 관계인의 진술 등의 정보를 토대로 매
수희망자의 의사결정을 위한 판단자료이다.

여기에 등기된 부동산에 대한 권리나 가처분 등 매각으로 효력을
잃지 않는 것과 지상권의 개요, 토지별도등기, 특별매각조건 등의 내
용이 작성되며 매각기일 1주일 전까지 법원에 비치해 누구든지 볼

수 있도록 하고 있다.

※ 매각물건명세서의 "비고란"에 특이사항의 문구 찾아라.

　매각물건명세서의 내용은 경매진행 중 언제든지 바뀔 수 있으므로 입찰 전에 대법원 웹사이트에서 이를 확인해야 한다. 또한 경매정보 업체는 변경 전의 매각물건명세서를 그대로 제공하는 경우가 있으므로 유의해야 한다.

3. 토지이용계획확인서, 토지대장, 건축물대장, 지적도

1) 토지이용계획확인서

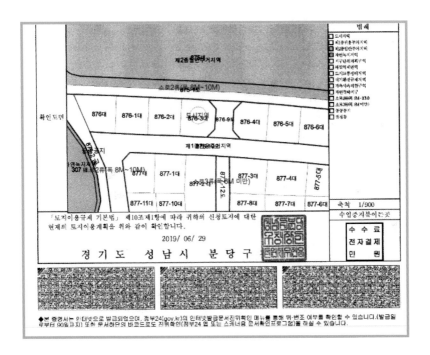

토지이용계획확인서를 통해 용도지역·지구·구역을 확인해 그 지역에 따라 허용되는 개발행위를 판단해야 하며, 또한 개별적 행위 제한으로 대표적인 도시계획도로 저촉 여부 등을 확인해 저촉의 정도에 따라 건축가능성을 파악해야 한다.

※ 국가산업단지에 편입예정인 토지를 감정평가액(14,603,400원)에 200% 이상인 30,010,000원에 21명의 경쟁자를 제치고 낙찰이 되었다. 이후 보상평가 시 기존의 공유 지분권자들은 처음의 협의평가액으로 보상금을 수령했으나 이 사건의 낙찰자는 몇 번의 이의를 거쳐 보상금으로 약 30,500,000원이 평가되었다.

서대구3계 2015타경28**

경매구분	강제경매	채권자	희OOOOOOO		
용도	임야	채무/소유자	곽OO/곽OOOO	매각기일	15.10.15
감정가	14,603,400(15.04.30)	청구액	38,793,553	종국결과	15.12.21 배당종결
최저가	14,603,400(100%)	토지면적	전체 3074.4㎡ 중 지분 768.6㎡(232.5평)	경매개시일	15.04.21
입찰보증금	1,460,340(10%)	건물면적	0㎡ (0.0평)	배당종기일	15.07.01
주의사항			· 지분매각 · 맹지 · 입찰외		

소재지/감정요약	물건번호/면적(㎡)	감정가/최저가/과정	임차조사	등기권리
대구 달성군 구지면 목단리 산2 달성2차산업단지 남측인근 부근마을 주변야산 지대, 임야, 농경지, 농가주택 등 형성 제반교통사정불편 부정형 북하향완경사지, 자연림 중로2류(15-20m)저촉 국가산업단지 일반공업지역 토지거래허가구역 2015-04-30 프라임감정 표준지가 : 7,700 감정지가 : 19,000	물건번호: 단독물건 임야 768.6/ 3074.4 (232.50평) ₩14,603,400 3단1무보 맹지 (토지 1/4 곽동건 지분) · 전체 3074.4㎡ (930평) · 지분 768.6㎡ (233평) 입찰외가치미미한과 수목(자두나무) 식재	감정가 14,603,400 토지 14,603,400 (100%) (평당 62,810) 최저가 14,603,400 (100%) 경매진행과정 ① 14,603,400 2015-10-15 매각 매수인 한OO 응찰수 22명 매각가 30,010,000 (205.50%) 허가 2015-10-22 납기 2015-11-18 납부 2015-11-10 2015-12-21 종결		소유권 곽OOOO 1994-06-30 가압류 김성헌 2000-07-26 40,000,000 2000 카단 24124 대구 압 류 대구시남구 2012-07-13 강제 희망모아 유동화전문 2015-04-21 *청구액: 38,793,553원 채권총액 40,000,000원 열람일자 : 2015-04-29

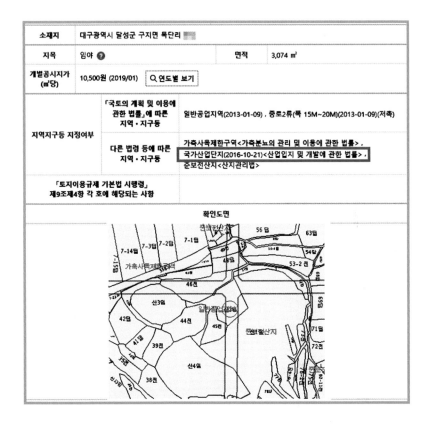

소재지	대구광역시 달성군 구지면 목단리			
지목	임야 ❓		면적	3,074 ㎡
개별공시지가 (㎡당)	10,500원 (2019/01) 🔍 연도별 보기			
지역지구등 지정여부	「국토의 계획 및 이용에 관한 법률」에 따른 지역 · 지구등	일반공업지역(2013-01-09) , 중로2류(폭 15M~20M)(2013-01-09)(저촉)		
	다른 법령 등에 따른 지역 · 지구등	가축사육제한구역<가축분뇨의 관리 및 이용에 관한 법률>, 국가산업단지(2016-10-21)<산업입지 및 개발에 관한 법률>, 준보전산지<산지관리법>		
	「토지이용규제 기본법 시행령」 제9조제4항 각 호에 해당되는 사항			

확인도면

용도지역이란 국토를 경제적이고 효율적으로 사용하기 위해 토지의 이용이나 건폐율, 용적률, 높이를 제한하는 것으로 전국의 모든 토지는 사용용도에 따라 모두 용도지역이 정해져 있다.

※ 건폐율
대지면적에 대한 건축면적의 비율

※ 용적률
대지면적에 대한 건축물 연면적의 비율

「국토의 계획 및 이용에 관한 법률」에 의하면 크게 네 개의 용도지역(도시지역, 관리지역, 농림지역, 자연환경보전지역)으로 나누고 각 용도지역별로 세부지역으로 구분된다.

용도지역의 세분			건폐율(84조)	용적률(85조)
도시지역	주거지역	제1종 전용주거지역	50%	50~100%
		제2종 전용주거지역	50%	100~150%
		제1종 일반주거지역	60%	100~200%
		제2종 일반주거지역	60%	150~250%
		제3종 일반주거지역	50%	200~300%
		준주거지역	70%	200~500%
	상업지역	중심상업지역	90%	400~1,500%
		일반상업지역	80%	300~1,300%
		근린상업지역	70%	200~900%
		유통상업지역	80%	200~1,100%
	공업지역	전용공업지역	70%	150~300%
		일반공업지역	70%	200~350%
		준공업지역	70%	200~400%
	녹지지역	보존녹지지역	20%	50~80%
		생산녹지지역	20%	50~80%
		자연녹지지역	20%	50~100%
관리지역	–	보전관리지역	20%	50~80%
	–	생산관리지역	20%	50~80%
	–	계획관리지역	40%	50~100%
농림지역	–	–	20%	50~80%
자연환경보전지역	–		20%	50~80%

용도지구란 용도지역의 제한을 강화 또는 완화해 적용함으로써 용도지역의 기능을 증진시키고 미관·경관·안전 등을 도모하기 위해 도시·군관리계획으로 결정하는 지역을 말한다.

용도지구	행위제한의 강화 또는 완화
경관지구	경관을 보호·형성하기 위하여 필요한 지구
미관지구	미관을 유지하기 위하여 필요한 지구
고도지구	쾌적한 환경조성 및 토지의 효율적 이용을 위하여 건축물 높이의 최저한도 또는 최고한도를 규제할 필요가 있는 지구
보존지구	문화재·중요시설물 및 문화적·생태적으로 보존가치가 큰 지역의 보호와 보존을 위하여 필요한 지구
방화지구	화재의 위험을 예방하기 위하여 필요한 지구
방재지구	풍수해, 산사태, 지반의 붕괴 그 밖의 재해를 예방하기 위하여 필요한 지구
시설보호지구	학교시설·공용시설·항만 또는 공항의 보호, 업무기능의 효율화, 항공기의 안전운항 등을 위하여 필요한 지구
취락지구	녹지지역·관리지역·농림지역·자연환경보전지역·개발제한구역 또는 도시자연공원구역의 취락을 정비하기 위한 지구
개발진흥지구	주거기능·상업기능·공업기능·유통물류기능·관광기능·휴양기능 등을 집중적으로 개발·정비할 필요가 있는 지구
특정용도제한지구	주거기능 보호나 청소년 보호 등의 목적으로 청소년 유해시설 등 특정시설의 입지를 제한할 필요가 있는 지구
복합용도지구	지역의 토지이용상황, 개발수요 및 주변여건 등을 고려하여 효율적이고 복합적인 토지이용을 도모하기 위하여 특정시설의 입지를 완화할 필요가 있는 지구
그 밖에 대통령령으로 정하는지구	–

용도구역이란 토지의 이용과 건축물의 용도·건폐율·용적률·높이 등에 대한 용도지역 및 용도지구의 제한을 강화하거나 완화해 따로 정함으로써 시가지의 무질서한 확산방지, 계획적이고 단계적인 토지이용의 도모, 토지이용의 종합적 조정·관리 등을 위해 도시관리계획으로 결정하는 지역.

용도구역	행위제한 강화 또는 완화
개발제한구역	도시의 무질서한 확산을 방지하고 도시 주변의 자연환경을 보전해 시민의 건전한 생활환경을 확보하기 위해 도시의 개발을 제한할 필요가 있거나 보안상 도시의 개발을 제한할 필요가 있는 지역에 국토교통부장관이 지정하는 용도구역
도시자연공원구역	도시의 자연환경 및 경관을 보호하고 도시민에게 건전한 여가·휴식공간을 제공하기 위해 도시지역 안의 식생이 양호한 산지(山地)의 개발을 제한할 필요가 있을 경우 시·도지사 또는 대도시 시장(서울특별시와 광역시 및 특별자치시를 제외한 인구 50만 명 이상의 대도시의 시장)가 지정하는 용도구역
시가화조정구역	도시지역과 그 주변지역의 무질서한 시가화를 방지하고 계획적·단계적인 개발을 도모하기 위해 5년 이상 20년 미만의 일정기간동안 시가화를 유보할 필요가 있다고 인정되는 경우 국토교통부장관이 지정하는 용도구역
수산자원보호구역	수산자원의 보호·육성을 위해 필요한 공유수면이나 그에 인접된 토지에 대해 해양수산부장관이 지정하는 용도구역
입지규제최소구역	도시지역에서 복합적인 토지이용을 증진시켜 도시 정비를 촉진하고 지역 거점을 육성할 필요가 있는 경우 국토교통부장관이 지정하는 용도구역

2) 토지대장

토지대장이란 토지의 현황을 명확하게 하기 위해 토지의 소재지, 지번, 지목, 지적 및 소유자의 주소, 성명 등을 등록하는 공부를 말한다. 토지대장은 토지의 사실상의 상황을 명확하게 한다는 점에서 토지에 대한 권리관계를 공시하는 토지등기사항전부증명서와 구별된다.

고유번호	4183035021 - ▨▨▨		토지 대장		도면번호	24	발급번호	20190629-0101-0001
토지소재	경기도 양평군 서종면 문호리				장 번 호	3-1	처리시각	11시 41분 19초
지 번	-5	축 척	1.1200		비 고		발 급 자	인터넷민원

	토 지 표 시			소 유 자		
지 목	면 적(㎡)	사 유	변 동 일 자 / 변 동 원 인	성명 또는 명칭 / 주 소	등 록 번 호
(02) 답	969		1971년 06월 08일 / (03)소유권이전	최▨식	490201-1******
(02) 답	749	(20)2001년 02월 13일 / 분할되어 본번에 -9를 부함	1996년 04월 26일 / (04)주소변경	서울 영등포구 양평동 6가 ▨▨-6 신세계연립2동 / 최▨식	490201-1******
(02) 답	370	(20)2009년 12월 09일 / 분할되어 -14을 부함	1996년 04월 26일 / (03)소유권이전	서울 영등포구 양평동 6가 ▨▨-6 신세계연립2동 / 최▨식 외 1인	490201-1******
(08) 대	370	(40)2009년 07월 22일 / 지목변경	2001년 05월 14일 / (03)소유권이전	위▨▨ 외 1인	441123-1******

등급 수정 년 월 일	1976. 06. 01. 수정	1981. 09. 11 수정	1984. 07. 01. 수정	1985. 07. 01. 수정	1990. 01. 01 수정	1991. 01. 01. 수정	1992. 01. 01 수정	1994. 01. 01. 수정
토지등급 (기준수확량등급)	(25)	46	105	115	125	127	128	131
개별공시지가기준일	2013년 01월 01일	2014년 01월 01일	2015년 01월 01일	2016년 01월 01일	2017년 01월 01일	2018년 01월 01일	2019년 01월 01일	용도지역 등
개별공시지가(원/㎡)	491000	202300	206000	220000	224100	228100	300800	

토지 대장에 의하여 작성한 열람본입니다.
2019년 6월 29일

경기도 양평군수

즉 토지대장은 소유자, 면적, 토지의 종류(지목), 개별공시지가를 알 수 있으며 토지등기사항전부증명서는 소유권이나 근저당권 등의 권리관계를 기재하는 것입니다. 이 경우 토지대장과 토지등기사항전부증명서가 일치하지 않는 경우 권리 사항(소유권 등)은 등기부를 물리적 현황(지목, 면적 등)은 대장을 우선한다.

> ※ **지적불부합지**
> 지적도상의 경계와 현실의 경계가 일치하지 않는 토지를 말한다. 지적불부합지로 지정고시 되어 토지(임야)대장에 "등록사항 정정대상 토지"에 등재되면 지적불부합지 해제가 없는 한 그 토지는 경계침범 여부가 문제되어 지적도상의 경계를 실지에 복원하기 위하여 행하는 경계복원측량이 되지 않는다. 지적불부합지는 당해 행정청에 의해 해제되기까지 사실상 경매 절차를 정지해야 한다.

3) 지적도, 임야도

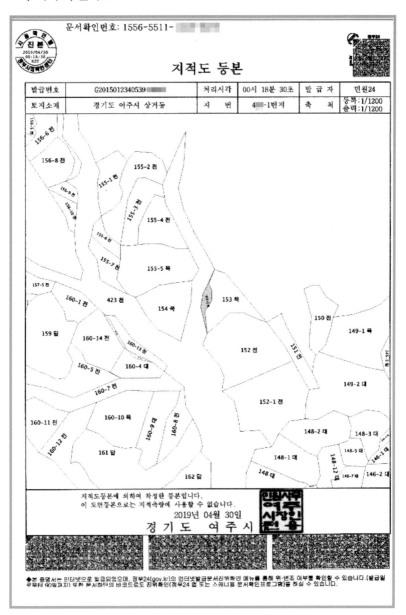

문서확인번호: 1556-5511-

지적도 등본

발급번호	G2015012340539	처리시각	00시 18분 30초	발급자	민원24
토지소재	경기도 여주시 상거동	지번	4■■-1번지	축척	등록:1/1200 출력:1/1200

지적도등본에 의하여 작성한 등본입니다.
이 도면등본으로는 지적측량에 사용할 수 없습니다.
2019년 04월 30일
경기도 여주시

◆본 증명서는 인터넷으로 발급되었으며, 정부24(gov.kr)의 인터넷발급문서진위확인 메뉴를 통해 위·변조 여부를 확인할 수 있습니다.(발급일로부터 90일까지) 또한 문서하단의 바코드로도 진위확인(정부24 앱 또는 스캐너용 문서확인프로그램)을 하실 수 있습니다.

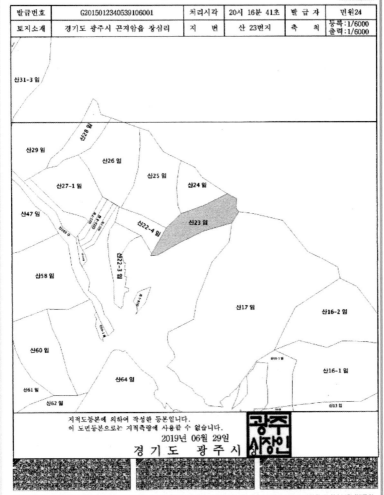

지적도란 토지의 형상, 경계선 등을 보기 쉽게 지도로 표시해놓은 것이다. 즉 수평적인 경계만 표시되고 등고선 같은 지형적인 요소들은 없다. 지적도의 축척 1/1,200의 경우 1cm는 실제로 12m이고 임야도의 축척 1/6,000는 1cm는 실제 60m라는 점을 감안해 현황을 파악할 수 있다.

4) 건축물대장

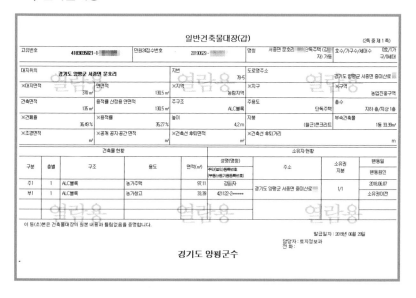

일반건축물대장(갑) (4쪽 중 제 1 쪽)

| 고유번호 | 4183052021-1-░░░░ | 민원24접수번호 | 20190629-░░░░ | 명칭 | 서종면 문호리 단독주택 (강░자) 가동 | 호수/가구수/세대수 | 0호/1가구/0세대 |

| 대지위치 | 경기도 양평군 서종면 문호리 | 지번 | | 도로명주소 | 경기도 양평군 서종면 중미산로 ░░░ |

구분	성명 또는 명칭	면허(등록)번호	※주차장	승강기	허가일 2008.11.19
건축주	강░자	421122-2★★★★★	구분	옥내	옥외	인근	면제	승용 대	비상용 대	착공일 2009.03.11
설계자	최░수 (주)건축사사무소	양평군·건축사사무소-░	자주식	대 ㎡	대 ㎡	대 ㎡		※오수정화시설	사용승인일 2009.07.20
공사감리자			형식 하수종말처리장연결	관련주소
공사시공자 (현장관리인)	강░자	421122-2★★★★★	기계식	대 ㎡	대 ㎡	대 ㎡	대	용량 인용	지번

※제로에너지건축물 인증	※건축물 에너지효율등급 인증	※에너지성능지표 (EPI)점수	※녹색건축 인증	※지능형건축물 인증	도로명
등급	등급	점	등급	등급
에너지자립률 %	1차에너지 소요량 (또는 에너지절감률) kWh/㎡(%)	※에너지소비총량 kWh/㎡	인증점수 점	인증점수 점
유효기간:.~.	유효기간:.~.	유효기간:.~.	유효기간:.~.

| 내진설계 적용여부 | 내진능력 | 특수구조 건축물 | 특수구조 건축물 유형 |
| 지하수위 G.L ㎡ | 기초형식 | 설계지내력 V/㎡ | 구조설계 해석법 |

변동사항				그 밖의 기재사항
변동일	변동내용 및 원인	변동일	변동내용 및 원인
2009.07.20	신규작성(신축) -이하여백-		-이하여백-

일반건축물대장(갑) (4쪽 중 제 1 쪽)

| 고유번호 | 4157036025-1-░░░░ | 민원24접수번호 | 20190528-░░░░ | 명칭 | | 호수/가구수/세대수 | 0호/1가구/0세대 |

| 대지위치 | 경기도 김포시 하성면 마조리 | 지번 | ░░ | 도로명주소 | 경기도 김포시 하성면 하성로 ░░░░ |

※대지면적 365 ㎡	연면적 114.2 ㎡	※지역 관리지역	※지구	※구역
건축면적 114.2 ㎡	용적률 산정용 연면적 114.2 ㎡	주구조 철근콘크리트조	주용도 단독주택, 창고시설	층수 지하 0층/지상 1층
※건폐율 31.29 %	용적률 31.29 %	높이 4.8 m	지붕 평스라브	부속건축물 1동 24.96㎡
※조경면적 ㎡	※공개 공지·공간 면적 ㎡	※건축선 후퇴면적 ㎡	※건축선 후퇴거리 m

건축물 현황				소유자 현황			
구분	층별	구조	용도	면적(㎡)	성명(명칭) 주민(법인)등록번호 (부동산등기용등록번호)	주소	소유권 지분	변동일 변동원인
주1	1층	철근콘크리트조	단독주택	89.24	유░선 680921-2★★★★★	서울특별시 마포구 양화로3길 ░░░ ░░호(합정동,르네상스4차)	1/4	2017.01.10 소유권이전
부1	1층	조적조	창고시설	24.96	유░호 660904-1★★★★★	경기도 김포시 하성면 하성로 ░░	1/4	2017.01.10 소유권이전

이 등(초)본은 건축물대장의 원본 내용과 틀림없음을 증명합니다.

발급일자 : 2019년 05월 28일

담당자 : 건축과
전 화 : 031 - 980 - ░░░░

경기도 김포시장

※ 표시 항목은 총괄표제부가 있는 경우에는 기재하지 아니합니다.
※ 이 장은 전체 4페이지 중에 1페이지 입니다.

고유번호	4157036025-1-▨▨▨▨▨	민원24접수번호	20190528 -▨▨▨▨▨	명칭		호수/가구수/세대수	0호/1가구/0 세대
대지위치	경기도 김포시 하성면 마조리		지번	1▨-▨	도로명주소		경기도 김포시 하성면 하성로 ▨▨▨▨

구분	성명 또는 명칭	면허(등록)번호			※ 주차장				승강기		허가일	
건축주	유▨선	370217-1******	구분	옥내	옥외	인근	면제	승용 대	비상용 대	착공일	
설계자								※ 오수정화시설		사용승인일 2001.07.02	
공사감리자			자주식	대 ㎡	대 ㎡	대 ㎡		형식 접촉폭기식		관련주소	
공사시공자 (현장관리인)	유▨선	370217-1******	기계식	대 ㎡	대 ㎡	대 ㎡	대	용량 5인용		지번	

※제로에너지건축물 인증		※건축물 에너지효율등급 인증		※에너지성능지표 (EPI) 점수		※녹색건축 인증		※지능형건축물 인증			
등급		등급			점	등급		등급			
에너지자립률	%	1차에너지 소요량 (또는 에너지절감율)	kWh/㎡(%)	※에너지소비총량	kWh/㎡	인증점수	점	인증점수	점		
유효기간:..~..		유효기간:..~..		유효기간:..~..		유효기간:..~..		유효기간:..~..		도로명	

내진설계 적용여부		내진능력		특수구조 건축물		특수구조 건축물 유형	
지하수위	G.L ㎡	기초형식		설계지내력	t/㎡	구조설계 해석법	

			변동사항				
변동일	변동내용 및 원인		변동일	변동내용 및 원인		그 밖의 기재사항	
2001.07.11	하성58551-11620(2001.7.2)호에 의거 기재신청되어 신규 작성(신축) - 이하여백 -			- 이하여백 -		[본 증명은 간축 전산오류 등으로 인하여 사실과 다를 수 있으니 허가권 등 시에는 토지이용계획확인	

※ 표시 항목은 총괄표제부가 있는 경우에는 기재하지 아니합니다.

소유자현황(을)

고유번호	4157036025-1-▨▨▨▨▨	민원24접수번호	20190528 -▨▨▨▨	명칭		호수/가구수/세대수	0호/1가구/0 세대
대지위치	경기도 김포시 하성면 마조리		지번	1▨-2	도로명주소		경기도 김포시 하성면 하성로 ▨▨▨▨

소 유 자 현 황

성명(명칭)	주민등록번호 (부동산등기용등록번호)	주소	소유권지분	변동일	변동원인
유▨훈	750308-2******	서울특별시 강서구 공항대로8길 ▨▨▨(공항동)	1/4	2017.01.10	소유권이전
송▨순	390730-2******	경기도 김포시 하성면 하성로 ▨▨▨▨	1/4	2017.01.10	소유권이전
		- 이하여백 -			
		※ 이 건축물대장은 현소유자만 표시한 것입니다.			

집합건축물대장(표제부, 갑)

고유번호	4145010800-3-[ ]	민원24접수번호	20190629 - [ ]	명칭		호수/가구수/세대수	0호/17가구/9세대

대지위치	경기도 하남시 덕풍동	지번	441-63	도로명주소	경기도 하남시 역말로19번길 [ ]

※대지면적	261 ㎡	연면적	584.14 ㎡	※지역	일반주거	※지구		※구역	
건축면적	151.63 ㎡	용적률 산정용 연면적	458.86 ㎡	주구조	철근콘크리트구조 및 연와조	주용도	다세대주택	층수	지하1층/지상 4층
※건폐율	58.1 %	※용적률	175.8 %	높이	13.2 m	지붕	평스라브	부속건축물	동 ㎡
※조경면적	㎡	※공개 공지/공간 면적	㎡	※건축선 후퇴면적	㎡	※건축선 후퇴거리			m

		건축물 현황					건축물 현황		
구분	층별	구조	용도	면적(㎡)	구분	층별	구조	용도	면적(㎡)
주1	지1	철근콘크리트조	다세대주택(2세대)	125.28					
주1	1층	철근콘크리트조	다세대주택(2세대)	125.28					
주1	2층	철근콘크리트조	다세대주택(2세대)	125.28					
주1	3층	철근콘크리트조	다세대주택(2세대)	125.28					
주1	4층	철근콘크리트조	다세대주택(1세대)	83.02					
		- 이하여백 -							

이 등(초)본은 건축물대장의 원본 내용과 틀림없음을 증명합니다.

발급일: 2019년 06월 29일

담당자: 민원여권과

전 화: 031 - 790 - 6345

하남시장

고유번호	4145010800-3-[ ]	민원24접수번호	20190629 - [ ]	명칭		호수/가구수/세대수	0호/17가구/9세대

대지위치	경기도 하남시 덕풍동	지번	44[ ]	도로명주소	경기도 하남시 역말로19번길 10-1

구분	성명 또는 명칭	면허(등록)번호		※주차장				승강기		허가일	1996.04.20
건축주	김[ ]수		구분	옥내	옥외	인근	면제	승용 대	비상용 대	착공일	
설계자	소[ ]성							※하수처리시설		사용승인일	1996.10.01
공사감리자	소[ ]성		자주식	대 ㎡	4대 46 ㎡	대 ㎡		형식	CONC각형	관련 주소	
공사시공자 (현장관리인)	(주)[ ]개발대표 선[ ]영		기계식	대 ㎡	대 ㎡	대 ㎡		용량	50인용	지번	

※제로에너지건축물 인증		※건축물 에너지효율등급 인증		※에너지성능지표(EPI) 점수		※녹색건축 인증		※지능형건축물 인증		
등급		등급		점		등급		등급		도로명
에너지자립률	%	1차에너지 소요량 (또는 에너지절감율)	kWh/㎡(%)	※에너지소비총량		인증점수	점	인증점수	점	
유효기간: .~.		유효기간: .~.			kWh/㎡	유효기간: .~.		유효기간: .~.		

내진설계 적용여부		내진능력		특수구조 건축물		특수구조 건축물 유형		
지하수위	G.L m	기초형식		설계지내력	/㎡	구조설계 해석법		

			변동사항				그 밖의 기재사항
변동일	변동내용 및 원인		변동일	변동내용 및 원인			지1층:지이1,지이2,층:지이1
1996.10.01	건축 5056.1-2005(96.10.1.)호에의거 사용승인 필증 교부						이[ ]호, 2층:2[ ]2[ ]호
2011.10.05	건축물대장 기초자료 정비에 의거 (총괄제요/총변호명: 지1) 표제부(용적률 산정용 연면적:'0' -> 458.86)) 직권변경						3층:[ ]호, 4층 [ ]호

집합건축물대장(전유부, 갑)

(2쪽 중 제1쪽)

고유번호	4145010800-3-▨▨▨▨	민원24접수번호	20190629-▨▨▨▨	명칭		호명칭	사층 401호
대지위치	경기도 하남시 덕풍동		지번	441-83	도로명주소	경기도 하남시 역말로19번길 ▨▨	

전유부분 / 소유자현황

구분	층별	※구조	용도	면적(㎡)	성명(명칭) 주민(법인)등록번호 (부동산등기용등록번호)	주소	소유권 지분	변동일자 변동원인
주	4층	연와조	다세대주택	73.66	손ㅁㅁ형 790501-2-*****	경기도 하남시 신장로56번길 61 호(천현동)	1/1	2015.11.27 소유권이전
		- 이하여백 -			- 이하여백 -	※ 이 건축물대장은 현소유자만 표시한 것입니다.		

공용부분

구분	층별	구조	용도	면적(㎡)
주	4층	연와조	계단실	9.36
		- 이하여백 -		

이 등(초)본은 건축물대장의 원본 내용과 틀림없음을 증명합니다.

전 화: 031 - 790 - ▨▨▨▨

발급일자: 2019년 06월 29일

담당자: 민원여권과

하남시장

※ 경계벽이 없는 구분점포의 경우에는 전유부분 구조란에 경계벽이 없음을 기재합니다.

고유번호	4145010800-3-▨▨▨▨	민원24접수번호	20190629-▨▨▨▨	명칭		호명칭	사층 4 호
대지위치	경기도 하남시 덕풍동		지번	44	도로명주소	경기도 하남시 역말로19번길 10-1	

공용부분 / 공동주택(아파트)가격(단위:원)

구분	층별	구조	용도	면적(㎡)	기준일	공동주택(아파트)가격

• 「부동산 가격공시 및 감정평가에 관한 법률」 제17조에 따른 공동주택가격만 표시됩니다.

변동사항

변동일	변동내용 및 원인	변동일	변동내용 및 원인	그 밖의 기재사항
1996.10.01	건축 5865-2705(96.10.1)호에의거 사용승인 필증 교부			2005년도 건축물대장 정비
1996.11.18	소유권 이전			사업에 의거 소유자현황
1996.09.17	소유권 이전(정ㅁㅁ업->김ㅁㅁ기)등기필			정비
	- 이하여백 -			- 이하여백 -

건축물대장은 건축물의 위치, 면적, 용도, 건축허가일, 착공일, 사용승인일 등의 건축물의 표시에 관한 사항과 건축물의 소유자 현황에 관한 사항을 등록해 관리하는 공적장부이다. 건축물대장에는 일반건축물대장과 집합건축물대장으로 나뉘며, 건축물 한 동을 기준으로 해서 작성하되 부속건축물인 경우 일반건축물 대장에 포함시킨다.

건축물대장의 갑구에서 살펴볼 중요한 것은 건물의 용도를 파악하는 것이다. 또한 건축물과 관련되어 대지면적과 건축면적, 연면적 외에 이 건물에 적용된 건폐율과 용적률이 표기가 있다.

위반건축물의 경우 건축물대장 우측 상단에 빨간색으로 표기되어 있는데, 위반사항이 무엇인지 시, 군, 구청 담당부서에서 확인해야 한다.

또한 조경면적과 공개공간 면적, 건축선, 지하수위, 기초형식 등의 세부내용도 표기되어 있고, 건축물의 구조형태와 용도, 설계자, 공사시공사, 주차장, 에너지 등급 등 표기된다. 건축물 허가일, 착공일, 사용승인일도 기록되는데, 사용승인일의 경우 법정지상권 성립여부와 관련해서 중요한 자료로 쓰이기 때문에 의미가 있다.

건축물대장의 을구에는 소유자 현황이 자세히 나온다.

토지대장과 건축물대장은 인터넷 정부24(www.gov.kr/) 사이트에서 무료로 발급받을 수 있다. '자주찾는서비스' 게시판에서 발급 신청하면 된다. 이에 앞서 홈페이지에 가입해야 하고, 공인인증서와 출력이 가능한 프린터가 연결되어 있어야 한다.

시, 군, 구청이나 주민센터에 가서 발급받거나 우편, 팩스 등으로 신청도 가능하나 열람 시 건당 300원, 발급 시 건당 500원의 수수료를 내야 한다.

토지대장과 건축물대장을 발급·열람 하기에 앞서 간편하게 부동산의 종합적 정보를 요약한 사항을 보기 위해서는 인터넷 부동산종

합증명서비스인 일사편리(https://kras.go.kr:444/)를 이용하는 것을
권한다.

※ **주거용건물의 분류**

· **단독주택**: 연면적이나 층수 제한이 없다.

· **다가구주택**: 연면적 660㎡ 이하의 3층 이하로 구분소유 및 분양이 안 된다.

· **아파트**: 연면적 기준이 없으며 층수가 5층 이상인 주택.

· **다세대주택**: 연면적 660㎡ 이하 4층 이하의 공동주택으로 구분소유 및 분양
이 가능하다.

· **연립주택**: 연면적이 660㎡를 초과하는 4층 이하의 공동주택

※ 베란다, 발코니, 테라스

- **베란다**: 아래층의 면적이 위층의 면적보다 커서 생기는 공간, 즉 아래층의 남은 지붕 공간을 이용하는 것이 베란다이다. 국내에서는 흔히 볼 수 있는 형태가 아니며, 보통 지붕이 없으며, 확장공사를 하는 것은 불법

- **발코니**: 건축물 외벽에 돌출된 형태로 설치되는 바닥 구조물로서 일반적으로 건축물의 내부와 외부를 연결하는 완충 공간의 역할을 합니다. 2층 이상 건축물에 설치되며, 거실과 이어지는 발코니는 햇빛이 잘 들어 식물을 키우거나 휴식과 전망을 위한 공간으로 활용되고, 부엌과 연결되는 발코니의 경우 집안일을 위한 보조공간이나 창고로 활용하는 경우가 많다. 특히 발코니는 분양가에 포함되지 않는 서비스 면적이기에 세금적용이 되지 않는 이점이 있다.

- **테라스**: 실내에서 직접 밖으로 나갈 수 있도록 방의 앞면으로 나온 곳으로 일반적으로 상부에 지붕이 없고 흙을 밝지 않도록 바닥에 조성되어 있다. 테라스는 오직 1층에만 있는 공간으로 대표적인 것이 전원주택이다.

4. 전입세대열람내역서

전입세대열람원이라고도 불리며 부동산 주소로 전입되어 있는 세대를 확인하는 내역서를 말한다.

주민센터에서 '주소별 세대열람'을 할 때에는 세대주의 전입일자뿐만 아니라 '최초전입자의 전입일자'를 유의해 살펴보아야 한다. 현재 세대주와 최초전입자가 다른 경우가 있는데, 세대원 중 일부가 먼저 신고를 하고 추후에 다른 세대원이 합쳐(세대합가)지면서 세대주를 변경한 경우다. 이런 경우 최초전입일자의 날짜를 기준으로 대항력 유무를 판단해야 하기 때문에 주의가 필요하다.

즉 세대주의 전입일자 옆에 "세대합가"라는 문구를 확인해야 한다. 세대주보다 먼저 전입신고가 된 다른 가족(세대원)이 있다면 그 임차권은 그 사람의 전입일로부터 대항력이 생기기 때문이다.

세대열람 신청 시 '동거인포함 전입세대열람'을 해보면 세대주와 최초전입일자의 확인이 가능하다. 판례에 의하면 동거인의 경우에도 임차인으로 인정한 사례가 있으므로 주의해야 한다.

전입세대열람원은 인터넷발급은 현재 불가하며, 가까운 주민센터에 방문해서 발급을 받아야 하며 300원의 수수료가 발생한다.

세대열람을 위한 준비서류는 신문의 경매 공고, 경매 정보지, 인터넷 경매 정보 사이트의 출력물과 신분증을 준비하고 주민센터에서 '주민등록 열람 신청서'를 작성하고 준비한 서류와 신분증을 함께 제출하면 된다.

5절 현장조사

※ 현장조사를 가기 전에 집에서 최대한 정보를 수집하자. 현장조사의 중요성 및 필요성은 재차 강조해도 지나치지 않을 것이다. 다만, 예전에 비해 인터넷을 기반으로 한 정보기술의 발달로 집이나 사무실에서도 현장조사 못지않게 유익한 정보를 수집할 수 있다는 것이다.

즉 무작정 현장조사를 갈 것이 아니라 집에서 꼼꼼히 정보를 수집하고 부족한 내용을 파악한 후에 현장조사를 해야 한다.

위의 사례는 현장조사를 가기 전에 꼼꼼한 눈썰미만 있었다면 굳이 시간과 비용을 들이지 않고 무모한 입찰과 투자 손실을 예방할 수 있었을 것이다.

1. 홍성4계 2016타경14**

소재지/감정요약	물건번호/면적(m²)	감정가/최저가/과정	임차조사	등기권리
(33652) 충남 서천군 마서면 남전리 553-8 백사마을내 소재 주위단독주택, 농경지 및 창고시설 등 혼재한 해안취락지대 차량접근가능 인근버스(정)소재 제반교통사정보통 사다리형평탄지, 인접지(553-7)와 일단으로이용중 남서측으로 약 4m도로 접함 계획관리지역 가축사육제한구역 (일부제한지역 (소: 200m이내)) 2016-03-07 프라임감정 표준지가 : 29,000 개별지가 : 28,800 감정지가 : 84,000	물건번호: 단독물건 전 148.0 (44.77평) ₩12,432,000 현: 제시외 주택부지 입찰 외 제시외 건물 소재 법정지상권 성립여지 있음 농취증 필요	감정가 12,432,000 토지 12,432,000 (100%) (평당 277,686) 최저가 12,432,000 (100%) 경매진행과정 ① 12,432,000 2016-07-12 매각 매수인 임○○ 응찰수 3명 매각가 19,000,000 (152.83%) 허가 2016-07-19 납기 2016-08-24 납부 2016-08-05 2016-08-31 종결	*소유자점유.부동산 소재지에서 만난 조준희(소유자 아들)는 '임대차내역 없다'고 진술함. 전입세대열람 내역과 같이 정순분(소유자 부인) 세대가 전입신고 되어 있음	소유권 조○○ 1995-10-31 전소유자: 조홍연 가압류 한국자산관리공사 대전지사 2004-04-01 16,434,494 2004 카단 160 서천 군법원 강제 희망모아 유동화전문 2016-02-25 *청구액: 22,925,246원 채권총액 16,434,494원 열람일자 : 2016-03-04

본건 지상에 553-7 소재 건물의 지붕처마.
돌출현관이 소재하고, 무엇보다 후면의 553-7 주택의 출입구 및 마당으로 사용되고 있다.
이 사건에서 임○○ 씨가 150% 이상에서 낙찰이 되었다. 임 ○○ 씨의 낙찰의도는 무엇
일까?

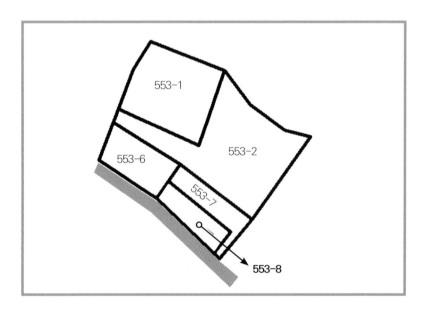

2. 홍성4계 2016타경174**

소재지/감정요약	물건번호/면적(㎡)	감정가/최저가/과정	임차조사	등기권리
충남 서천군 마서면 남전리 553-8 배갓마을내 소재 주위 단독주택, 농경지및 창고시설 등 차량접근가능 버스(정)인근, 제반교통상황 무난 사다리형평지 남서측 약 4m 정도 도로 접함 계획관리지역 2016-12-23 프라임감정 표준지가: 16,000 감정지가: 85,000	물건번호: 단독물건 전 148.0 (44.77평) ₩12,580,000 현: 나대지, 잡종지 농취증 필요	감정가 12,580,000 토지 12,580,000 최저가 8,806,000 (70%) 경매진행과정 ① 12,580,000 2017-03-28 유찰 ② 30% ↓ 8,806,000 2017-05-02 매각 매수인 김○○ 응찰수 1명 매각가 9,100,000 (72.34%) 허가 2017-05-16 납기 2017-06-16 2017-07-19 종결		소유권 임○○ 2016-08-12 전소유자: 조성열 강제 배중목 2016-12-09 *청구액: 50,000,000원 열람일자 : 2016-12-14

※ 앞의 사건(2016타경14**)에서 임○○가 낙찰받은 후 1년이 되지 않아 다시 경매로 나왔다. 이번에는 김○○ 씨가 단독이지만 이전 보다는 싸게 낙찰받았다. 김○○ 씨는 또 어떤 목적으로 낙찰을 받은 것인가?

이번에는 2016타경14** 사건때와 달리 처마지붕, 돌출현관문, 진출입로가 사라지고 없다. 대신 원테두리 안에 포장이 된 진출입로가 새로 설치되어 있는 것을 확인 할 수 있다.

3. 홍성5계 2018타경17**

소재지/감정요약	물건번호/면적(m²)	감정가/최저가/과정	임차조사	등기권리
(33652) 충남 서천군 마서면 남전리 553-8 [옥남길196] 백사장 마을내 위치 부근 농어가 주택, 농경지 및 창고시설 등 형성된 해안취락지대 차량 접근 가능 인근 간선도로 통과 제반교통사정 보통 사다리형평지 남서측 3-4m 도로접함 북서측 일부를 도로로 이용 중 계획관리지역 가축사육제한구역 2018-03-28 나라감정 표준지가 : 21,000 개별지가 : 33,900 감정지가 : 90,000	물건번호: 단독물건 전 148.0 (44.77평) ₩13,320,000 현: 잡종지, 일부도로 수목(주목나무 외) 포함 농취증필요(서천군 마 서면장의 사실조회회신에 따르면 전용허가를 얻지 않고 토지현황이 변경된 경우에는 원상 회복명령 이 발해질 수 있다고 함)	감정가 13,320,000 · 토지 13,320,000 (100%) (평당 297,521) 최저가 9,324,000 (70%) 경매진행과정 ① 13,320,000 2018-09-11 유찰 ② 30% ↓ 9,324,000 2018-10-16 매각 매수인 정OO 응찰수 1명 매각가 9,511,100 (71.40%) 허가 2018-10-23 납기 2018-11-21 납부 2018-11-01 2018-11-21 종결	*이 사건 부동산은 옆 건물의 텃밭으로 사용되어오다가 현재는 묵은 밭으로 현재 점유자가 누구인지는 알 수 없다.	소유권 김OO 2017-06-15 전소유자: 임기섭 강제 원현숙 2018-03-20 *청구액: 21,947,504원 열람일자 : 2018-08-27

※ 이번에는 정OO씨가 낙찰받았다. 정OO씨는 553-7번지 거주자로
결국, 먼 길을 돌아 이 물건은 제자리로 돌아온 것 같다.

※ 현장조사를 통해 확신을 가지다.

공매 2017-01808-0**

소 재 지	강원도 원주시 부론면 손곡리 1438				
처분방식	매각	재산종류	압류재산(캠코)	물건 상태	낙찰
감정가	41,035,000원	위임기관	부천시청	개찰일	2018.07.05(11:00)
최저가	16,415,000원	소유자	주창섭	입찰시작일	2018.07.02(10:00)
용 도	전	배분종기일	2017.08.21	입찰종료일	2018.07.04(17:00)
면 적	전 1,415㎡				
주의사항	· 분묘 · 명도책임자 – 매수인 · 완경사의 부정형 토지로 현황 전(일부 묵전) 및 일부 묘지임 지상에 "분묘" 수기가 소재하므로 분묘기지권 성립여부 등에 관해 사전조사 후 입찰 바람				

감정평가 당시의 사진

현장답사 당시의 현장 사진

1. 경매나 매매 등으로 부동산 투자를 위해서는 현장조사가 필수적이라 할 수 있다. 현장조사 시 물건 자체의 관리상태 여부를 조사해 온라인상의 자료와 일치하는지, 누가 점유하고 있는지를 파악해 점유자 및 채무자 더 나아가 친·인척과의 관계, 경제상태, 관리사무소를 방문해 체납관리비 등의 정보를 최대한 수집해 투자 결정에 참고해야 할 것이다.

2. 물건 자체에 관한 조사뿐 아니라 부동산의 주변환경과 입지조건을 조사해야 한다. 먼저 현장조사를 가기 전에 온라인지도로 지리정보를 확인하고 현장에서 일치여부를 판단해야 한다.

3. 최종적으로 공인중개사무소를 방문해 부동산의 시세, 지역적인 특징이나 주변 상권의 변동추이 등에 대해서 조사해야 한다. 사전에 되도록 많은 것을 알고가면 중개사와의 대화도 자연스럽게 이어지고 더욱 더 깊은 정보들을 얻을 수 있다.

감정평가의 경우 현재는 실거래와 평가전례 등의 DB가 예전에 비해 더 충실해졌기 때문에 감정평가금액의 기준점으로 해서 시세를 파악할 수 있을 것이다. 개별적으로 감정평가금액을 검증하고 더 확실하게 시세를 파악하고자 한다면 "국토교통부 실거래가 공개시스템", "밸류맵" 등으로 확인할 수 있다.

또한 인근의 공인중개사를 방문해 빌라, 단독주택의 시세를 파악하는 방법이 있다. 공인중개사와 솔직한 대화를 통해 경매 물건의 시세를 파악하는 것이다.

물론 일반적인 방법이지만 분명한 것은 정확한 가격정보를 얻을 수 있다고 장담할 수 없기 때문에 가급적이면 많은 공인중개사 사무소를 방문하기를 권한다.

요즘에는 공인중개사소 탐문해 정확한 시세를 파악하기보다는 그 지역의 입지조건 즉 학군, 업무시설, 주거형태, 개발동향과 경매 물건의 관리상태, 수요와 공급의 추이 등을 확인하는 것을 추천한다.

※현장답사 시 종목별 체크사항

1. 아파트

아파트의 경우 기본적으로 단지규모가 중요하다 세대수와 연관되며 이는 인근에 각종 편의시설이 소재할 것이고 이러한 점은 삶의 질을 높이고 아파트가격을 상승하게 하는 선순환을 가져온다. 관리사무소를 방문해 관리비의 연체여부 및 금액을 파악해야 한다. 아파트 단지규모는 관리비의 연체와 부담과도 연관된다. 단지규모가 클수록 세대당 부담하는 관리비가 적을 수밖에 없다. 관리비 연체 여부 및 금액. 학군의 파악, 대중교통의 편의성, 지역 구성원의 인적구성(소득상태), 조망 및 일조권의 확인, 인근에 공원 등의 여가시설의 존재 여부

2. 빌라·다세대주택

다세대·연립주택의 경우 아파트에 비해 관리문제가 크다. 따라서

꼭대기층은 누수가능성이 높고 가장 측면의 세대는 결로에 취약하다는 것을 알아두자.

· 동간거리의 파악: 동간거리가 2m도 안 되는 다세대주택 단지도 있다. 채광과 통풍 및 사생활 보호 등의 문제가 있을 수 있다.

· 재개발가능성의 확인: 빌라 다세대주택이 밀집한 지역은 아파트 단지에 비해 쉽게 노후화가 진행되며, 몇 개의 동으로 구성된 다세대주택이나 단지 등 물건에 따라 재개발의 기대가능성이 높은 곳이 있다. 이 경우 전용면적에 너무 집착하기 보다는 대지지분이 큰 물건을 고려하는 것도 필요하다.

3. 단독주택

1) 주의사항

주거용 부동산에서 입찰자가 가장 주의해야 할 부분은 바로 선순위 임차인의 대항력이다.

첫째, 현황조사서를 통해 임대차현황과 실제로 살고 있는 점유자에 관한 기록을 살펴본다.

둘째, 세대열람을 해서 말소기준권리보다 먼저 전입신고를 한 임차인이 있는지 조사해야 한다.

2) 재개발·재건축 관련(사업성 검토, 사업진행 정도, 조합 내 불화 여부, 분양조합원 또는 청산조합원 여부, 추가분담금 여부), 옥상이나 벽면에 균열은 없는지 건물이 노후한지 등의 물리적 상태, 조망이나 일조권은 어떠한지, 치매환자나 중증환자가 거주하는지 등의 점유자들의 상태.

4. 오피스텔

도심지, 전철역 등이 가까운 거리에 있는가?

복층구조인가?

보안이 좋은가?

가구가 빌트인인가?

5. 상가

정확한 매매와 임대시세를 파악하자.

임대보증금과 월세의 경우 현황조사서 등의 서류에만 전적으로 의존해서 판단해서는 안되며, 주변의 공실률, 상권이 활발한지를 조사하면서 정확한 시세를 파악해야 한다.

월세의 경우 현황조사서만으로는 부가가치세(통상적으로 10%)가 포함된 금액인지 아닌지 명확하지 않다.

구분상가건물의 경우 점포 세 개를 임차해 하나의 매장으로 사용할 경우 그중 한 개의 점포가 경매를 나올 경우 현황조사서에는 세 개 점포에 대한 월세로 신고되어 있는 경우가 있다.

연체 관리비, 건물의 관리비 수준을 파악하자.

즉 개별점포의 규모에 비해 공용면적의 비중이 크거나 다수의 점포가 공실인 경우 월 관리비에 그 부분에 대한 금액이 포함되어 청구 될 수 있다.

관리규약에 겸업금지 특약이 있는지 확인하자.

이는 상가번영회에서도 함부로 결정할 수 없으며 이러한 특약의 제한을 받지 않고 동종업종을 운영하기 위해서는 현재의 동종업종 운영자의 동의를 받아야 한다.

주변의 노점상들의 업종과 점포의 브랜드를 살펴보자.

노점상들과 경쟁업종이 아닌 공생할 수 있는 업종을 선택하고 주변에 인지도가 높은 브랜드가 입점했다는 것은 지역의 상권이 양호하다는 것을 인지할 수 있다.

인근 배후지의 인적구성을 파악하자.

배후단지의 규모와 특성에 따라 시간대별 연령대별 유동인구, 주변 차량통행량 등을 조사해 입점한 업종을 선택해야 한다

권리금을 비싸다면 낙찰 후 기존 임차인과 재계약할 가능성이 높아진다. 왜냐면 기존 임차인 입장에서는 보증금만 받고 재계약을 하지 않는다면 권리금이나 시설비를 회수할 기회가 없기 때문이다.

인허가 승계여부, 정화조 용량, 주차장, 행정재제 승계여부, 제시외 건물의 유무 및 위반건축물 여부(이행강제금액 확인).

6. 토지

현황상 지적상 진입로의 존재여부를 확인하자.

진입로가 없는 맹지라면 인접한 토지들을 살펴보고 진입로 개설의 가능성도 검토해야 한다.

현황상 진입로가 있다 해서 안심할 수 없다. 사람이 겨우 통행할 정도의 폭만 허용하고 장애물을 설치한다면 어찌할 방법이 없을 것이다. 특히 혈연이나 지연으로 얽힌 시골의 경우는 각별히 조심해야 한다.

주변에 실제로 물이 흐르는 하천이나 개울이 있다는 것은 토지의 가치가 올라가는 좋은 점들이다. 물론 세부적으로 평균적인 수량, 오염의 정도 등은 조사해야 한다.

주변의 유해환경을 점검해보자. 대표적으로 축사는 경관뿐만 아니라 악취가 발생하며, 시멘트, 레미콘 공장은 소음과 먼지가 문제이다.

정신병원, 노인요양원 등은 유해환경이라고 할 수 없지만 대체로 꺼리는 환경 중 하나이다.

또한 주변의 공동묘지, 화장터도 빼놓을 수 없으나, 전국에 무덤이 안보이는 땅이 거의 없다고 할 수 있다. 따라서 현장조사 시 조망적인 관점에서 주변의 환경과 적합성에 크게 문제가 없는 한 감안하고 입찰할 수 있을 것이다.

마을과의 거리는 전기의 인입비용에 영향을 미친다. 멀어질수록 전기를 인입하는 비용이 만만치 않으므로 이를 고려해서 입찰해야 한다.

시골의 경우 토지의 시세나 정보를 파악하기 위해서는 그 마을의 이장을 만나는게 필수다. 더구나 근처에 공인중개사무소가 없는 경우가 많다.

토지대장, 토지이용계획확인서(공법상 제한 여부), 지적경계 확인, 지목변경 및 건축가능 여부, 맹지 여부(맹지라도 구거를 접하면 구거점용허가를 득해 도로에 접할 수 있다.), 방향, 토질과 지반상태, 제시외건물(위반건축물 여부, 이행강제금 부과 여부), 대상토지가 사도와 접하는 경우 통행권 취득 여부

7. 공장

약 10분 이내에 고속도로 진출입이 가능한 위치의 선정이 중요하다. 제조업의 특성상 자재와 생산품을 수급하는 물류의 문제는 수익과 직결된다.

인력수급의 문제를 살펴보자. 인근에 인력을 원활하게 수급이 가능한 규모의 거주지가 형성되어 있는지, 출퇴근이 용이한 대중교통시설이 있는지도 따져보아야 한다.

임대가 목적일 경우 산업단지 내의 공장이나 아파트형 공장은 관

련 법률의 규정에 따라 본인이 원하는 업종이나 시기에 따른 임대가 어려울 수 있어 입찰 전에 산업단지의 관리주체(산업단지관리공단 등)에 임대 가능 여부를 확인해야 한다.

업종가능 여부(승계 포함), 도로조건(출입, 회전공간, 진입로의 사도 여부), 건물(천장 높이, 출입문 넓이.높이, 호이스트 유무 및 용량), 폐기물 방치 여부, 전기(수변전설비 용량, 연체 여부), 수도(상수도 또는 지하수 여부, 연체 여부), 지적경계 불일치 여부 등

6절 낙찰 후 집행기록의 열람

낙찰자는 이해관계인이 되므로 이후에는 경매사건의 집행기록을 열람할 권한이 있다.

조세의 법정기일로 말미암아 대항력 있는 임차인의 보증금을 인수해야 하는 문제가 발생하거나, 유치권신고를 매각기일 이후에 했다면 낙찰자에게 불측의 손실이 발생하는 것이 되므로 매각불허가 사유가 된다.

또한 잔금 납부 후 부동산취득세를 온라인(지방은 "위택스" 서울은 "이택스")으로 신고·납부를 하기 위해서는 전 소유자의 인적사항(주민등록번호)을 알아야 한다.

> ※ 낙찰 후 법원에 따라 집행기록의 열람을 제한 할 경우
> 「부동산 등에 대한 경매 절차 처리지침(재민2004-3)」
> 제53조(경매 기록의 열람·복사)에 경매 기록의 열람·복사를 신청할 수 있는 자의 범위를 규정함.

2장

전세권

1절 전세권의 의의

1. 개념

전세권자가 전세금을 지급하고 타인의 부동산을 점유해 그 부동산의 용도에 좇아 사용·수익하고, 그 부동산 전부에 대해 후순위권리자 기타 채권자보다 전세금의 우선변제를 받을 권리를 말한다.

– 민법 제303조【전세권의 내용】

2. 전세권의 성질

① 용익물권의 성질

전세권은 전세금을 지급하고 타인의 부동산을 점유해 그 용도에 좇아 사용·수익하고, 계약기간 만료 시 그 부동산을 반환하고 전세금을 돌려받는 권리다.

② 담보물권의 성질

㉠ 전세권자는 목적물에 대해 후순위권리자 기타 채권자보다 전세

금의 우선변제를 받을 권리가 있으므로, 담보물권의 성질도 아울러 가지고 있다. 따라서 담보물권의 부종성, 수반성, 불가분성, 물상대위성은 전세권에도 인정된다.

ⓒ 전세권자는 전세권설정자(집주인)가 전세금의 반환을 지체한 때에는 「민사집행법」의 정한 바에 의해 전세금반환청구의 소송을 거치지 않고도 전세권의 목적물의 경매를 청구할 수 있다.

- 민법 제318조【전세권자의 경매청구권】

※ 전세권자가 전세목적물인도의 이행제공 없이 전세금반환채권을 원인으로 한 경매 절차청구를 할 수 있는지 여부(소극)

인도의무 및 전세권설정등기 말소등기의무와 전세금반환의무는 동시이행의 관계에 있으므로 경매를 청구하려면 전세권자가 인도의무 및 전세권말소의무의 이행제공을 완료해 전세권설정자가 이행지체의 상태가 되어야 한다.

※ 채권담보의 목적으로 설정된 전세권의 효력

전세권의 담보물권적 성격과 전세금반환채권을 전세권과 분리해 양도할 수 있는지 여부(한정적극) 및 그 분리양도 시 전세권의 소멸 여부(적극)

2절 전세권의 존속기간

1. 전세권의 존속기간은 당사자가 존속기간을 정할 수 있으나 최장 10년을 넘어 존속기간을 정할 수 없으며 10년 넘는 전세 계약은 10년으로 본다.
2. 기간의 정함이 없거나 묵시적 갱신된 전세권의 경우 각 당사자

는 언제든지 상대방에 대해 전세권의 소멸을 통고할 수 있고 통고한 날로부터 6월이 경과하면 전세권은 소멸된다.

3. 전세권의 묵시적 갱신과 그 등기의 여부-전세권이 법정갱신된 경우 전세권자가 등기 없이도 전세권설정자나 그 목적물을 취득한 제3자에 대해 갱신된 권리를 주장할 수 있다. 법정갱신은 건물에 대한 전세권이 대상이다.

3절 전세권과 임차권의 선택

1. 주의사항

1) 임차인이 전세권과 임차권 중 어느 것을 선택해야 한다면 당연히 물권인 전세권이 좋은 제도임은 두말할 나위가 없다. 그러나 경매를 염두에 두었을 때에는 오히려 임차권이 더 유리하다. 임차인은 굳이 임대인이 꺼리는 전세권을 고집하지 말고 전입과 동시에 임대차계약서에 확정일자를 받는 것이 보증금을 지키는 최고의 방법이다.

2) 단, 상가건물 임차인은 보호받는 보증금의 한계가 있어 보증금이 일정금액을 넘을 경우 전세권이 가장 안전한 방법이다.

전세권과 주택임차권의 비교

구분	전세권	채권적 전세
적용법률	민법	주택임대차보호법
공시방법	전세권 설정 등기	임대차계약서에 확정일자 날인
임대인 협력	임대인의 동의 필요	임차인 단독
거주조건	거주, 전입신고는 요건 아님	거주 및 전입신고가 요건
효력범위	건물에만 효력승계 및 임대인 동의 없이 전전세 가능	토지, 건물 전부 제3자 효력승계 불가능
경매 신청	바로 경매 신청	지급명령결정이나 판결을 받아야 가능
존속기간	최단 1년, 최장 10년	최단 2년, 최장은 제한 없음
대항력 기산일	전세권 설정일	점유 + 주민등록 다음 날 0시
우선변제권 기산일	전세권 설정일	대항력 + 확정일자 중 늦은 날
최우선변제권	불가	가능
배당 시 부족금	선순위일지라도 매수인 인수 없음	선순위 시 매수인 인수
배당요구 여부	후순위일 때 불필요	반드시 배당요구 필요

2. 임차권의 좋은 점

1) 배당금 부족 시 매수인 인수 여부(대항력 유무)

2) 저렴한 비용

3) 최우선변제권 유무

4) 배당

5) 이중배당 불가

4절 전세권 권리분석

1. 후순위 전세권

후순위 전세권은 원칙적으로 소멸한다. 후순위 전세권은 경매 절차에서 전세금을 배당받든 배당받지 못했든 존속기간이 남아 있든 만료되었든 소멸한다.

2. 선순위 전세권

1) 원칙-인수

선순위 전세권은 존속기간이 남아 있든 아니면 첫 경매개시 결정 등기 전에 이미 존속기간이 지났든, 매각절차 진행 중에 존속기간이 만료되었든 불문하고 매수인이 항상 인수해야 한다.

－경매를 신청하지도 않고, 배당요구도 하지 않은 선순위 전세권

선순위전세권	경매 신청 O	경매 신청 X
배당요구 O	소멸	소멸
배당요구 X	소멸	인수

(1) 존속기간이 남아 있는 경우

매수인은 존속기간이 끝날 때까지 명도를 할 수 없다.

(2) 존속기간이 지난 경우

전세권이 법정갱신된 것으로 본다. 이때에는 존속기간을 정하지 않은 것으로 보아 그 존속기간은 1년으로 의제할 것이다. 매수인은 전세권자에게 소멸을 통고할 수 있고 소멸통고 후 6월이 경과하면 전세권은 소멸한다.

2) 예외(2가지)—소멸

(1) 경매를 신청한 경우

선순위 전세권자가 전세보증금을 받기 위해 집주인을 상대로 전세권에 기해 경매를 신청한 경우다.

(2) 배당요구 시

배당요구 종기일까지 배당요구를 하면 선순위 전세권일지라도 역시 소멸된다.

3. 경매에서 전세권이 소멸하는 경우

① 전세권이 말소기준등기보다 뒤에 설정
② 선순위 전세권자가 경매를 신청
③ 선순위 전세권자가 배당요구

5절 전세권의 말소기준등기 요건

1. 건물 전부에 설정
2. 배당요구
3. 경매 신청

전세권이 말소기준등기가 되기 위해서는 1 + 2 이거나 1 + 3의 요건을 갖추어야 한다. 즉, 전세권이 말소기준등기가 되기 위해서는 건물 전부에 설정된 상태에서 배당요구를 했거나 경매 신청을 했을 경우다.

※ 선순위전세권자가 임의경매를 신청한 사건이다. 따라서 낙찰자가 전세보증금을 인수하지 않아도 된다. 또한 후순위가처분은 2007.01.30. 설정된 것으로 2005년 7월 28일 이후의 가처분으로 3년의 소멸시효 적용을 받는다. 다만, 매각으로 자동소멸하는 것은 아니며 매수인이 취소소송을 통해 말소해야 한다.

중앙8계 2012타경156**

경매구분	임의경매	채권자		한○○○○○	
용도	오피스텔	채무/소유자	기○○○○	매각기일	13.02.14 매각
감정가	130,000,000	청구액	75,000,000	종국결과	13.05.23 배당종결
최저가	104,000,000(80%)	토지면적	5.8㎡(1.8평)	경매개시일	12.05.21
입찰보증금	10,400,000(10%)	건물면적	34㎡(10.4평)	배당종기일	12.08.07
주의사항			선순위가처분		

소재지/감정요약	물건번호/면적(㎡)	감정가/최저가/과정	임차조사	등기권리
(03115) 서울 종로구 숭인동 200-33 엘리시앙 4층 401호 [종로382] 감정평가서요약 일반 철골구조 철콘평슬래브지붕 업무시설, 근린생활시설 숭신초등교 북동측인근 주위업무시설, 상업시설 부정형토지 도로접함 승인지구단위계획결 정: 2007.1.11(서고시 제4호)/건폐율: 60%/ 용적률: 기준500%, 허 용 800%/최대 개발규 모:2000㎡ 이하/최고 높이:70m 이하/용도 등 기타 세부사항은 건축과로문의 도시지역 일반상업지역 2012-05-29 연정감정	물건번호: 단독물건 대지 5.8/659.9 (1.76평) ₩44,200,000 건물 · 건물 34.4 (10.40평) ₩85,800,000 - 총13층 -보존 : 2005-12-12	감정가 130,000,000 · 대지 44,200,000 (34%) (평당 25,113,636) · 건물 85,800,000 (66%) 최저가 104,000,000 (80%) 경매진행과정 ① 130,000,000 2013-01-10 유찰 ② 20% ↓ 104,000,000 2013-02-14 매각 매수인 서○○ 응찰수 1명 매각가 113,120,000 (87.02%) 허가 2013-02-21 납기 2013-04-02 납부 2013-05-23 종결	법원임차조사 *소유자점유. 2회방 문했으나 폐문부재이고, 관할동사무소 전입세대 확인의뢰결과 본건에는 전입세대 없다고 함.	전세권 한○○○○○ 2007-01-25 75,000,000 존속 기간: 2009.01.23 가처분 대신건기산업 2007-01-30 2007 카단 50034 가압류 조영진 2008-06-02 78,000,000 압류 수원시팔달구 2008-11-25 압류 파주세무서 2010-01-06 압류 서울시종로구 2010-11-02 임의 한전산업개발 2012-05-21 *청구액: 75,000,000원 채권총액 153,000,000원 열람일자 : 2012-12-24

6절 전세권의 배당

1. 배당범위
1) 원칙
단독주택 등에 전세권이 설정되었다면, 전세권의 효력은 건물부분에만 미치므로 건물의 경매대금에서만 우선 변제받을 수 있다.

2) 예외
대지부분에 대해서도 배당을 받을 수 있다.

(1) 아파트 등에 전세권을 설정

아파트나 연립·다세대 등 집합건물의 전유부분에 설정된 전세권의 경우 그 전세권은 전유부분의 종된 권리인 대지권에 대해서도 그 효력이 미치므로 대지 및 건물의 경락대금 전부에 대해 우선변제를 받게 된다.

(2) 주택에 관해 임대차계약을 체결한 임차인이 자신의 지위를 강화하기 위한 방편으로 따로 전세권설정계약서를 작성하고 전세권설정등기를 한 경우

전세권설절계약서를 임대차계약서로 볼 수 있는지 여부, 계약당사자, 계약목적물 및 보증금액 등에 비추어 동일성을 인정할 수 있어야 한다. 이 경우 전세권의 목적물이 주택이나 상가건물인 경우 임차인이 대항력 요건만 구비해도 부지의 매각대금에 대한 배당순위도 전세권 등기일자(확정일자)를 기준으로 우선변제를 받을 수 있다. 전세권 설정계약서에 날인된 등기접수일자를 확정일자에 준해 해석한다(대판 2002.11.8. 2001다51725 참조).

2. 전세권이 건물 일부에 설정된 경우

전세권이(구분소유의 대상이 아닌) 건물의 일부에 대해 설정되어 있는 경우에는 건물 전부에 대한 우선변제권은 있으나 건물 전부에 대한 경매 신청권은 없다. 이런 경우 전세금을 반환받지 못한 건물의 전세권자는 전세금반환청구의 소를 제기해 집행권원을 얻은 다음 건물 전부에 대한 강제경매를 신청해 건물 전부의 매각대금(대지의 매각대금 제외)으로부터 우선변제를 받아야 한다.

건물 전체에 전세권을 설정한 경우 보증금을 돌려주지 않으면 별도의 소송절차 없이 바로 법원에 임의경매를 신청할 수 있다.

☞ 전세권자가 제출한 채권계산서를 배당요구로 해석해서는 안 된다. 그러나 가등기권자가 채권신고를 하면 배당요구의 효력이 있다.

7절 전세권이 개인이냐 법인이냐의 차이점

1. 선순위 전세권

1) 개인

(1) 개인이 주민등록 전입신고를 한 경우 배당과정에서 부족분이 발생하면 매수인이 그 금액만큼 인수해야 한다.

(2) 주민등록인 안 된 경우

　　가. 배당요구를 한 경우: 배당에서 부족분 유무에 관계없이 소멸한다.

　　나. 배당요구를 안 한 경우: 매수인이 전세보증금을 인수한다.

2) 법인

배당요구 시 배당에서 부족금액 발생 유무를 불문하고 매각 시 소멸한다.

2. 후순위 전세권

전세권이 후순위일 경우 개인과 법인에 관계없이 배당과정에서 부족분 발생 유무를 불문하고 매각 시 모두 소멸한다.

3장 임차권등기명령제도

1절 임차권등기명령제도의 의의

임차권등기명령제도란 임대차기간이 종료된 후 보증금을 반환받지 못한 임차인에게 임차권등기를 할 수 있도록 함으로써 대항력과 우선변제권을 유지하면서 자유롭게 주거를 옮길 수 있도록 기회를 부여하는 제도를 말한다.

－「주택임대차보호법」 제3조의3【임차권등기명령】

2절 절차 신청 후 대략 1개월 소요

1. 내용증명 보내기
2. 임차주택의 소재지를 관할하는 지방법원·지방법원지원 또는 시·군법원에 임차권등기명령을 신청－주택임차권등기명령신청서, 건물등기부등본, 임대차계약서사본, 주민등록초본, 내용증

명 및 우편배송정보

3. 임차권등기명령 결정 후 임대인에게 송달 및 이의기회 제공

4. 임차권등기명령 등기부에 기재되면 그로부터 임차권등기명령 효력이 발생

5. 이사하고 주소이전하기(반드시 등기부 열람 후)

3절 요건

1. 임대차계약 종료 후

2. 보증금을 반환받지 못할 때

3. 임차인 단독으로 신청

※존속기간의 만료로 인하든 아니면 합의해지 등 기간 만료 전 어떤 사유에 의해서 종료되었든 임대차의 종료 이유는 묻지 않는다. 보증금은 전액 반환받지 못한 경우는 물론 일부라도 못 받아도 가능하다.

　- 주택임대차보호법 제3조의3【임차권등기명령】

4절 효과

1. 종전의 대항력과 우선변제권 그대로 유지

1) 임차인이 2015년 6월 16일 임차권등기명령을 하고 분양받은 아파트로 이사를 갔다. 임차인은 이사간 날 대항력과 우선변제권은 소멸하고 임차권 등기명령일인 2015년 6월 10일 새로운 대항력과 우선변제권이 생긴다. 그런데 말소기준등기일이 2012년

4월 27일이어서 일견 대항력과 우선변제권이 없는 것처럼 보이나, 이때에는 임차인에게 유리하게 적용해서 최초로 대항력과 우선변제권을 구비한 2012년 4월 16일로 인정을 받기 때문에 맘 놓고 새집에서 살아도 된다.

2) 이때 주의할 점은 위와 같은 효과는 임차권등기가 완료된 시점부터 발생하므로 임차권등기명령을 신청한 후 곧바로 이사나 전출을 해서는 안 된다. 따라서 반드시 등기부등본을 발급하여 등기여부를 확인하고 이사해야 한다.

2. 전입신고와 확정일자를 받아두지 않은 임차인이라도 임차권등기가 완료되는 날에 대항력과 우선변제권을 취득하게 된다.

3. 임차권등기 후 최우선변제 불가

새로 전입한 임차인은 주택임차권등기가 말소되지 않는 한 보증금이 소액이더라도 최우선변제권은 없고 순위에 따른 우선변제권만 있다.

4. 임차권등기명령의 배당

1) 임차권등기명령 전 대항력과 우선변제권을 갖추었으면 그 시점의 순위에 따라 배당을 받는다.

2) 임차권등기명령자의 보증금이 소액이면 최우선적으로 배당받는다.

3) 경매개시결정등기 전의 임차권등기명령은 자동배당 대상으로 배당유무에 관계없이 배당을 받을 수 있다.

4) 임차권등기명령 임차인과 당해세 이외의 국세·지방세, 전세권, 저당권 등과의 우열관계는 임차권 등기일이 아닌 대항력 및 확정일자 취득일과의 선후관계에 의해 결정한다.

5절 대상

1. 원칙

임차권등기의 대상이 되는 건물은 등기된 건물은 물론 미등기건물도 임차권등기명령을 할 수 있다(「부동산등기법」 제66조). 단, 무허가건물(불법건축물)은 임차권등기명령이 불가능하다.

2. 미등기부동산의 처분제한의 등기

건축허가를 받거나 신고를 하고 신축한 건물이 사용승인을 받지 않아 미등기인 건물은 부동산 등기예규 제1128호(미등기건물의 처분제한등기에 관한 업무처리지침)에 의해 임대인 명의로 보존등기를 한 후 임차권등기명령을 할 수 있다. 등기관은 미등기건물에 대해 법원으로부터 처분제한의 등기촉탁이 있는 경우, 입증서면을 첨부한 때에 한해 건물에 대한 소유권보존등기를 하고 처분제한에 의하여 소유권의 등기를 한다는 뜻을 기록한다. 이 경우 임차인은 등록세와 국민주택채권매입비용을 부담하지 않아도 된다.

3. 실질적으로 주거용으로 사용하면 가능

1) 공부상으로는 비록 공장이나 사무실, 상가, 오피스텔 등으로 등재되어 있어도 내부구조를 변경해 주거용으로 사용하고 있다면 임차권등기명령이 가능하다. 주거용으로 사용하고 있다는 것을 사진이나 도면 등을 통해 증명하면 된다.
2) 임차권등기명령은 주민등록 전입이 요건이 아니기 때문에 건축물관리대장상 주거용이 아니어서 전입신고를 할 수 없더라도 임차권등기명령은 가능하다.

4. 주택의 일부도 임차권등기명령 가능

단독주택의 일부분을 임차한 경우에도 임차권등기명령이 가능하다. 이 경우에는 임차권등기명령신청서에 그 임차목적 부분을 표시한 도면을 첨부해야 한다.

6절 경매 절차에서의 지위

1. 경매 절차에서의 지위

임차권등기명령에 의한 등기를 한 임차인은 「민법」상 등기된 임차권자와 같은 지위를 갖는다. 등기부상 알 수 있는 권리자이므로 경매 절차상의 이해관계인이 된다.

2. 임차권등기명령자는 명도확인서 불필요

임차권등기명령에 의한 등기를 한 임차인은 이미 집을 비우고 이사를 했기 때문에 매수인의 명도확인서가 필요 없다.

3. 경매 신청

임차권등기명령에 기해 지급명령 신청을 해야 하고 그에 따른 결정문을 받아야 경매 신청을 할 수 있다.

7절 「민법」의 주택임대차등기도 임차권등기명령 준용

임차권등기명령제도가 임대인의 협력없이 임차인이 단독으로 행해도 대항력과 우선변제권이 인정되는데, 임대인의 협력을 얻어 행한 「민법」의 주택임대차등기(「민법」 제621조)가 대항력만 있고 우선변제권이 인정되지 않으면 법의 형평과 맞지 않아 「민법」의 주택임대차등기도 동일하게 해석한다.

가등기

4장

1절 가등기란?

1. 의의

권리의 설정·이전·변경·소멸의 청구권을 보전하려고 할 때 또는 그 청구권이 시기부·조건부이거나 장래에 있어서 확정될 것인 때에 그 본등기의 순위보전을 위해 하는 예비등기이다.

가등기가 담보가등기인지 여부는 그 등기부상 원인이 매매예약이나 대물변제예약이라는 형식적 기재나 등기 시에 주고 받은 서류의 종류에 의해 형식적으로 결정될 것이 아니고 거래의 실질과 당사자의 의사해석에 따라 결정될 문제이다(대판 1992.2.11. 91다36932)).

2. 효력

가등기는 본등기순위보전의 효력만 있다. 후일 본등기가 경료된 때에는 본등기의 순위가 가등기한 때로 소급함으로써 가등기 후 본등기 전에 이루어진 중간처분이 본등기보다 후순위로 되어 실효될 뿐이고, 본등기에 의한 물권변동의 효력이 가등기한 때부터 발생하는 것은 아니다.

정지조건부 매매와 관련해 '장래 농지취득자격증명을 받는 것'을 정지조건으로 하는 취지의 매매계약서 첨부해 농지에 대해 가등기를 하는 것은 가능하다. 하지만 토지거래허가구역에서 '장래 토지거래허가를 받는 것'을 정지조건으로 하는 가등기는 허용되지 않는다.

3. 가등기의 종류 및 적용 법률

1) 소유권이전청구권보전을 위한 가등기: 「부동산등기법」의 적용을 받으며, 매매예약 및 매매계약에 의해 발생한다.

일례로 부동산을 매수하기로 계약을 하면서 당사자의 사정으로 인해 통상적인 기간에 비해 수개월이 지난 뒤로 잔금일자를 잡을 때 매도인의 이중매매나 예상치 못한 강제집행으로 발생하는 소유권 이전 방해를 사전에 예방해 원활한 부동산의 소유권 이전을 하기 위해 순위를 확보하기 위한 등기이다.

2) 담보가등기: 「가등기담보등에관한법률」의 적용을 받으며, 금전대차를 위해 부동산을 담보로 제공할 때 발생한다. 동법에 의해 담보가등기를 저당권으로 본다. 즉 채권확보를 위한 가등기이다.

일례로 돈을 빌려쓰고 저당권을 설정하고 채무자가 변제를 하지 않으면 근저당권을 근거로 법원에 경매를 신청하고 적어도 통상적으로 10개월 정도를 기다려야 겨우 배당을 받을 수 있는데 가등기를 설정하면 청산 후 곧바로 소유권이전 본등기를 할 수 있는 실익이 있다.

2절 「가등기담보 등에 관한 법률」의 제정이유

채무자에게 1억 원을 빌려주는 대신 채권자가 채무자 소유의 부동산(3억 원)에 '소유권이전청구권 가등기'를 설정한 후 채무자의 변제불능 시 가등기에 기한 본등기로 채무자 소유 부동산의 소유권을 가져올 경우 채무자는 큰 손해를 보게 된다.

채권자의 횡포를 방지하고 일반서민을 보호할 목적으로 제정된 법이 "가등기담보 등에 관한 법률"이다.

등기부에는 '소유권이전청구권가등기'로 표시되어 있어도 빌려준 돈을 받기 위한 가등기는 '담보가등기'로 본다. 사례의 경우 채권자는 대여금 1억 원과 부동산가격 3억 원의 차액인 2억 원을 청산금으로 채무자에게 교부해야(청산절차 종료 후) 소유권이전 본등기를 할 수 있다. 다만 매매예약 당시의 채권액이 부동산 시세보다 높다면 굳이 채무자를 보호할 필요가 없기 때문에 가등기담보법이 적용되지 않는다.

가등기담보법이 적용되지 않는다는 것은 비록 그 실질이 담보가등기라 해도 당해 경매 절차에서 배당요구를 할 수 없고 나아가 가등기가 낙찰로 소멸되지도 않는다 이는 낙찰자가 인수해야 한다.

담보가등기의 주된 목적 매매대금채권의 확보에 있고 대여금채권의 확보는 부수적인 목적인 경우 가등기담보법이 적용되지 않는다.

3절 가등기의 인수와 소멸

1. 소유권이전청구권가등기
1) 개념
(1) 소유권이전청구권가등기는 실제 매매잔금은 전부 지불했으나 사정상 본등기를 할 수 없을 경우나 아니면 의도적으로 본등기를 늦춰야 할 때 하는 등기이다.

(2) 가등기를 한 후 본등기를 하면 본등기의 순위는 가등기의 순위에 의한다. 즉 순위를 보전하기 위해 하는 등기이다. 그러나 본등기를 하기 전의 가등기 자체는 아무런 효력이 없으며 본등기를 해야만 비로소 그 의미를 갖는다.

2) 선순위-인수
말소기준등기보다 접수일이 빠른 가등기는 매각절차에서 말소되지 않아 매수인이 인수해야 한다.

3) 후순위-소멸
매매예약의 가등기가 후순위일 경우 가등기일자와 수를 불문하고 매각 후 모두 소멸한다.

2. 담보가등기
1) 원칙-소멸
담보가등기는 경매에서 저당권으로 간주 되어 순위보전의 가등기와 달리 성립시기를 불문하고 소멸이 원칙이다.

- 가등기담보 등에 관한 법률 제1조【담보가등기권리의 소멸】

2) 예외-인수(경매개시결정 전 청산절차 완료)

(1) 담보가등기를 마친 부동산에 대해 강제경매 등의 개시결정이 있는 경우 그 경매의 신청이 청산금을 지급하기 전에 행하여진 경우(청산금이 없는 경우에는 청산기간이 지나기 전)담보가등기권리자는 그 가등기에 따른 본등기를 청구할 수 없다(「가등기담보 등에 관한 법률」제14조).

(2) 담보가등기의 피담보채무가 모두 변제되어 채권신고를 하지 않은 최선순위의 담보가등기는 말소만을 기다리는 무효인 등기에 불과하다. 저당권의 부종성에 따라 피담보채무가 존재하지 않는 경우 원인무효의 가등기가 된다.

(3) 그러나 선순위 담보가등기권자가 경매개시결정 기입등기 전에 본등기를 위한 절차(청산절차)를 모두 마친 경우 그 가등기는 경매로 인해 소멸되지 않는다. 청산절차를 완료한 담보가등기는 소유권이전청구권가등기의 효력을 갖는다. 청산절차 완료 여부는 배당요구 유무로 알 수 있다. 선순위 가등기권자가 청산절차를 마쳤다면 집행법원에 배당요구를 하지 않는다.

4절 가등기 사례별 분석

1. 후순위가등기일지라도 담보가등기인지 확인할 필요가 있다

후순위가등기 다음에 임차인이 있을 경우 가등기가 순위보전의 가등기라면 임차인이 배당을 받을 수 있다. 그러나 담보가등기여서 임차인이 배당을 받을 수 없다면 그만큼 명도저항이 있을 수 있다.

2. 매매예약, 매매계약에 기한 가등기

1) 매매계약에 기한 가등기

이미 계약이 체결된 상태라는 점에서 그 후 매매계약이 해제되었는지, 아니면 장기간에 걸쳐 권리행사를 하지 못해 이전등기청구권이 10년의 시효로 소멸해버렸는지와 같은 측면에서 가등기의 말소를 검토한다.

2) 매매예약에 의한 가등기

매매예약의 단계에서는 완전한 계약이 성립되지는 않았기 때문에 예약 이후에 예약완결권이 제척기간 내에 제대로 행사되었는지를 먼저 검토되어야 하고 만약 적법한 완결권 행사로 인해 계약으로 성립되었다면 그 다음 단계에서 매매계약에 기한 가등기의 검토와 같이 본 계약의 해제여부, 소멸시효기간 도과 여부가 검토되어야 한다.

3) 매매예약완결권의 행사

(1) 매매예약의 완결권은 형성권으로 당사자 사이에 그 행사기간을 약정한 때에는 그 기간 내에, 약정이 없는 때에는 그 예약이 성립한 때로부터 10년 내에 행사해야 하고, 그 기간을 지난 때에는 예약완결권은 제척기간의 경과로 인해 소멸한다. 한편 당사자 사이에 약정하는 예약완결권의 행사기간에 특별한 제한은 없다(대판 2017.1.25. 2016다42077).

즉 2002.04.30. 부동산에 관해 매매예약을 하고 2002.04.26. 매매예약에 의한 가등기를 한 사안에서 예약완결권의 행사기간을 2032.04.25.까지 행사하기로 약정했으므로 약정한 2032.04.25.이 지나야 그 예약완결권이 제척기간의 경과로 인해 소멸한다

(2) 매매예약완결권의 기산일은 매매예약 체결일이지 접수일이 아니다. 즉 권리분석에서는 접수일이 기준이 되나 가등기의 제척기간을 따질 때는 매매예약 체결일이 기준이 된다.

3. 가등기권자의 목적 부동산 점유

소유권이전청구권가등기의 소멸시효는 매매예약 완결일로부터 10년이 지나면 소멸하나 가등기권자가 목적부동산을 점유하고 있으면 소멸시효가 진행되지 않는다. 따라서 부동산의 점유자가 누구인지 확인해야 한다.

4. 가등기에 기한 본등기

근저당(갑) → 보전가등기(을) → 임차권(병) → 소유권이전(을, 본등기실행) → 임의경매(갑)

이때 임차인 병은 확정일자 임차인이건 소액임차인이건 배당에서 배제된다.

- 가등기담보 등에 관한 법률 제16조【강제경매 등에 관한 특칙】

※ **소멸시효의 중단사유(민법 제168조)**
1. 청구(재판상 청구, 지급명령신청, 최고, 파산절차참가 등)
2. 압류 또는 가압류, 가처분
3. 승인

5장

가압류

1절 가압류의 의의

가압류란 금전채권이나 금전으로 환산할 수 있는 청구권을 가지고 있는 채권자가 장래 강제집행이 곤란하게 될 경우를 대비해 미리 채무자의 일반재산을 압류해(묶어두어) 장래의 강제집행에 대비하는 채권보전절차다.

즉 채무자가 강제집행을 당하기 전에 재산을 빼돌릴 수 있기 때문에 재산을 보전하고, 그 변경을 금지해 장래의 강제집행의 실효성을 확보하기 위한 방법이다.

= 가압류 = 가(임시적) + 압류('처분금지'로 임시적인 처분금지)

2절 경매에서의 가압류의 지위

1. 가압류권자는 이해관계인이 아니다

가압류권자는 경매 절차에서 이해관계인이 아니다. 따라서 매각기일이 통보되지 않는다. 대신 배당기일만 통보된다(이해관계인이 아닌 사람 → 가압류권자, 가처분권자, 유치권자 등).

2. 가압류의 배당순위

1) 채권자 평등의 원칙에 따라 다른 채권자의 순위에 관계없이 안분배당을 받는다. 선순위 물권자(근저당권, 전세권, 담보가등기, 확정일자임차인)에게는 언제는 뒤진다. 반면 후순위 물권자와는 동순위로 안분배당을 받는다.
2) 가압류는 배당요구 종기일까지 배당요구를 하지 않더라도 배당에 참여할 수 있다(자동배당). 단, 경매개시결정기입등기 이후에 설정된 가압류는 배당요구 종기일까지 배당요구를 해야만 배당에 참여할 수 있다.

3. 경매에서 가압류는 말소기준등기가 된다

3절 전 소유자의 가압류

1. 원칙-소멸

전 소유자의 가압류는 배당을 받고 소멸된다. 단, 이때 전 소유자의 가압류는 안분배당을 거치지 않고 가압류결정 당시의 청구금액 한도 내에서 전액배당을 받고 남는 금액은 현재 소유자의 채권자인 근저당권자가 배당받는다.

2. 예외-인수

전 소유자 가압류가 소멸되지 않고 매수인이 인수하는 경우도 있다. 집행법원이 원칙에 근거해 인수주의를 취할 수도 있다. 단, 이때에는 매각물건명세서의 비고란에 매수인 인수 여부를 기입한다는 점을 기억하고 전 소유자 가압류가 있을 경우 무조건 소멸하는 것으로 판단하지 말고 법원의 구체적인 매각절차(매각물건명세서의 비고란)를 확인한 후 소멸여부를 판단해야 한다.

4절 가압류의 취소

1. 제소기간 도과로 인한 취소(제소명령신청)

채무자는 채권자로 하여금 상당한 기간 내에 본안의 소를 제기할 것을 명하도록 법원에 신청하고(제소명령신청) 법원이 채권자에 대하여 2주 이상의 상당한 기간을 정해 제소명령을 내린다. 채권자가 그 기간내에 소를 제기하지 않으면 채무자의 신청에 의해 보전처분을 취소한다.

2. 사정변경 등에 의한 취소(형성권)

1) 가압류이유가 소멸되거나 그 밖에 사정이 바뀐 때-피보전권리에 관한 사정변경
2) 법원이 정한 담보를 제공한 때-보전의 필요성에 관한 사정변경
3) 가압류(가처분)가 집행된 뒤에 3년간 본안의 소를 제기하지 아니한 때-이해관계인도 신청 가능

가압류·가처분 등기	경과기간
2002.06.30.까지 등기된 보전처분	10년
2002.07.01.부터 등기된 보전처분	5년
2005.07.28.부터 등기된 보전처분	3년

5절 가압류와 가처분의 차이

가압류가 채무자의 일반재산의 감소를 방지해 금전채권이나 금전으로 환산할 수 있는 채권에 대한 보전수단이라면, 가처분은 다툼의 대상물에 대한 청구권보전을 위해 그 현상변경을 금지한다.

즉 '가압류'는 돈을 주면 끝이다. 따라서 모든 가압류는 그 부동산이 경매로 매각되면 소멸된다. 하지만 '가처분'은 다르다. 가처분은 돈으로 환산할 수 없는 모든 채권(권리)을 보전하기 때문에 그 대상이 소유권 이전 청구권, 소유권 이전 등기 말소 청구권, 근저당권설정 청구권, 건물청구 청구권일 수도 있다. 그래서 본안소송의 결과에 따라서 낙찰자에게 어떤 영향을 미칠지 한마디로 단정 지을 수 없다.

6장

가처분

1절 가처분이란?

금천채권 이외의 권리의 보전을 위한 처분으로서, 부동산에 대한 가처분은 목적물에 대한 채무자의 소유권이전, 저당권, 임차권의 설정 그 밖의 일체의 처분행위를 금지한다. 가처분의 피보전권리의 대부분은 목적물에 대한 이전등기청구권과 같은 특정물에 대한 이행청구권이나 법정지상권 관련해 자기 소유 토지상의 타인 건물의 철거청구, 공유 지분 관련해 공유물분할청구를 본안으로 할 때와 같이 방해배제청구권의 보전을 위해 할 수 있다.

2절 가처분의 종류

가압류와 달리 금전채권 이외의 권리를 보전하기 위한 처분으로서

1. 다툼의 대상(계쟁물)에 대한 가처분

비금전채권의 집행을 보전하기 위해 현재의 상태를 유지시키기 위한 보전처분으로 청구권을 보전하기 위한 제도라는 점에서는 가압류와 같으나, 그 청구권이 금전채권이 아니라는 점과 대상이 채무자의 일반재산이 아닌 특정 물건이나 권리라는 점에서 다르다.

- 부동산에 관한 것으로는 처분금지가처분과 점유이전금지가처분이 대표적이다.

2. 임시지위를 정하기 위한 가처분

권리관계에 다툼이 있는 경우 확정판결이 있기 전까지 현상을 방치한다면 나중에 확정판결을 받아도 그 목적 달성이 어려운 경우에 잠정적으로 권리자에게 임시의 지위를 부여해 손해나 위험을 피하기 위한 보전처분으로서 장래의 집행보전이 아닌 현존하는 위험 방지가 주목적이며, 피보전권리의 종류를 불문하는 점에서 가압류와 다툼의 대상에 대한 가처분과 다르다.

- 부동산에 관한 것으로는 공사중지가처분, 건물명도와 철거단행가처분, 소유권이전등기말소청구가처분 등이 있다.

3절 가처분의 권리분석

1. 선순위 가처분(가등기)등기가 있는 물건이 경매 신청 시 집행법원은 경매개시결정은 받아주되 그 이후의 절차를 중지하고 가처분권자의 본안소송 결과에 따라 처리한다. 그러나 일부 법원에서는 선순위 가처분을 매수인이 인수할 수 있다는 취지를 매각물건명세서에 기재한 후 경매 절차를 진행하기도 한다.결국 가처분 등기는 본안소송의 내용을 파악하고 낙찰자에게 어떤 영향

을 미칠지 정확하게 분석해야 한다.

2. 선순위 가처분일지라도 시효가 지났거나 가처분의 목적을 달성
해 더 이상 존립의 근거가 없는 선순위 가처분이 의외로 많다는
점을 기억하고 적극적으로 분석을 할 필요가 있다. 그 밖에 조사
결과 선순위 가처분에 대한 권리금액이 적은 경우 참여할 필요
가 있다. 단, 가처분은 가등기와 달리 때로는 후순위가 더 무서
운 경우도 있으므로 이 역시 입찰 전 가처분의 등기원인을 꼼꼼
히 따져봐야 한다.

3. 가처분등기의 대표적 유형
1) 의사표시의 취소

설정일	권리내용	권리자	권리내용
2011.05.01	소유권	갑	-
-	소유권이전	갑→을	을의 사기로 소유권 이전
2013.01.17	소유권	을	-
2013.04.01	근저당권	병	악의: 무효 선의: 유효
2013.09.05	가처분	갑	소유권이전등기말소청구의 소

말소기준권리보다 후순위가처분은 말소가 되지만 본안소송의 결
과에 따라 발생할 수 있는 위험은 별도로 고려해야 한다.

즉 '갑'은 사기로 상가의 소유권을 '을'에게 이전해주었고 '을'은 상
가를 담보로 '병'은행에 근저당을 설정해주었을 경우 '갑'은 본안소
송(소유권이전등기말소청구의 소)을 제기하기 전 '병'의 근저당 후순위
로 가처분등기를 했을 경우 '병'이 사기로 인한 소유권이전에 대하
여 '선의'인 경우 '갑'은 본안소송에서 승소하더라고 근저당의 효력

은 유효하다. 하지만 '병'이 '악의'인 경우 '갑'이 본안소송에서 승소하는 경우 '병'의 근저당은 효력을 잃고 낙찰자는 경매로 이 상가의 소유권을 얻었더라도 결국 잃게 된다.

일반적으로 근저당권자가 누구냐가 중요한 점이다. 은행이나 공기업이라면 '갑'이 본안소송에서 은행이나 공기업의 '악의'를 입증하는 것은 거의 불가능하다. 즉 낙찰자는 은행이나 공기업의 근저당권에 의한 임의경매에서 낙찰을 받더라도 안전하다고 판단되는 경매사건이 훨씬 많아진다. 실제 경매사건의 80% 이상은 은행이 1순위 근저당권자이다.

2) 사해행위의 취소

설정일	권리내용	권리자	내용
2011.05.01	소유권	을	-
2013.03.13	판결	갑	을의 채무불이행으로 승소판결
-	소유권이전	을 → 병	-
2013.03.20	소유권	병	을의 사해행위 취소 대상
2013.04.01	근저당권	정	악의: 무효 선의: 유효
2013.09.05	가처분	갑	소유권이전등기말소청구의 소

'갑'은 '을'에게 빌려준 돈을 받지 못하자 소송으로 판결을 받아 '을'의 아파트를 경매 신청할 계획이었다. 그런데 '을'은 아파트를 '병'에게 매도했으며, '병'은 '정(은행)'에게 돈을 빌리면서 저당권을 설정해 놓았다.

이때 '갑'은 '을'의 이러한 사해행위를 취소하고 소유권이전등기를 말소해 원상회복을 요구할 수 있다.

'정(은행)'의 신청으로 경매로 나왔다면 결국 이 경매사건도 제3자인 '병'과 '정'의 선의여부에 따라 낙찰자의 안전성이 달라진다. 만약 근저당권자가 은행이나 공기업이라면 입찰을 고려해 볼 만하다.

한편으로 사해행위 취소의 경우에는 제3자의 행위를 악의로 추정한다. 그러므로 소송에서 '병'과 '정'은 스스로 선의임을 입증해야 한다.

4절 가등기와 가처분의 차이점

1. 선순위

가등기가 선순위일 경우 두 가지 경우의 수가 있다. 하나는 매매예약의 청구권가등기일 경우 매수인이 인수해야 하나 대물반환예약의 담보가등기일 경우 가등기가 선순위일지라도 말소기준등기가 되어 매각 후 소멸한다. 반면 가처분이 선순위로 올 경우 인수해야 한다.

2. 후순위

가등기가 후순위일 경우 예외 없이 모두 소멸하나 가처분은 후순위일지라도 소멸되지 않는 경우도 있다.

3. 선순위일 경우 실무

1) 선순위로 가등기나 가처분 등기가 되어 있는 물건은 매각 후 말소가 되지 않기 때문에 등기내용을 알지 못하는 한 참여에 신중을 기해야 한다.
2) 집행법원은 선순위 가등기나 선순위 가처분등기가 있는 경우 경매 신청은 받아 주되 경매 절차를 사실상 중지하고 본안소송

결과에 따라 속행 여부를 판단한다. 그러나 이는 절대적인 것은 아니다. 만일 집행법원에서 이를 모르고 경매 절차를 진행했더라도 최종 책임은 매수자에게 있다는 점을 주의해야 한다.

3) 일부 법원은 선순위 가등기(가처분)를 매수인이 인수할 수 있다는 취지를 매각물건명세서에 기재한 후 매각절차를 진행하기도 한다. 따라서 선순위 가등기나 가처분이 있는 물건임에도 매각절차를 진행하는 물건은 반드시 매각물건명세서를 확인한다.

4) 선순위가 있음에도 진행하는 경우는 두 가지 경우다. 하나는 매수인이 인수조건이거나 아니면 선순위 가처분이 이미 목적을 달성해 매각으로 소멸되는 경우다.

5절 가처분의 효력

1. 처분금지가처분의 효력발생 시기

가처분의 명령과 그 집행인 등기 사이에 가처분채무자가 제3자에게 소유권이전등기를 경료했다면 이 등기는 유효하다.

2. 처분금지효(가처분과 주택임대차)

근저당(갑) → 가처분(을, 피보전권리: 소유권이전등기청구권) → 임차권(병) → 소유권이전(을) → 임의경매(갑)

이때 임차인 병은 확정일자 임차인이건 소액임차인이건 배당에서 배제된다.

3. 가처분 소취하의 효력

본안소송을 취하하더라도 피보전권리에 영향이 없으며 다시 같은 소송을 제기할 수 있으므로 소취하로 피보전권리의 포기가 있었다고 인정되지 않는 이상 소취하 사실 자체만으로 가처분의 원인으로서의 사정변경에 해당한다고 볼 수 없다.

4. 가처분집행 후의 취소가능 여부

1) 가처분집행 후의 소멸시효

보전처분의 집행은 소멸시효 중단의 효력을 발생한다. 그 중단의 효력은 보전처분이 존재하는 한 무한대다. 다만 그 집행 후 일정기간 이 도과하도록 본안의 소를 제기하지 않으면 채권자의 보전의사의 상실 또는 포기로 보아 채무자 또는 이해관계인은 사정변경에 의한 취소를 구할 수 있다(청구권이 아닌 형성권).

가압류·가처분 등기	경과기간
2002.06.30.까지 등기된 보전처분	10년
2002.07.01.부터 등기된 보전처분	5년
2005.07.28.부터 등기된 보전처분	3년

2) 사정변경을 이유로 취소가능

(1) 본안소송 승소 후 그 집행을 지체한 경우

본집행을 하지 못할 장애가 있다는 등의 다른 사정이 없는 한 가처분의 피보전권리에 대한 보전의 필요성은 소멸되었다 할 것이도 그 가처분은 그대로 존속시켜놓을 수 없는 사유인 사정변경이 있다고 할 것이다(대판 1984.10.23. 84다카935).

(2) 본안소송에서 가처분채권자가 패소하고 그 판결이 상급심에서 변경될 염려가 없다고 인정되는 경우이며, 가처분취소신청사건의 사실심 종결 시를 기준으로 해서 그때까지 제출된 당사자의 주장과 증거방법을 기초로 판단해야 한다(대결 2008.11.27. 2007마1470).

7장

저당권, 근저당권, 법정저당권, 공동저당권, 공장저당

1절 저당권

채권자가 물건을 점유하지 않고, 그 채권의 담보로 제공된 목적물의 교환가치로부터 일반채권자에 우선하여 변제받도록 한 약정담보물권이다.

저당권은 등기부에 원본만을 기재하고 특정채무를 담보로 하며 원본, 이자, 채무불이행으로 인한 손해배상 및 저당권의 실행비용을 담보로 한다. 그러나 지연이자는 원본이행기일 이후 1년분에 한해 받을 수 있다.

> **「민법」 제365조【저당지상의 건물에 대한 경매청구권】**
> 토지를 목적으로 저당권을 설정한 후 설정자가 토지에 건물을 축조한 때에는 저당권자는 토지와 함께 그 건물에 대해서도 경매를 청구할 수 있다. 그러나 그 건물의 경매 대가에 대해서는 우선변제를 받을 권리가 없다.

☞ 토지에 대한 저당권자의 건물에 대한 일괄경매 신청권은 저당권설정자가 건물을 축조해 소유하고 있는 경우에 한한다. 토지저당 설정 당시 이미 건물이 존재한 경우라면 토지소유자의 건물이라도 토지저당권자의 일괄경매청구권은 인정하지 않는다.

2절 근저당권

계속적인 거래관계로부터 생기는 불특정다수의 채권을 담보하기 위해 담보물이 부담해야 할 최고액을 한도로 담보하기 위한 저당권으로서, 일시적으로 피담보채권이 소멸해도 저당권은 그대로 존속하는 것으로, 저당권의 부종성을 완화할 필요에서 요구된 담보물권이다.

근저당권자가 경매 신청을 하는 경우에는 그 신청 시에 피담보채권이 확정되어 보통의 저당권이 된다.

※ 근저당권의 '채권최고액' 의미

근저당권은 채권최고액을 정해 놓고, 그 한도 내에서 얼마든지 실제 채권액을 늘리거나 줄일 수 있다. 그리고 근저당권의 순위는 증액 또는 감액한 시점이 아니라 '등기부상에 근저당권이 설정된 시점'으로 결정된다. 즉 임대차계약 당시 시세 4억 원인 아파트의 채권최고액 3억 원의 근저당이 설정된 상태에서 전세계약 당시 대출을 많이 갚아 대출금이 1억 원만 남아서 안심하고 후순위로 보증금 2억 원에 전세계약을 체결했더라도 이후 집주인이 추가 대출을 받아서 대출이 3억 원으로 불어났다면 대출금 3억 원이 모두 세입자의 임대차보다 선순위가 된다.

3절 법정저당권

토지임대인의 일정범위의 차임채권을 보호하기 위해 법률의 규정에 의해 당연히 성립되는 저당권을 말한다(민법 제649조). 법정저당권이 성립되는 토지임대인의 채권은 변제기를 경과한 최후 2년의 차임채권에 한하며 법정저당권의 목적은 임대차의 목적이 된 토지 위에 있는 임차인소유의 건물이다.

법정저당권의 성립은 법률의 규정에 의한 물권변동이므로 등기를 요하지 않으나 효력발생을 위해서는 토지임대인이 그 목적물인 건물을 압류해야 한다(제187조). 또한 저당권과 동일한 효력이 있으며, 특히 토지임대인은 변제기를 경과한 최후 2년의 차임채권에 관해 그 지상에 있는 임차인소유의 건물로부터 우선변제를 받을 수 있다는 것이 주된 효력이다.

법정저당권과 그 건물 위에 존재하는 다른 저당권과의 순위는 일반원칙에 따라 그 성립의 시기, 즉 압류등기 시의 선후에 의해 정하여진다. 부동산공사의 수급인은 보수에 관한 채권을 담보하기 위하여 그 부동산을 목적으로 한 저당권의 설정을 청구할 수 있는데(민법 제666조), 이 경우의 저당권은 법률에 의해 당연히 성립하는 것은 아니므로 엄밀한 의미에서 법정저당권은 아니지만, 당사자의 합의로써 설정되는 것은 아니라는 점에서 보통의 저당권과 다르고 법정저당권과 같다.

4절 공동저당권

하나의 채권의 담보를 위해 수 개의 부동산에 저당권을 설정한 경우다. 이때는 수 개의 부동산이 공동저당관계에 있음을 공시하기 위해 각 등기부에 동일한 채권의 공동담보임을 기재해야 한다. 공동저당권의 목적부동산이 5개 이상인 때에는 등기신청서에 공동담보목록을 첨부해야 하고, 등기 시에는 각 부동산의 해당구에 '공동담보목록 제2019-12호'라고 표시한다.

이 경우 공동담보목록은 이를 등기부의 일부로 보고 그 기재는 이를 등기로 본다.

> ※ 지분경매 시 공동저당권에 대한 말소촉탁
> 지분경매 절차에서 말소촉탁의 대상은 공동저당권자가 전체금액으로 배당받았다 하더라도 매각지분만 말소되고 나머지 부분은 후순위채권자와 채무자의 대위권행사를 위해 남겨두어야 한다. 즉 근저당권에 있어서 채권최고액은 그대로 두고 지분에 관해서만 변경등기 한다.
> 변경등기된 근저당권의 말소: 후순위 채권자 및 채무자의 대위권 행사가 없을 것이 명백한 경우 다른 공유자는 말소청구할 수 있다.

5절 공장저당

「공장저당법」은 ①공장과 이에 속하는 유무형의 자산으로 구성되는 재단에 저당권을 설정하는 공장재단저당, ②공장에 속하는 토지·건물의 부가물·종물뿐만 아니라 이에 설치된 기계·기구 기타 공장의 공용물에까지 토지·건물의 저당권의 효력이 미치는 공장저당의 규정을 두고 있다.

공장저당권의 목적인 토지 또는 건물에 대한 경매개시결정에서 공장공용물을 경매목적물로 명시하지 아니하거나 경매목적물의 감정평가와 물건명세서에서 이를 누락한 경우에도 공장공용물이 일괄경매되었다고 본다. 그 경락허가결정에서 공장공용물을 그 목적물에서 누락한 경우 이를 보충하는 경정결정을 할 수 있다(대결 2000.4.14. 99마2273).

> **※ 공장저당권 및 일반저당권의 효력**
>
> 공장경매 시 매각절차에서 제외된 전력공급시설에 대해 판례는 「공장저당법」에 의한 공장저당을 설정함에 있어서는 공장의 토지·건물에 설치된 기계·기구 등은 같은 법 소정의 기계·기구 목록에 기재해야만 공장저당의 효력이 생기나, 이와는 달리 공장건물이나 토지에 대해 「민법」상의 일반저당권이 설정된 경우에는 「공장저당법」과는 상관없으므로 같은 법에 의한 목록의 작성이 없더라도 그 저당권의 효력은 당연히 그 공장건물이나 토지의 종물 또는 부합물에까지 미친다(대판 1995.6.29. 94다6345).

따라서 입찰 시 공장저당법에 의한 공정저당권인 경우 기계설비가 저당목록에 포함되어 있는지 확인해야 한다.

8장 지상권

1절 지상권의 개요

1. 지상권 의의 및 성격

1) 지상권이란 건물 기타 공작물이나 수목을 소유하기 위해 타인의 토지를 사용할 수 있는 권리를 말하며, 1필지 일부에도 설정이 가능하다(민법 제279조 참고).

2) 지상권자의 권리가 임차권자의 권리보다 강해 실무에서는 땅주인이 지상권의 설정을 꺼려 주로 임대차계약에 의하고 있다. 다만, 은행에서 저당권설정과 동시에 담보권을 강화하기 위해 지상권을 설정하는 경우가 일반적이다. 지상권은 순수한 용익물권이어서 경매청구권이나 우선변제권이 없다.

3) 지상권자는 계약갱신청구권 및 지상물매수청구권을 가진다.

2. 지상권의 종류

당사자간의 약정에 의해 성립하는 약정지상권, 법에서 정한 일정한 요건을 충족 시 성립하는 법정지상권, 판례에 의해 확립된 관습법상의 법정지상권과 분묘기지권이 있다.

3. 법정지상권의 세분

1) 저당권과 법정지상권(민법 제366조)

토지와 그 지상 건물이 동일인의 소유에 속한 경우에 적어도 어느 하나에 저당권이 설정된 후 경매로 인해 토지와 건물의 소유자가 다르게 된 때에는 토지소유자는 건물소유자에 대해 지상권을 설정한 것으로 본다.

2) 전세권과 법정지상권(민법 제305조)

대지와 그 지상 건물이 동일인의 소유에 속한 경우에 건물에 대하여만 전세권을 설정한 후 경매 등 사유로 대지소유자가 변경된 경우 대지소유자는 전세권설정자에 대해 지상권을 설정한 것으로 본다.

3) 가등기담보법과 법정지상권

토지와 그 지상 건물이 동일인에게 속한 경우에 그 토지 또는 건물에만 가등기담보권, 양도담보권 또는 매도담보권이 설정된 후 이들 담보권의 실행 또는 담보가등기에 기한 본등기가 이루어져 토지와 건물의 소유자가 다르게 된 때에는 건물의 소유를 목적으로 토지 위에 지상권이 설정된 것으로 본다.

4) 입목법과 법정지상권

토지와 그 지상의 입목이 동일인에게 속한 경우에 경매 기타의 사유로 토지와 입목의 소유자가 다르게 된 때에는 토지소유자는 입목의 소유자에 대해 지상권을 설정한 것으로 본다.

5) 관습상 법정지상권, 분묘기지권

토지와 그 지상 건물이 동일인에게 속한 경우에 그 건물 또는 토지만이 매매, 증여, 강제경매, 공매 등으로 각각 소유자가 다르게 된 경우에는 그 건물을 철거하기로 하는 합의가 있었다는 등의 특별한 사정이 없는 한, 건물소유자는 토지소유자에 대해 그 건물을 위한 관습상 법정지상권을 취득한다.

분묘기지권이라 토지소유자의 승낙을 얻어 분묘를 설치하거나, 자기소유의 토지에 분묘를 설치 후 특약 없이 토지만을 타인에게 처분한 경우 인정된다.

2절 존속기간 및 지료

1. 최단기간(민법 제280조, 제281조)

지상권의 존속기간을 정하지 않은 경우 및 약정한 경우 최단 존속기간보다 약정기간이 짧은 경우는 최단기간이 존속기간이 된다. 지상권설정 당시에 공작물의 종류와 구조를 정하지 아니한 때에는 15년으로 한다.

1) 석조, 석회조, 연와조 또는 이와 유사한 견고한 건물, 수목의 소유를 목적으로 하는 경우: 30년
2) 전호 이외의 건물의 소유를 목적으로 하는 경우: 15년
3) 건물 이외의 공작물의 소유를 목적으로 하는 경우: 5년

2. 최장기간에 대한 제한은 없다. 존속기간을 영구로 약정하는 것도 가능

3. 지상권의 대가로 지료를 약정했다면 토지소유자인 지상권 설정자에게 지료를 지급해야 하며 지료에 관한 내용은 등기해야 제3자에게 대항할 수 있다.

3절 지상권의 효력 및 소멸

1. 효력

1) 지상권자는 설정계약에서 정한 목적의 범위 내에서 타인의 토지를 사용·점유할 권리가 있다.
2) 지상권자는 등기된 권리이므로 타인에게 그 권리를 양도하거나 그 권리의 범위 내에서 그 토지를 임대할 수 있다.
3) 지상권 계약갱신 청구권-지상권자는 지상권을 갱신할 것을 청구할 수 있는 갱신청구권을 가지고, 토지소유자는 지상권자의 갱신청구에 관해 거절할 수 있다.
4) 지상물 매수청구권-지상권 설정자가 갱신을 거절하면 지상권자는 그 토지 위의 건물 등을 토지소유자에게 적당한 가격으로 매수할 것을 청구할 수 있다. 이는 지상권이 존속기간의 만료로 소멸하는 경우에 한하여 인정된다.

2. 소멸
1) 소멸사유
(1) 존속기간의 만료, 혼동, 지상권에 우선하는 저당권의 실행으로

인한 경매, 토지 수용 등

(2) 약정한 지료를 2년 이상 연체한 경우, 지상권 설정자는 지상권의 소멸을 청구할 수 있다. 지상권이 소멸되면 토지소유자는 지상권자에게 지상물의 철거 및 토지반환 소송을 통해 토지를 되찾아올 수 있다.

2) 지상권의 소멸효과

(1) 의무

지상권자는 토지를 반환할 의무를 부담하며 건물 기타 공작물이나 수목을 제거해 토지를 원상회복 시켜야 한다.

(2) 권리

① 지상권설정자의 지상물매수청구권

지상권설정자가 상당한 가액을 제공해 그 공작물이나 수목의 매수를 청구한 때에는 지상권자는 정당한 이유 없이 이를 거절하지 못한다.

② 존속기간의 만료된 경우 지상권자는 계약의 갱신을 청구할 수 있다. 지상권설정자가 계약갱신을 거절하는 경우 지상권자는 상당한 가액으로 지상물의 매수 청구 가능

③ 유익비 상환청구권

4절 지상권과 법정지상권, 토지임대차의 차이

1. 지상권과 법정지상권의 비교

구분	지상권	법정지상권	관습상 법저지상권
대상	건물, 공작물, 수목	건물, 수목	건물
지상물 멸실한 경우	성립	소멸	소멸
공시방법	등기	–	–
지료	약정으로 정함.	–	–

2. 지상권과 토지임차권의 비교

구분	지상권	토지임차권
성질	물권	채권
제3자에 효력	있다	없다. 다만 토지임차권을 등기하거나, 차지권은 대항력 있음.
양도, 임대, 담보제공	가능	임대인의 동의 없이 양도, 전대 불가능
차임연체	2년 이상의 지료 연체된 경우 소멸청구 가능	2기 이상의 차임을 연체하면 임대인은 계약을 해지 가능
기간	최단기간의 제한	20년 초과할 수 없다.
지료, 차임	지료는 성립요소 아니다.	차임을 성립요소로 한다.

5절 차지권, 지역권

1. 차지권

1) 개요

건물의 소유를 목적으로 하는 토지임대차는 이를 등기하지 아니한 경우에도 임차인이 그 지상건물을 등기한 때에는 제3자에 대해 임대차의 효력이 생긴다(민법 제622조 제1항).

2) 성립요건

(1) 토지임차권이 유효하게 존속해야 한다.

토지임대차에 있어서 토지임차인의 차임 연체 등 채무불이행을 이유로 그 임대차계약이 해지되는 경우, 토지임차인으로서는 토지임대인에 대해 그 지상건물의 매수를 청구할 수 없다.

임차인이 그 지상건물을 등기하기 전에 그 토지가 제3자에게 소유권이전등기된 경우에는 그 후 임차인이 그 지상건물을 등기하더라도 제3자에 대해 임대차의 효력이 생기지 않는다.

(2) 건물의 소유를 목적으로 하는 토지임대차이어야 한다.

따라서 다른 목적으로 임대차했다가 건물을 건축하고 등기하더라도 민법 제622조의 적용을 받지 못한다.

(3) 토지임차인이 그 지상건물을 등기해야 한다.

민법 제622조는 건물을 소유하는 토지임차인의 보호를 위해 건물의 등기로써 토지임대차 등기에 갈음하는 효력을 부여하는 것일 뿐이므로 임차인이 그 지상건물을 등기하기 전에 제3자가 그 토지에 관해 물권취득의 등기를 한 때에는 임차인이 그 지상건물을 등기하더라도 그 제3자 또는 토지낙찰자에 대해 임대차의 효력이 생기지 않는다는 것이다(대판 2003. 2. 28. 2000다65802,65819).

결국 효력이라는 면에서는 임대차보호법상의 대항력과 마찬가지라고 할 수 있다. 따라서, 지상건물에 대한 등기 이전에 토지에 대해 가처분등기가 되거나 저당권 등이 설정되고 이를 통해 토지소유권이 변경되면 건물주는 변경된 토지소유자에 대해 대항력을 주장할 수 없다.

위 낙찰로 인해 선순위인 위 근저당권이 소멸함으로 인해 그보다 후순위인 위 임차권도 대항력을 상실한다 할 것이고, 따라서 임차인은 위 임의경매 절차에서 소유권을 취득한 낙찰자에게 위 임차권에 기하여 대항할 없다.

3) 존속기간

(1) 존속기간을 정한 경우

석조, 석회조, 연와조 또는 이와 유사한 견고한 건물이나 기타 공작물의 소유를 목적으로 하는 토지임대차는 20년을 넘는 약정기간도 유효하다.

(2) 존속기간을 정하지 않은 경우(기간이 만료한 경우)

각 당사자는 언제든지 해지의 통고를 할 수 있지만, 해지의 효력은 임대인이 해지통고를 한 경우에는 해지통고를 받은 날부터 6월, 임차인이 해지통고를 한 경우에는 해지통고를 받은 날부터 1월이 경과해야 발생한다.

이 경우 차지권자(임차인)는 상당한 가액으로 지상물의 매수를 청구할 수 있다.

4) 건물 양수자와 대항력

(1) 건물의 소유를 목적으로 하는 토지임차인으로부터 건물을 양수한 자가 임대인이나 그 토지의 제3취득자에게 그 임차권으로 대항할 수 있으려면 건물양수인이 토지소유자의 동의를 얻어 건물의 전소유자의 임차권을 적법하게 양수한 경우라야 한

다(대판 1966.9.27. 66다1224).

(2) 갑이 대지와 건물의 소유자였던 을로부터 이를 임차했는데, 그 후 갑이 건물을 강제경매 절차에서 경락받아 그 대지에 관한 위 임차권은 등기하지 아니한 채 그 건물에 관해 갑 명의의 소유권 이전등기를 경료했다면 갑과 을 사이에 체결된 대지에 관한 임대차계약은 건물의 소유를 목적으로 한 토지임대차계약이 아님이 명백하므로 그 대지에 관한 갑의 임차권은 민법 제622조에 따른 대항력을 갖추지 못했다고 할 것이다(대판 1994.11.22. 94다6468).

(3) 건물에 대한 저당권이 실행되어 경락인이 건물의 소유권을 취득한 경우 건물의 소유를 목적으로 한 토지의 임차권도 경락인에게 ①이전하는지? ②임대인에게 대항할 수 있는지?(대판 1993.4.13. 92다24950)

① 이전한다.
② 토지임대인이 자신의 동의없이 임차권이 이전되었다는 것만을 이유로 임대차계약을 해지할 수 없는 특별한 사정이 있는 때에 한하여 대항할 수 있다.

> ※ **특별한 사정**
> 임대차를 지속시키기 어려울 정도로 신뢰관계를 파괴하는 임대인에 대한 배신행위가 아니라고 인정되는 것

2. 지역권

지역권이란 일정한 목적을 위해 남의 토지(승역지)를 자기 토지(요역지)의 편익에 이용할 수 있는 물권이다(예: 맹지인 본인 토지를 위해 도로에 접한 타인의 토지를 이용할 수 있는 권리).

지역권은 항상 요역지의 처분에 따라 결정된다. 지역권등기가 되어 있는 경우 그 토지가 요역지인지? 승역지인지?를 잘 따져 보아야 한다. 대체로 요역지가 앞으로도 남의 토지를 이용할 수 있기 때문이다. 이 경우 선순위이면 소멸하지 않고 낙찰자가 인수하고 그 혜택을 누릴 수 있다.

지역권의 소멸사유는 요역지 또는 승역지의 소멸, 지역권자의 포기, 혼동, 존속기간의 만료, 약정 소멸 사유의 발생, 승역지의 취득시효, 지역권의 소멸시효 등이 있다. 또한 지역권은 20년간 행사하지 않으면 소멸시효로서 지역권이 소멸된다.

9장 환매특약의 등기

1절 환매특약 등기란?

매도인이 부동산매매계약과 동시에 매매대금과 환매비용을 지급하고 매매 당사자 간 약정한 환매 기간 내에 동 부동산을 다시 취득할 수 있는 권리를 등기부에 기재한 것을 말한다.

이 등기는 말소기준권리보다 선순위일 경우 인수되며, 말소기준권리보다 후순위인 경우 소멸된다. 환매특약 등기를 신청할 경우에는 신청서에 매수인이 지급한 대금 및 매매비용을 적고 등기원인에 환매기간이 정해져 있으면 그 환매기간을 적어야 한다.

2절 환매특약의 기간

1. 환매특약은 그 기간을 부동산일 경우 5년을 넘게 특약할 수 없으며, 환매권은 환매기간 내에 행사해야 한다. 기간에 대한 약정이 없거나 초과해 약정하더라도 최대 5년이 적용되며, 당사자

끼리 합의했더라도 연장할 수 없다. 이는 강행규정으로 기간(5년)이 경료된 환매등기의 환매권리자는 환매권을 행사할 수 없게 된다.

2. 한 번 소멸된 환매특약은 다시 연장할 수 없으며 그 효력은 기간이 지나면 말소촉탁 없이도 자동 소멸된다. 즉 환매권에는 소멸시효가 있다.

3. 환매권자가 환매기간 안에 환매권을 행사하면 매수인은 그 요구에 응해야 한다.

3절 권리분석

1. 환매등기가 말소기준권리 보다 먼저 설정되었다면 낙찰로 소멸되지 않고 인수되어 낙찰자가 불리할 수 있으나 반드시 불리한 것만은 아니다. 즉 낙찰금액과 환매대금을 비교해 환매대금이 낙찰금액보다 많을 경우 환매가 실행된다면 낙찰자가 유리하다.

2. 환매특약 등기는 단독으로 등기부상 순위번호를 가지지 못하고 주등기인 매매등기의 부기등기로 기재되며, 등기 접수번호도 소유권 이전 등기와 같다. 즉 매매등기와 동시에 환매권의 보유를 등기해야 하며, 동시에 하지 않은 등기는 무효이다.

환매등기부

【갑 구】(소유권에 관한 사항)				
순위번호	등기목적	접수	등기원인	권리자 및 기타사항
1	소유권이전	2004년9월30일 제11452호	2004년9월8일 매매	소유자 조자룡 680***-******* 서울시 강남구 개포동 11
2	소유권이전	2006년9월30일 제4321호	2006년9월29일 환매특약부매매	소유자 유현덕 720***-******* 경기도 광주시 경안동 22
2-1	환매특약	2006년9월30일 제4321호	2006년9월29일 특약	환매대금 금 35,000,000 환매기간2006년9월30일 부터9년9월30일 환매권자 조자룡 680***-*******

Part 5

특수권리
분석

1장

법정지상권

1절 법정지상권의 의의

1. 당사자의 계약에 의하지 않고 법률의 규정에 의해 당연히 성립되는 권리로써 어떤 원인으로든 토지와 건물의 소유자가 달라질 경우 토지 이용권에 대한 분쟁이 발생될 수 있으며, 건물을 철거하지 않고 그대로 유지시켜 주는 것이 사회·경제적으로 바람직하지 않겠느냐 하는 차원에서 인정된 제도다.

2. 법정지상권을 취득한 건물소유자는 그 취득 당시의 토지소유자는 물론 그로부터 토지소유권을 취득한 매수인에 대해서도 등기 없이 법정지상권을 가지고 대항할 수 있다.

2절 법정지상권의 종류

1. 법정지상권의 종류에는 여섯 가지가 있다. 「민법」에 두 가지가 있고, 「가등기담보 등에 관한 법률」과 「입목에 관한 법률」 그리고 대법원 판례에서 인정하는 관습상의 법정지상권과 분묘기지권이 그것이다. 그중 「민법」 제366조에서 인정하는 법정지상권과 대법원 판례에서 인정하는 관습상의 법정지상권이 실무에서 가장 중요하고 대표적이다.

1) 건물의 전세권과 법정지상권

대지와 그 지상건물이 동일인의 소유에 속한 경우에 건물에 대하여만 전세권을 설정한 후 경매 등 사유로 대지소유자가 변경된 경우 대지소유자는 전세권설정자에 대해 지상권을 설정한 것으로 본다(「민법」 제305조 제1항).

2) 저당권과 법정지상권

토지와 그 지상건물이 동일인에게 속한 경우에 적어도 어느 하나가 저당권이 설정된 후 경매로 인해 토지와 건물의 소유자가 다르게 된 때에는 토지소유자는 건물소유자에 대해 지상권을 설정한 것으로 본다(「민법」 제366조).

3) 가등기담보권과 법정지상권

토지와 그 지상건물이 동일인에게 속한 경우에 그 토지 또는 건물에 가등기담보권, 양도담보권 또는 매도담보권이 설정된 후, 이들 담보권의 실행 또는 담보가등기에 기한 본등기가 이루어져 토지와 건물의 소유자가 다르게 된 때에는 건물의 소유를 목적으로 토지 위에 지상권이 설정된 것으로 본다(「가등기담보 등에 관한 법률」 제10조).

4) 입목권과 법정지상권

토지와 그 지상의 입목이 동일인에게 속한 경우에 경매 기타의 사유로 토지와 입목의 소유자가 다르게 된 때에는 토지소유자는 입목의 소유자에 대해 지상권을 설정한 것으로 본다(「입목에 관한 법률」 제6조).

5) 관습상의 법정지상권

토지와 그 지상건물이 동일인에게 속한 경우에 그 건물 또는 토지만이 매매, 증여, 강제경매, 공매 등으로 각각 소유자가 다르게 된 때에는 그 건물을 철거하기로 하는 합의가 있었다는 등의 특별한 사정이 없는 한 건물소유자는 토지소유자에 대해 그 건물을 위한 관습상의 법정지상권을 취득하게 된다(대판).

3절 법정지상권의 성립요건 민법 제366조

1. 토지에 저당권이 설정될 당시 건물이 존재해야 한다

1) 건물의 기준

(1) 원칙: 토지에 저당권설정 당시 건물이 존재해야 한다.

(2) 예외: 매수인이 매각대금을 납부 시까지 기둥과 지붕 그리고 주벽의 요건을 구비해 독립된 부동산으로서의 요건을 갖추어야 한다.

2) 건축 중인 건물

건물이 건축 중인 토지에 저당권을 설정한 경우 법정지상권이 성립할 수 있다.

토지에 관해 저당권이 설정될 당시 그 지상에 건물이 건축 중이었고 그것이 사회통념상 독립된 건물로 볼 수 있는 정도에 이르지 않았다 하더라도 건물의 규모, 종류가 외형상 예상할 수 있을 정도로 건축이 진전되어 있는 경우에는 법정지상권의 성립을 인정한다(대판 2003.5.30. 2002다21592).

3) 무허가·미등기 건물

건물은 저당권설정 당시에 실제로 존재하고 있으면 되지 보존등기는 그 요건이 아니다. 즉 건물로서 요건을 갖추고 있다면 미등기 건물이나 무허가 건물도 법정지상권이 성립한다.

4) 근저당권자가 건물 신축에 동의

건물이 없는 토지에 저당권을 설정한 후 설정자가 저당권자로부터 법정지상권의 성립을 인정한다는 양해를 얻어 건물을 지은 경우 법정지상권이 성립하지 않는다.

2. 저당권설정 당시 토지와 건물의 소유자가 동일

설정 이후에도 계속 동일소유자에게 속해야 하는 것은 아니다.

3. 토지와 건물 중 적어도 어느 하나에 저당권설정

저당권설정 당시 토지와 건물 한쪽 또는 양쪽 모두에 저당권이 설정되어야 한다.

4. 경매로 인해 토지와 건물의 소유자가 각각 달라져야 한다

민법 제366조의 법정지상권이 성립하려면 반드시 (임의)경매로 인해 토지와 건물이 소유자를 달리해야 한다.

4절 관습상 법정지상권의 성립요건

1. 토지와 건물이 처분 당시 동일인 소유에 속할 것

1) 관습상의 법정지상권은 토지와 건물 중 어느 하나가 처분될 당시 토지와 그 지상건물이 동일인 소유에 속하면 되고 처음부터 동일인 소유일 필요는 없다. 즉, 소유권이 변동될 당시 토지와 그 지상건물의 소유자가 동일하면 관습상 법정지상권이 성립된다.

2) 소유자의 동일시점 판단시기
(1) 강제경매는 대금완납 시가 아니라 압류의 효력이 발생한 때가 기준이 된다(대판 2012.1.18. 2010다52140 전합)
(2) 가압류가 본압류로 이행되어 진행된 강제경매는 가압류 당시가 기준이 된다.
(3) 근저당권 설정 시(선 저당권 후 가압류)-강제경매를 위한 압류나 가압류 이전에 저당권이 설정된 경우는 저당권설정 당시가 기준이 된다(대판 2013.4.11. 2009다62059)

2. 매매 기타 적법한 원인에 의해서 토지와 건물의 소유자가 달라져야 한다

적법한 원인으로 강제경매, 매매, 증여, 공유물분할, 공매 등을 들 수 있다.

3. 철거특약의 부존재

1) 법정지상권과 달리 관습상의 법정지상권은 당사자 간 철거약정이 있으면 성립하지 않는다.

2) 관습상의 법정지상권은 건물소유자로 하여금 토지를 계속 사용하게 하려는 것이 당사자의 의사라고 보아 인정되는 권리이므로, 토지의 점유·사용에 관해 당사자 사이에 건물철거약정이 있는 것으로 볼 수 있거나 토지소유자가 건물의 처분권까지 함께 취득한 경우 관습상의 법정지상권이 성립하지 않는다.

3) 건물철거 특약의 의미

이 경우 건물철거의 합의에 관습법상의 법정지상권의 발생을 배제하는 효력을 인정할 수 있기 위해서는 단지 형식적으로 건물을 철거한다는 내용만이 아니라 그 건물을 철거함으로써 토지의 계속사용을 그만 두고자 하는 의사가 그 합의에 의해 인정될 수 있어야 한다(대판 2000.1.18. 98다58696, 58702).

4) 경매에서의 특약효과

(1) 특약이 인정되는 경우

경매에서 당사자 간 특약이 인정되는 경우는 유치권과 관습상의 법정지상권 그리고 건물과 대지의 분리처분이 가능하다는 규약이 있는 경우의 대지권과 분묘기지권 등이 있다.

(2) 특약이 인정되지 않는 경우

법정지상권은 강행규정이기 때문에 특약과 관계없이 성립한다.

5절 법정지상권의 성립시기

법정지상권의 성립시기는 매수인이 잔금을 완납한 때부터 성립한다.

※법정지상권과 관습상의 법정지상권 비교

종류	공통점	차이점	토지,건물 소유자 동일성 판단시점	성립 시기	특약
법정지상권	*토지·건물 존재 *동일인 소유	임의경매	저당권 설정당시	대금 납부 시	불인정
관습상의 법정지상권		강제경매, 공매, 매매 상속, 증여, 공유물분할 등	처분될 당시 ※압류, 가압류, 저당권 설정		인정

6절 법정지상권의 존속기간

1. 법정지상권의 존속기간은 지상물의 종류에 따라 다르다. 특별한 규정이 없으면 일반지상권에 준한다.

「민법」 제280조(존속기간을 약정한 지상권의 최단존속기간)
1) 석조, 석회조, 연와조 또는 이와 유사한 견고한 건물, 수목: 30년
2) 1)호 이외의 건물: 15년
3) 공작물: 5년

2. 관습상 법정지상권은 존속기간이 약정되지 않은 것을 본다.

1) 계약으로 존속기간을 정하지 아니한 경우 「민법」 제280조의 최단 존속기간으로 하다.

2) 지상권설정 당시 공작물의 종류와 구조를 정하지 아니한 때에는 「민법」 제280조1호 이외의 건물을 소유를 목적으로 한 것으로 본다. 따라서 15년.

7절 지료

1. 월 임료의 산정

1) 지료는 당사자 간의 협의에 의해 결정하는 것이 원칙이나 협의가 안 되는 경우 당사자의 청구(지료청구소송)로 법원이 결정한다.

2) 법원은 감정시점의 기초가격(기초가격은 공시지가의 약 1.4~1.5배)을 구하고 여기에 국공채이율, 은행장기대출금리, 일반시중금리, 정상적인 부동산거래이윤율, 「국유재산법」과 「지방재정법」 소정의 대부료율 등 제반사정을 참작해 결정한 기대이율을 곱한 후 여기에 대상물건을 계속 임대하는 데 필요한 제 경비를 합산해 지료를 결정한다.

월임료 = {(기초가격 X 면적 X 기대이율) + 필요경비} ÷ 12개월

2. 기대이율

법원의 평가명령에 따른 감정평가에서 정해지는 기대이율은 부

동산의 유형별 및 실제이용상황에 따른 일반적인 기대이율의 범위를 정한 "기대이율 적용기준율표"(한국감정평가사협회 발표)에서 지역여건이나 해당 토지의 상황 등을 고려해 그 율을 증감 조정할 수 있다.

3. 지료결정 시점

지료청구권은 법정지상권이 성립하는 시점에 발생한다. 즉 토지 매수인이 매각대금을 납부했을 때 발생한다.

4. 지료증감청구권

지료가 토지에 관한 조세 기타 부담의 증감이나 지가의 변동으로 인해 상당하지 아니할 때에는 당사자는 그 증감을 청구할 수 있다.

5. 지료연체의 효과

1) 지상권자가 2년 이상의 지료를 지급하지 아니한 때에는 지상 권설정자는 지상권의 소멸을 청구할 수 있다(「민법」 제287조).

2) 지료연체의 기준은 期(기)가 아닌 年(년)이다. 연체 시 2년의 의미는 연속개념이 아닌 통산기준이다. 지료지급을 연으로 했을 경우 1년차 납부, 2년차 미납, 3년차와 4년차 납부, 5년차 미납이면 연체로 본다. 월납의 경우도 통산 연체 횟수가 24개월이면 땅 주인은 지상권의 소멸을 청구할 수 있다.

3) 당사자 간에 지료가 결정되지 않은 경우, 즉 당사자 사이에 지료에 관한 협의가 없었거나 법원에 의해 지료가 결정된 바 없다면 법정지상권자가 2년간 지료를 지급하지 않았더라도 지료지

급을 지체한 것으로 볼 수 없다.

4) 법원의 판결로 지료의 액수가 확정된 때 비로소 지료연체의 효력이 발생하게 되며, 연체기간의 기산점은 법정지상권이 성립하는 시점으로 지료에 대한 확정판결이 나면 소급해서 법정지상권 성립 시부터 지료지급채무가 발생하게 된다.

6. 지료등기

1) 지료액이나 지급시기 등 지료에 관한 약정은 이를 등기해야만 제3자에게 대항할 수 있다.

2) 토지소유권이 이전되면 새로운 소유자는 지상권자에 대해 지료등기가 없더라도 지료를 청구할 수 있다.

3) 단, 지료등기를 하지 않으면 토지소유자는 구 지상권자의 지료연체 사실만을 가지고 지상권을 이전받은 자에게 대항하지 못한다. 즉 지료액 또는 그 지급시기 등 지료에 관한 약정은 이를 등기해야만 제3자에게 대항할 수 있으므로 지료의 등기를 하지 않은 이상 토지소유자는 구 지상권자의 지료연체 사실을 들어 지상권을 이전받은자에 대항하지 못한다(대판 1996.4.26. 95다52864).

7. 지료청구

지료는 건물주에게 청구한다. 건물주가 여럿인 경우 모두에게 청구할 수 있고 특정인에게 청구할 수도 있다. 건물주가 여럿인 경우 부당이득반환채무는 불가분채무로 각 채무자는 채무 전부를 이행할 의무가 있기 때문이다. 즉, 특정인은 일부 지분만의 공유자라 할지라도 토지 전체 면적에 대한 부당이득을 반환할 의무가 있다. 토지매수인은 건물주 중 재력이 좋은 특정인을 상대로 지료청구를 할 수 있다.

여러 사람이 공동으로 법률상 원인 없이 타인의 재산을 사용한 경우의 부당이득 반환채무는 특별한 사정이 없는 한 불가분적 이득의 반환으로서 불가분채무이고, 불가분채무는 각 채무자가 채무 전부를 이행할 의무가 있으며, 1인의 채무이행으로 다른 채무자도 그 의무를 면하게 된다(대판 2001.12.11. 2000다13948).

8절 법정지상권의 소멸

1. 법정지상권의 포기
법정지상권을 취득한 건물소유자가 토지소유자와 임대차계약을 체결한 경우 관습상의 법정지상권의 포기로 간주된다. 즉, 지상권이 있는 사람이 토지임대차계약을 체결하면 물권인 지상권은 소멸하고 대신 임대차계약이라는 채권관계가 형성된다.

2. 지료연체
연체기간 산정 요건은 특정 소유자 당시 2년 이상 연체를 요한다. 전·현 소유자 합산해서 2년이 아니다.

3. 지상권소멸청구권(형성권)
지료에 대한 확정판결이 난 시점이 법정지상권의 성립시점으로 부터 2년이 경과했다면 이미 지료에 대한 채무가 2년분에 이르게 되었으므로 확정판결 후 바로 지료지급청구를 하고 지급하지 않으면 바로 법정지상권의 소멸을 청구할 수 있는가?

이때는 상당한 기간 소멸청구권의 행사가 유예된다. 상당한 기간이란, 통상적으로 판결확정일로부터 4개월 이내 이거나 지료지급청구를 받은 후 2개월 이내를 상당한 기간으로 보고 있다.

4. 법정지상권이 소멸하는 경우

1) 법정지상권 취득 당시의 건물을 철거하고 신축한 경우
멸실·훼손된 건물과 신축·재축한 건물의 "동일성"이 없는 한 법정지상권은 소멸한다(대판 1985.5.14. 85다카13).

2) 법정지상권을 취득한 자가 임대차계약을 한 경우
관습법상의 법정지상권을 취득한 자가 대지 소유자와 동 대지에 대해 임대차계약을 체결했다면 특별한 사정이 없는 한 관습법상의 법정지상권을 포기했다고 볼 것이다(대판 1981.7.7. 80다2243).

10절 법정지상권의 주요 판례

1. 법정지상권이 성립하는 경우

1) 저당권설정 당시에 미등기건물이 있는 경우
비록 미등기건물이라도 저당권자에게 "예상외의 피해"를 주지 않으므로 성립한다(대판 1964.9.23. 63다62).

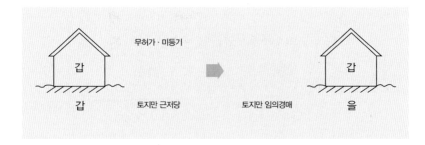

2) 토지저당 당시의 건물을 철거 후 신축한 경우

저당권자에게 "예상외의 피해"를 주지 않으므로 법정지상권이 성립한다. 단, 새로운 건물의 법정지상권의 성립범위는 구건물을 기준으로 그 잔존기간 동안이다(대판 1993.6.25. 92다20330).

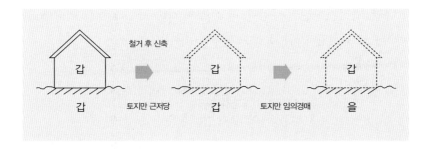

3) 토지가 낙찰 전에 건물이 제3자에게 양도된 경우

법정지상권은 건물이 철거 등의 사회경제적 손실을 방지하려는 "공익상 이유"에 근거하고, 저당권 당사자에게 "불측의 손해"가 생기지 않으므로 건물을 양수한 제3자는 법정지상권의 취득을 인정한다(대판 1999.11.23. 99다52602).

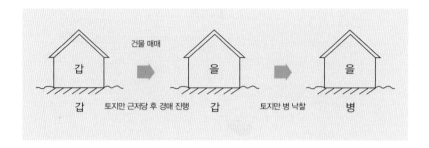

4) 저당권설정 당시의 건물을 철거하고 제3자가 신축한 경우

저당권설정 당시에 건물이 있었고 대지와 건물이 동일소유자에 속하는 한 저당권자에게 불측의 손해를 끼치지 않으므로, 저당권 실행 시에 비록 제3자 소유의 대체 건물이 신축되어 있다고 하더라도 법정지상권이 성립한다.

다만, 법정지상권의 내용은 구 건물을 기준으로 해서 그 이용에 일반적으로 필요한 범위 내로 제한한다(대판 1992.6.26. 91다42982).

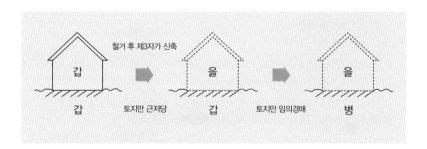

5) 지상권의 소멸과 법정지상권의 성립

대지에 저당권을 설정할 당시 저당권자를 위해 동시에 지상권을 설정해주었다고 하더라도 저당권설정 당시 이미 그 대지 상에 건물을 소유하고 있고 그 건물에 관해 이를 철거하기로 하는 등의 특별한 사유가 없으면 저당권의 실행으로 그 지상권도 소멸한 경우에는 건물을 위한 법정지상권이 성립한다(대판 1991.10.11. 91다23462).

6) 구건물과 신건물 사이에 동일성이 없는 경우

법정지상권은 저당권설정 당시 구건물을 철거하고 신건물을 신축한 경우에도 성립하는 것이며(다만, 지상권의 내용은 구건물을 기준으로 한다) 이 경우 신건물과 구건물 사이에 "동일성"이 있음을 필요로 하지 않는다(대판 1993.6.25. 92다20330).

7) 법정지상권의 성립을 배제하는 특약의 효력

법정지상권은 가치권과 이용권의 조절을 위한 공익상의 이유로 설정을 강제하는 "강행규정"으로서 당사자 간에 법정지상권의 성립을 배제하는 약정을 하더라도 그 특약은 효력이 없다(대판 1988.10.25. 87다카1564).

2. 법정지상권이 성립하지 않는 경우

1) 토지에 근저당권이 설정된 후 건물 신축

나대지에 저당권이 설정된 후 저당권설정자가 그 위에 건물을 건축하고 경매를 통해 그 토지와 건물의 소유자가 달라진 경우 법정지상권이 성립하지 않는다(대판 1993.6.25. 92다120330).

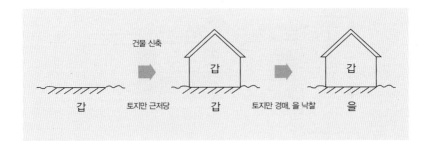

2) 공동저당 설정 당시 존재하던 건물을 철거 후 신축

신축건물의 소유자가 토지소유자와 동일하고 저당권자에게 신축건물에 관해 토지의 저당권과 동일한 순위의 공동저당권을 설정해 주는 등 특별한 사정이 없는 한 경매로 소유자가 달라지더라도 법정지상권은 성립하지 않는다(대판 2003.12.18. 98다43601).

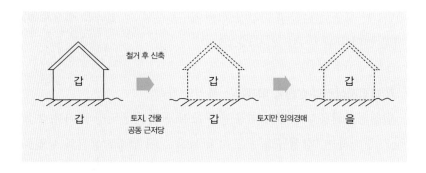

3) 토지에 근저당권이 설정된 후 건물 신축에 근저당권자가 동의한 경우

지상건물이 없는 토지에 관해 근저당권설정 당시 근저당권자가 건물의 신축에 동의했다 하더라도 그러한 사정은 주관적인 사항이고 공시할 수도 없는 것이어서 법정지상권은 성립하지 않는다(대판 2003.9.5. 2003다26051).

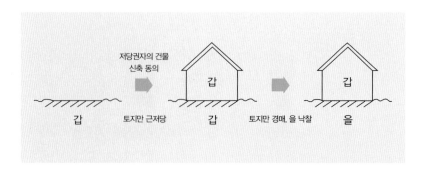

4) 신축 중인 토지에 저당권 및 지상권등기 후 제3자에게 건축주 명의변경을 한 경우

토지 위에 건물을 신축 중인 토지소유자가 토지에 관한 근저당 및 지상권 설정등기를 경료한 후 제3자에게 위 건물에 대한 건축주 명의를 변경해준 경우, 제3자가 지상권자에게 대항할 수 있는 권원이 없는 한 지상권자는 제3자에 대해 목적토지 위에 건물축조를 중지하도록 요구할 수 있다(대판 2004.3.29. 2003다1753).

3. 공유관계와 법정지상권

1) 대지는 단독소유(甲), 건물은 공동소유(甲, 乙)

대지소유자가 그 지상건물을 타인과 함께 공유하면서 그 단독소유의 대지만을 건물철거의 조건없이 타에 매도한 경우에는 건물공유자들은 각기 건물을 위해 대지 전부에 대해 관습에 의한 법정지상권을 취득한다(대판 1977.7.26. 76다388).

법정지상권 성립 유무의 관건은 대지에 달려 있다. 즉 새로운 소유자의 등장으로 기본 대지 소유자의 권리에 침해가 발생하느냐 않느냐로 따지는데 위의 경우 대지가 단독소유라 권리의 침해가 발생하지 않는다. 따라서 법정지상권이 성립한다.

2) 대지는 공동소유(甲, 乙)건물은 단독소유(甲)

토지공유자의 한 사람(甲)이 다른 공유자(乙)의 지분 과반수의 동의를 얻어 건물을 건축한 후 토지와 건물의 소유자가 달라진 경우 토지에 관해 관습법상의 법정지상권이 성립되는 것으로 보게 되면 이는 토지공유자(甲)의 1인으로 하여금 자신의 지분을 제외한 다른 공유자의 지분에 대해서까지 지상권설정의 처분행위를 허용하는 셈이 되어 부당하다(대판 1993.4.13. 92다55756).

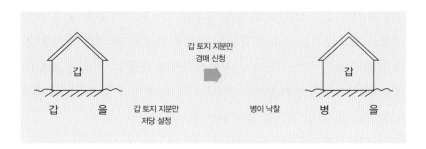

3) 구분소유적 공유관계

　토지의 구분소유적 공유관계는 통상적인 공유관계와 달리 당사자 내부에 있어서는 각자가 특정 매수한 부분은 각자의 단독소유와 같다. 따라서 법정지상권이 성립한다.

　구분소유적 공유관계에 있는 토지 공유자들이 그 토지 위에 각자 독립적으로 별개의 건물을 소유하면서 그 토지 전체에 대해 저당권을 설정했다가 그 저당권의 실행으로 토지와 건물의 소유자가 달라진 경우 법정지상권이 성립한다(대판 2004.6.11. 2004다13533).

4. 관습법상 법정지상권이 성립하는 경우

1) 건물을 철거하되 다시 신축하기로 합의한 경우

　건물철거의 합의는 형식적으로 건물을 철거한다는 내용만이 아니라 건물을 철거함으로써 "토지의 계속 사용을 그만두고자 하는 당사자의 의사"가 그 합의에 의해 인정될 수 있어야 하므로 관습법상 법정지상권의 발생을 배제할 수 없다(대판 1999.12.10. 98다58467).

2) 공유물분할로 대지와 건물의 소유가 다르게 된 경우

공유대지 위에 공유자 1인 또는 수인 소유의 건물이 있을 때 공유자들이 그 공유대지를 분할해 각기 단독소유로 귀속케 한 결과 그 대지(甲과 乙로 분할)와 그 지상건물(乙)의 소유자를 달리하게 될 경우에 다른 특별한 사정(건물철거특약)이 없다면 그 건물소유자(乙)는 그 건물부지상(분할된 甲의 토지상에 일부 건물이 걸침)에 그 건물을 위해 관습법상 법정지상권을 취득한다(대판 1974.2.12. 73다353).

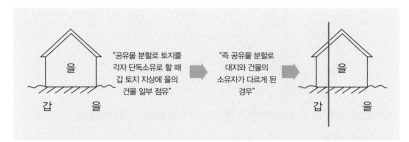

※ 구분소유적 공유관계에 있는 자가 자신의 특정 소유가 아닌 부분에 건물을 신축했다가 공유물분할로 대지와 건물의 소유자가 다르게 된 경우에는 관습법상 법정지상권이 성립하지 않는다.

5. 관습법상 법정지상권이 성립하지 않는 경우

1) 건물소유자가 대지를 명의신탁한 경우

명의신탁자는 명의수탁자 이외의 제3자에게 자기의 소유임을 주장할 수 없으므로 대지 및 건물이 동일인의 소유임을 전제로 한 법정지상권은 성립하지 않는다(대판 1993.6.25. 92다20330).

2) 미등기건물과 함께 양수한 자가 대지만 타에 양도한 경우

무허가·미등기건물을 그 대지와 함께 양수한 자가 위 대지에 대해서만 소유권이전등기를 경료하고 위 건물에 대해서는 등기를 완료하지 아니했다면 위 건물에 대해서는 처분권만 있고 소유권은 취득했다고 할 수 없으므로 위 토지에 대해 전전해 소유권을 양수한 자에게 관습법상 법정지상권을 주장할 수 없다(대판 2002.6.20. 2002다9660).

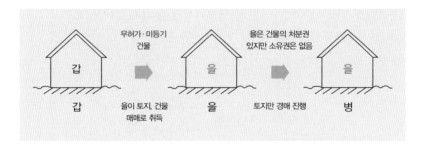

3) 토지의 사실상 처분권한이 있는 자가 건물을 신축한 경우

토지에 관한 소유권을 취득하지 아니한 이상 토지와 건물이 동일한 소유자에게 속했다고 할 수 없으므로 경매로 소유권자가 다르게 되어도 성립하지 않는다(대판 1994.4.12. 93다6053).

4) 구분소유적 공유관계에 있는 자가 타인 몫의 대지에 건물을 신축한 경우

대지를 각자 특정해서 매수해 배타적으로 점유해왔으나 분필이 되어 있지 아니한 탓으로 지분소유권이전등기를 경료했다면 이는 "구분소유적공유관계"로서 통상적인 공유관계와는 달리 당사자 내부에 있어서는 각자가 특정매수한 부분은 각자의 단독소유로 되었다 할 것이므로 자신의 특정소유가 아닌 부분에 건물을 신축했다가 공유물분할로 대지와 건물의 소유자가 다르게 된 경우에는 성립하지 않는다(대판 1994.1.28. 93다49871).

5) 토지매도 후 철거를 예상하면서 건물을 신축한 경우

토지의 매수인이 그 건축행위를 승낙하지 않은 이상 건물이 장차 철거될 것임을 예상하면서 건축한 것이므로 성립하지 않는다(대판 1994.12.22. 94다41072, 41089).

6) 대지상에 담보가등기가 경료되고 나서 대지소유자가 그 지상에 건물을 신축한 후 본등기가 경료되어 대지와 건물의 소유자가 달라진 경우

애초에 대지에 채권담보를 위해 가등기를 경료한 사람의 이익을 해하기 때문에 성립한다고 할 수 없다(대판 1994.11.22. 94다5458).

10절 법정지상권의 해법

1. 법정지상권 권리분석

유치권은 책상에서 10%를 알고 나머지 90%는 현장조사가 필요하다고 한다. 반면 법정지상권은 책상에서 90%를 알고 나머지 10%는 현장조사를 통해 알 수 있다고 한다. 그만큼 법정지상권은 말 그대로 공부상의 서류열람만으로 권리분석이 용이한 편이다.

2. 성립여부를 확인하기 위한 자료

1) 현재 건물에 대한 토지등기부등본과 건물등기부등본, 토지대장과 건축물대장은 기본으로 열람하고 폐쇄등기부등본도 확인해야 한다. 시·군·구청 건축과에서 건축허가와 관련된 내용도 확인한다. 허가일자, 착공일자 그리고 건축주 이름과 건축주 변경여부도 확인한다.
2) 무허가건물은 무허가건축물대장이나 재산세부과대장을 확인하

고 멸실된 건물은 멸실건축물관리대장을 확인한다.

3. 건물의 법정지상권

1) 법정지상권에서 가장 조심해야 할 경우다. 이러한 경우는 매수인이 건물만 낙찰받을 때 발생한다.
2) 매수인은 먼저 건물에 법정지상권이 성립하는 경우에 참여해야 한다. 법정지상권이 성립하지 않음(건물주가 지료를 연체해 법정지상권이 소멸한 경우 등)에도 건물만 낙찰받는 경우가 종종 있다.
3) 임차인이 있을 경우 대항력 유무도 확인해야 한다. 대항력 있는 임차인은 건물 매수인이 책임을 져야 한다.
4) 이처럼 위험부담이 커 낙찰가가 상대적으로 낮은 반면 수익(률)은 아주 높다.

4. 토지 법정지상권

흔히 법정지상권이라고 할 때에는 토지만을 낙찰받은 경우를 말한다. 토지를 낙찰받기 때문에 건물의 임차인에 대해 신경을 쓸 필요가 없다. 지료를 건물주로부터 받을 수 있고, 토지 재산권의 행사 기간이 영원하다.

5. 법정지상권 성립 시 재산권 행사절차

1) 토지 낙찰
2) 건물지료청구권을 원인으로 건물에 가압류
3) 지료청구의 소 제기
4) 지료청구의 판결
5) 지료 2년 이상 연체
6) 지상권소멸청구 및 건물에 대한 경매 신청

7) 건물 낙찰

※ 수목이 식재된 토지를 낙찰받은 경우 수목의 소유권자

1. 누군가 무단으로 식재한 경우
토지의 부합물로서 낙찰자의 소유

2. 토지임차권에 의해 식재한 경우
수목을 식재한 자가 소유권을 여전히 가지며 이 경우 법정지상권은 성립하지 않는다.

3. 토지소유자가 식재한 후 명인방법에 의하거나 수목등기를 한 경우
토지소유자가 여전히 수목의 소유권을 가지면 토지에 근저당권이 설정된 후 명인이나 등기를 했다면 법정지상권은 성립하지 않는다.

※ 농작물이 식재된 토지를 낙찰받은 경우
농작물은 무조건 경작자의 소유이므로 수확이 끝날 때까지 기다린 후 토지를 사용할 수 있다.

2장 분묘기지권

1절 분묘기지권의 의의

1. 분묘란 그 내부에 사람의 유골, 유해, 유발(遺髮, 죽은 사람의 머리털) 등 시신을 매장해 사자를 안장한 장소를 말한다. 따라서 분묘기지권이 성립하기 위해서는 분묘 내부에 시신이 안정되어 있어야 한다.
2. 분묘기지권이란 타인의 토지에 분묘를 설치한 자가 그 분묘를 소유하기 위해 분묘의 기지 부분인 토지를 사용할 수 있는 권리로 관습에 의해 인정된 지상권과 유사한 물권이다.

2절 분묘기지권의 성립요건

1. 「장사 등에 관한 법률」 제정 전(2001년 1월 12일까지)
① 타인의 토지에 토지소유자의 승낙
② 자기 소유 토지 분묘설치 후 분묘 이전 특약 없이 토지만을 타

인에게 처분

③ 토지소유자 승낙 없이 분묘설치 20년간 평온(다투지 않음)·공연
(은밀하지 않음)하게 점유해 시효취득

2. 「장사 등에 관한 법률」 제정 후(2001년 1월 13일 이후)

① 타인의 토지에 토지소유자의 승낙

② 자기 소유 토지 분묘설치 후 분묘이전 특약 없이 토지만을 타
인에게 처분

③ 취득시효형 분묘기지권 제외

취득시효형 분묘기지권을 성립요건에서 제외한 이유는 취득시
효형 분묘기지권은 토지소유자의 승낙 없이 또는 묘지의 설치
자 또는 연고자의 승낙 없이 해당 묘지에 분묘를 설치한 경우에
해당되어 「장사 등에 관한 법률」에 위반되기 때문이다. 이 경우
그 분묘를 관할하는 시장 등의 허가를 받아 분묘에 매장된 시체
또는 유골을 개장할 수 있다.

- 「장사 등에 관한 법률」 제27조【타인의 토지 등에 설치된 분
묘 등의 처리 등】

3절 분묘기지권의 특징

1. 사용대가는 약정이 있는 경우 지료를 지급해야 한다. 약정이 없
는 경우 당사자의 청구에 의해 법원이 결정할 수 있다. 또한 분
묘기지권을 시효취득하는 경우엔 무상이라고 해석하고 있다(대
판 1995.05.29. 94다34912).

2. 봉분의 형태가 분명해야 한다. 봉분 등 외부에서 분묘의 존재를 인식할 수 있어야 하며 가묘는 포함되지 않는다, 평장되어 있거나 암장되어 있어 객관적으로 인식할 수 있는 외형을 갖추고 있지 아니한 경우 분묘기지권이 인정되지 않는다.

3. 기본 분묘에 합장하는 형태의 단분 또는 쌍분까지 인정되지 않는다. 즉 기존 분묘 이외에 새로운 분묘를 신설할 권능은 포함되지 않는다.

4. 분묘기지권은 토지사용권을 갖는다. 토지사용권은 분묘소유자에 한하며 분묘를 소유할 수 없는 자는 시살상 그 분묘를 장기간 관리했다 해도 시효에 의해 취득할 수 없다.

5. 분묘기지권의 범위는 분묘의 수호 및 제사에 필요한 주위 공지를 포함한 지역까지도 효력이 미친다.

4절 분묘기지권의 존속기간

1. 분묘기지권은 「장사 등에 관한 법률」 시행 이전 및 이후, 약정에 따라 존속기간이 다르다.

2. 분묘기지권이 성립하는지 알아보기 위해서는 시정, 구정, 읍·면·동사무소에서 묘적부, 묘지설치허가(신고)대장 등 묘지관련 공부의 열람 및 묘지 인근 주민들에게 수소문을 해서 연고 여부와 설치시기 등을 파악해야 한다.

3. 2001년 1월 12일 이전 설치한 분묘

① 약정기간-토지소유자의 승낙을 얻어 분묘를 설치하고 존속기간을 약정한 경우 그 약정기간 동안 존속한다.

② 영원히 존속-약정을 정하지 않았거나 토지소유자의 승낙 없이 분묘를 설치하고 시효취득한 경우 분묘권리자가 분묘의 수호와 봉사를 계속하고 그 분묘가 존속하는 한 분묘기지권은 영원히 존속한다.

4. 2001년 1월 13일 이후 설치한 분묘

① 「장사 등에 관한 법률」에 의해 분묘기지권의 시효취득이 불가능할 뿐만 아니라 분묘의 설치기간도 최소 30년에서 1회 30년 연장할 수 있다. 따라서 최장 60년으로 제한을 받는다(「장사 등에 관한 법률」 제19조).

② ㉠토지소유자의 승낙없이 당해 토지에 설치한 분묘, ㉡묘지 설치자 또는 연고자의 승낙없이 당해 묘지에 설치한 분묘의 연고자는 당해 토지의 소유자, 묘지 설치자 또는 연고자에 대해 토지사용권 기타 분묘의 보존을 위한 권리를 주장할 수 없다(「장사 등에 관한 법률」 제27조 제3항).

5. 분묘설치제한지역

① 「장사 등에 관한 법률」 제17조: 녹지지역 중 대통령령으로 정하는 지역, 상수원보호구역, 문화재보호구역

② 「장사 등에 관한 시행령」 제22조: 수변구역, 접도구역, 하천구역, 농업진흥구역, 채종림, 보안림, 산림유전보호림, 특별산림호보구역, 요존국유림, 군사시설보호구역, 군사보호구역 등

☞ 2001.1.13.이후 토지소유자 승낙받아 설치한 경우라도 분묘기지권이 부정된다고 법조계에서는 보고 있다.

5절 타인의 토지 등에 설치된 분묘 처리방법

토지소유자의 승낙없이 설치한 분묘나 묘지 설치자 또는 연고자의 승낙없이 설치한 분묘는 분묘기지권이 성립하지 않는 경우로 분묘를 관할하는 시장·군수·구청장의 허가를 받아 개장할 수 있다.

1. 연고자를 아는 경우(유연분묘)

그동안 지방자치단체가 사유지에 설치된 불법묘지의 연고자가 있을 때 토지소유자와 연고자 간 분쟁으로 해석해 토지소유자의 개장허가신청 자체를 받아들이지 않았다.

그러나 2009년 1월 23일 법제처는 이에 대해 "토지소유자는 불법묘지를 개장하고자 할 때 관할시장으로부터 허가를 받아야 하며 이때 토지소유자가 불법 분묘의 연고자를 알고 있는지 여부가 개장허가의 요건이 되지는 않는다"며 토지소유자가 불법묘지 연고자를 알고 있는 경우도 개장허가 신청 대상이 된다고 했다.

따라서 연고자가 있는 불법묘지라도 토지소유자가 해당 묘지의 개장을 원할 때에는 관할시장·군수에게 불법묘지 개장허가를 신청할 수 있다. 개장을 하고자 할 때에는 미리 3월 이상의 기간을 정해 분묘의 설치자 또는 연고자에게 통보해야 한다.

2. 연고자를 모르는 경우(무연분묘)

만일 분묘의 연고자를 알 수 없는 무연고분묘일 경우에는 중앙일

보신문을 포함한 2 이상의 일간신문에 ①묘지 또는 분묘의 위치 및 장소, ②개장사유, 개장 후 안치장소 및 기간, ③공설묘지 또는 사설 묘지 설치자의 성명·주소 및 연락방법, ④그 밖의 개장에 필요한 사항의 내용을 2회 이상 공고하되, 두 번째 공고는 첫 번째 공고일로부터 1개월이 지난 다음에 해야 한다.

3. 연고자 확인방법

입찰하기 전 묘지 소재지 시·군·구청, 읍·면·동사무소에서 묘적부, 묘지설치허가 관리 대장 등 묘지관련 공부를 열람하면 연고 있는 분묘인지 확인할 수 있다. 묘지 소재지 인근 주민들에게 수소문해서 연고 여부와 설치시기 등을 확인할 수 있다.

※ 묘적부 기재사항(「장사 등에 관한 법률 시행규칙」 별지 11호 참조)

허가번호, 소재지, 지목, 지번, 시설구분, 면적, 분묘형태, 설치연월일, 설치기수, 시설물설치현황, 보존묘지(분묘)여부, 설치자의 성명(법인명), 주민등록번호(법인등록번호), 사망자와의 관계, 관리자의 성명, 주민등록번호, 설치자와의 관계, 주소, 전화번호, 설치변경사항, 분묘 및 묘지의 위치도(약도) 또는 사진(좌표)

6절 분묘기지권의 소멸

1. 존속기간의 약정이 있는 경우 그 존속기간의 만료
2. 이장이나 폐묘 시
3. 분묘에 대해 지료지급을 약정한 경우 분묘기지권자가 2년 이상 지료를 지급하지 않으면 토지소유자는 분묘기지권의 소멸을 청구할 수 있다.

4. 분묘기지권자가 토지소유자에게 권리를 포기하는 의사표시를
   하면 곧바로 소멸한다. 의사표시 외에 점유까지 포기해야만 분
   묘기지권이 소멸하는 것은 아니다.
5. 저당권설정 후에 분묘가 설치된 경우 저당권의 실행에 의한 경매

7절 장사법을 활용한 분묘기지권의 해결

분묘기지권은 성립요건을 갖추면 당연히 인정되는 권리가 아니며
민사소송에서 법원의 판결을 받아야 인정되는 권리이다.

법원의 판례상 인정되는 분묘기지권(물권, 법정지상권)과 관계없이
1962년 이후 설치한 불법묘지는 행정처분이 가능하므로 지자체에
민원을 제기할 수 있다.

이 경우 지자체는 장사법에 의한 불법묘지로 확인되는 되면 이전
명령 및 불응 시 이행강제금 부과의 행정처분이 가능하다. 또한 '매
장및묘지등에관한법률(매장법)'에 의한 불법묘지가 장사 등에 관한
법률(장사법)에도 불법묘지인 경우도 마찬가지다.

이러한 행정처분에 묘지 연고자는 행정쟁송(행정심판, 행정소송)으
로 대응할 수 밖에 없으므로 민사소송 시 발생하는 개인간 다툼이 없
으며, 불법묘지로 인한 재산권 침해를 해결 할 수 있다.

다만, 지자체에 불법분묘를 이유로 하는 민원제기는 궁극적으로
분묘의 이전을 목적으로 하는 최종적인 수단으로서의 고려해야 할
것이다.

정년 없는 부동산 경매

※ 점유권

1. 개념

물건에 대한 사실적 지배(점유라는 사실)를 법률요건으로 하여 생기는 물권을 말한다. 점유권은 권원의 유무와는 관계없이 오직 점유라는 사실에 의해서만 인정된다. 따라서 점유권은 사실상의 지배를 상실하면 소멸되고 만다

2. 점유권자

1) 점유 보조자

부동산을 사실상 지배하고 있으나, 점유자가 되지 못하는 자를 말한다. 즉 경비나 분양사무실 직원, 관리인 등이 있다.

2) 간접점유

타인의 직접 점유에 의해 매개되는 점유를 말하는 것으로 점유매개자는 반드시 타주점유이어야 한다.

3. 점유의 형태

1) 자주점유, 타주점유

· 자주점유: 소유의 의사로 점유하는 것

· 타주점유: 임대차나 용익물권에 의해 점유하는 것

2) 선의점유, 악의점유

· 선의점유: 점유할 수 있는 권리 즉 본권이 있음을 확신한 점유

· 악의점유: 본권이 없음을 알았거나 본권의 유무에 대해 의심을 품으면서 하는 점유

3) 과실있는 점유, 과실없는 점유

선의점유에 있어서 과실이 있는가 없는가를 구분해서 결정하는 형태

3장

유치권

1절 유치권의 의의

1. 유치권이란 타인의 물건이나 유가증권을 점유하는 자가 그 물건
   또는 유가증권에 관해 생긴 채권의 변제를 받을 때까지 그 목적
   물을 유치하며 채무자의 변제를 간접적으로 강제하는 법정담보
   물권이다(「민법」 제320조 제1항).

2. 유치권은 등기사항전부증명서에 기록되지 않으며, 집행법원에
   유치권신고도 의무사항이 아니므로 경매에서 유치권은 철저하
   게 조사한 후 투자해야 할 것이다.

유치권행사신고서

사건번호

채권자

채무자

소유자

위 사건과 관련해 당사는 본건 경매부동산에 대해 아래와 같이 공사대금채권이 있어 매수인에 대해 이로 인한 유치권을 행사할 계획임을 알려드리오니 매수인이 선의의 피해를 보지 않도록 경매 진행에 참조해주시기 바랍니다.

아 래

발생채권: 공사미수금

원금

이자

합계

단, 이자는 채무이행기인 년 월 일부터 년 월 일가지 연 %를 적용함.

첨 부 서 류

1. 공사도급계약서 사본 1부
1. 법인등기부등본
1. 지상권설정계약서
1. 공사미수금현황
1. 건설면허증

2019년 00월 00일

위 신고인(채권자)　　　　(인)

연락처(☎)

전주지방법원 정읍지원　　귀중

보정명령

사건번호
채권자
채무자
소유자

귀하는 이 명령이 송달된 날로부터 7일 안에 다음 흠결사항을 보정하시기 바랍니다.

흠 결 사 항

경매절차에서 유치권신고는 저가매각의 원인이 되는바, 이 사건에 관해 유치권자라 주장하는 OOO이 유치권 신고를 하였으므로, 다음 사항에 관해 조속히 회신을 바랍니다.

다 음

1. 소유자와 유치권신고인의 관계
2. 유치권신고인의 주민등록초본을 제출할 것
3. 내부에 대한 조사가 가능하면 유치권자가 실제 공사한 내역이라고 주장하는 공사내역에 대한 사진이나 현재 현황에 대한 사진을 첨부할 것
4. 현황조사보고서에 의하면 임차인이나 소유자가 점유하고 있는데 유치권신고인이 이 사건 부동산에 관해 실제로 점유하고 있는지 여부, 점유한다면 그 점유 개시일자 및 그 점유가 불법행위로 인한 것인지 여부(민법320조 제2항, 대판 2005.8.19. 2005다22688 참조)
5. 유치권부존재확인의 소를 제기할 의사가 있는지 여부(대판 2004.9.23. 2004다3284참조)

2019년 00월 00일

사법보좌관 OOO

2절 유치권의 성립요건

유치권은 당사자 간에 계약을 체결해 생기는 약정 담보물건이 아니라 법률의 규정을 충족하면 성립하는 법정 담보물권이다.

1. 타인 소유의 물건이어야 한다.
1) '타인'은 채무자 이외의 제3자도 포함되나, '자기'소유의 부동산에는 유치권이 성립하지 않는다.
2) 즉, 건축공사수급인이 자기의 재료와 노력으로 건물을 건축한 때에는 특별한 의사표시가 없는 한 도급인이 대금을 지급하고 건물의 인도를 받을 때까지 그 소유권은 수급인에게 있으므로 수급인은 공사대금을 원인으로 도급인에게 유치권을 행사할 수 없다(대판 1993.3.26. 91다14116).

2. 채권이 유치권의 목적물에 관해 생길 것(견련관계)
1) 채권이 목적물 자체로부터 발생해야 한다.
2) 토지상에 공사가 중단된 건축구조물의 건축업자가 건축공사대금으로 토지의 매수인에게 유치권을 주장할 수 없다. 왜냐하면 건축공사대금은 건물과 견련관계가 있지만 토지와는 견련관계가 없기 때문이다.
3) 대여금이나 매매대금채권, 임차보증금, 상가권리금, 건물의 부속물 설치비는 건물자체로부터 발생한 채권이 아니다.

※유치권 신고내용은 대여금, 분양대금으로 대법원 판례는 대여금반환채권과 매매대금지급채권은 그 부동산과 관련이 있는 채권으로 볼 수 없다는 이유로 유치권을 인정하지 않는다.

서부8계 2016타경19**

경매구분	임의경매	채권자	아○○○○○○○○○○○		
용도	아파트	채무/소유자	윤○○○	매각기일	16.08.09 매각
감정가	1,030,000,000	청구액	334,800,000	종국결과	16.10.25 배당종결
최저가	824,000,000(80%)	토지면적	56.6㎡(17.1평)	경매개시일	16.02.25
입찰보증금	82,400,000(10%)	건물면적	114㎡(34.6평)[45평형]	배당종기일	16.05.03
주의사항	유치권				

소재지/감정요약	물건번호/면적(㎡)	감정가/최저가/과정	임차조사	등기권리
(04129) 서울 마포구 아현동 774 , 777, 779, 767 마포래미안푸르지오 410동 26층 2604호 [마포대로195] 감정평가서요약 서울마포경찰서 북서측인근 주변아파트단지내 아파트 및 근린시설 등 소재 차량진출입가능 인근버스(정) 및 지하철 애오개역 소재 분담금 등의 청구권에 기해 아현 제3구역 주택재개발정비사업 조합에 의해 유치권행사 중임을 나타내는공고문이 본건 현관문에 부착되어 있으니 그와 관련 재정비촉진지구	물건번호: 단독물건 대지 56.6/146498.5 (17.11평) ₩515,000,000 건물 건물 114.3(34.57평) ₩515,000,000 현공실 – 총27층 –승인 : 2014-09-26 –보존 : 2015-05-01	감정가 1,030,000,000 · 대지 515,000,000 · 건물 515,000,000 최저가 824,000,000 (80%) 경매진행과정 ① 1,030,000,000 2016-07-05 유찰 ② 20% ↓824,000,000 2016-08-09 매각 매수인 우○○ 응찰수 5명 매각가 1,016,160,000 (98.66%) 허가 2016-08-16 납기 2016-09-23 납부 2016-09-23 2016-10-25 종결	법원임차조사 *폐문부재로 안내문을 남겨두고 왔으나 아 무 연락이 없어 점유관계 미상이나이건에 전입 세대열람내역(동거인 포함)서상 세대주가 존재하지 않음	소유권 윤○○ 2015-05-01 근저당 아현 제3구역 주택재개발정비 2015-05-01 334,800,000 근저당 아현제3구역주택 재개발정비 2015-05-01 250,800,000 가압류 한국자산관리공사 2015-06-03 414,662,800 임의 아현제3구역주택 재개발정비 2016-03-02 *청구액: 334,800,000원 채권총액 1,188,733,544원 열람일자 : 2016-03-07

대법원 공고	〈비고란〉 1. 현재 공실 상태임. 2. 신청채권자 아현제3구역주택재개발정비사업조합에서 2016.05.09. 제출한 유치권신고서와 2016. 05.27. 제출한 보완서에 따르면, 1) 신축, 분양 아파트와 관련된 징수금 채권으로 서울남부지방법원 2015가합 442 대여금 사건에 의한 원금 574,000,000원 및 이에 대해 2016. 1. 1.부 터 완제일까지 연15% 이자와 서울서부지방법원 2015 가단225434 분양대 금 등 사건에 의한 원금 66,000,000원 및 이에 대해 2015.7.25.부터 완제일 까지 연15% 이자금 중 근저당권자(을구1번, 을구2번)로서 배당금을 제외한 나 머지 금액에 대해 유치권신고 2) 점유개시일 2014.12.1.부터

3. 채권의 변제기가 도래할 것

1) 채권의 변제기가 도래하지 않으면 변제기 전의 채무이행을 강 제하는 결과가 되어 유치권은 성립하지 않는다. 다만 변제기가 정해지지 않은 채권은 점유와 동시에 유치권이 성립한다.

2) 공사대금채권을 불확정기한으로 정한 경우 즉 수급인이 도급 인과 공사대금을 분양계약금과 중도금, 입주금으로 정산하기로 했는데 도급인이 잠적해 분양과 공사가 중단되고, 신축건물 및 그 부지가 경매에 들어간 경우 공사대금채권에 대한 변제기가 언제 도래한 것으로 볼 것인지?

당사자가 불확정한 사실이 발생한 때를 이행기한으로 정한 경우에 는 그 사실이 발생한 때에는 물론 그 사실의 발생이 불가능하게 된 때에도 이행기한은 도래한 것으로 보아야 한다(대판 2003.6.24. 2001 다787577).

'도급인이 잠적한 경우나 늦어도 경매 절차가 개시된 무렵'에는 불 확정기한 사실의 발생인 분양에 의한 공사대금 청산이 사회통념상 불가능하므로 그 시점에 변제기가 도래했다

4. 목적물을 점유하고 있을 것

점유는 유치권의 성립요건이자 존속요건이다. 따라서 유치권자가 점유를 상실하면 유치권은 소멸한다.

1) 점유의 의미

(1) 점유라 함은 사회통념상 어떤 사람의 사실적 지배에 있다고 보이는 객관적 관계를 말하는 것으로서, 사실상의 지배가 있다고 하기 위해서는 반드시 물건을 물리적·현실적으로 지배하는 것만을 의미하는 것이 아니고, 물건과 사람과의 시간적·공간적 관계와 본권관계, 타인 지배의 배제가능성 등을 고려해 사회관념에 따라 합목적적으로 판단해야 한다(대판 1996.8.23. 95다8713).

(2) 이러한 점유의 개념은 다소 추상적이어서 실무상 어떤 경우에 점유가 존재하고 계속되고 있다고 볼 것인지 논란이 되는 경우가 많다.

2) 점유의 방법

유치권을 주장하는 자의 점유 행태에는 직접점유와 간접점유가 있다. 간접점유의 경우 그 행태의 다양성과 추상성으로 인해 어디까지 인정해야 할지 논란의 여지가 많다.

(1) 잠금(시정)장치

가. 시정장치를 하는 것은 열쇠소지와 마찬가지로 타인지배를 배제하고 물건을 장악할 수 있는 각종 도구 내지 장비를 갖추며, 외부로부터의 사실적 지배에 관심이 있는 자가 인식할 수 있는 정도의 행동, 표시를 한 것에 해당한다.

타인지배의 배제가능성만 있다면 주된 출입구만 시정해도 된다고 볼 것이고, 시정방법은 건물의 출입구를 자물쇠를 채우거나, 용접하거나 나무나 판자를 대어 못을 박는 행위, 입구를 컨테이너로 봉쇄하는 행위가 해당된다.

나. 유치권 행사 안내문 등 게시의 필요 여부-일반적으로 외부에는 현수막이나 플랜카드 또는 안내문을 통해 유치권 행사중 임을 알린다. 이는 유치권행사의 점유개시목적을 나타내는 표상으로 중요하다. 그러나 유치권의 성립요건으로서 안내문 게시 등이 반드시 필요한 것은 아니다.

다. "소외 회사는 나머지 공사대금채권의 확보를 위해 1985년 6월 25일경부터 동인빌딩의 지하1층과 이 사건 상가부분에 대하여 유치권을 행사하기로 하고 그 출입문에 그러한 취지의 경고문을 붙여놓으면서 이 사건 상가부분의 정식출입구 2개 모두를 자물쇠로 시정해놓고 빌딩 9층에 상근하는 소외 회사의 직원들로 하여금 수시로 상가부분에 출입하면서 이를 관리하게 한 사실"(대판 1993.4.23. 93다289)에서 알수 있듯이 잠금장치는 유치권의 전형적인 점유방법이다.

(2) 간접점유(직원이나 경비용역업체)

가. 직원이나 경비용역업체 등 사람을 시켜 점유하는 경우

나. 다수의 유치권자가 1인 내지 2인 등 소수에게 점유를 위임하는 경우

다. 임차인에게 점유매개관계로 점유를 위임하는 경우 등의 간접점유도 가능하다.

(3) 가처분 등 보전처분

유치권자가 유치권에 기해 부동산을 점유하고 있는 것을 채무자 등이 방해하거나 방해할 우려가 있을 때 그 방해배제청구권 또는 방해예방청구권의 보전을 위해 행하는 가처분으로 '점유방해금지가처분'이 있다.

(4) 공동점유

가. 건축주가 조경, 전기, 미장, 방수, 창호, 냉난방, 승강기 등 관련 건설공사를 각 공사시공자에게 공사종별로 분할해 도급을 주었는데, 건축주가 부도가 나자 각 공사시공자들이 채권단을 구성해 건축물을 공동점유하는 경우가 많다.

나. 채무자와 공동으로 목적물을 점유해도 유치권은 성립한다. 다만, 채무자가 목적물의 대부분을 인도받아 점유하고 있거나 공동점유공간이 특정된 소규모 공간이라면 유치권자의 공동점유 주장이 허위일 가능성이 높다.

다. 채무자를 직접 점유자로 하여 채권자가 간접점유하는 것은 유치권의 요건으로서의 점유에 해당하지 않는다.

(5) 일부만 점유 시

반드시 건물 전체를 점유해야만 유치권이 성립하는 것은 아니다. 건물의 일부만 점유해도 유치권이 성립한다.

다세대주택의 창호 등의 공사를 완성한 하수급인이 공사대금채권 전액을 변제받기 위해 위 다세대주택 중 한 세대를 점유해 유치권을 행사하는 경우, 그 유치권은 위 한 세대에 대해 시행한 공사대금만이 아니라 다세대주택 전체에 대해 시행한 공사대금채권의 잔액 전부를 피담보채권으로 해서 성립한다(대판 2007.9.7. 2005다16942).

(6) 공부상호수와 실제호수가 일치하지 않은 점유

빌라 전체를 건축한 건축업자가 실제 점유하는 호수는 101호인데 집합건물대장에는 102호로 되어 있고 주민등록도 102호 되어 있었다. 집합건물대장상 101호에는 임차인이 있었고 등기부등본상 101호의 소유자는 다른 사람으로 되어 있는 경우 유치권 인정해야 한다.

왜냐하면 전체를 건축한 건축업자는 어느 곳을 점유하고 있어도 유치권은 변함이 없고 공부상 일치 여부는 관계가 없다.

3) 점유의 개시 시기

(1) 유치목적물의 점유시기는 제한이 있는데 압류의 효력발생(경매개시결정기입등기)전에 점유를 개시한 유치권에 한해 매수인에게 대항할 수 있다.

(2) 유치권의 양도-유치권 양도의 효력이 발생하려면 점유와 피담보채권을 함께 양도해야 한다.

이 경우 양도시점이 경매개시 이후면 압류의 처분금지효에 저촉되는지?

적법하게 성립한 유치권을 승계한 자의 유치권 행사가 목적 건물의 교환가치를 감소시킬 우려가 없으며, 그 건물에 관한 압류의 효력은 그 건물의 소유권행사에 미치는 것이지 유치권에 대한 압류가 아니므로 경매개시결정 이후 유치권이 양도된 것이 개시결정의 효력에 반하는 것은 아니다(서울고법 2007.7.5. 2006나55670 판결).

4) 점유의 재취득(점유의 일시 상실)

유치권자가 유치물을 임의로 채무자에게 반환한 뒤 다시 점유를 취득한 경우

(1) 원칙: 유치권이 성립하지 않는다.

유치권자가 유치물의 존재를 안 상태에서 조건 없이 반환한 경우 유치물의 포기로 간주되어 유치권이 성립하지 않는다.

(2) 예외: 유치권이 성립하는 경우

유치권자가 유치물의 존재를 알지 못한 상태에서 반환한 경우 또는 조건부로 명도를 풀어준 경우로서 예를 들어 합의비(공사비 등)를 받기로 하고 점유를 풀어주었는데 상대방이 합의비를 주지 않아 재점유하는 경우는 유치권을 포기한 것이 아니므로 재점유 시 유치권을 취득할 수 있다(대판1996.8.23. 95다8720).

5. 유치권 배제 특약이 없을 것

당사자 간에 유치권의 발생을 배제하는 특약이 있는 경우 그 특약(계약 시 원상복구특약)은 유효하다. 따라서 유치권 발생을 배제하는 특약이 없어야 한다.

1) 원상복구 약정 사례

(1) 임차물을 현 상태로 사용하고 승낙 없이 건물을 변경하지 아니하고 변경한 건물 및 조작물은 건물 명도 시 원상복구한다.
(2) 임대차 종료 시 임차인은 건물을 원상으로 복구해 임대인에게 명도한다.
(3) 임차인이 임차건물을 증·개축 시에는 임대인의 승낙유무에 불

구하고 무조건 임대인의 소유로 귀속한다.

3절 유치권의 성질

1. 법정담보물권

유치권은 일정한 요건만 구비하면 법률상 당연히 성립하는 법정담보물권이다.

2. 불가분성

1) 일부변제, 일부점유

(1) 유치권자는 채권을 전액 변제받을 때까지 유치물 전부에 대해 유치권을 행사할 수 있다(민법 제321조).

(2) 수급인은 다세대주택의 창호 등의 공사를 완료했지만 총 공사대금 3억 원 중 1억 원만을 지급받고 나머지 2억 원을 지급받지 못하자 다세대주택 중 101호를 점유해 유치권을 행사했다. 수급인이 점유하고 있는 101호에 대한 공사대금은 300만 원이다.

(3) 유치권을 주장할 수 있는 채권액은 그중 1채에 관한 것으로 국한되는 것이 아니라 미지급 공사대금채권 잔액 전부를 담보하는 것으로 보아야 할 것이다. 따라서 유치권자는 채무를 일부 변제받더라도 점유하고 있는 물건의 일부에 대한 점유를 풀 필요가 없고, 종전과 마찬가지로 전부에 대해 그대로 유치권을 행사할 수 있다(대판 2007.9.7. 2005다16942).

(4) 101호의 낙찰자는 101호에 대한 피담보채권인 300만 원만 부담하는 것이 아니라 다세대주택 전체에 대한 피담보채권인 2

억 원을 부담해야 한다. 단, 미점유 부분의 매수인은 유치권의 부담을 지지 않는다.

2) 점유의 불가분성

반드시 유치물 전부를 점유해야 하는 것은 아니다. 즉, 일부(101호)를 점유해도 유치권은 성립한다. 단, 미점유 부분의 매수인은 유치권의 부담을 지지 않는다.

3. 부종성

유치권은 채권의 존재를 전제로 해서만 성립하고 존재할 수 있다. 즉, 채권이 발생하지 않으면 유치권은 성립할 수 없고, 채권이 소멸하면 유치권도 소멸한다. 유치권의 부종성은 담보물권 중에서 가장 강하다.

4절 유치권의 효력

1. 대항력

유치권은 물권으로서 모든 사람에게 대항할 수 있다. 즉, 채무자뿐만 아니라 그 물건의 소유자·양수인·매수인 등 모두에 대해 유치권을 주장할 수 있다. 따라서 매수인은 유치권자에게 채무를 변제하지 않는 이상 낙찰받은 부동산을 인도받지 못한다.

2. 목적물의 유치

1) 유치물의 점유

유치권자는 채권 전부의 변제를 받을 때까지 유치물 전부에 대하

정년 없는 부동산 경매

여 그 권리를 행사할 수 있다. 즉, 채권의 일부변제가 있더라도 그에 비례해 목적물의 일부가 유치권의 영향으로부터 벗어나는 것이 아니다. 유치권자는 전액 변제를 받을 때까지 여전히 목적물 전부에 대해 유치권을 행사할 수 있다.

3. 선량한 관리자로서의 의무

유치권자는 선량한 관리자의 주의로 유치물을 점유해야 하고 소유자의 승낙없이 유치물을 보존에 필요한 범위를 넘어 사용하거나 대여 또는 담보제공을 할 수 없는데 이 의무를 위반하면 소유자가 유치권의 소멸을 청구할 수 있다.

공사대금채권에 기해 유치권을 행사하는 자가 스스로 유치물인 주택에 거주하며 사용하는 것도 유치물의 보존에 필요한 사용에 해당하고 이 경우 특별한 사정이 없는 한 차임 상당 이득을 소유자에게 반환할 의무가 있다.

4. 과실수취권

유치권자는 유치물의 과실을 수취해 다른 채권보다 먼저 그 채권의 변제에 충당할 수 있다. 채무자의 동의하에 임대를 주고 그 임대료를 이자에 충당하고 남은 잉여가 있으면 원본에 충당한다.

5. 비용상환청구권

유치권자가 유치물에 관해 필요비를 지출한 때에는 소유자에게 그 상환을 청구할 수 있다. 또한 유익비를 지출한 때에는 그 가액의 증가가 현존한 경우에 한해 소유자의 선택에 좇아 그 지출한 금액이나 증가액의 상환을 청구할 수 있다.

6. 간이변제충당권

정당한 이유가 있을 때에는 유치권자는 감정인의 평가에 의해 유치물로 직접 변제에 충당할 것을 법원에 청구할 수 있다. 이 경우에는 유치권자는 미리 채무자에게 통지해야 한다.

7. 매수인에게 채무변제를 요구할 수 없다

유치권자는 매수인에게 채무변제가 있을 때까지 유치목적물인 부동산의 인도를 거절할 수 있을 뿐, 유치권자가 공사비 등의 채무변제를 요구할 수 없다. 이는 매수인이 직접 채무자가 아니기 때문이다. 단, 매수인은 목적물을 인도받으려면 유치권자의 채무를 변제해야 해 결국 매수인은 유치권에 상응하는 부담을 져야 한다.

8. 유치권에 의한 경매 신청

유치권자에게 경매 신청권을 부여한 것은 직접청구권이 없는 유치권자가 목적물을 채무변제 시까지 한없이 점유해야 하는 부담에서 벗어나기 위해서이다.

경매를 신청한 유치권자는 일반채권자와 동일한 순위로 배당을 받을 수 있으며, 근저당권자와 같은 우선변제권은 없다. 경매 신청을 위해서는 유치권의 원인채권에 대한 확정판결, 지급명령, 공정증서 등이 있어야 한다.

9. 현실적인 (최)우선변제

유치권자가 경매를 신청하지 않은 경우, 즉 타 채권자가 신청한 경매사건에서 유치권자는 원칙적으로 배당을 받을 수 없다. 그러나 매수인이 목적물을 인도받아 재산권을 행사하려면 유치권자에게 채무를 변제해야 한다. 결국 유치권자는 자신의 채권과 매각대금을 상계해 사실상 최우선변제권을 행사하는 것과 동일한 효과를 얻게 된다.

임차인의 필요비와 유익비도 배당요구를 하면 최우선변제 대상이다. 만약 필요비와 유익비를 가지고 배당요구를 했음에도 경매 절차에서 배당을 받지 못하면 배당을 받은 후순위권리자를 상대로 부당이득반환청구를 할 수 있다.

5절 유치권의 소멸

1. 일반적인 소멸원인
목적물의 멸실, 수용, 혼동, 포기 등이 있으면 유치권은 소멸한다.

유치권의 포기는 점유의 포기까지 수반하는 것이 아닌 의사표시만으로도 가능하다(대판 1980.7.22. 80다1174).

2. 점유의 상실
유치권자의 유치물 점유는 계속되어야 하기 때문에 점유가 상실되면 유치권이 소멸된다(민법 제328조). 불법적인 침탈에 의해도 마찬가지다. 다만 불법적으로 침탈된 경우는 유치권자가 자력구제(민법 제209조)나 점유회복의 청구(민법 제204조)로 유치물을 다시 반환받아서 점유하게 되면 유치권을 취득한다.

3. 유치권자의 의무위반, 채무자의 담보제공
유치목적물에 대한 선량한 관리자의 주의의무를 위반하거나, 무단사용·대여하거나, 채무자가 상당한 담보를 제공한 경우 채무자의 일방적 의사표시에 의해 유치권의 소멸을 청구할 수 있다.

4. 유치권자의 경매 신청(「민사집행법」 제274조)

유치권자가 목적물을 채무변제 시까지 한없이 점유해야 하는 부담에서 벗어나기 위해 유치권에 의한 경매를 신청해 현금화(매각)가 이루어지면 유치권은 소멸한다. 이때 매각대금이 유치권자의 청구 금액에 못 미치더라도 경매 절차의 종결과 함께 유치권이 소멸한다.

5. 피담보채권의 소멸시효

1) 피담보채권이 소멸하면 담보물권도 당연히 소멸한다. 「민법」 제163조 제3호에서 "도급받은자, 기타 공사의 설계 또는 감독에 종사하는 자의 공사에 관한 채권의 소멸시효은 3년"이라고 규정하고 있다. 유치권은 유치물을 점유하는 동안 시효로 소멸하지 않지만 피담보채권인 공사대금은 별도의 조치(승인, 가압류, 판결 등)을 취하지 않으면 소멸할 수 있다. 따라서 실제 유치권은 우선 가압류 등의 조치를 취한 경우가 많다.

2) 소멸시효의 완성 주장-경매 신청채권자, 채무자, 유치물의 소유자 뿐만 아니라 부동산의 매수인도 피담보채권의 소멸시효가 완성되면 시효로 인해 채무가 소멸되는 결과 직접적인 이익을 받는 자에 해당하므로 소멸시효의 완성을 원용할 수 있는 지위에 있다고 할 것이다(대판 2009.9.24. 2009다39530).

6. 대물변제

1) 유치권자가 공사대금 대신 대물로 변제받는 경우가 있다. 대물변제 효과로 유치권의 피담보채권인 공사대금이 소멸해 유치권도 소멸한다.

2) "대물변제가 채무소멸의 효력을 발생하려면 채무자가 본래의 이행에 갈음해 행하는 다른 급여가 현실적인 것이어야 하며, 다

른 급여가 부동산인 경우에는 그 부동산에 관한 물권변동의 효력이 발생하는 등기를 경료해야 본래의 채무가 소멸된다 할 것이다(대판 2003.5.16. 2001나27470).

6절 유치권의 유형과 성립가능성 여부

경매에서 문제되는 유치권의 유형은 크게 공사대금 채권과 임차인의 인테리어시설비 그리고 재개발이나 재건축 시 시공회사나 주택조합에서 이주비상환청구권을 가지고 주장하는 경우다.

1. 공사대금채권

1) 종류

본체의 공사대금채권이란 부동산의 부속물이 아닌 본체의 공사대금이다. 건축공사의 경우, 토목, 기초, 골조, 창호, 설비 등은 포함되나 건축자재대금채권은 포함되지 않는다.

토지조성공사라면 성토, 굴토, 옹벽, 축대, 상하수도, 배수로, 진입로 등의 비용도 유치권 성립요건을 구비하면 성립할 수 있다.

2) 토지의 형질변경에 따른 공사대금채권도 유치권이 성립할 수 있다

즉, 토지에 관한 유치권으로 성립 가능하다.

3) 건물의 채무액에 비해 과도한 유치권 금액

건물값에 비해서 저당이 많고 압류나 기타 가압류가 많음에도 불구하고 거액의 공사비를 지출한 경우 유치권의 성립 가능성은 낮다.

4) 경매개시 가능성을 충분히 인식하고 한 개조공사 대금 채권

임차인이 경매개시절차가 개시될 가능성이 있음을 충분히 인식하고서도 부동산의 개조에 관한 공사를 한 경우 성립 가능성은 낮다.

2. 하수급인의 공사대금채권

통상적으로 건물을 신축하려면 원수급인과 다수의 하수급인들과 하도급계약을 체결하는 방식으로 진행된다. 이 경우 하수급인들이 직접 도급인에 대해 자신들의 하도급 대금 채권을 담보하기 위해 완성된 건물에 대한 유치권을 주장할 수 있는지 여부?

하수급인이 수급인으로부터 하도급받아 공사를 했다면 그 공사대금채권의 목적부동산과 견련관계가 인정되는 한 수급인의 유치권을 원용해 행사할 수 있고(대판 2005.8.19. 2004다8197,8203), 하수급인의 독자적 유치권행사도 인정했다(대판 2007.9.7. 2005다16942).

3. 공사대금채권을 임차보증금으로 전환한 경우

1) 임대차계약만을 체결한 경우

이는 공사대금채권을 소멸시키기 위한 것이라기보다는 공사대금채권을 담보하기 위한 것이었다고 해석하는 것이 당사자의 의사에 부합될 것이므로 공사대금채권이 임대차계약의 보증금 상당액만큼 소멸했다고 볼 수는 없다(서울고법 2007.7.5. 2006나55670판결).

2) 임대차계약체결 후 점유사용하고 있는 경우

공사업자는 건축주에 대해 임차보증금 반환채권만을 가질 뿐 공사대금 지급이나 유익비 상환을 구할 수 없으므로 유치권을 주장할 수 없다(대전고법 2006.6.15. 2005나9676판결).

4. 임차인의 채권

1) 필요비

(1) 필요비란 '수선비 등 물건의 보존에 필요한 비용 등 선량한 관리자의 주의로써 물건을 보관하는 데 불가결한 비용'을 말한다. 필요비는 통상의 필요비와 특별한 필요비로 구분된다.

> * 통상의 필요비는 물건 또는 물건위의 권리를 보존함에 있어서 필요로 하는 비용
> * 특별한 필요비는 천재지변 기타 일반적으로 예측할 수 없는 사정으로 인해 지출하게 된 비용을 말한다.

(2) 필요비는 임대차 종료 전이라도 청구가 가능하며, 상환시기는 보통 물건의 반환 또는 인도 시이며, 비용지출자는 목적물상의 유치권을 갖는다.

(3) 물건의 직접적인 이용을 위해서만 소비되는 비용은 필요비에 해당되지 않는다.

2) 유익비

(1) 유익비란 임차목적을 달성하기 위해서 반드시 필요한 비용은 아닐지라도 그 비용을 지출함으로써 건물 자체의 객관적 효용가치가 증대되는 비용이다. 주택 바닥난방공사, 외벽도장공사, 외부석재 마감공사, 보일러, 배관, 싱크대, 화장실설치 등이 해당될 수 있다.

(2) 필요비와 달리 유익비에 대해서는 임대인은 임대차 종료 시에 그 가액의 증가가 현존한 때에 한해 임차인의 지출한 금액이나

그 증가액을 선택해 상환해야 한다.

(3) 유익비는 임대차가 종료된 후에 청구가 가능하다. 즉 경매진행 중으로 채권의 변제기가 도래하지 않으면 유치권이 성립하지 않는다(「민법」 제320조 제1항, 제626조 제2항). 이를 근거로 경매 신청채권자(또는 채무자)가 경매 전 유치권자를 상대로 유치권 부존재확인소송을 제기해 유치권에 의한 최최우선변제에 의한 배당을 방지할 수 있다.

다만, 임대차계약 기간이 남은 상태에서 경매 중에는 유익비상 환청구권의 변제기가 도래하지 않아 이를 담보로 한 유치권이 성립하지 않는다. 단, 매각이 되면 임차인은 유익비상환채권에 의해 유치권을 행사할 수 있다.

3) 필요비·유익비상환청구권

(1) 아파트 유치권의 90%는 인테리어공사다. 또한 유치권 신고인 은 거의 대부분 임차인이다. 임차인이 주장하는 인테리어공사 는 필요비·유익비상환청구권에 해당된다.

(2) 유치권은 공사비를 받을 때까지 유치권자가 인도를 거부할 수 있으나 배당에는 참여할 수 없다. 반면 필요비·유익비상황청구 권은 배당에 참여할 수 있기 때문에 배당요구 종기일까지 배당 요구를 해야 한다. 그러면 최우선변제권보다 우선하는 최최우 선변제권에 해당하는 권리를 부여받는다.

5. 상가점포

임차인이 장사를 하기 위해 상가건물을 임차해 1억 원을 들여 시설을 한 경우, 시설비에 대해서는 유치권의 성립을 부정하고 있다. 왜냐하면 건물의 객관적 가치를 상승시키는 요인이 아니라 오로지 임차인의 영업적 이익을 위한 것이기 때문이다. 간판, 특수장치, 조명, 난방 기타 설비 등은 유익비에 해당하지 않는다. 오히려 임차인은 계약상의 특약조건에 따라 원상회복의무를 져야 한다.

6. 공사가 중단된 건물의 토지만 낙찰

지상에 공사가 중단된 건물의 토지만 낙찰받았을 경우, 토지에 관한 유치권의 성립 여부가 문제된다. 건물의 공사 진척 정도에 따라 토지와 독립된 건물로 볼 수 있느냐가 관건이다.

1) 건물의 외관을 갖춘 경우(사회통념상 독립한 건물)

건물에 관한 유치권이 성립할 수 있다. 또한 그 건물의 유지 사용에 필요한 범위 내에서 대지부분에 대해서도 유치권을 행사할 수 있다.

이때는 토지만 입찰하므로 먼저 법정지상권의 성립을 검토하고 유치권을 살펴보아야 할 것이다.

2) 건물의 외관을 갖추지 못한 경우-바닥 또는 골조공사

건물의 신축공사를 도급받은 수급인이 사회통념상 독립한 건물이라고 볼 수 없는 상태에서 공사가 중단된 경우 위 정착물은 토지의 부합물에 불과해 이러한 정착물에 대해 유치권을 행사할 수 없는 것이고, 또한 공사중단 시까지 발생한 공사금 채권은 토지에 관하여 생긴 것이 아니므로 위 공사금 채권에 기해 토지에 대해 유치권을 행사할 수도 없는 것이다(대판 2008.5.30. 2007마98).

공사가 중단된 건축물은 별도의 소유권 취득대상이 아니고 토지의 처분과 운명을 같이한다.

3) 터파기 공사가 중단된 경우

수급인의 도급계약 목적이 터파기공사인 경우 사안에 따라 토지에 대한유치권이 성립할 수 있다. 다만, 터파기공사의 계약목적이 건물의 신축을 위한 목적일 경우에는 터파기공사대금 채권은 건물의 신축에 의해 발생하는데 토지는 공사대금채권과 견련관계가 없다.

7절 유치권의 해법

1. 유치권의 신고와 실무상의 처리
1) 매각기일 이전에 신고

집행법원은 매각물건명세서에 유치권 신고사실을 기재한다. 기재내용은 "○○○로부터 ○○부동산에 대해 금 000원의 유치권 신고가 있으나 그 성립 여부는 불분명함" 또는 "○○○로부터 유치권 신고가 있으나 그 성립 여부는 불분명함"이라고 기재하고 경매 절차를 진행한다.

법원에 따라서는 유치권자에게는 진정한 유치권 여부(공사대금 청구의 소제기나 압류 전부터 점유인지 여부 등)를 입증하라고 한다.

2) 매각기일 이후 매각결정기일까지 신고

유치권이 성립할 여지가 전혀 없다는 점이 명백하지 않는 한 매각물건명세서 작성에 중대한 흠이 있는 것으로 보아서 매각을 불허하고 새매각을 한다(민사집행법 제121조 제5호).

3) 매각결정기일부터 매각결정확정일까지 신고

최고가매수신고인에게 매각허가에 대하 이의신청(민사집행법 제121조 제6호) 또는 즉시항고를 받아서 매각허가결정을 취소하고 새 매각을 진행한다.

4) 매각결정확정일 이후 대금지급 시까지 신고

매각허가결정의 취소신청(민사집행법 제127조 제1항)을 받아서 매각허가결정을 취소하고 새매각을 한다.

5) 대금지급 시부터 배당 사이에 신고

최고가매수신고인이 민법 제575조 제1항에 따른 담보책임을 묻는 경우에 한해서 매각허가결정을 취소한다.

2. 인도명령 신청

신고된 유치권은 진위 유·무에 관계없이 명도소송이 원칙이다. 그러나 유치권의 주장이 근거없음이 명백한 경우 즉, 경매기입등기 이후의 점유이거나, 채권부존재 내지 소멸, 점유의 상실 등을 입증할 수 있는 경우에는 실무에서도 전과 달리 가장 또는 허위 유치권에 대해 심문 없이 또는 심문 후 인도명령을 내리는 경우가 많아졌다.

3. 명도소송

명도소송은 '인도명령의 대상자가 아닌 부동산 점유자이거나 인도명령 신청기한인 매각대금을 납부한 뒤 6개월이 지나거나 인도명령이 기각되면 명도소송을 통해 다투는데, 이때의 명도소송은 유치권 존재 유무에 대한 소송이 된다.

4. 점유이전금지 가처분

유치권 주장자에 대해 어렵사리 인도명령이나 명도판결을 받아 막상 집행하려고 하면 그 사이 유치권을 양도받은 자나 기타의 자에게 점유를 이전시켜 집행불능이 되게 하는 경우가 적지 않다. 따라서 인도명령이나 명도소송을 제기하기 전에 점유를 타인에게 이전하지 못하도록 하는 점유이전금지가처분 결정을 받아두어야 한다.

5. 형사고소

유치권 신청 자체가 형사사건은 아니다. 본인이 유치권이 있는 줄 알고 신청했다가 성립이 안되는 것으로 결론이 났다고 해도 그것만으로 강제집행면탈죄나 소송사기가 되는 것은 아니라는 것이다. 따라서 형사고소를 하려면 구성요건을 제대로 구성하고 입증방법으로 참고인, 증거자료를 충분히 확보해 고소를 하든지 아니면 민사로 해결하는 것이 실리적일 수 있다.

하지만 유치권을 주장하기 위해 허위서류를 법원에 제출하면 법원을 기망한 것이 되므로 이때부터 형사적인 문제가 대두된다.

1) 경매입찰방해죄(경매방해죄)

허위·과장 유치권 신고와 관련한 대표적인 죄목이 경매입찰방해죄이다. 형법 제315조(경매, 입찰의 방해)는 "위계 또는 위력 기타 방법으로 경매 또는 입찰의 공정을 해한 자는 2년이하의 징역 또는 700만 원 이하의 벌금에 처한다"고 규정하고 있다.

① 미지급공사대금채권을 당초 약정에 따라 임대차보증금채권으로 이미 갈음했음에도 공사도급계약서에 추가 기재를 하고 추가공사 확인서 등을 조작한 경우(대판 2008.2.1. 2007도6062).
② 내부공사를 한 사실이 없음에도 건물주와 공사업자가 통모해 인테리어 계약을 체결하고 허위 계약서를 작성한 후 유치권신고를 한 경우(인천지법 2008.6.20. 2007고단4235판결).

2) 업무방해죄

유치권을 주장해 목적물을 점유하는 과정에서 매수인의 공사나 영업 등의 행위를 방해하기도 하는데 형법 제314조는 "제313조의 방법(허위의 사실을 유포하거나 기타 위계로써) 또는 위력으로써 사람의 업무를 방해한 자는 5년 이하의 징역 또는 1,500만 원 이하의 벌금에 처한다"고 규정하고 있다. 업무방해죄의 성립에 있어서 업무방해의 결과가 실제로 발생함을 요하지 아니하며 업무방해의 결과를 초래할 위험이 발생하면 족하다.

건물신축공사의 추가공사대금 16억 원을 지급받지 못했다는 이유로 출입문들을 쇠사슬로 채워 내장공사를 위한 작업 인부들의 출입을 방해하고 그 외에도 약 7명의 부하 직원들을 동원해 총 7회에 걸쳐 위력으로 내장공사나 하자보수공사를 방해한 행위

3) 강제집행면탈죄(형법 제327조)

허위사실에 기초한 허위·과장 유치권 주장자는 형법상 강제집행 면탈죄에 해당할 수 있다. 통상 채무자가 채권자를 해하려는 목적으로 유치권자와 공모해 허위의 공사대금채무를 부담하는 것으로 꾸며 유치권을 주장하게 하는 때 성립하는 죄이다.

4) 사문조위조·변조 및 동행사죄

공사도급계약서 등 채권증서나 도급계약서를 위조 내지 변조해 집행법원에 제출 한 것은 「형법」상 사문서위조 및 행사죄에 해당한다. 실제 허위 과장 유치권행사를 위해 공사대금을 부풀리거나 미변제금액을 늘리거나 없었던 공사계약을 체결하기도 한다.

6. 부당이득반환청구소송

유치권자가 경매기입등기 이전부터 소유자의 승낙을 얻어 목적물을 사용수익하고 있었던 경우에는 매수인에게 매각대금 완납 시부터 명도완료일까지 임료상당의 부당이득을 반환해야 한다.

7. 손해배상청구

인도명령이나 명도소송의 결과 유치권이 인정되지 않는 때에는 매각대금 완납 시부터 명도완료일까지 불법점유에 따른 손해배상을 청구할 수 있다. 그 손해액은 통상 임료상당액이 될 것이고 그 이상의 손해는 특별한 사정으로 인한 손해로서 유치권주장자가 알았거나 알 수 있었을 경우나 배상책임이 인정될 것이다.

가처분 심화

4장

가처분의 말소가능여부만 가지고 낙찰자의 소유권확보 안정성을 평가해서는 안 되고 가처분의 피보전권리가 본안소송 결과에 따라 낙찰자에게 어떤 위험이 예상되는지 판단해야 한다.

1절 선순위 가처분

1. 원칙: 인수

1) 매각으로 선순위 가처분이 소멸되지 않는다. 나중에 가처분권
   자가 본안소송에서 승소하면 매수인은 소유권을 잃을 수 있다.
   매각대금은 배당받은 채권자를 상대로 부당이득반환청구소송
   을 통해 받아야 한다.

2) 사례

가. 건물철거청구권을 피보전권리로 하는 가처분은 가처분권자가
경매 신청권자가 되는 경우 제3자가 낙찰자가 되면 소멸되지
않고 인수된다.

> ※ 사례의 경우 가처분권자이며, 경매 신청재권자인 한○○가 낙찰자가 되었다.
> 이때는 한○○이 낙찰받고 가처분을 인수하더라도 낙찰자 한○○이 가처분권
> 자 이므로 스스로 말소촉탁이 가능하다.

논산1계 2014타경5**

경매구분	강제경매	채권자	한○○		
용도	주택	채무/소유자	이○○	매각기일	15.04.13
감정가	21,605,480(14.04.04)	청구액	1,100,430	종국결과	15.06.05 배당종결
최저가	4,531,000(21%)	토지면적	0.0㎡(0.0평)	경매개시일	14.02.10
입찰보증금	453,100 (10%)	건물면적	전체 146.0㎡(44.2평)	배당종기일	14.06.30
주의사항	· 선순위가처분 · 건물만입찰 · 소멸되지 않는권리: 갑구 순위2번 최선순위가처분 등기(2012.12.21. 등기)는 매각으로 소멸하지 않고 매수인에게 인수되어 건물이 철거될 수 있음				

소재지/감정요약	물건번호/면적(m²)	감정가/최저가/과정	임차조사	등기권리
(33012) 충남 논산시 연무읍 황화정리 570-14 [봉황1길9] 건물만 입찰 블록구조 칼라강판지붕 봉황마을내위치 난방설비 2014-04-04 프라임감정	물건번호: 단독물건 건물 주택 92.8 (28.07평) ₩19,671,480 처마(25) 포함 총 1층 승인 : 2010-12-20 제시외 보일러실 3.6 (1.09평) ₩198,000 창고, 축사 49.6 (15.00평) ₩1,736,000	감정가 21,605,480 건물 19,671,480 제시 1,934,000 최저가 4,531,000 (21%) 경매진행과정 ① 21,605,480 2014-08-04 유찰 ↓ ↓ ↓ ⑧ 20% ↓ 4,531,000 2015-04-13 매각 매수인 한OO 응찰수 1명 매각가 4,540,000 (21.01%) 허가 2015-04-20 납기 2015-06-05 2015-06-05 종결	*소유자점유. 본건 건물의 제시외 부합물 '보일러실 1동'과 제시외 종물 '축사 1동'이 소재함. 본건 주택은 계량기가 철거된 상태의 빈집으로 읍사무소에 확인한바 전입세대는 없음. 전입세대조사 전입세대없음 주민센터확인: 2014-07-18	소유권 이OO 2012-12-21 가처분 한옥순 2012-12-21 2012 카단 890 대전 논산 강제 한옥순 2014-02-10 *청구액: 1,100,430원 열람일자 : 2015-02-18 **건물등기임

매각물건명세서

※ 정정후: 채권자(원고)가 채무자를 상대로 제기한 대전지방법원논산지원 2013가단68 건물철거
등 사건은 2013.12.26. 원고 승소판결이 있었고 동 판결은 확정되었음

【 갑 구 】 (소유권에 관한 사항)				
순위번호	등 기 목 적	접 수	등 기 원 인	권리자 및 기타사항
1	소유권보존			소유자 이██자 551104-******* 충청남도 논산시 연무읍 봉황길 █ 가처분등기의촉탁으로 인하여 2012년12월21일 등기
2	가처분	2012년12월21일 제40033호	2012년12월21일 대전지방법원 논산지원의 가처분결정(2012 카단8███)	피보전권리 토지소유권에 기한 방해배제로서의 건물에 대한 철거청구권 채권자 한██순 440819-******* 경기도 안성시 대덕면 죽촌길 2██ 금지사항 매매, 증여, 전세권, 저당권, 임차권의 설정 기타일체의 처분행위 금지
3	강제경매개시결정	2014년2월10일 제3808호	2014년2월10일 대전지방법원 논산지원의 강제경매개시결정 (2014타경5███)	채권자 한██순 440819-******* 안성시 대덕면 내리 3██ (죽촌길 2██ █)
4	소유권이전	2015년6월9일 제19357호	2015년6월5일 강제경매로 인한 매각	소유자 한██순 440819-******* 경기도 안성시 대덕면 죽촌길 2██

나. 피보전권리가 대물변제를 원인으로 하는 소유권이전등기청구권

가처분권자가 본안소송에서 승소 시 소유권의 변동일 일어날 수 있으며, 현 소유자가 가처분권자와 동일인이 아니므로 낙찰자에게는 위험한 가처분이 될 수 있다.

2. 예외: 소멸

1) 제소기간 도과

가처분은 본안소송에서 얻고자 하는 집행권원(판결 등)의 집행을 보전함에 그 목적이 있어 당연히 본안의 소가 제기될 것이 예상된다. 그러나 일단 가처분이 발령되면 채권자는 굳이 본안의 소를 제기할 필요를 느끼지 않고 보전만으로 만족해 채무자의 자발적 이행을 기다리는 경우가 많다. 결국 채무자는 채권자가 본안의 소를 제기할 때까지 가처분으로 인한 불이익을 감수해야 한다.

채무자에게 채권자로 하여금 상당한 기간(2주일 이상)내에 본안의 소를 제기하고 이를 증명하는 서류를 제출할 것을 명하도록 법원에 신청할 권리(제소명령신청)가 이 명령을 이행하지 않으면 피보전권리를 조속히 실현할 의사가 없다고 보아 채무자의 신청에 의해 가처분을 취소할 수 있다.

제1단계는 채권자에 대한 본안의 제소명령 절차이고 제2단계는 본안소송의 부제기를 이유로 하는 가처분의 취소절차다.

채권자가 법원이 정한 제소기간 내에 제소증명서 등을 제출하지 않으면 채무자는 가처분의 취소를 신청할 수 있다.

2) 사정변경에 따른 취소

가처분 발령 후 가처분의 이유가 소멸되거나 그 밖의 사정이 바뀌어 가처분을 유지함이 상당하지 않게 된 때에는 채무자는 가처분의 취소를 구할 수 있다. 경매사건은 대부분 여기에 해당한다.

(1) 피보전권리에 관한 것

피보전권리의 전부 또는 일부가 변제·상계·소멸시효 완성 등으로 소멸하거나 변경된 경우다(예를 들면 확실한 물적·인적 담보의 제공, 채무액의 공탁 등).

※ 피보전권리가 '사해행위인 경우'

사해행위의 취소는 한 날로부터 5년, 안 날로부터 1년 이내 본안소송을 제기해야 한다.

※ 피보전권리가 '재산분할청구권' 인 경우

재산분할청구권은 2년 이내 행사해야 한다.

가처분의 사건번호를 확인해 본안소송 사건번호를 찾아낸다. 그리고 '판결서사본제공신청'을 통해 판결문 확인 후 유불리 여부에 따라 입찰여부를 고려한다.

(2) 가처분 집행 후 3년간 본안의 소송을 제기하지 않았을 때
가. 가처분 집행 후 3년간 본안의 소송을 제기하지 아니한 때에는 채무자는 또는 이해관계인(매수인 등 제3취득자)이 '사정변경에 의한 가처분(가압류)취소신청'을 할 수 있으며, 취소신청에 따라 결정으로 가처분을 취소해야 한다.

나. 경과기간이 지나면 취소요건이 완성되며, 그 뒤 본안소송이 제기되어도 가처분(가압류)을 취소할 수 있다. 단, 가처분 후 3년간 본안소송을 제기하지 않았다 해서 취소결정이 없더라도 당연히 가처분이 취소되는 것은 아니다. 따라서 가처분 후 3년이 경과되었지만 가처분 취소결정이 있기 전에 가처분권자에 의해 이루어진 소유권이전등기는 유효하다.

가압류·가처분 등기	경과기간
2002.06.30.까지 등기된 보전처분	10년
2002.07.01.부터 등기된 보전처분	5년
2005.07.28.부터 등기된 보전처분	3년

※ 판례
부동산에 대한 처분금지가처분 집행 후 10년이 지난 후에 가처분 채권자가 본안소송을 제기해 승소판결을 받은 경우, 집행 후 가처분결정 취소판결 전에 이루어진 타인 명의의 소유권이전등기에 대해 가처분채권자가 가처분의 효력을 주장할 수 있다(대판 2004.4.9. 2002다58389).

3. 사정변경으로 인한 가처분 취소 예시(목적 달성 등)

1) 선순위 가처분권자와 강제경매 신청채권자가 동일(丙)

소유권(甲) → 소유권이전(乙) → 가처분(丙) → 근저당권(丁) → 강제경매 신청(丙)

甲이 채무면탈을 목적으로 乙에게 소유권을 이전하자 甲의 채권자인 丙이 채권자취소권에 의해 乙에 대한 소유권이전등기의 말소를 구하는 가처분을 했다. 丙이 본안소송에서 승소해 乙명의의 소유권이전등기를 말소한 후 甲을 상대로 강제경매를 신청한 경우, 丙의 가처분은 그 목적을 달성해 해제신청과 말소촉탁만을 기다리는 가처분이다.

설정일	권리내용	권리자	권리내용
2011.05.01	소유권	甲	丙의 채무자
-	소유권이전	甲 → 乙	甲의 채무면탈 목적
2013.01.17	소유권	乙	-
2013.04.01	가처분	丙	소유권이전등기말소청구의 소
2013.09.05	근저당권	丁	-
2013.11.15	강제경매 신청	丙	乙 소유권 말소 후 경매 신청

2) 선순위 가처분권자와 근저당권자가 동일

피보전권리가 근정당설정청구권이고 가처분권자가 근저당권설정을 완료한 경우 집행법원은 가처분을 한 근저당권자로 하여금 가처분을 한 법원에 가처분의 목적달성을 이유로 가처분등기의 말소촉탁을 하도록 하고, 그 후 말소된 것이 확인되면 매각절차를 진행한다.

그러나 문제는 근저당권자가 이를 이행하지 않거나 집행법원이 위와 같은 절차를 취하지 않고 매각절차를 진행하는 경우다. 이 경우 매수인 스스로 근저당설정등기로 가처분이 목적달성했음을 소명해 집행법원이나 가처분을 한 법원에 가처분의 말소촉탁을 신청할수 있다.

3) 가처분권자가 소유권을 취득한 경우

경매 신청채권자는 가처분권자가 목적을 달성(소유권이전)해 실질적으로 해제해야 함에도 가처분권자들이 해제를 하지 않은 형식적 등기에 불과하다는 보정서를 제출해 경매를 진행한다.

4) 소유권에 기한 건물철거청구권

5) 이혼으로 인한 위자료 및 재산분할청구권 등

4. 말소방법

1) 원칙

근저당권자가 근저당권설정등기청구권을 보전하기 위해 선순위 가처분을 한 경우 본안에서 승소해 본안판결로 근저당권설정등기를 한 경우 가처분권자 스스로 가처분을 한 법원에 가처분의 목적달성을 이유로 가처분등기의 말소촉탁을 신청해 가처분을 한 법원의 법원사무관 등의 말소촉탁으로 말소한다.

2) 예외

가처분권자 스스로 말소촉탁을 하지 않아 선순위 가처분 상태에서 매각이 진행되어 매수인이 정해진 경우 매수인도 가처분등기의 말소에 이익이 있는 자에 해당되므로 매수인 스스로 근저당권설정등기로 가처분이 목적달성을 했음을 소명해 집행법원이나 가처분을 한 법원의 법원사무관에게 가처분의 말소촉탁을 할 수 있다.

2절 후순위 가처분

1. 원칙: 소멸

후순위 가처분은 매각으로 소멸한다.

2. 예외: 인수

1) 건물철거 및 토지인도 가처분

【갑 구】 (소유권에 관한 사항)				
순위번호	등기목적	접수	등기원인	권리자 및 기타사항
1	소유권이전	2004년9월30일 제11452호	2004년9월8일 매매	소유자 조자룡 서울시 강남구 개포동 11
2	가압류	2006년9월30일 제4321호	2006년9월29일 수원지방법원의 가압류결정 (2006카단114)	청구금액 금5,000,000원 채권자 00000 서울 강남구 삼성동 10
3	가처분	2007년5월15일 제4321호	2007년5월15일 수원지방법원의 가처분결정 (2007카단323)	피보전권리 토지소유권에 기한 방해배제로서의 건물에 대한 철거청구권 채권자 000, 주소 금지사항 매매 등의 금지

① 후순위 가처분은 대부분 매각 후 모두 소멸된다. 그 예외 중 하나는 토지소유자가 그 지상건물 소유자를 상대로 '건물철거 및 토지인도'를 구하기 위해 건물에 대한 처분금지가처분을 한 경우 비록 후순위라 하더라도 건물의 낙찰로 인해 소멸되지 않는다.

② 이는 등기사항전부증명서의 갑구란에 설정되어 있는 가처분의 피보전권리 내용을 확인하면 알 수 있다. 피보전권리란 가처분을 한 이유(등기이유)를 말한다. 즉, 어떤 이유로 앞으로 본안소송을 할 것이라는 점을 미리 밝혀두는 것이다.

③ 토지와 건물이 따로 경매에 나왔을 경우 특히 토지와 달리 건물만 나온 경우 먼저 건물등기사항전부증명서의 갑구에 땅주인이 건물주를 상대로 건물철거 및 토지인도 관련 소송제기 여부를 반드시 확인해야 한다. 소송 여부(예정 포함)는 사례와 같은 가처분 등재여부로 쉽게 확인할 수 있다. 가처분의 분석 이후 법정지상권 성립 여부를 확인 후 참여해야 한다.

2) 원인무효에 의한 소유권이전등기말소청구권 가처분

소유권이전의 원인무효를 다투는 가처분은 재판결과에 따라 말소가 안 될 수도 있다. 즉 후순위 가처분은 낙찰로 인해 소멸하나 이후 가처분채권자가 본안의 소송에서 승소할 경우 낙찰자는 소유권을 상실한다. 그러므로 입찰 시 가처분의 피보전권리가 무엇인가를 사전에 확인해야 한다.

창원1계 2014타경125**

경매구분	임의경매	채 권 자	정OO		
용 도	아파트	채무/소유자	정OO	매각기일	15.04.10 (173,000,000원)
감정가	266,000,000(14.08.25)	청구액	200,000,000	종국결과	15.06.16 배당종결
최저가	170,240,000(64%)	토지면적	48.4㎡(14.6평)	경매개시일	14.08.13
입찰보증금	17,024,000(10%)	건물면적	85㎡(25.7평)[35평형]	배당종기일	14.11.06
주의사항	· 재매각물건				

소재지/감정요약	물건번호/면적(m²)	감정가/최저가/과정	임차조사	등기권리
(50897) 경남 김해시 삼계동 1428-1 분성마을3단지 동원로얄듀크 312동 11층 1102호 [가야로60] 가야대학교 서측인근 차량출입자유 버스(정)인근소재 부정형완경사평지 단지내도로이용해 출입함 중로1류(20-25m)접함 도시지역 3종일반주거지역 1종지구단위 계획구역 2014-08-25 에이원감정	물건번호: 단독물건 대지 48.4/ 43247.4 (14.64평) ₩40,000,000 건물 건물 85.0 (25.70평) ₩226,000,000 공용: 54.8942 - 총 20층 - 승인: 2005-03-18 - 보존: 2005-04-15	감정가 266,000,000 대지 40,000,000 건물 226,000,000 최저가 170,240,000 경매진행과정 ① 266,000,000 2014-12-09 유찰 ↓ ③ 20% ↓ 170,240,000 2015-02-09 매각 매수인 정○○ 응찰수 3명 매각가 211,110,000 (79.36%) (대금미납) ③ 170,240,000 2015-04-10 매각 매수인 송○○ 응찰수 1명 매각가 173,000,000 (65.04%) 납부 2015-05-01 2015-06-16 종결	감정가 266,000,000 대지 40,000,000 건물 226,000,000 최저가 170,240,000 경매진행과정 ① 266,000,000 2014-12-09 유찰 ↓ ③ 20% ↓ 170,240,000 2015-02-09 매각 매수인 정○○ 응찰수 3명 매각가 211,110,000 (79.36%) (대금미납) ③ 170,240,000 2015-04-10 매각 매수인 송○○ 응찰수 1명 매각가 173,000,000 (65.04%) 납부 2015-05-01 2015-06-16 종결	소유권 정○○ 2014-05-16 전소유자: 임정자 외1 근저당 정규봉 2014-05-20 200,000,000 가압류농협조합 2014-06-13 396,000,000 2014 카단 1614 수원 평택 가처분 임정자 외1 2014-06-25 2014카단1840 창원 임의 정규봉 2014-08-13 *청구액: 200,000,000원 채권총액 674,900,000원

등기사항전부증명서

| 6 | 가처분 | 2014년6월25일
제71433호 | 2014년6월25일
창원지방법원의
가처분결정
(2014카단1840) | 피보전권리 원인무효의 소유권 이전등기 말소등기철차 이행청구권
채권자
임정자 520415- 2******
김해시 가야로 60, 312동 1102호(삼계동, 분성마을3단지 동원로얄듀크)
장미정 760525-2******
대구 달성군 구지면 과학마을로2길6, 209동1105동(달성2차 청아람) |

(1) 소유권이전 → 근저당권 → 후순위가처분

설정일	권리내용	권리자	권리내용
2011.05.01	소유권	甲	-
-	소유권이전	甲 → 乙	乙이 서류 위조
2013.01.17	소유권	乙	-
2013.04.01	근저당권	丙	근저당설정자: 乙
2013.09.05	임의경매 신청	丙	乙의 채무불이행
2013.11.15	가처분	甲	乙: 소유권이전등기말소소송 丙: 근저당권 말소소송

가. 현 소유자(乙)가 서류를 위조(또는 조건부매매)해 전소유자
(甲)의 소유권을 자기 앞으로 이전등기한 후 근저당권자(丙)에
게 근저당을 설정해 주었다. 근저당권자(丙)은 현 소유자(乙)이
빌려간 돈을 갚지 않자 근저당권에 기해 임의경매를 신청했다.
이런 사실을 모르고 있던 진정한 소유자(甲)가 가처분을 하고
각각 현 소유자(乙)과 근저당권자(丙)을 상대로 뒤늦게 소송을
제기했다. 즉, 현 소유자(乙)에게는 소유권이전등기말소소송을,
근저당권자(丙)에게는 근저당권 말소소송을 했다.

나. 가처분은 후순위이나 말소기준등기인 근저당권에 선행하는 현
소유자(乙)에 대한 소유권이전이 무효가 되면 근저당권도 무
효(丙의 악의 추정)가 된다. 무효인 근저당권에 근거한 임의경
매도 역시 무효가 되어 매각대금을 모두 납부했더라도 소유권
을 취득할 수 없다. 이는 후순위가처분이 마치 예고등기와 비
슷한 효력이다.

(2) 소유권(甲) → 근저당권 → 소유권이전(乙) → 가처분(甲) → 근저당권
　　경매 신청

가. 소유권이전이 원인무효를 이유로 가처분

소유권이전이 원인무효가 되어 설령 소유권이 (乙)에서 (甲)으로
이전되더라도 경매 신청 채권인 근저당권 자체가 (甲)이 소유자일 때
설정되어 소유권이 이전되더라도 경매는 영향을 받지 않는다.

나. 근저당권에 대한 원인무효를 이유로 가처분

근저당권에 대해 원인무효 가처분이 제기된 경우 가처분 본안소
송의 결과에 따라 근저당권이 무효로 판명되면 근저당권에 터잡은
경매가 무효가 되어 이를 신뢰하고 낙찰받은 매수인의 소유권이전
도 무효가 된다.

3) 형식만 남은 선순위근저당권(말소기준등기) 다음 가처분

실제적 권리가 소멸해 이름만 남아 있는 말소기준등기 바로 뒤에
있는 후순위 가처분일 경우, 외관상으로는 후순위 가처분이지만 사
실상은 선순위 가처분이 되기 때문에 낙찰자가 인수해야 한다.

3절 사례별 분석

1. 선순위 가처분의 피보전권리가 근저당설정청구권인 경우

을구란에 가처분권자 명의의 저당권등기가 되어 있지 않다면 먼
저, 법원의 문건접수내역을 살펴보자.

1) 권리신고 및 배당요구를 한 경우

가처분권자가 가처분에 기해서 권리신고와 배당요구까지 했다면, 일단 가처분권자는 당해 절차에서 배당받겠다는 의지가 있는 만큼 추후 근저당설정청구소송에서 승소할 것을 전제로 자신에게 배당될 금액을 공탁해두도록 요청할 것이다. 결국 당해절차에서 배당을 받아갈 것이므로 위 가처분도 목적달성을 이유로 추후 취소될 수 있다

2) 권리신고 및 배당요구를 하지 않은 경우

가처분권자가 당해 경매 절차에서 아무런 권리신고도 없는 경우라면 자칫 위 선순위 가처분을 인수할 수도 있으니 신중한 검토가 필요하다.

다만, 가처분에 기한 저당권설정청구소송만 제기하면 선순위로 피담보채권액 전액을 배당받을 수 있는 가처분권자가 아무런 움직임이 없다는 것은 선순위 가처분의 실효를 의심해볼 수 있는 정황이니 일단 심도 있는 사실조사를 해볼 필요가 있다.

2. 공유물분할판결에 따른 형식적경매 진행 시 2개의 선순위 가처분

하나는 가처분의 피보전권리가 공유물분할청구권이고 다른하나는 '양도각서에 기한 소유권이전등기 청구권'일 경우 문제가 되는 것은 다른 가처분이다.

양도각서가 있다는 건 경매 신청지분권자와 가처분권자 간에 이 사건 부동산 지분을 양도하겠다는 약정이 있다는 말인데, 그런 약정이 있음에도 소유자(차후 경매 신청지분권자)는 버젓이 다른 지분권자를 상대로 공유물분할소송을 진행했고 결국 판결까지 받아 경매를 진행하고 있었다.

그리고 경매를 신청한 지분권자는 자신의 지분 역시 경매를 통해

의정부2계 2011타경460**

경매구분	형식적경매 (공유물분할)	채 권 자	이○○○		
용 도	아파트	채무/소유자	김○○○○	매각기일	13.01.03 매각
감정가	230,000,000	청구액	166,000,000	종국결과	13.03.11 배당종결
최저가	117,760,000(51%)	토지면적	45.3㎡(13.7평)	경매개시일	11.11.24
입찰보증금	11,776,000(10%)	건물면적	85㎡(25.6평)	배당종기일	12.02.13
주의사항			선순위가처분		

소재지/감정요약	물건번호/면적(㎡)	감정가/최저가/과정	임차조사	등기권리
경기 의정부시 신곡동 682 동신 101동 5층 503호 신곡초등학교 서측 인근위치 주위아파트, 근린생활시설, 학교 등 형성 차량출입가능 남동측 인근 간선도로변 단지내 각방향으로 도로개설되어있으며 동측으로 6차선, 남측으로 2차선, 북측으로 2차선도로 각각접함 3종일반주거지역 1종지구단위 계획구역 2011-12-09 경복감정	물건번호: 단독물건 대지 45.3/21748.9 (13.71평) ₩69,000,000 건물 · 건물 84.6 (25.59평) ₩161,000,000 욕실2 – 총15층 -보존 : 1993-10-29 *6개동 462세대 *2012.8월 감정가조정	감정가 230,000,000 · 대지 69,000,000 · 건물 161,000,000 최저가 117,760,000 경매진행과정 ① 230,000,000 2012-06-07 유찰 ↓ ③ 20% ↓147,200,000 2012-08-16 매각 매수인 (주)성진 응찰수 1명 매각가 151,311,000 (65.79%) 불허 2012-08-23 (대금미납) ① 230,000,000 2012-09-20 유찰 ② 20% ↓184,000,000 2012-10-25 유찰 ↓ ④ 20% ↓117,760,000 2013-01-03 매각 매수인 송○○ 응찰수 3명 매각가 135,894,000 (59.08%) 허가 2013-01-10 납기 2013-02-08 납부 2013-03-11종결	법원임차조사 안○○ 전입 2005-06-04 주거 김동자의배우자 *현지에 방문했으나 아무도 만나지 못했고(폐문부재), 주민등록표와 같이 임차인으로 등재한 안영수가 등재되어 있으니 그 점유관계 등은 별도의 확인을 요함	가처분 이앤드림 2011-09-26 2011 카단 5409 가처분 정○○ 2011-11-21 2011 카단 64505 임의 이앤드림 2011-11-28 *청구액: 166,000,000원 열람일자 : 2012-05-23

헐값에 취득한 상태였다. 경매 신청자가 낙찰가를 낮춰 헐값에 다른 지분까지 낙찰받기 위해 허위의 가처분을 걸어뒀을 가능성이 높다.

낙찰이 된다면, 행여 양도각서에 기한 가처분의 실행으로 지분에 대한 소유권을 뺏길 경우 이미 배당받아간 채권자(경매 신청지분권자)를 상대로 담보책임을 물어 반환받아야 하나 배당이 종결되면 반환이 현실적으로 곤란해지니 이에 대비해 매각대금 중 경매 신청지분 권자가 배당받을 금액에 가압류를 설정할 수 있을 것이다.

사건번호	2011카단64	사건명	부동산처분금지가처분
채권자	정	채무자	주식회사 드림
제3채무자		청구금액	15,833,333원
재판부	57단독(신청)	담보내용	93,000,000원
접수일	2011.11.08	종국결과	2011.11.21 인용
수리구분		병합구분	없음
기록보존인계일	2013.09.04		
항고인		항고일	
항고신청결과		해제내용	2013.07.25 해제
폐기여부	기록폐기됨		

5장

선순위 가등기

1절 가등기의 종류 파악

「가등기담보 등에 관한 법률」이 제정되기 이전(1983.12.31.)에 경료된 가등기라면 말소되지 않는 소유권이전청구권가등기가 될 것이다. 그 후에 경료된 가등기는 소유권이전청구권가등기인지, 담보가등기인지 판단해야 한다. 외형적으로 담보가등기도 등기부에는 소유권이전청구권가등기로 표시되기 때문이다.

실무에서는 순위를 불문하고 가등기권자에게 담보가등기 여부를 배당요구종기일까지 소명하라고 한다. 선순위가등기가 있는 물건은 매각물건명세서의 비고란과 법원문건접수내역을 확인해 채권신고 여부를 확인해야 한다.

동부6계 2017타경521**

경매구분	강제경매	채권자	박OO		
용도	대지	채무/소유자	이OO/이OO외2	매각기일	19.08.12 매각
감정가	451,056,200	청구액	220,221,369	종국결과	–
최저가	288,676,000(64%)	토지면적	전체 99㎡ 중 지분 76.6㎡(23.2평))	경매개시일	17.07.12
입찰보증금	28,867,600(10%)	건물면적	0㎡(0.0평)	배당종기일	18.10.15
주의사항			지분매각 · 선순위가등기		

소재지/감정요약	물건번호/면적(㎡)	감정가/최저가/과정	임차조사	등기권리
서울 송파구 거여동 676-16 감정평가서요약 거여역 북동측 소재 주위거여2재정비촉진 지구내 소재한 재개발구역 현황조사서에의하면 경매목적물이위치한 지역은재개발지역으로 건물철거되고 평탄작업이완료된 나대지임 3종일반주거지역 재정비촉진지구 2018-08-20 현감정 표준지가 : 3,520,000 감정지가 : 5,890,000	물건번호: 단독물건 대지 76.6/99 (23.17평) ₩451,056,200 (토지 153.16/198 이근남 지분)	감정가 451,056,200 · 토지 451,056,200 (100%) (평당 19,467,251) 최저가 288,676,000 (64%) 경매진행과정 ① 451,056,200 2019-05-20 유찰 ② 20% ↓360,845,000 2019-06-24 유찰 ③ 20% ↓288,676,000 2019-08-12 매각 매수인 이OO외1 응찰수 3명 매각가 313,230,000 (69.44%) 허가 2019-08-19 납기 2019-09-30 납부 2019-09-02	법원임차조사 *본건 경매목적물 이 위치한 지역은 재개발 지역으로, 건물이 철거되고 평탄작업이 완료된 나대지임, 본건 경매목적물 역시 지상의 건물이 철거된 상태임	가등기 한하동 2009-01-30 소유이전청구가등 가압류 신용보증기금 서부채권관리 2012-07-06 10,000,000 2012 카단 39662 가압류 제일호더블 류홀딩스자산대부 2012-12-31 90,000,000 2012 카단 60491 강 제 제일호더블 류홀딩스자산대부 2017-07-13 *청구액: 220,221,369원 2019-04-16 채권총액 100,000,000원

법원문건접수내역	
2018.08.14	배당요구권자 신○○○○○ 채권계산서 제출
2018.08.21	채권자 제○○○○○○○○○○○ ○○○○ 열람및복사신청 제출
2018.08.22	가등기권자 한○○ 권리신고서 제출
2018.08.31	배당요구권자 한○○○○○○ 권리신고 및 배당요구신청서 제출

매각물건명세서
등기된 부동산에 관한 권리 또는 가처분으로 매각으로 그 효력이 소멸되지 아니하는 것
· 갑구 순위 15번, 21번 소유권이전청구권 가등기(2009.1.30. 등기)는 말소되지 않고 매수인이 인수함. 만약 가등기된 매매예약이 완결되는 경우에는 매수인이 소유권을 상실하게됨

가등기가 담보가등기인지 여부는 당해 가등기가 실체상 채권담보를 목적으로 한 것인지 여부에 의해 결정되는 것이지 당해 가등기의 등기부상 원인이 매매예약으로 기재되어 있는지 아니면 대물변제예약으로 기재되어 있는가 하는 형식적 기재에 의해 결정되는 것이 아니다(대판 1998.10.7. 98다1333).

1. 가등기권자가 배당요구 종기일까지 채권신고를 한 경우

채권신고를 한 경우 담보가등기로 간주되어 말소기준등기가 되어 배당을 받고 말소된다.

인천9계 2012타경174**

경매구분	강제경매	채 권 자	이○○		
용도	다세대	채무/소유자	황○○	매각기일	13.01.03
감정가	70,000,000(12.03.27)	청구액	20,000,000	종국결과	13.03.08 배당종결
최저가	24,010,000(34%)	토지면적	22.0㎡(6.7평)	경매개시일	12.03.08
입찰보증금	2,401,000(10%)	건물면적	40㎡(12.0평)	배당종기일	12.08.02
주의사항	· 선순위가등기				

소재지/감정요약	물건번호/면적(m²)	감정가/최저가/과정	임차조사	등기권리
인천 부평구 십정동 186-476 에덴빌라 가동 지하층 3호 철콘조슬래브지붕 백운초등교 북서측인근 주위 다세대주택, 아파트, 근린생활시설 등 소재한 주거지대 차량출입가능 인근버스(정) 및 지하철 1호선 백운역 소재 대중교통이용 편의도양호 세장형토지 북측도로접함 도로저촉 3종일반주거지역 1종지구단위 계획구역 (십정4구역주택재개발) 2012-03-27 예일감정	물건번호: 단독물건 대지 22.0/344 (6.66평) ₩28,000,000 건물 건물 39.6 (11.98평) ₩42,000,000 - 총4층 - 보존 : 1992-07-11	감정가 70,000,000 대지 28,000,000 건물 42,000,000 최저가 24,010,000 경매진행과정 ① 70,000,000 2012-09-28 유찰 ② 30% ↓ 49,000,000 2012-11-01 유찰 ③ 30% ↓ 34,300,000 2012-11-30 유찰 ④ 30% ↓ 24,010,000 2013-01-03 매각 매수인 김OOOOO 응찰수 3명 매각가 38,580,000 (55.11%) 허가 2013-01-10 납기 2013-02-08 납부 2013-03-08 종결	이OO 전입 2005-04-16 확정 2007-09-03 배당 2012-03-07 (보) 20,000,000 주거/전부 점유기간 2007.8.30.- *현장에 현황조사코 져 임했던바 폐문부 재로 이해관계인을 만나지 못했으므로 상세한 점유 및 임대 관계는 미상 전입세대조사 05.04.16 이OO 주민센터확인: 2012-10-08	소유권 황OO 2007-08-23 전소유자: 강계룡 가등기 김OO 2009-03-12 소유이전청구가등 압류 인천시 서구 2009-07-16 가압류 이동길 2010-09-13 20,000,000 압류 서인천세무서 2010-10-27 강제 이동길 2012-03-08 *청구액: 20,000,000원 채권총액 20,000,000원 열람일자 : 2012-04-04

법원문건접수내역	
2012.05.16	교부권자 인천서구 교부청구 제출
2012.07.19	가등기권자 김OO 권리신고및배당요구신청 제출
2012.07.30	채권자대리인 이돈영공익법무관오준성,강천규보정서제출

2. 가등기권자가 가등기에 기해 경매를 신청한 경우

이 역시 담보가등기로 간주되어 말소기준등기가 되며 배당을 받고 말소된다.

3. 채권신고가 없는 경우

만일 채권신고가 없는 경우 법원은 일단 순위보전을 위한 가등기로 보아 처리한다. 그리고 매각물건명세서에 선순위 가등기 인수될 수 있음을 경고하는 문구를 기재할 것이다.

따라서 권리분석 시에는 소유권이전청구권가등기로 간주하고 가등기 원인일을 확인한다. 등기원인일이 10년 이내이면 아쉽지만 참여를 포기하는게 좋다. 반면 등기원인일이 10년이 넘었거나 입찰시점에서는 10년이 넘지 않았지만 명도시점에서 10년이 넘을 것 같으면 긍정적으로 검토해도 좋다.

2절 선순위 가등기와 소멸시효

1. 소유권이전청구권가등기
1) 원칙
(1) 가등기가 보전하는 소유권이전등기청구권은 채권적 청구권이므로 이는 행사할 수 있는 때인 매매예약완결일로부터 10년의 시효완성으로 소멸된다.
(2) 따라서 선순위 가등기일지라도 가등기 설정 이후 10년이 지났다면 매수인은 소유권에 기한 방해배제청구로서 그 가등기권리자에 대해 본등기청구권의 소멸시효를 주장해 그 가등기의 말소를 구할 수 있다(대판 1991.3.12. 90다카27570).

성남2계 2017타경1437**

경매구분	형식적경매(청산)	채 권 자	이○○○○○○○○○○○○○		
용도	답	채무/소유자	이○○○○○○○/ 권○○○○	매각기일	18.08.27
감정가	45,100,000(17.12.27)	청구액	0	종국결과	18.11.01 배당종결
최저가	10,828,000(24%)	토지면적	전체 287㎡ 중 지분 41㎡(12.4평)	경매개시일	17.12.11
입찰보증금	1,082,800(10%)	건물면적	0㎡(0.0평)	배당종기일	18.02.19
주의사항		· 지분매각 · 선순위가등기 · 농지취득자격증명 · 소멸되지 않는 권리 : 갑구 순위 4번 지분전부이전담보가등기(07.05.25 등기)는 말소되지 않고 매수인이 인수함. 만약 가등기된 대물반환예약이 완결되는 경우에는 매수인이 소유권을 상실하게 됨.			

소재지/감정요약	물건번호/면적(㎡)	감정가/최저가/과정	임차조사	등기권리
경기 하남시 덕풍동 327-6 천주교신장성당 북측 인근 부근 기존 단독주택, 다세대, 연립 등 저층중심 공동주택 주를이루는 일반 주거지대 차량진출입용이 인근간선도로변에서 대중교통수단 이용가능 평탄한 부정형토지 본건 포함된 세로도로 이용 중 소로2류(폭8-10m) 저촉 1종일반주거지역 과밀억제권역 2017-12-27 원감정 표준지가 : 2,060,000 감정지가 : 1,100,000	물건번호: 단독물건 답 41.0/287 (12.40평) ₩45,100,000 현 : 도로 (토지 1/7 이명자 지분) · 전체 287㎡(87평) · 지분 41㎡(12평) 농취증 필요	감정가 45,100,000 토지 45,100,000 (100%) (평당 3,637,097) 최저가 10,828,000 (24%) 경매진행과정 ① 45,100,000 2018-04-09 유찰 ↓ ↓ ↓ ⑤ 30% ↓ 10,828,000 2018-08-27매각 매수인 서○○ 응찰수 1명 매각가 13,487,000 (29.90%) 허가 2018-09-03 납기 2018-10-10 납부 2018-10-10 2018-11-01 종결		가등기 신○○ 2007-05-25 소유이전담보가등 가압류 비케이에셋대부 2012-08-23 8,439,143 2012 카단 7053 대구 가압류 국민행복기금 2015-12-07 31,118,295 2015 카단3184 수원 성남 임의 이명자의 파산관재인 변호사 정수희 2017-12-12 *청구액: 0원 채권총액 114,536,499원 열람일자 : 2018-07-07

법원문건접수내역
선순위가등기권자 신○○의 배당요구서, 권리신고서의 제출내역이 없다.

(3) 매매예약완결권의 기산일은 매매계약 체결일이지 접수일이 아니다. 즉, 2005년 7월 30일이다. 권리분석에서는 접수일이 기준일이 되나 가등기의 소멸시효를 따질 때에는 등기원인, 즉 매매예약일이 기준일 된다.

【갑 구】(소유권에 관한 사항)				
순위번호	등기목적	접수	등기원인	권리자 및 기타사항
3	소유권이전청구권가등기	2005년12월30일 제4321호	2005년7월30일 매매예약	가등기권자 조자룡 850221-1234543 서울시 강남구 도곡동 11

2) 예외

(1) 선순위 가등기권자가 점유

선순위 가등기권자가 목적부동산을 인도받아 점유하고 있는 경우 소유권이전등기청구권의 소멸시효가 진행되지 않는다. 이때 점유는 직접점유든 간접점유든 불문하고 소멸시효가 진행되지 않는다는 점에 주의해야 한다. 만일 점유자가 도중에 점유를 상실하면 그로부터 10년이 지나야 소유권이전등기청구권의 소멸시효가 완성된다.

☞ 선순위 소유권이전청구권가등기가 제척기간 10년이 경과했다면 이미 효력이 소멸된 가등기로 볼 수 있다. 그러나 가등기의 효력이 소멸했다는 사정만으로는 완전한 소유권을 취득할 수 있다고 장담할 수 없다. 우선 가등기의 효력이 소멸했더라도 등기부상 가등기는 여전히 남아 있다 이 경우 낙찰자가 이 가등기를 등기부에서 말소시키기 위해서는 가등기권자의 협조가 필요하고, 만약 가등기권자가 협조하지 않는다면 소송을 통해 제척기간의 경과를 원인으로 가등기의 효력이 소멸

했음을 주장해 판결을 받아야 비로소 가등기를 말소할 수 있다. 또한 만약 제척기간 내에 매매예약이 완결되지 못한 것이 아니라 완결됐음에도 본등기를 하지 않은 상황이라면 낙찰자는 소유권을 잃게 될 수도 있다.

2. 담보가등기

담보가등기를 경료한 토지를 인도받아 점유하는 경우라도 담보가등기의 피담보채권(예. 대여금채권)의 소멸시효가 중단되지 않는다. 담보가등기의 피담보채권이 시효로 소멸하면 대상 토지의 소유권이전등기청구권의 소멸시효 중단 여부와 관계없이 담보가등기와 그에 기한 소유권이전등기가 말소된다.

3절 선순위 가등기권자가 매매로 소유권이전등기를 한 경우

정상적인 가등기에 기한 본등기는 등기사항증명서의 순위번호가 같다. 그러나 가등기에 기한 본등기를 하지않고 바로 매매로 소유권이전등기를 하는 경우 순위번호가 달라진다.

가등기권자가 가등기에 기해 본등기를 하지 않고 소유권이전등기를 한 경우 가등기에 기한 본등기를 할 수 있는가?

결론은 할 수 있는 경우도 있고 할 수 없는 경우도 있다.

1. 가등기에 기해 본등기를 할 수 없는 경우(원칙)

가등기권자가 별도의 소유권이전등기를 경료받았다 하더라도 가등기 경료 이후에 가등기된 목적물에 관해 제3자 앞으로 처분제한의 등기나 중간처분의 등기가 되어 있지 않고 가등기와 소유권이전등기의 등기원인도 실질상 동일하다면 가등기의무자의 의무이행이 완료되었다 할 것이어서 가등기에 기한 본등기청구권은 소멸되었고 가등기의무자에게 본등기절차의 이행을 구할 수 없다(대판 2003.6.13. 2002다68683).

2. 가등기에 기해 본등기를 할 수 있는 경우(예외)

이는 가등기권자의 불이익을 방지하기 위한 경우로서 가등기와 별도의 원인으로 이루어진 소유권이전등기 사이에 제3자 명의의 가압류 등의 처분제한의 등기가 되어 있거나 중간처분의 등기가 있을 경우에는 가등기권자가 본등기를 할 수 없으면 가등기권자가 불이익을 당하기 때문이다. 그래서 가등기에 기한 본등기를 예외적으로 허용한다.

가등기에 기한 본등기를 하면 등기관은 직권으로 가등기 후 본등기 전에 이루어진 처분제한의 등기와 가등기권자 앞으로 마쳐진 종전 소유권이전등기를 말소하게 된다.

4절 선순위 가등기 말소 방법

1. 선순위 가등기일지라도 등기된 지 10년이 지났으면 그 가등기는 매수인이 인수하지 않아도 된다. 그러나 경매를 통해 말소되는 권리가 아니어서 매수인이 별도로 가등기권리자를 상대로 소송을 통해 선순위 가등기를 말소해야 한다(대판 1991.3.12. 90다카27570).

2. 이는 가등기 자체가 소멸시효가 있는 것이 아니라 소유권이전등기청구권을 채권적 청구권으로 보아 10년의 소멸시효에 걸린다는 것이다. 따라서 부동산을 취득한 매수인은 가등기권자를 상

대로 그 소유권에 기한 방해배제청구권으로써 '소유권이전청구권가등기 말소소송'을 제기해 판결문을 받아 선순위 가등기를 말소를 구할 수 있다.

3. 가등기권자가 행방불명이 된 경우 가등기 말소방법-가등기권자가 행방불명이 된 경우 현 소유자가 가등기를 말소하기 위해서는 가등기권자를 상대로 해 말소절차의 이행을 명하는 확정판결을 받거나 부동산등기법 제167조의 규정에 따라 공시최고신청을 해서 제권판결을 받아 단독으로 말소등기를 신청할 수 있다(등기선례200412-3).

5절 매수인이 소유권을 상실한 경우

선순위 가등기가 있는 물건을 낙찰받아 매각대금을 납부해 소유권을 취득했다, 선순위 가등기권자가 가등기에 기한 본등기를 해 매수인이 소유권을 상실한 경우 매수인은 납부한 매각대금을 돌려받을 수 있는가?

1. 배당절차 종료 전

「민사집행법」 제96조를 유추적용해 집행법원에 대해 경매에 의한 매매계약을 해제하고 납부한 매각대금의 반환을 청구할 수 있다.

> **제96조(부동산의 멸실 등으로 말미암은 경매 취소)** ① 부동산이 없어지거나 매각 등으로 말미암아 권리를 이전할 수 없는 사정이 명백하게 된 때에는 법원은 강제경매의 절차를 취소해야 한다.

2. 배당절차 종료 후

1) 매수인은 경매 절차 밖에서 별도의 소송에 의해 채무자 또는 채권자를 상대로 대금의 반환을 청구할 수 있다.

이때는 가능한 한 배당을 받을 수 있는 채권자가 금융기관과 같이 향후 담보책임을 부담하기에 충분한 자력이 있는 공신력 있는 기관일 경우 입찰을 고려할 필요가 있다. 그래야 여차하면 납부한 매각대금을 소송을 통해 돌려받을 수 있다. 만일 배당받은 채권자가 개인이거나 경제력이 취약한 법인일 경우 소송을 통해 매각대금을 돌려받기가 어렵거나 불가능할 수도 있다.

2) 경락인이 대금을 완납하고 그 앞으로 소유권이전등기까지 마쳤으나, 그 후 강제경매 절차의 기초가 된 채무자 명의의 소유권이전등기가 원인무효의 등기여서 경락인이 소유권을 취득하지 못한 경우 이와 같은 강제경매는 무효라고 할 것이므로 경락인은 경매채권자에게 그가 배당받은 금액에 대해 일반 부당이득의 법리에 따라 반환을 청구할 수 있고, 민법 제578조【경매와 매도인의 담보책임】에 의한 담보책임은 인정될 여지가 없다(대판 2004.6.24. 2003다59259).

민법 제578조의 담보책임은 경매 절차는 유효하게 이루어졌으나 경매의 목적이 된 권리의 전부 또는 일부가 타인에게 속하는 등의 하자로 매수인이 완전한 소유권을 취득할 수 없을 때 인정되기 때문이다. -「민법」제578조【경매와 매도인의 담보책임】

6장

지분물건

1절 공유 지분의 의의

공동소유는 하나의 물건을 2인 이상의 다수가 공동으로 소유하는 것을 말하며, 공유 지분이란 공유물에 대한 각 공유자의 권리, 즉 소유비율을 지분이라 한다. 부동산의 소유자가 여러 사람이라는 점에서 차이가 있을 뿐 지분 내에서는 하나의 독립된 소유권과 성질이 같다.

> **※ 공유, 합유, 총유(「민법」상 공동소유의 형태)**
> **① 공유**
> 수인이 지분에 의해 하나의 물건을 공동으로 소유하지만 그들 상호간에 아무런 인적결합관계가 없이 각자가 독자적으로 목적물을 지배할 수 있는 공동소유형태이다.
> **② 총유**
> 수인이 하나의 단체(종중, 동창회 등)로 결합되어 하나의 물건을 공동으로 소유하고 목적물의 관리처분권은 단체에만 인정되고 개개인은 일정범위내에서 목적물을 사용·수익할 수 있는 공동소유형태로 지분이 인정되지 않는다.

③ 합유
하나의 물건을 공동으로 소유하는 수인이 조합체를 결정하고 있는 경우의 공동소유형태로 합유지분의 양도나 분할청구가 일정한 제한을 받는다.

2절 공유의 성립

1. 법률행위에 의한 성립
수인이 하나의 물건을 공동으로 소유하기로 합의(묵시적 합의 가능) 부동산이 경우에는 등기를 요하고 동산인 경우에는 인도가 요구된다.

※ 단독소유의 부동산을 수인에게 명의신탁하는 경우에도 공유관계 성립.

2. 법률의 규정에 의한 성립
복도, 계단 등 구분소유건물의 공용부분은 구분소유자 전원의 공유로 된다. 또한 상속인이 수인인 때의 상속재산, 부부의 누구에게 속한 것이 분명하지 아니한 재산(귀속불명의 부부재산)은 공유로 추정된다.

3절 지분의 비율, 처분, 제한

1. 지분의 비율
공유에 있어서 지분이란 각 공유자가 공유물에 대해 가지는 권리 또는 공유자 상호 간에 있어서의 권리의 비율을 의미한다.

지분의 비율은 법률의 규정(민법 제1009조 법정상속분 등) 또는 당사자의 약정에 의해 결정되고 그것이 불분명하면 균등한 것으로 추정된다.

2. 지분의 처분 및 제한

공유자는 자기의 지분을 자유롭게 처분할 수 있다. 지분처분금지의 특약을 하더라도 당사자 간에만 유효한 채권적 효력을 가질 뿐이며, 그러한 특약을 등기할 방법도 없다

다만, 집합건물의 소유 및 관리에 관한 법률에 의한 구분건물의 공용부분에 대한 지분, 대지사용권에 대한 지분은 전유부분과 분리해 처분할 수 없다. 지분을 양도하거나 지분에 담보권을 설정하는 것과 달리 지분에 지상권, 전세권 등의 용익물권을 설정하는 것은 일물일권주의에 반하고 공유물 전체에 영향을 미치므로 공유자 전원의 동의를 필요로 한다.

4절 공유자 간의 법률관계

1. 공유물의 사용·수익

각 공유자는 공유물 전부를 지분의 비율로 사용·수익할 수 있다. 다만 위와 같은 추상적인 기준만으로는 분쟁이 생기기 쉬우므로 공유자 상호 간에 사용·수익의 방법에 관해 협의를 하고 그에 따르는 것이 보통이다. 이러한 협의는 동시에 공유물의 관리에 해당한다.

2. 공유물의 관리 및 보존

1) 공유물의 관리

공유물의 관리에 관한 사항은 지분의 과반수로 결정한다(공유자의 과반수 아님). 관리행위는 공유물의 처분이나 변경에까지 이르지 아니한 정도로 공유물을 이용·개량하는 행위를 말한다.

관리행위로는 공유물을 사용·수익하는 구체적인 방법의 결정, 공유물의 임대행위, 관리행위에 해당하는 계약의 해제, 해지 등이 있다.

> ※ 해지권의 불가분성
> 공유건물의 임대차계약의 해지결정은 관리행위이므로 과반수로 결정할 수 있다. 그러나 해지의 의사표시는 해지권의 불가분성에 의해 공유자 전원이 해야 한다. 그러나 매매계약의 해제, 해지와 같이 계약 자체가 공유물의 처분, 변경에 관한 것인 때에는 공유자 전원의 동의를 필요로 한다.

2) 공유물의 보존

공유물의 보존행위는 공유자 각자가 할 수 있다. 보존행위는 공유물의 멸실, 훼손을 방지하고 그 현상을 유지하기 위해 하는 사실적, 법률적 행위를 말한다. 예컨대 공유건물의 훼손을 방지하기 위해 수리를 하는 것, 부패 염려 있는 공유물을 매각해 금전으로 보관하는 것 등이다.

3. 공유물의 처분·변경

공유 지분은 각자가 자유로이 처분할 수 있으나 공유물 자체의 처분·변경은 다른 공유자 전원의 동의를 얻어야 할 수 있다.

1) 공유물의 처분

공유물을 양도하거나 그 위에 담보물권을 설정하는 등의 행위를 말한다. 또한 전세권 등의 용익물권의 설정하는 것도 실질적으로 공유물의 처분에 해당한다고 할 것이다.

2) 공유물의 변경

공유물의 변경은 공유물에 대해 사실상의 물리적인 변화를 가하는 것을 말한다. 이러한 사실상의 변경 외에 법률상의 변경은 처분에 해당해 처분과 변경을 엄격하게 구별할 실익은 없다.

4. 공유물에 대한 부담

각 공유자는 지분의 비율로 공유물의 관리비용 기타 의무를 부담한다(민법 266조1항). 관리비용으로는 공유물의 유지·개량을 위해 지출하는 필요비, 유익비를 들 수 있고, 기타 의무로는 공유물에 부과되는 조세 등의 공과금을 들 수 있다.

이들 비용은 공평의 원칙상 각 공유자가 지분의 비율로 부담하는 것이지만 민법 제266조 1항은 임의규정이므로 각 공유자가 별도의 약정을 할 수 있지만 제3자에 대한 관계에서는 적용되지 않는다.

즉 대외적으로 공유물에 대한 부담은 원칙적으로 불가분채무이고 따라서 공유자 각자가 부담 전부를 이행할 의무를 진다.

임대목적물을 공유하고 있을 경우 임차보증금반환채무는 성질상 불가분채무이므로 공유자가 전액 반환의 의무를 진다.

5절 공유의 주장

1. 지분의 대외적 주장

다른 공유자 또는 제3자에 의해 자기의 지분을 부인당한 공유자는 지분을 부인하는 자를 상대로 지분확인의 소를 제기할 수 있다. 이 소송은 필수적 공동소송이 아니다.

수인이 공동으로 부동산을 매수했는데 매도인이 이전등기를 이행하지 않는 경우에, 각 공유자는 단독으로 자기의 지분에 관해 이전등기를 청구할 수 있다.

2. 공유관계의 대외적 주장

제3자에 의한 침해에 대해 각 공유자는 단독으로 지분권을 주장할 수 있는데 그 밖에 공유관계 자체도 주장할 수 있는가? 이 문제는 일부 공유자에 의한 공유관계의 주장에 의해 얻어진 판결의 효력이 다른 공유자에게 미치는가와 관련되는바, 판례는 공유관계의 확인청구가 등기(말소)청구에 대해 보존행위에 해당함을 이유로 각자가 공유관계를 주장할 수 있다고 한다.

건물의 공유자 중 1인에 대한 건물철거청구의 경우에, 판례는 이는 필수적 공동소송이 아니며 지분권의 한도에서 처분권을 가짐을 이유로 일부 공유자에 대한 철거청구도 인용하고 있다. 다만 집행을 위해서는 지분의 합이 '1'이 되어야 함은 물론이다.

6절 공유물의 분할

1. 분할의 자유

공유자는 언제든지 공유물의 분할을 청구해 공유관계를 종료시킬 수 있다. 공유자 사이에는 합유와 달리 아무런 인적 결합관계가 없기 때문이다.

※ 공유물분할금지 특약

공유자들의 약정으로 5년을 넘지 않는 기간 내에서 분할을 금지할 수 있다. 공유물분할금지의 특약은 등기되어야 하며 등기되지 않으면 지분양수인에게 대항할 수 없다.

※ 지분양도금지 특약

지분양도금지 특약은 채권적 효력 밖에 없고, 등기를 할 수 있는 방법도 없기 때문에 그러한 특약에 반해 공유자 1인이 공유 지분을 매각할 경우 해당 공유 지분 매수인에게 대항할 수 없다.

2. 분할의 방법

1) 원칙: 협의분할, 현물분할(예외적으로 재판상 분할, 대금분할, 가격배상, 기타혼용)

협의분할을 원칙으로 협의 불성립 시에는 재판상 분할을 인정한다. 또한 협의 및 재판상 분할 어느 경우에나 현물분할이 원칙이고 대금분할이나 가격배상은 예외적으로 인정된다.

2) 협의분할

공유자 전원의 협의에 의해 분할하는 경우 그 방법에 제한이 없다.

① **현물분할**

공유물을 있는 그대로 분량적으로 분할하는 것으로 공유물분할의 원칙적인 방법이다.

② **대금분할**

공유물을 제3자에게 매각해 그 대금을 분할하는 것을 말하는데 흔히 공유물을 경매해 그 대금을 분할하는 경우가 많다.

③ **가격배상**

공유자의 1인이 다른 공유자들의 지분을 전부 취득하고 그 대가를 지급하는 것을 말한다.

④ **혼용해 분할**

위 세 가지 분할방법이 혼합되는 경우다. 예컨대 공유자 갑, 을, 병 중 갑과 을은 현물분할하고 병은 가격배상을 받는 것이다.

3) 재판상 분할(공유물분할청구의 소)

(1) 재판상 분할의 의미와 성질

공유물분할에 관한 협의가 성립되지 아니한 경우 공유자는 법원에 그 분할을 청구할 수 있는데(민법 제269조1항), 이를 재판상 분할이라 하고 이러한 소송을 '공유물분할청구의 소'라 한다.

공유물분할의 소는 형성의 소로서 법원은 공유물분할을 청구하는 자가 구하는 방법에 구애받지 않고 자유로운 재량에 따라 공유관계나 그 객체인 물건의 제반 상황에 따라 재량으로 판단해 분할의 방법을 정할 수 있다(대판 2015.7.23. 2014다88888).

(2) 필요적 공동소송

공유물분할의 소는 공유자 전원이 원·피고로 참여해야 하는 필수적 공동소송이다. 따라서 공유물분할청구의 소는 분할을 청구하는 공유자가 원고가 되어 다른 공유자 전부를 공동피고로 해야 하는 고유필수적 공동소송이다(대판 2003.12.12. 2003다44615).

(3) 구체적인 분할방법

가. 공유물분할청구의 소에서도 협의분할과 마찬가지로 현물분할을 원칙으로 하고 현물로 분할할 수 없거나 분할로 인해 그 가액이 현저히 감소될 염려가 있는 경우에만 예외적으로 공유물을 경매해 그 대금을 분할할 수 있다.

'현물로 분할할 수 없다'는 요건을 물리적으로 엄격하게 해석할 것은 아니고 공유물의 성질, 위치나 면적, 이용상황, 분할 후의 사용가치 등에 비추어 보아 현물분할을 하는 것이 곤란하거나 부적당한 경우를 포함한다 할 것이다.

'현물로 분할을 하게 되면 현저히 그 가액이 감손될 염려가 있는 경우'라는 것도 공유자의 한 사람이라도 현물분할에 의해 단독으로 소유하게 될 부분의 가액이 분할 전의 소유지분 가액보다 현저하게 감소될 염려가 있는 경우도 포함한다(대판 2001.3.9. 98다51169).

3. 분할의 효과

1) 소유권의 변동

공유물분할에 의해 공유관계는 종료하고 각 공유자는 분할된 부분에 대해 소유권을 취득한다. 그 효력발생시기는 협의상 분할의 경우에는 등기 시, 재판상분할의 경우에는 판결확정 시이다.

분할의 효과는 소급하지 않는다. 다만 공동상속재산 분할의 효과는 상속개시 시에 소급한다.

2) 공유물분할로 인한 담보책임

① 법률의 규정

공유물분할은 위와 같이 지분의 교환, 매매의 성질을 가지므로 각 공유자는 분할로 인해 다른 공유자가 취득한 물건에 대해 지분의 비율로 매도인과 동일한 담보책임을 진다(민법 제270조).

한편 공동상속재산의 분할에 따른 담보책임에 관해서는 특별규정이 있다(민법 제1016조~1018조).

② 담보책임의 요건과 효과

담보책임의 요건은 매도인의 담보책임과 같다. 즉 공유물분할에 의해 취득한 물건에 권리 또는 물건의 하자가 있을 것이 요구된다.

권리의 하자가 있으면 민법 제569조 이하가, 물건의 하자가 있으면 민법 580조가 준용되는데, 다만 공유물분할에 의해 취득한 물건은 성질살 특정물에 해당되므로 종류매매의 하자담보책임에 관한 민법 제581조는 준용이 배제된다. 그 밖의 담보책임배제의 특약에 관한 584조도 준용된다.

공유물분할로 하자있는 물건을 취득한 자는 민법570조 이하의 규정에 의해 손해배상, 대금감액, 해제 등을 청구할 수 있다.

(3) 공유물상의 담보물권과 제한물건

공유물에 존재하는 저당권, 근저당권 등의 담보물권과 지상권, 지역권 등의 용익물권은 공유물분할로 영향을 받지 아니하고 분할된 각 부분 위에 그대로 존속한다고 보아야 할 것이다.

7절 공유 지분 물건의 권리분석

1) 지분에 대한 근저당 설정 후 전체지분에 설정한 용익물권의 처리

공유 지분이 경매될 경우 전체지분에 설정된 전세권은 소멸한다. 따라서 전세권은 타 지분권자에 대해 우선변제권은 소멸하고 일반 채권자의 지위를 갖게 된다.

2) 일부 공유자가 전체 토지를 배타적으로 점유·사용하는 경우

공유토지를 전혀 사용·수익하지 않고 있는 다른 공유자에 대해 그 지분에 상응하는 부당이득 반환의무가 있다.

3) 일부 공유자가 토지의 지분 비율에 따른 특정 부분을 배타적으로 점유·사용하는 경우

공유토지를 전혀 사용·수익하지 않고 있는 다른 공유자에 대해 그 지분에 상응하는 부당이득 반환의무가 있다.

4) 일부 공유자들이 공유물의 점유·사용으로 인한 부당이득 반환채무의 성질

특별한 사정이 없는 한 불가분적 이득의 반환으로서 불가분채무이고, 불가분채무는 각 채무자가 채무 전부를 이행할 의무가 있다.

5) 공동저당에서 공동채무자의 일부 지분이 먼저 매각되는 경우

각 지분권자는 원칙적으로 자기 지분의 비율만큼 책임을 부담하게 되는데 문제는 배당에서 선순위저당권자의 채권금액 전체를 배당한다는데 문제가 발생한다.

① 매각되는 지분의 후순위저당권자는 선순위저당권을 대위할 수 있다.

② 채무자는 자기 지분을 초과하는 부분까지 배당되었으므로 변제자 대위로 구상권 행사 및 근저당권을 대위할 수 있다. 이때 선순위저당권자가 동시배당 시 배당금액을 한도로 해 대위권이 발생한다.

③ 후순위저당권자의 대위는 채무자의 대위에 우선한다.

6) 공동저당에서 일부지분은 채무자, 일부지분은 물상보증인

(1) 채무자 지분 선매각

채무자 지분의 후순위저당권자와 채무자는 물상보증인 지분에 대위권이 발생하지 않는다.

물상보증인의 공유자우선매수 가능

부동산	공유 지분권자	순위 1번 공동저당권	순위2번 저당권	경매 매각	공유자우선 매수
A	甲	채무자	채무자(甲지분)	甲 지분	–
	乙	(물상보증인)	–	–	실익 있다.

2번 저당권자는 배당받지 못한 채권액을 乙의 지분에 대해 물상대위를 할 수 없다

(2) 물상보증인 지분 선매각

물상보증인 지분의 후순위저당권자와 물상보증인의 대위권이 발생한다.

부동산	공유 지분권자	순위 1번 공동저당권	순위2번 저당권	경매진행	공유자우선 매수
A	甲	(물상보증인)	채무자(甲지분)	甲의 지분	–
	乙	채무자	–	–	실익 없다.

2번 저당권자는 배당받지 못한 채권액을 乙의 지분에 대해 물상대위를 할 수 있다.

7) 단독소유 시에 사용수익권 부여받은 후, 과반수 공유자 발생

단독소유 토지에 다른 공유자가 생겨 사후적으로 그 사용수익이 지분 관반수로써 결정된 공유물의 관리방법이 아닌 이상, 그 사용수익권을 가지고 새로이 지분을 취득한 다른 공유자에 대해서는 주장할 수 없다(대판 1990.2.13. 89다카19665).

8) 공유 지분의 본질(지분권자로서의 사용수익권을 사실상 포기)을 침해하는 특약이 특정승계인에게 당연승계 여부

특정승계인이 그러한 사실을 알고도 공유 지분을 취득했다는 등의 특별한 사정이 없는 한 당연히 승계되지 않는다(대판 2009.12.10. 2009다54297).

9) 공유자 1인의 보존행위로서 한 재판상의 청구에 의해 시효중단의 효력은 그 공유자에 한해 발생하고 다른 공유자에게는 미치지 않는다(대판 1979.6.26. 79다639).

8절 공유 지분의 낙찰 후 인도

매수인이 취득하는 지분비율과 공유물의 점유형태에 따라 나눌 수 있다.

1. 공유자

점유하고 있는 공유자를 상대로 낙찰받은 지분에 대한 부당이득 반환청구를 한다.

1) 채무자 겸 공유자가 점유

매수인은 소수지분이라도 보존행위로서 채무자를 상대로 인도명령을 신청할 수 있다.

2) 공유자 점유

(1) 매수인이 다수지분권자(과반수)

다수지분권자는 공유물의 보존행위 여부에 관계없이 관리행위로써 소수 지분권자에게 인도를 구할 수 있다.

(2) 매수인이 소수지분권자

가. 매수인이 소수지분권자는 다수지분권자에게 공유물의 인도를 구할 수 없다.

나. 소수지분권자는 다른 소수지분권자에게 대해 보존행위로서 공유물의 인도를 구할 수 있다.

2. 임차인

1) 대항력이 없는 경우

① 공동임대인이 임차인에게 부담하는 임차보증금반환의무는 성질상 불가분이므로 공동임대인 중 1인의 공유 지분에 대한 경매 절차에서 주택 전체 임차인의 보증금은 지분비율에 의해 배당하는 것이 아니라 전액을 배당한다.

② 매수인의 지분이 과반에 미치지 못하면 임차인은 대항력 유무

에 관계없이 거주할 수 있다. 즉 매수인은 명도를 할 수 없다.

2) 대항력이 있는 경우

① 임차인이 대항력이 있으면 대항력에 기해 거주할 수 있고 대항력이 없더라도 매수인이 취득한 부분은 1/2 이하에 불과해 그 취득부분에 대해서는 임차인을 상대로 명도를 할 수 없다.

② 즉, 지분물건의 핵심은 임차인의 대항력 유무보다 매수인이 취득하는 지분이 과반수를 넘느냐 넘지 않느냐에 명도가 달려 있다.

3) 임대차보증금

매수인은 대항력있는 임차인의 임대차보증금을 인수해야 한다. 이때 인수금액은 지분비율만큼 인수해야 하나 대항력있는 임차인으로부터 주택을 인도받기 위해서는 임대차보증금 전액을 지급해야 한다.

단, 매수인은 자기 지분을 초과하는 임대차보증금에 대해서는 나머지 공유자에게 구상권을 행사할 수 있다. 자기 지분만큼 채무자가 되고 다른 지분권자의 비율만큼 물상보증인이 되기 때문이다.

사례　매수지분이 2/3이고 대항력있는 임차인이 배당요구한 경우

임차인의 보증금이 9,000만 원인데, 배당절차에서 5,000만 원을 배당받았다면 인수금액은 1,000만 원이다. 나머지 금액 기준이 아니라, 배당받은 금액과 인수금액의 합이 2/3. 즉 6,000만 원이면 된다.

9절 공유 지분 배당문제

Part 03의 2장 6절 4 "공동저당에 있어서의 배당"

10절 공유 지분 해법

1. 협의

공유자가 매수인 지분 인수, 매수인이 공유자 지분 인수, 공유자들이 합의해 제3자에게 처분하거나 매수인이 지분에 상응하는 공유물에 대한 사용료를 청구할 수 있다.

2. 협의가 되지 않을 때

홍성5계 2015타경152**

경매구분	강제경매	채 권 자		백OOOOOOO	
용 도	대지	채무/소유자	윤OO/윤OOOO	매각기일	16.09.13 대납
감정가	9,968,200	청구액	4,586,891	종국결과	16.10.12 배당종결
최저가	3,420,000(34%)	토지면적	전체 1246㎡ 중 지분 226.6㎡(68.5평)	경매개시일	15.05.08
입찰보증금	684,000(20%)	건물면적	0㎡(0.0평)	배당종기일	15.07.31
주의사항			지분매각 · 입찰외		

소재지/감정요약	물건번호/면적(㎡)	감정가/최저가/과정	임차조사	등기권리
(33614) 충남 서천군 판교면 상좌리 317 [심동길31-43] 먹재마을북측인근 부근자연부락순수 농촌마을및농경지대 차량접근가능 생산관리지역 가축사육제한구역 (일부제한지역, 소200m이내) 2015-05-22 대한감정 표준지가 : 17,500 개별지가 : 14,400 감정지가 : 44,000	물건번호: 단독물건 대지 226.6/1246 (68.53평) ₩9,968,200 현 : 일부답 (토지 2/11 윤기복 지분) 입찰외제시외소유자 미상건물소재	감정가 9,968,200 · 토지 9,968,200 (100%) 최저가 3,420,000 경매진행과정 ① 9,968,200 2016-03-15 유찰 ② 30% ↓6,978,000 2016-04-19 유찰 ③ 30% ↓4,885,000 2016-05-24 유찰 ④ 30% ↓3,420,000 2016-06-28 매각 매수인 양OO 응찰수 2명 매각가 4,969,000 (49.85%) 허가 2016-07-05 납기 2016-08-04 기한후납부 2016-09-13 대납 2016-10-12 종결	법원임차조사 윤OO 전입 1990-09-03 *소유자점유. 제3자점유. 소재지에서 만난 윤기열은 '지상의 건물은 윤기복(소유자)의 모친 김영자(공유자) 소유의 건물로 임대차 내역없다'고 진술함. 전입세대 열람내역과 같이 윤기복(소유자)과 김영자(공유자) 외에 윤민희가 전입신고 되어있어 점유자로 조사보고함.	소유권 윤OOOO 2015-04-24 전소유자: 김영자 강제 백운자산 관리대부 2015-05-08 *청구액: 4,586,891원 압류 서울시 관악구 2015-08-18 열람일: 2016-08-29

사건번호	2016가단102■■	사건명	공유물분할
원고	양■영	피고	김■자
재판부	민사2단독		
접수일	2016.10.21	종국결과	2017.04.12 화해권고결정

홍성5계 2017타경159**

경매구분	형식적경매 (공유물분할)	채권자	양○○		
용도	대지	채무/소유자	김○○○○	매각기일	18.02.06 매각
감정가	54,824,000	청구액	0	종국결과	18.04.25 배당종결
최저가	26,864,000(49%)	토지면적	1,246.0㎡(376.9평)	경매개시일	17.06.22
입찰보증금	2,686,400(10%)	건물면적	0㎡(0.0평)	배당종기일	17.09.14
주의사항		선순위가등기 · 입찰외			

소재지/감정요약	물건번호/면적(㎡)	감정가/최저가/과정	임차조사	등기권리
(33614) 충남 서천군 판교면 상좌리 317 [심동길31-43] 먹재마을 북측인근 부근 자연부락의 순수 농촌마을 및 농경지대 차량접근 가능 생산관리지역 가축사육제한구역 [일부제한지역 (소/젖소: 350m 이내] 2017-07-05 대한감정	물건번호: 단독물건 대지 1,246.0 (376.92평) ₩54,824,000 현: 일부 전, 답 입찰외제시외 소유 미상의 건물 소재	감정가 54,824,000 · 토지 54,824,000 (100%) 최저가 26,864,000 (49%) 경매진행과정 ① 54,824,000 2017-11-21 유찰 ② 30% ↓38,377,000 2018-01-02 유찰 ③ 30% ↓26,864,000 2018-02-06 매각 매수인 박○○ 응찰수 1명 매각가 27,010,000 (49.27%)	윤○○ 전입 1990-09-03 주거 윤○○ 전입 2006-06-26 주거 *현장에서 만난 공유자 김영자의 자 윤기열의 말에 의하면 제시외건물은 공유자 김영자(윤기열의 어머니) 소유로	가등기 박노철 2016-10-21 양선영 지분 소유 이전 청구가 등 강제 양선영 2017-06-22 *청구액: 0원 열람일: 2017-12-13

| 고유번호 | 4477038024-1-▓▓ ▓▓ | **부동산종합증명서(토지)** | | 장번호 | 4 - 2 | 건축물유무 | 건축물대장
존재안함 |
| 소재지 | 충청남도 서천군 판교면 상좌리 ▓▓ | | | | | | |

토지 표시 연혁

| 지목 | 면적(㎡) | 이동일자 | 이동사유 | 지목 | 면적(㎡) | 이동일자 | 이동사유 |
| 대 | 1,246 | | | | | | |

토지 소유자 연혁

변동일자 변동원인	성명 또는 명칭 등록번호	주소	변동일자 변동원인	성명 또는 명칭 등록번호	주소
2018.10.08 소유권이전	윤▓열 701107-1••••••	충청남도 서천군 판교면 심동길 3▓▓	2018.04.04 소유권이전	박▓경 920326-2••••••	대전광역시 동구 우암로109번길 13, 2▓호(삼성동)
2016.09.19 소유권이전	양▓영 외1인 601017-2••••••	대전광역시 동구 우암로109번길 13,2▓호(삼성동)	2015.04.24 소유권경정	윤▓복 외1인 711112-1••••••	충청남도 서천군 판교면 심동길 3▓▓
2012.08.22 소유권이전	김▓자 451119-2••••••	충청남도 서천군 판교면 심동길 3▓▓	1990.01.19 소유권이전	윤▓희 401004-1••••••	상좌리 3▓
1939.04.21 소유권이전	김▓혁 280504-1••••••	상좌리 2▓	1913.10.30 사정	김▓대	

1) 공유물을 사용·수익하는 공유자를 상대로 임료청구소송을 제기한다.

2) 임료에 관한 판결 후 다른 지분소유자를 상대로 강제경매를 신청한다.

3) 만일 물건이 좋다면 매수인은 공유자우선매수권을 행사해 나머지 지분을 취득할 수 있다.

4) 공유물분할청구소송 후 경매를 통해 투자 금액을 회수하거나 아니면 경매에 직접 참여해 낙찰받을 수 있다.

단, 이때 두 가지를 주의해야 한다.

① 하나는 공유자우선매수권이 인정되지 않는다.

② 다른 하나는 공유물분할 경매는 형식적 경매의 절차를 밟기 때문에 등기상의 근저당권이나 가압류 등 제한사항이 말소되지 않고 인수된다. 관할 법원에 말소여부를 확인하고 참여해야 낭

패를 보지 않는다. 일부 법원은 형식적 경매임에도 등기상의 부담을 말소해주기도 한다.

무임승차로 볼 것인가?

공매사건 2018-07885-007에서 표○○는 양○○지분 4/30을 낙찰받았다. 공교롭게 공매사건이 공고되기 전에 지분권자인 이○○에 의한 공유물분할판결에 따른 형식적 경매 절차(2018타경52677(1))가 진행되고 있었다. 경매 절차에서는 박○○가 토지전체를 42,000,000원에 낙찰받았다. 이때 공매 절차의 낙찰자인 표○○는 얼마를 배당받을 것인가? 투자기간과 금액 대비 효율적인 투자를 하고 있다고 봐야 할 것이다.

그렇다면 이런 것들을 무임승차로 볼것인가? 그동안 노력의 산물이라고 볼 것인가?

※ 공유물분할판결의 변론종결 후 일부 공유자의 지분이 제3자에게 이전된 경우는 민사소송법 제218조 제1항의 변론을 종결한 뒤의 승계인에 해당해 위 판결의 기판력이 제3자에게 미친다.

공매2018-07885-0**

소재지	충청남도 당진시 합덕읍 신석리 133-2, 141-3				
처분방식	매각	재산종류	압류재산(캠코)	물건상태	낙찰
감정가	4,695,591원	위임기관	아산세무서	개찰일	2018.12.20(11:00)
최저가	2,818,000원	소유자	양○○ 외 7	입찰시작일	2018.12.17(10:00)
용도	대지	배분종기일	2018.11.05	입찰종료일	2018.12.19(17:00)
면적	대 44.5333㎡ 지분(총면적 334㎡) 대 7.0666㎡ 지분(총면적 53㎡)				

※ 표○○ 이 양○○ 지분 4/30 전부 낙찰

진행내역

회차/차수	입찰시작일자 ~ 입찰마감일자	개찰일자	낙찰가(낙찰가율)	결과	응찰자수
049/001	2018.12.17(10:00) ~ 2018.12.19(17:00)	2018.12.20(11:00)	2,818,000(60%) 3,123,400(67%)	낙찰	3명

등기사항전부증명서

4	2번양OO지분압류	2017년2월7일 제4873호	2017년2월7일 압류(개인납세과-티4446)	권리자 국 처분청 아산세무서

온비드 등기사항증명서 주요정보공시(등기사항전부증명서)

순번	권리종류	권리자명	등기일자	설정액
1	위임기관	아산세무서	2017.02.07	
2	임의경매	서산지원(2018타경 52677)	2018.07.16	

서산5계 2018타경526**(1)

경매구분	형식적경매 (공유물분할)	채 권 자	박OO		
용도	대지	채무/소유자	이OOOO/양OOOO	매각기일	19.03.12
감정가	34,443,000(18.07.26)	청구액	0	종국결과	19.06.12 배당종결
최저가	34,443,000(100%)	토지면적	387.0㎡(117.1평)	경매개시일	18.07.16
입찰보증금	3,444,300(10%)	건물면적	0㎡(0.0평)	배당종기일	18.10.11
주의사항	· 법정지상권 · 일부맹지 · 입찰외				

소재지/감정요약	물건번호/면적(m²)	감정가/최저가/과정	임차조사	등기권리
(31815) 충남 당진시 합덕읍 신석리 133-2 [하흑2길59] 감정평가액 토지 : 29,726,000 남측으로 세로 통해 출입중 일괄 입찰 하흑마을 회관 남서측인근 주위농가주택, 농경지 등 형성된농촌지대 본건 및 인근까지 차량접근가능 제반교통사정보통 부정형평지 계획관리지역	물건번호: 1번 (총물건수 2건) 대지 334.0 (101.04평) ₩29,726,000 입찰외제시외 주택 109.0 (32.97평) ₩16,895,000 133-2,141-3 지상 가추, 창고 55.0 (16.64평) ₩5,500,000 133-2,-5 지상 보일러실, 차양 18.0 (5.45평) ₩900,000 133-2,-9, 141-5 지상 창고 4.0 (1.21평) ₩200,000	감정가 34,443,000 · 토지 34,443,000 (100%) (평당 294,209) 최저가 34,443,000 (100%) 경매진행과정 ① 34,443,000 2019-03-12 매각 매수인 박OO 응찰수 2명 매각가 42,000,000 (121.94%) 허가 2019-03-19 납기 2019-04-25 납부 2019-03-27 2019-06-12 종결	윤O 전입 2006-11-17 주거 박OO 전입 2012-11-16 주거 *소유자 점유 *박종만: 매각에서 제외되는 제시외 건물의 임차인. *윤순: 매각에서 제외되는 제시외 건물의 임차인.	압류 당진시 2017-03-29 압류 서산시 2017-09-26 임 의 이유진외1 2018-07-16 *청구액: 0원 압 류 국민건강보험공단 강서지사 2018-07-20 열람일자 : 2019-02-25

11절 구분소유적 공유의 판단

1. 의의

등기부상 공유로 되어 있으나 각 지분권자 사이에서는 특정 부분에 한해 소유권을 취득하고 이를 배타적으로 사용·수익할 수 있고, 다른 구분소유자의 방해행위에 대해 그 배제를 구할 수 있는 공유의 형태다.

2. 구분소유적 공유관계의 약정 효력

※구분소유적 공유자가 전체 토지에 대한 제3자의 방해행위의 배제를 구할 수 있는지 여부?

구분소유적 공유자는 내부적 관계에 있어서는 특정부분에 한해 소유권을 취득하고 이를 배타적으로 사용·수익할 수 있고, 다른 구분소유자의 방해행위에 대해서는 소유권에 터잡아 그 배제를 구할 수 있으나, 외부관계에 있어서는 1필지 전체에 관해 공유관계가 성립되는 것이므로, 제3자의 방해행위가있는 경우에는 자기의 구분소유뿐 아니라 전체 토지에 대해 공유물의 보존행위로서 그 배제를 구할 수 있다(대판 1994.2.8. 93다42986).

3. 구분소유적 공유관계가 경매에 의해 제3자에게 승계되기 위한 요건

1) 경매로 나온 지분 토지가 아닌 타 지분 토지상에 건물 존재

1필지의 토지의 위치와 면적을 특정해 2인 이상이 구분소유하기로 하는 약정을 하고 그 구분소유자의 공유로 등기하는 구분소유적 공유관계에 있어서 각 구분소유적 공유자가 자신의 권리를 타인에게 처분하는 경우 구분소유의 목적인 특정 부분을 처분하면서 등기부상의 공유 지분을 그 특정 부분에 대한 표상으로 이전해야 구분소유적 공유관계가 승계된다.

이는 경매에서도 마찬가지이므로 이러한 구분소유적 공유관계에 해당하기 위해서는 집행법원이 공유 지분이 아닌 특정 구분소유 목적물에 대한 평가를 하게하고 그에 따라 최저매각가격을 정한 후 경매를 실시해야 하며, 그러한 사정이 없는 경우에는 1필지에 관한 공유자의 지분에 대한 경매목적물은 원칙적으로 1필지 전체에 대한 공유 지분이라고 봄이 상당하다.

설사 구분소유적 공유관계에 있던 토지라 하더라도 토지의 특정

부분에 대한 구분소유적 공유관계를 표상하는 것으로 취급되어 감정평가와 최저매각가격 결정이 이루어지고 경매가 실시되었다는 점이 증명되지 않은 이상, 그 토지의 경매 절차에서의 매수인은 1필지전체에 대한 공유 지분을 적법하게 취득하고 기존의 상호명의신탁관계는 소멸한다고 보아야 하며, 이는 매수인의 구분소유적 공유관계에 대한 인식유무에 따라 달라지지 않는다(대법 2008.02.15. 선고 2006다68810 참조).

2) 경매로 나온 지분 토지상에 건물이 존재하는 경우

공유로 등기된 토지의 소유관계가 구분소유적 공유관계에 있는 경우에는 공유자 중 1인이 소유하고 있는 건물과 그 대지는 다른 공유자와의 내부관계에 있어서는 그 공유자의 단독소유로 되었다 할 것이므로 건물을 소유하고 있는 공유자가 그 건물 또는 토지지분에 대해 저당권을 설정했다가 그 후 저당권의 실행으로 소유자가 달라지게 되면 건물소유자는 그 건물의 소유를 위한 법정지상권을 취득하게 된다고 판단하고 있다(대판 2004.6.11. 2004다13533).

따라서, 토지지분을 경매취득할 경우에는 공유자들간의 관계가 구분소유적 공유관계에 있는지 여부를 경매 기록이나 현황조사 등을 통해 면밀하게 확인할 필요가 있다.

7장

대지사용권, 대지권, 대지권미등기, 별도등기

1절 대지사용권

1. 개념

1) 대지사용권이란 집합건물의 구분소유자가 건물의 전유부분을 소유하기 위해 대지에 대해 가지는 권리를 말한다.

2) 대지사용권은 지상권, 전세권, 임차권, 무상사용권(시영아파트의 경우) 등도 대지사용권이 될 수 있지만 이런 토지이용권 위에 집합건물을 짓는 일은 없다. 따라서 대지사용권은 소유권으로 보면 된다. 실제 등기사항전부증명서의 표제부에서 대지권의 표시를 보면 '소유권대지권'으로 표기되어 있다.

2. 전유부분과 대지사용권의 일체성

1) 구분소유자의 대지사용권은 그가 가지는 전유부분의 처분에 따른다.

2) 구분소유자는 그가 가지는 전유부분과 분리해 대지사용권을 처

분할 수 없다. 다만, 규약으로써 달리 정한 때에는 그러하지 아니하다.

3) 위 2)는 그 취지를 등기하지 아니하면 선의로 물권을 취득한 제3자에 대해 대항하지 못한다.

4) 집합건물의 건축자로부터 전유부분과 대지부분을 함께 분양받았으나 전유부분에 대한 소유권이전등기만 경료받고 대지부분에 대해서는 아직 소유권이전등기를 경료받지 못한 자도 대지사용권을 취득하며, 이를 전유부분과 분리해 처분하지 못한다. 수분양자로부터 다시 양수받은 자도 마찬가지다.

5) 전유부분과 대지사용권의 일체적 취급은 구분소유자에게 대지사용권이 없는 경우에는 적용될 수 없는 것이므로, 나대지 상태에서의 대지에 대한 저당권자가 대지만을 경매 신청하는 경우에는 집합건물의 대지와 전유부분의 분리를 피할 수가 없고 대지권은 소멸한다.

3. 대지사용권 성립요건 및 성립시점

1) 성립요건

대지사용권은 구분건물에 대한 소유권과 대지지분이 어느 시점에서든지 동일인에게 한 번이라도 귀속되면 그 시점에 대지사용권이 성립하고, 그 이후에는 대지사용권이 구분건물에 대한 종된 권리로서 분리처분이 가능한 규약이나 공정증서가 존재하지 않는다면 구분건물의 처분에 따라 함께 이전된다.

성립요건의 핵심은 수분양자들이 분양대금을 완납했느냐이다.

2) 대지권의 성립시점

(1) 대지에 대한 소유권을 이미 가진 자가 집합건물을 신축한 때

(2) 전유부분 소유자가 사후적으로 대지지분을 인수한 때

(3) 다가구주택을 다세대주택으로 전환한 때

4. 대지사용권 없음을 확인하는 방법

집합건물의 토지등기부를 열람해 토지등기부의 소유자 또는 대지권등록부와 구분건물의 분양자 또는 소유자의 명의를 확인해 동일인의 성명이 검색되지 않으면 대지사용권이 없다고 보면 된다.

5. 사례

1) 대지지분 감정가액이 반영되지 않은 상태에서의 건물만의 낙찰자의 권리

(1) 구분건물이 대지사용권을 가지고 있다면 대지사용권을 취득한다.

(2) 이 취득은 법률상 원인 없는 취득이 아니다.

(3) 대지지분 취득에 대해 종전 소유자에게 부당이득청구권을 인정하지 않는다(대판 2001.9.4. 2001다22604).

2) 대지사용권 없는 전유부분 소유자는 대지지분 상당 임료를 지불해야 한다.

구분건물에서 분리처분된 토지공유 지분과 특정 전유부분 사이의 상호관련성이 인정되면 즉 경매개시결정부터 경락허가결정에 이르기까지 경매목적물인 토지지분이 특정 전유부분의 대지권에 해당하는 공유 지분임이 충분히 공시되었다면 특정 전유부분 소유자는 위 토지공유 지분을 분리취득한 공유 지분권자에게 그에 상응하는 임료 전부를 부당이득으로 반환해야 한다(대판 2008.3.13. 2005다15048).

2절 대지권 ^{미등기}

1. 대지권의 의의

대지사용권을 등기했을 때 이를 「등기법」상 대지권이라 하며, 대지권미등기라 함은 대지권이 처음부터 없는 경우(시유지와 국유지에 건축한 경우)와 달리 실제 대지권이 있으나 지적정리 등의 지연 등에 따라 전유부분에 대한 소유권이전등기만 수분양자에게 되거나 부동산 양도 시에도 전유부분에 대한 소유권이전등기만 되고 대지지분에 대한 소유권이전등기가 상당 기간 지체되는 상태를 말한다.

2. 대지권의 유형

1) 대지권 미등기

집합건물이 완공되고, 구분건물에 대한 등기부가 작성되었으나 절차상 또는 실체상의 하자로 인해 대지권이 아직 등기부에 기재되지 않는 상태

(1) 대지권 미등기의 사유

가. 아파트와 같은 대규모 집합건물의 대지의 분·합필 및 환지절차의 지연

나. 각 세대당 지분비율 결정의 지연

다. 건설업체의 내부사정

라. 타 전유부분 소유자의 분양대금 완납지연

마. 채권자가 근저당 설정이나 경매 신청을 위해 대위보존등기를 하는 경우

바. 대지에 대한 소유권이전등기청구권이 가압류된 경우

(2) 대지권 취득 여부

판단의 중요한 요소는 수분양자의 대지지분에 대한 분양대금 완납 유무이다. 대지지분에 대한 분양대금을 납부했다면 매수인은 대지지분에 대한 감정평가 유무에 관계없이 대지지분의 소유권을 취득한다.

가. 대지지분 감정 대지분양대금 납부

대지권 미등기 관련 경매 물건의 전형적인 사례이다. 신도시 아파트처럼 대지사용권은 원래 있으나 단순히 절차 미비로 대지지분이 미등기인 상태로 매각대금을 납부하면 대지지분의 소유권이전이 가능하다. 대지권이 미등기이더라도 소유권 취득에는 문제가 없다.

나. 대지지분 미감정 대지분양대금 납부

집합건물의 전유부분에 대해서만 낙찰을 받았더라도 매수인은 토지지분에 대한 추가 부담 없이 소유권을 취득할 수 있다.

다. 대지지분 감정 대지분양 대금 미납

대지권은 미등기이나 대지지분 가격을 포함해서 매각대금을 납부했더라도 수분양자가 대지분양대금을 미납한 경우 매수인은 대지권 등기 시 대지권대금을 추가부담해야 한다.

2) 대지권 없음

전유부분 분양자가 전유부분의 소유를 위해 대지를 사용할 권리가 없는 경우를 말한다. 즉, 대지권 없음은 대지지분이 아예 없는 아파트를 말한다. 같은 아파트 단지 내 경매 물건임에도 불구하고 시세의 절반 가격이나 2/3 가격에 경매 나온 물건을 볼 수 있는데 이는 지분

경매 물건 아니면 대지권 없이 전유부분만 나온 경우다.

(1) 대지권이 없는 사례

가. 분양자가 남의 땅 위에 건물을 지은 경우

나. 분양자가 대지 계약금만 주고 집합건물을 건축했으나 매매잔
   금을 지급하지 못해 대지의 매매계약이 해제된 경우

다. 토지에 근저당권이나 가압류 등이 설정된 상태에서 집합건물
   인 아파트나 다세대주택을 신축 후 대지권등기가 마쳐졌다. 이
   때 대지권등기 전 설정된 근저당권자가 토지에 대해 임의경매
   를 신청해 제3자가 토지를 낙찰받으면 집합건물 전체의 대지권
   이 없어진다. 즉 대지권등기가 말소된다.

(2) 대지권없는 물건의 처리방법

가. 토지소유자는 구분건물 소유자를 상대로 건물철거를 청구할
   수 있다. 하지만 현실에서는 그 호실(전유부분)만을 철거할 수
   는 없다.

나. 구분건물 소유자를 상대로 매도청구를 할 수 있다. 이 경우 구
   분건물 소유자는 토지소유자의 청구에 응해야 한다. 이때의 매
   도금액은 법원감정가나 매각가가 아닌 매도청구 시점의 시세
   가 기준이 된다.

다. 구분건물 소유자가 대지지분을 매수하는 방법이 있다. 구분건
   물 소유자 입장에서는 이 안이 최선이나 이는 어디까지나 토
   지소유자의 동의가 있을 경우에 한한다. 왜냐하면 대지권 없는
   물건은 구분건물 소유자에게는 선택권이 없고 토지소유자에게
   선택권이 있기 때문이다.

정년 없는 부동산 경매

(3) 대지권 없음을 확인하는 방법

집합건물의 토지등기부를 열람했을 때 토지등기부상의 소유자와 구분건물의 분양자 명의가 다르면 대지권이 없는 경우에 해당한다.

3) 대지권 미등기와 대지권 없음의 구별요령

(1) 등기사항전부증명서의 열람만으로 대지권 미등기와 대지권 없음의 차이를 구별하기는 매우 어렵다. 둘 다 대지권 등기가 생략되어 있는 경우가 많기 때문이다. 표제부의 '대지권의 표시' 란이 공란으로 되어 있을 경우 그 사유가 '대지권 미등기'인지 아니면 '대지권 없음'인지 알 수 없다.

(2) 그러나 감정평가서를 보면 구별할 수 있다. 대지권 미등기의 경우 감정평가액 중 대지분의 평가액을 포함하는 반면 대지권 없음은 감정평가액이 건물분만으로 구성되어 있다. 단, 감정평가 포함 유·무는 절대적 기준이 아니나 상당한 변별력을 가지고 있어 실무에서 유용하게 활용할 수 있다.

※ 대지권 미등기인 경매 물건의 분석요령

① 토지 등기부등본을 열람해 최초 분양 당시, 그 구분소유자가 대지권을 함께 취득했는지 파악한다. 당시에 대지권이 있었다면 감정평가서에서 제외되었더라도 심지어 미등기라도 낙찰자는 전유부분과 함께 대지권을 취득한다.
② 관리사무소나 인근 중개사무소를 탐문해 대지권이 미등기인 연유를 알아보고 정보를 얻는다.
③ 낙찰 후 대지권을 등기하려면 전 소유자들을 상대로 대지권등기에 협력해 달라고 소송을 해야 할 수도 있다.

---

3. 대지권미등기 시 집행법원의 처리

통상적으로 매각물건명세서에 "대지권미등기이며, 대지권 유무는 알수 없음"이라 기재하고 경매 절차를 진행한다. 그러나 이러한 내용 없이 대지권이 감정평가되었고 최초매각가격에 이를 반영했다면 대지권을 전유부분과 함께 매각하는 것이라고 보면 된다. 만약 대지권을 포함해 매각하는 것으로 알고 낙찰받았으나 나중에 대지권이 없는 것으로 판명되면, 매각불허가신청 또는 매각허가결정에 대한 즉시항고의 사유가 될것이며, 이미 매각허가결정이 확정되었다면 매각허가결정취소사유가 될 것이다.

3절 토지별도등기

1. 토지별도등기의 의의

토지별도등기란 토지에 건물과 다른 등기가 있다는 말이다. 토지에 대지권으로 정리되기 전에 토지에 대해 저당권이나 가압류, 지상권 등이 설정된 상태에서 대지권 등기가 되면 집합건물등기부 표제부의 〈대지권 표시란〉에 '토지별도등기 있음'을 공시하는 등기를 말한다.

집합건물의 전유부분의 표제부 중 대지권의 표시에서 등기원인 및 기타사항 란에 '별도등기있음 1토지(갑구 3,4번 가압류등기, 을구 1번 근저당설정등기)' 등으로 기재되어 있다.

2. 집행법원의 처리

1) 원칙(소멸)

(1) 토지별도등기권자에게 배당 후 말소

토지의 저당권자로 하여금 채권신고를 하게 해 그중 경매대상 구분건물의 대지권 비율만큼 토지저당권을 말소시킨다. 토지저당권자는 건물의 매각대금에 대해서는 우선변제를 받을 수 없다. 그러나 대부분의 집행법원은 특별히 인수조건을 붙이지 않은 경우 토지별도등기권자가 배당요구를 하지 않았더라도 당연히 배당에 참가할 수 있는 채권자로 보고 경매 대상 구분건물의 대지권 비율에 해당하는 금액만을 배당해주고 그 비율만큼 토지에 대한 근저당권을 말소시키는 방법으로 처리하고 있다.

(2) 재개발·재건축에 의한 공급 시

재개발이나 재건축으로 공급된 아파트에 대한 경매 시 종전 등기부상의 저당권, 가등기담보권, 가압류, 전세권, 지상권 등이 새로운 등기부에 이기되지 않았더라도 등기된 것과 동일하게 보아 법원에서는 이들에게 이해관계인이 대한 토지, 권리신고의 최고, 채권계산서 제출 등의 통지를 하고 있다.

(3) 토지별도등기를 인수한다는 특별매각조건이 없는 경우

집합건물의 전유부분과 함께 그 대지사용권인 토지공유 지분이 일체로서 경락되고 그 대금이 완납되면, 설사 대지권 성립 전부터 토지 만에 관해 별도등기로 설정되어 있던 근저당권이라 할지라도 경매과정에서 이를 존속시켜 경락인이 인수하게 한다는 취지의 특별매각조건이 정해져 있지 않았던 이상 위 토지공유 지분에 대한 범위에서는 매각부동산 위의 저당권에 해당해 소멸한다(대판 2008.3.13. 2005다15048).

(4) 토지와 건물의 등기상 권리자가 동일한 경우

(5) 토지 위의 권리가 실제는 변경되었으나 말소만 안 된 경우

2) 예외(인수)

토지별도등기가 인수되는 경우 매각물건명세서의 비고란에 '토지에 대한 별도등기를 매수인이 인수해야 한다'는 특별매각조건을 붙이기 때문에 매각물건명세서를 확인해야 한다.

3. 별도등기의 배당

1) 토지별도등기 물건의 배당은 먼저 토지와 건물분으로 나눈 후 토지는 토지저당권자에게 전부 배당된다. 이 경우 선순위임차인이 있는 경우 조심해야 한다. 토지별도등기 자체의 위험보다는 대항력 있는 임차인의 보증금 부족분 인수위험이 더 크다.

   가령 선순위임차인(보증금 1억 원)의 아파트가 1억 3천만 원에 낙찰되었다 이 경우 아파트의 토지·건물분에 대한 감정평가액 배분은 통상 3:7로서 토지분 3,900만 원은 별도등기상 권리자에게, 건물분에 대한 낙찰가의 70%인 9,100만 원에 대해서만 임차인에게 배당이 되고 미배당분 900만 원은 매수인이 인수해야 한다.

2) 별도등기 시 배당에 있어서 매각대금 중 구분건물에 해당하는 부분은 구분건물의 저당권자만 배당받을 수 있고, 대지의 저당권자는 우선배당을 받을 수 없다. 그러나 대지권에 해당하는 부분은 대지의 저당권자와 구분건물의 저당권자가 모두 우선배당을 받을 수 있는 것으로 하되, 그 순위에 있어서 대지의 저당권자가 우선하는 것으로 처리하고 있다.

4. 토지별도등기의 기재 예

1) 토지등기부상 별도등기 지분말소

천안5계 2017타경49**(1)

경매구분	임의경매	채 권 자	사당(새)		
용 도	아파트(생활주택)	채무/소유자	정OO/이OO	매각기일	19.02.27 매각
감정가	131,000,000	청구액	490,803,940	종국결과	-
최저가	64,190,000(49%)	토지면적	19.5㎡(5.9평)	경매개시일	17.04.20
입찰보증금	6,419,000(10%)	건물면적	36㎡(11.0평)		17.08.10
주의사항			유치권 · 토지별도등기		

소재지/감정요약	물건번호/면적(㎡)	감정가/최저가/과정	임차조사	등기권리
(31122) 충남 천안시 동남구 성황동 45-7, -15 씨 티뷰 102동 4층 405호 [대흥로298] 감정평가서요약 중복사건 2018-2396 감정평가서(에이원감정. 2017.03.07) 공동주택 및 1, 2종 근린생활시설 천안초등학교 북서측 인근위치 도시지역 (천안도시지역) 2종일반주거지역 2017-03-10 남경흥감정	물건번호: 1번 (총물건수 8건) 대지 19.5/831 (5.89평) ₩39,300,000 건물 · 건물 36.3 (10.99평) ₩91,700,000 · 전용 36.32㎡ (11평) · 공용 28.83㎡ (9평) - 총 7층 - 승인 : 2015-03-06 - 보존 : 2015-04-06	감정가 131,000,000 · 대지 39,300,000 (30%) (평당 6,672,326) · 건물 91,700,000 (70%) 최저가 64,190,000 (49%) 경매진행과정 ① 131,000,000 2018-12-19 유찰 ② 30% ↓ 91,700,000 2019-01-23 유찰 ③ 30% ↓ 64,190,000 2019-02-27 매각 매수인 김OO 응찰수 3명 매각가 71,350,000 (54.47%) 허가 2019-03-06 납기 2019-04-05 납부 2019-04-05	법원임차조사 김정애 (보) 5,000,000 (월) 500,000 주거/전부 점유기간 2016.11~1년 *임차인 김정애에게 현황조사 안내문 전달 후 권리신고함을 고지했다 총보증금: 5,000,000 총월세금: 500,000	소유권 이은준 2015-04-06 근저당 웰릭스에프앤아이대부 2015-04-14 3,380,000,000 압류 천안세무서 2015-10-27 가압류 도일순 2016-10-19 110,000,000 2016 카단 1933 대전 임의 김창국 2017-02-23 2017타경2396 임의 사당(새) 2017-04-20 *청구액 : 490,803,940원 채권총액 4,697,870,000원 열람일 : 2018-12-04 *토지별도등기있음 - 열람바랍니다.

표시번호	소재지번	지 목	면 적	등기원인 및 기타사항
1	1. 충청남도 천안시 동남구 성황동	대	571㎡	2015년4월6일 등기
	2. 충청남도 천안시 동남구 성황동	대	260㎡	

[집합건물] 충청남도 천안시 동남구 성황동 ■■■외 1필지 씨티뷰아파트 제102동 제4층 제4■호

(대지권의 표시)

표시번호	대지권종류	대지권비율	등기원인 및 기타사항
1	1, 2 소유권대지권	831분의 19.468	2015년4월3일 대지권 2015년4월6일 등기
2			별도등기 있음 1토지(을구 2번,4번,5번,6번 근저당권 설정 등기), 2토지(을구 11번,16번,17번,18번 근저당권 설정 등기) 2015년4월6일 등기
3			2번 별도등기 중 일부말소 별도등기 있음 1토지(을구 2번,4번,6번 근저당권 설정 등기), 2토지(을구 11번,16번,18번 근저당권 설정 등기) 2015년6월5일 등기
4			2번 별도등기 말소 2019년4월5일 등기

2) 별도등기의 말소촉탁

최선순위의 근저당이나 가압류를 매수인이 인수하도록 특별매각 조건을 정하지 않았다면 위와 같은 최선순위의 근저당이나 가압류도 그 지분에 한해 말소촉탁을 해야 하고, 또한 매각 대상인 구분건물의 대지권에 해당하는 지분에 별도등기라는 취지의 등기가 있으면 이것도 말소해야 한다. 단 대지권의 목적인 토지 전체에 등기된 별도등기라는 취지는 말소촉탁하여서는 안 된다(「등기예규」 1045호 부칙2조).

5. 투자 포인트

1) 집합건물의 경우 전유부분의 등기부등본에 "토지별도등기 있음"이란 문구가 있다면 반드시 토지 등기부등본을 확인해서 별도등기의 내용을 분석한 후 입찰 여부를 결정해야 한다.

2) 실체상 효력이 없으나 외관만 살아 있는 별도등기

집합건물의 등기부상 "토지에 관해 별도등기 있음"이라고 기재되어 있으나, 토지등기부를 보면 해당 구분건물의 대지권지분이 이미 말소(절차상 저당권변경등기가 되어 있음)되어 있는 경우가 있다. 실체상 무효의 등기가 그 외관만 살아 있는 경우다. 이 경우에 해당 집합건물 매수인과는 관계없는 별도등기이므로 입찰을 고려할 만하다.

동부4계 2015타경114**

경매구분	강제경매	채권자	동○○○○○		
용도	아파트	채무/소유자	정○○	매각기일	16.11.14
감정가	294,000,000(15.12.02)	청구액	120,000,000	종국결과	17.02.03 배당종결
최저가	235,200,000(80%)	토지면적	18.8㎡(5.7평)	경매개시일	15.11.19
입찰보증금	23,520,000(10%)	건물면적	48㎡(14.5평)[21평형]	배당종기일	16.02.08
주의사항	· 토지별도등기 · 소멸되지 않는 권리 : 토지만의 별도 등기인 가처분, 가압류, 압류, (근)저당권 등 매수인 인수 조건				

소재지/감정요약	물건번호/면적(m²)	감정가/최저가/과정	임차조사	등기권리
(05728) 서울 송파구 오금동 67 , -7, -9 아남 2동 5층 507호 [성내천로6길1-13] 오주중학교 북측 인근위치 인근학교, 상가, 공원, 관공서 등 편의시설 소재하고 주위빌라, 주택, 아파트 혼재 대중교통사정보통 버스(정)인근 소재하고 지하철역까지 연계하는 마을버스 운행 중 3필일단의 부정형등 고평탄지 4면도로 접하며 단지내 콘크리트 포장되어있어 차량 진출입 보통 도로접함 2종일반주거지역 가축사육제한구역	물건번호: 단독물건 대지 18.8/8314.3 (5.69평) ₩220,500,000 건물 . 건물 47.9 (14.48평) ₩73,500,000 · 전용 47.88m² (14평) · 공용 15.08m² (5평) – 총 15층 – 승인 : 1992-09-04 – 보존 : 1992-10-09	감정가 294,000,000 · 대지 220,500,000 · 건물 73,500,000 최저가 235,200,000 (80%) 경매진행과정 ① 294,000,000 2016-10-10 유찰 ② 20% ↓ 235,200,000 2016-11-14 매각 매수인 이○○외 2 응찰수 7명 매각가 291,000,000 (98.98%) 허가 2016-11-21 납기 2016-12-28 납부 2016-12-28 2017-02-03 종결	*본건 목적물 소재지에 출장한 바, 문이 잠겨있고 거주자가 부재중이어서 조사하지 못했음. 주민센터에 주민등록 등재자를 조사한 바, 정영민 (소유자) 세대가 등재되어 있음. 전입세대조사 14.09.24 정○○ 주민센터확인: 2016-09-26	소유권 정○○ 2005-10-10 전소유자: 차현실 근저당 유계선 2014-01-07 60,000,000 근저당 노현철 2015-03-04 75,000,000 근저당 우영파이낸셜대부 2015-08-19 97,500,000 질권 강남파이낸스대부 2015-10-16 97,500,000 우영파이낸셜대부 근저질권 강제 동양생명보험 2015-11-19 *청구액: 120,000,000원 *토지별도등기있음 – 열람바랍니다.

매각물건명세서

비고란
토지에 별도등기 있음
특별매각조건: 토지만의 별도등기인 가처분, 가압류, 압류, (근)저당권 등 매수인 인수조건

등기사항전부증명서–집합건물

표시번호	접 수	건물번호	건물내역	등기원인 및 기타사항
1 (전 1)	1992년10월9일	제5층 제507호	철근콘크리트조 47.88m²	도면편철장 제6책183면 부동산등기법 제177조의 6 제1항의 규정에 의하여 1999년 04월 15일 전산이기

(대지권의 표시)			
표시번호	대지권종류	대지권비율	등기원인 및 기타사항
1 (전 1)	1, 2 소유권대지권 3 소유권대지권	1976.5분의 4.58 6535분의 15.15	1992년9월4일 대지권 1992년9월4일 대지권 1992년10월9일
2 (전 2)			1. 토지만에 관하여 별도등기 있음 2. 토지만에 관하여 별도등기 있음 3. 토지만에 관하여 별도등기 있음 1992년10월9일 부동산등기법 제177조의 6 제1항의 규정에 의하여 1번 내지 2번 등기를 1999년 04월 15일 전산이기
3			2번 별도등기 말소 2016년12월28일 등기

3) 구분지상권 관련(지하철 출입구와 연결)

집합건물이 위치한 토지 지하에 지하철이나 지하공동구 등 지하구조물이 있으면 구분지상권이 토지 등기부등본에 설정되고, 집합건물 등기부등본에 토지 별도등기가 있음이 공시된다. 대부분이 공공시설의 소유자 설치를 목적으로 하기 때문에 개인의 사용·수익·처분에 영향을 미치는 별도등기는 아니다.

※ 채권자취소권, 채권자대위권

1절 채권자취소권
채무면탈을 위한 채무자의 고의적인 재산감소행위(사해행위)가 있는 경우에 채권자가 그 법률행위의 효력을 부인하고, 감소한 재산의 회복을 청구하는 재판상의 권리를 말한다.이때 채권자는 '사해행위취소의 소'를 제기한다.

2절 채권자대위권
채권자가 자기 채권을 보전하기 위해 채무자의 권리를 대신 행사할 수 있는 권리이다. 가령 채무자가 제3자에 대해 가지는 권리를 행사하지 않기 때문에 그 채권이 소멸시효에 걸릴 염려가 있는 경우 또는 채무자가 매수인으로부터 부동산을 다시 매수했으나 매수인이 매도인에 대해 등기청구권을 행사하지 않기 때문에 소유권을 취득하지 못하게 될 위험이 있는 경우에, 채권자는 채무자의 권리를 대신 행사해 시효를 중단시키거나 채무자의 등기청구권을 대신 행사해 채무자의 소유권을 취득하게 할 수 있다.

8장

농지

1절 농지의 정의 「농지법」제2조

　농지라 함은 논, 밭 또는 과수원 기타 그 법적 지목 여하에 불구하고 실제의 토지현상이 농작물의 경작 또는 다년생 식물재배지로 이용되는 토지 및 그 토지의 개량시설과 그 토지에 설치하는 농축산물시설(고정식 온실, 버섯재배사, 비닐하우스와 그 부속시설, 농막 또는 간이퇴비장 등)을 말한다. 다만,「초지법」에 의해 조성된 초지 등은 제외한다. 판례는 농지의 판단기준으로 토지의 실제 현황 및 농지로 원상회복의 용이성을 들고 있다.

2절 농지의 소유자격

1. 원칙
　농업인, 농업법인, 앞으로 농업인이 되고자 하는 자가 취득할 수 있다.

☞ 「농지법」 시행령 제3조【농업인의 범위】를 규정하고 있다.

2. 예외

농업인이 아닌 개인이 주말 등을 이용하며 취미 또는 여가활동으로 농작물이나 다년생 식물을 재배하고자 할 때 $1,000m^2$ 미만의 농지를 취득할 수 있다.

3절 취득면적

1. 신규농지의 취득

1) 면적 1,000㎡ 이상

아무 제한 없이 농업인 또는 농업인이 되고자 하는 도시민은 농지를 취득할 수 있다. 단, $1,000m^2$ 이상은 농업경영 목적이기 때문에 농업경영계획서를 작성해야 한다.

2) 면적 1,000㎡ 미만

(1) 고정식 온실, 버섯재배사, 비닐하우스를 설치하고자 하는 농지
 → $330m^2$ 이상
(2) 도시민의 주말·체험영농 목적일 때에는 $1,000m^2$ 미만에 한해 소유가 가능하다. 면적은 세대원 전부의 합산면적을 말한다. 농업경영 목적이 아니기 때문에 농업경영계획서는 필요 없으나 농지취득자격증명은 발급받아야 한다.

2. 기존농지가 있는 경우

1) 기존의 보유농지가 1,000㎡ 넘는 경우
면적 제한 없이 농지취득이 가능하다.

2) 기존의 보유농지가 1,000㎡ 미만인 경우
기존농지와 신규농지의 면적이 $1,000m^2$ 이상이면 일반영농 용도로 취득할 수 있다. 기존농지와 신규농지의 면적이 $1,000m^2$ 미만이면 경매취득 시 주말·체험영농 용도로 취득하면 된다.

4절 농지취득자격증명

경매를 통해 농지를 취득하는 경우 토지거래허가구역일지라도 토지거래허가를 받지 않는 대신 농지취득자격증명(농취증)이 요구된다.

1. 농지취득자격증명의 성질
1) 농지취득자격증명은 등기요건이지 효력발생요건이 아니다. 그러나 경매는 농지취득자격증명이 매각허가요건, 즉 취득요건이다 보니 매각기일로부터 7일의 여부밖에 없다. 반면 공매는 농지취득자격증명이 등기(소유권 이전) 요건이어서 기간의 제한이 없다.
2) 농지취득자격증명 발급대상 농지에 대한 해석이 경매를 진행하는 법원과 실제 농지취득자격증명을 발급하는 행정관서 간에 다르다.
   (1) 집행법원은 지목이 논, 밭, 과수원이면 실제 현황상 잡종지나 공장용지 등 전용 여부를 불문하고 농지취득자격증명 제

출조건으로 매각허가를 한다.

　(2) 반면 읍·면·동사무소는 법적 지목이 농지라도 실제 현황이 더 이상 경작이 불가능한 땅이면 농지취득자격증명 발급을 반려한다.

3) 입찰 전 현장조사 시 법적 지목과 실제 현황이 일치하는지 확인해야 한다. 일치하지 않을 경우 담당자로부터 농지취득자격증명 발급유무를 확인해야 한다.

4) 공부상 지목과 실제 현황이 다른 경우 집행법원은 농지소재지 관서에 농지취득자격증명이 필요한지에 관해 사실조회를 한 후 사실조회결과에 따라 농지취득자격증명의 제출여부를 정하는 법원도 있으나, 일반적으로 농지취득자격증명 제출주의를 취하고 있다.

5) 농지에 관한 경매 절차에서 농지취득자격증명 없이 소유권이전 등기까지 경료된 경우, 그 후 농지취득자격증명을 추완할 수 있는지 여부(적극)

「농지법」 소정의 농지취득자격증명은 농지를 취득하는 자가 그 소유권에 관한 등기를 신청할 때에 첨부해야 할 서류로서 농지를 취득하는 자에게 농지취득의 자격이 있다는 것을 증명하는 것일 뿐 농지취득의 원인이 되는 매매 등 법률행위의 효력이 발생하는 요건은 아니며, 농지에 관한 경매 절차에서 이러한 농지취득자격증명없이 낙찰허가결정 및 대금납부가 이루어지고 그에 따른 소유권이전등기까지 경료되었다 하더라도 농지취득자격증명은 그 후에 추완해도 무방하다 할 것이다.

2. 제출기한

1) 원칙

농지취득자격증명 제출기한은 매각기일로부터 1주일인 매각결정 기일까지이다. 기한 내 미제출시 집행법원은 예외 없이 매각 불허가를 하고 법원에 따라서(약 90%)는 매수보증금을 몰수한다.

2) 예외

(1) 농지취득자격증명을 기한 내 미제출로 불허가결정에 대한 즉시항고를 했을 경우 항고심의 종결 시까지 농지취득자격증명을 제출하면 하자가 치유되어 매각이 허가된다.

(2) 단, 대법원의 재항고심은 적용되지 않는다. 대법원은 법률심으로서 사후심이므로 그 와 같은 사유는 재항고심의 고려사유가 아니다.

(3) 기한 내 농지취득자격증명 제출이 어려울 경우 '매각결정기일 변경신청서'를 소명자료와 함께 집행법원에 제출해 시간을 벌수도 있다.

> ※ 공매
> – 공매는 경매와 달리 대금납부 후 소유권이전등기 촉탁 시까지만 제출하면 된다. 즉 공매는 기간의 제한이 없어 여유가 있다.
> – 농지취득자격증명이 경매는 매각허가 요건인 반면, 공매는 소유권이전 촉탁등기 요건인 점에서 차이가 있다.

3. 농지취득자격증명 미제출 시 보증금을 돌려받을 수 있나?

1) 원칙적으로 기한 내에 농지취득자격증명을 제출하지 못하면 최고가매수인의 보증금은 몰수된다. 그러나 최고가매수인이 부득

이한 사정으로 농지취득자격증명을 발급받을 수 없었음을 소명하면 매수보증금은 돌려받을 수 있다.

2) 농지의 불법 형질변경으로 소재지 관서가 농지취득자격증명 발급을 거부하는 경우 매수인의 귀책사유 없이 농지 소재지 관서가 부당하게 농지취득자격증명 발급을 거부한 경우에 해당되어 보증금을 돌려받을 수 있다.

하지만 매각물건명세서에 농지취득자격증명 미제출시 보증금 몰수로 기재되어 있는 경우 매각결정기일 전까지 미제출로 인한 매각불허가결정에 대해 불복(즉시항고)을 고려해 입찰여부를 결정해야 할 것이다.

대전지방법원 홍성지원

2017타경39

매각물건명세서

비고란
지분매각이며 공유자 우선매수권행사는 1회로 제한함. 농지취득자격증명원 필요(미제출 시 보증금 몰수. 발급기관의 농지취득자격증명 미 발급(반려)사유에 의하면 신청대상 농지는 취득시 농지취득자격증명을 발급받아야 하는 농지이나 불법으로 형질이 변경되었거나 불법건축물이 있는 부분에 대한 복구가 필요하며 현 상태에서는 농지취득자격증명을 발급할 수 없다고 함). 제시외 건물 매각 제외(법정지상권 성립 여부 불분명). 현황 '건부지' 일부 '도로'.

---

4. 농지취득자격증명 발급절차

1) 일반적인 경우

(1) 발급대상

가. 농업인 또는 농업인이 되고자 하는 자: 도시민이 거주지역에 관계없이(서울 사람이 서귀포에 있는 감귤농장이나 민통선의 밭 등)농지를 취득할 수 있는 근거가 바로 '앞으로' 농업인이 되고자 하는 자에 해당되기 때문이다.

나. 농업법인

다. 주말·체험영농을 하고자 하는 농업인이 아닌 개인 등
　① 주말·체험영농 목적으로 취득한 농지는 본인 또는 가족들
　　이 농작업의 1/3 이상 또는 연간 30일 이상 종사해야 한다.
　② 월1회 체험영농은 처분대상이 될 수 있다.
　③ 주말·체험영농 목적으로 농지를 취득하는 경우 농업경영계
　　획서를 제출하지 않아도 되고 거리제한도 없다.

(2) 발급불가 대상
가. 일반법인은 농지취득자격증명을 발급받을 수 없다.
나. 학생은 발급이 안 되는 것이 원칙이나, 예외적으로 농업계나 야
　간계 학생은 발급받을 수 있다.

(3) 발급절차
가. 관할법원에서 최고가매수인(차순위)으로 선정
나. 집행관실에서 최고가(차순위)매수신고인 증명서 발급
다. 농지 소재 시·군·읍·면·동사무소에서 농지취득자격증명 신청
라. 농지취득자격증명 심사: 최초 취득 시 1,000㎡ 이상, 단 주말·
　체험영농은 1,000㎡ 미만
마. 농지취득자격증명 발급: 신청 후 4일 이내 발급해준다. 지방자
　치단체에 따라서는 당일이나 다음 날 발급해 주기도 한다. 농
　지취득자격증명 발급요건에 부합되지 않아 반려하는 경우 신
　청서 접수일로부터 4일 이내에 그 사유를 명시한 반려통지서
　를 교부해준다. 주말·체험영농 용도는 2일 이내에 발급해준다.
바. 집행법원에 제출: 매각결정기일 이전까지

정년 없는 부동산 경매

(4) 발급기한
- 농지취득자격증명의 신청사유가 주말·체험영농인 경우 2일
- 농업경영은 4일

2) 불법형질변경 농지의 농지취득자격증명 신청방법

(1) 경매·공매 등으로 낙찰 시 소유권이 없어 이의 원상회복이 어려운 경우에는 농업경영계획서의 특이사항이나 별지에 원상복구계획서를 면사무소 등에서 그 계획이 실현 가능하다고 판단되는 경우 원상복구 이전이라도 농지취득자격증명을 발급할 수 있다.

(2) 농림축산식품부예규 제39호 농지취득자격증명발급심사요령 (시행2016.12.19.) 제8조 제1항 제8호에 의하면 '시구읍면장은 농업경영계획서에 농지로의 복구계획을 포함해 작성한 경우에는 그 계획인 실현 가능할 것을 확인·심사한 후 적합하다고 인정할 때에는 지체 없이 자격증명을 발급해야 한다.

(3) 다만, 그 실현 가능성이 없다고 보는 경우 농지로 원상복구한 이후에 취득해야 함을 사유로 반려처리될 수 있다. 반려사유는 "농지취득자격증명이 필요한 농지이나 불법형질변경한 부분에 대한 원상복구가 필요하며 현 상태에서는 농지취득자격증명을 발급할 수 없음"이라고 기재된다.

(4) 「농지취득자격증명발급심사요령」제8조 제1항 제8호는 "신청대상 농지에 불법으로 형질을 변경한 부분이 있는 경우 농업경영계획서에 실현 가능한 사후원상복구 계획을 포함하거나 별

도로 제출할 것"이라고 규정해 최고가매수신고인의 의지에 따라 얼마든지 원상복구 전이라도 농지취득자격증명 발급이 가능하다.

즉 '농업경영계획서 특기사항'을 보면 "취득농지가 농지로의 복구가 필요한 경우 복구계획 등 특기사항을 기재합니다"라고 되어 있어 농지취득의 길을 열어두고 있음에도 불구하고 간혹 원상복구 전에는 발급하려 하지 않는 면사무소 등도 있다.

(5) 토지의 불법형질변경을 이유로 낙찰자에게 농취증의 발급을 거부할 수 없다. 토지의 낙찰자는 토지의 소유권을 취득하기 전에는 원상회복 등의 조치를 취할 아무런 권원이 없으므로 낙찰자에게 형질변경된 부분의 복구를 요한다는 것은 법률상 불가능한 것을 요구한다는 점, 불법적으로 형질변경된 농지에 대하여 농지취득자격증명의 발급을 거부한다면 농지소유자가 금융기관 등에 담보제공 후 농지를 불법전용해 스스로 원상복구를 하지 않는 한 제3자가 이를 경락받지 못하므로 담보물권자는 농지를 환가할 수 없다는 점을 참작하면 불법으로 형질변경된 위 토지에 대하여는 농작물의 재배가 가능한 토지로 원상복구된 후에 농지취득자격증명의 발급이 가능하다는 농지취득자격증명 발급기관의 처분사유는 적법한 것이라고 할 수 없다(부산고등법원 2006누1791).

5. 농지취득자격증명의 반려사유

「농지취득자격증명발급심사요령」 제9조 【자격증명의 발급】

제3항 시·구·읍·면장은 신청인이 법 제2조 제1호에 따른 농지가 아닌 토지, 자격증명을 발급받지 아니하고 취득할 수 있는 농지 또

정년 없는 부동산 경매

는 「농지법」을 위반해 불법으로 형질 변경한 농지 등에 대해 자격증명의 발급을 신청한 경우로서 제2항에 해당하는 경우에는 그 자격증명 미발급 사유를 아래의 예시와 같이 구체적으로 기재해야 한다(아래 예시 이외의 사유로 미발급 통보하는 경우에도 그 사유를 구체적으로 기재해야 한다).

- 1호 신청 대상 토지가 법 제2조 제1호에 따른 농지에 해당하지 아니하는 경우
  → 신청 대상 토지가 「농지법」에 의한 농지에 해당되지 아니함

- 2호 신청 대상 농지가 자격증명을 발급받지 아니하고 취득할 수 있는 농지인 경우
  → 신청 대상 농지는 농지취득자격증명을 발급받지 아니하고 취득할 수 있는 농지임("도시계획구역안 주거지역으로 결정된 농지" 등 해당 사유를 기재)

- 3호 신청인의 농지취득 원인이 자격증명을 발급받지 아니하고 농지를 취득할 수 있는 것인 경우
  → 취득원인이 농지취득자격증명을 발급받지 아니하고 농지를 취득할 수 있는 경우에 해당함

- 4호 신청 대상 농지가 「농지법」을 위반해 불법으로 형질이 변경되었거나 불법건축물이 있는 농지인 경우
  → 신청 대상 농지는 취득 시 농지취득자격증명을 발급받아야 하는 농지이나 불법으로 형질이 변경되었거나 불법건축물이 있는 부분에 대한 복구가 필요하며 현 상태에서는 농지취득자격증명

을 발급할 수 없음

대체로 1, 2, 3호로는 반려되어도 매각허가결정이 되나 4호로 반려되는 경우는 매각불허가결정이 된다.

6. 농지취득자격증명이 필요 없는 경우

※ 농지취득자격증명 없이 농지취득하는 경우(농지법 제8조, 시행령 제6조)

1) 국가·지방자치단체가 농지를 취득하는 경우
2) 상속, 포괄유증, 상속인에 대한 특정유증, 유류분반환, 재산분할을 원인으로 하는 경우
3) 취득시효완성, 공유물분할, 진정명의회복, 농업법인의 합병을 원인으로 하는 경우
4) 수용 및 협의취득을 원인으로 하는 경우
5) 도시지역(주거지역, 상업지역, 공업지역)의 농지를 취득하는 경우
6) 농지전용협의를 완료한 농지를 취득하는 경우
7) 토지거래계약 허가를 받은 농지를 취득하는 경우
8) 농지법 제12조 제1항 제1호 내지 제6호에 해당하는 저당권자가 경매 절차에서 매수인이 없어 담보농지를 취득하는 경우
9) 지목이 농지이나 토지의 현상이 농작물의 경작 또는 다년생식물 재배지로 이용되지 않음이 관할관청이 발급하는 서면에 의해 증명되는 토지를 취득하는 경우

※ 축사가 있는 경우

2007년 7월 4일 이전부터 설치된 축사는 원상복구 후 농지취득자격증명을 신청해야 한다. 그러나 그 이후에 설치된 축사는 농지이용행위여서 농지취득자격증명 발급이 가능하다.

※ 영농여건불리농지

농지에 대한 소유제한을 완화하기 위한 제도로서 비농업인이 농업경영에 이용하지 않더라도 예외적으로 소유가 허용되는 농지이기는 하나, 농지취득자격증명원은 제출해야 하며, 농업경영계획서는 작성하지 않아도 된다.

※ 농업인 주택의 매매

농업진흥지역 내의 농지를 전용한 농업인 주택은 설치 자격을 지닌 농업인에게만 매도·임대 가능하다. 다만 농업진흥지역 밖에 있으면 비농업인에게도 매도·임대가 가능하나 설치한 날로부터 5년이 안 된 농업인 주택을 비농민에게 매도·임대할 때에는 용도변경 승인 절차를 밟아야 한다.

농업인의 범위(농지법 시행령 제3조)

① 1,000㎡ 이상의 농지에서 농작물 또는 다년생식물을 경작 또는 재배하거나 1년 중 90일 이상 농업에 종사하는 자

② 농지에 330㎡ 이상의 고정식온실·버섯재배사·비닐하우스, 그 밖의 농림축산식품부령으로 정하는 농업생산에 필요한 시설을 설치해 농작물 또는 다년생식물을 경작 또는 재배하는 자

③ 대가축 2두, 중가축 10두, 소가축 100두, 가금(家禽: 집에서 기르는 날짐승) 1천수 또는 꿀벌 10군 이상을 사육하거나 1년 중 120일 이상 축산업에 종사하는 자

④ 농업경영을 통한 농산물의 연간 판매액이 120만 원 이상인 사람

5절 농지원부 발급, 농업경영체 등록

1. 의의

1) 농지원부

농지의 소유에 따른 정보를 파악해 효율성있게 농지를 관리하고 이용하기 위해 작성관리하는 공적 장부로서 실무상 농업인이 직접

신청해 작성함.

2) 농업경영체 등록

농업경영체 등록제도는 농업·농촌에 관련된 융자·보조금 등을 지원받으려는 농업경영체가 농업경영정보를 등록하는 제도로서 국민농산물품질관리원에서 등록 관리하고 있다.

2. 신청자격

1) 농지원부 신청

(1) 자경 또는 임대농지 1,000㎡ 이상의 농지에서 농작물을 경작하는 농업인 또는 농업법인.

(2) 330㎡ 이상의 온실 버섯재배, 비닐하우스를 설치해 농작물 또는 다년생 식물을 경작 재배하는 경우

2) 농업경영체 등록

(1) 경작면적 1,000㎡ 이상인 농지

(2) 330㎡ 이상 고정식 온실, 버섯재배사, 비닐하우스 시설 설치 경작농지

(3) 330㎡ 이상 농지에 기준 사육규모 이상 사육하는 가축

(4) 기준 사육규모 이상 사육하는 곤충

3. 제출서류

1) 농지원부 신청 시 필요서류

• 농지원부작성 신청서

• 등기부등본 또는 토지대장

• 경작확인서

• 임대한 농지의 경우 임대차계약서

2) 농업경영체 등록 시 제출서류

(1) 농지경작

경영체 등록 신청서, 경작사실확인서, 임대차계약서와 농자재구매 또는 농산물판매영수증

(2) 축산의 경우

가축입식. 매매 또는 사료구매증빙서류(수탁 사육시 수탁계약서 추가)

(3) 곤충의 경우

사업장 소재지 지자체에서 발급하는 신고확인증

4. 혜택

1) 주소지가 토지소재지 및 연접지역에 2년간 거주 시 이전등기 시 취·등록세 50% 감면 혜택
2) 농지원부를 보유하고 8년 이상 재촌·자경이 입증되면 과세기간 별로 2억 원 한도 내에서 양도소득세 100% 감면
3) 농지원부를 보유하고 3년이상 재촌·자경 후 양도하고 1년 이내 대체 농지를 구입할 경우 양도소득세 100% 감면
4) 대출받을 시 근정당설정에 따른 등록세 및 채권 전부 면제
5) 농지 전용 시 농지보전부담금 면제
6) 농기계 임대
7) 농업용 면세유 지원
8) 고등학생 자녀학자금 면제, 대학 특별전형입학
9) 농촌자녀 대학장학금 우선지원

10) 농협조합원 가입

11) 국민연금, 건강보험료 50% 지원

12) 농업기술센터 교육

13) 논(밭) 직불금 지원-농업경영체

14) 농자재 구입시 부가세 환급-농업경영체

15) 기초연금 월 20만 원-농업경영체

16) 농지연금 신청가능-농업경영체

17) 영농도우미 지원: 인건비의 70% 최대 42만 원 연간10일 지원-
농업경영체

6절 농지연금

1. 의의

"농지연금"이란 만 65세 이상 고령농업인이 소유한 농지를 담보로 제공하고 노후생활안정자금을 매월 연금방식으로 지급받고 수급자 사망 시 연금채무를 상환하는 제도를 말합니다.

가입자가 사망한 경우 배우자가 승계하면 사망 시까지 받을 수 있다. 이때, 배우자가 60세 이상이고 연금승계를 선택해야 한다.

가입자(배우자)가 사망한 경우에는 상속인이 그동안 지급받은 연금채무를 상환하고 담보권을 해지하거나, 공사가 담보권 실행으로 농지를 처분해 연금채권을 회수합니다.

2. 특징

농지를 유동화해 노후생활자금이 부족한 고령 농업인의 노후생활 안정 지원으로 농촌사회의 사회안전만 확충 및 유지에 기여하고 있다.

1) 부부 모두 보장

농지연금은 가입자와 배우자 모두 종신까지 보장받을 수 있도록 설계되어 있습니다.

2) 담보농지 자경 또는 임대 가능

수급자는 연금을 수령하면서 담보농지를 직접 경작할 수 있고 임대할 수도 있어 추가 소득을 얻을 수 있습니다.

3) 공적 안정성 확보

정부예산으로 직접 시행하기 때문에 안정적으로 연금을 지급받을 수 있습니다.

4) 농지연금채권 행사범위 제한

농지연금채권은 담보농지에 대해서만 행사하는 것이 원칙입니다. 따라서 담보권 실행으로 연금채무를 회수할 경우, 농지 처분가액이 연금채무액 보다 작더라도 잔여채무를 다른 농지나 재산에서 청구하지 않습니다. 처분가액이 많을 경우 잔여액은 상속인에게 돌려준다.

5) 재산세 감면

6억 원 이하 농지는 전액 감면되며, 6억 원 초과 농지는 6억 원까지 감면된다.

3. 농지연금 가입요건은?

1) 신청자는 신청연도 말일 기준으로 만 65세 이상이며
2) 신청자는 영농경력이 5년 이상이고 신청당시 농업인이여야 하다.
3) 농지는 공부상 지목이 전·답·과수원으로 실제 영농에 이용되

고 있어야 하다.

4) 농지에 저당권 등 제한물권 설정이 없고 압류, 가압류, 가처분 등의 목적물이 아니어야 한다(단, 선순위 채권최고액이 담보농지가 격의 15/100 미만 농지는 가능).

※ 제외되는 농지
개발지역 및 개발계획이 지정 및 시행 고시되어 개발계획이 확정된 지역 농지

---

4. 농지연금과 주택연금의 차이점은?

농지연금은 고령농업인의 소유농지를 담보로 노후생활자금을 매월 연금방식으로 지급한다.

주택연금은 주택금융공사가 고령자 소유의 주택을 담보로 금융기관을 통해 가입자에게 매월 연금방식으로 노후생활자금을 지급하는 제도이다.

☞ 주택금융공사는 금융기관과의 보증계약을 통한 보증기능을 수행하나 농어촌공사는 가입부터 약정종료 후 농지처분까지 모든 절차를 일괄 수행한다.

5. 담보 농지의 가격 평가 방법

「부동산가격 공시에 관한 법률」에 따라 개별공시지가의 100% 또는 「감정평가 및 감정평가사에 관한 법률」에 따른 감정평가가격의 90% 중 가입자가 선택이 가능하다.

6. 농지연금 지급방식(5가지 중 선택 가능)

종류	방식	가입가능연령
정액종신형	가입자(배우자) 사망 시까지 매월 일정 금액 지급	만 65세 이상
전후후박형	초기 10년 동안 정액형보다 더 많이, 11년 차부터는 더 적게 지급	만 65세 이상
일시인출형	총지급가능액의 30% 이내에서 필요금액을 수시로 인출 가능	만 65세 이상
기간정액형	가입자가 선택한 일정 기간 동안 매월 일정금액을 지급	5년의 경우 만 78세 이상 10년의 경우 만 73세 이상 15년의 경우 만 68세 이상
경영이양형	지급 기간 종료 시, 공사에 소유권 이전을 전제로 더 많은 연금 지급	만 65세 이상

※ 농지연금 적용금리
　고정금리: 2%
　변동금리: 농업정책자금 변동금리대출의 적용금리

※「사립학교법」관련 판례

1. 유치권교육에 직접 사용되는 교지 등 「사립학교법시행령」에 정한 재산이라고 하더라도 유치원 설립자가 유치원 설립허가를 얻기 전에 담보권을 설정한 경우에는, 담보권자의 담보권 실행이 금지되거나 감독청의 처분허가를 필요로 하지 않는다.

2. 유치원 건물의 소유자가 타인 명의로 유치원 설립인가를 받아 제3자에게 그 건물 및 유치원 운영권을 임대한 경우, 그 건물소유자는 사립학교(유치원)경영자에 해당하지 않는다.

3. 어린이집은 취득가능
　어린이집은 관할 교육청이 아닌 관할 구청에서 인허가를 받아 운영한다. 이들은 사립학교법에 의해 처분이 제한되는 교육기관이 아니다. 유치원 가운데 설립인가를 받지 않고 운영하는 사실상의 어린이집들이 있다. 유치원이 경매로 나왔을 때 처분제한 대상인지 여부는 소재지 교육청에 확인하면 인가 여부를 알 수 있다.

본 책의 내용에 대해 의견이나 질문이 있으면
전화(02)3604-565, 이메일 dodreamedia@naver.com을 이용해주십시오.
의견을 적극 수렴하겠습니다.

감정평가사가 알려주는
정년 없는 부동산 경매

제1판 1쇄 발행 | 2020년 1월 13일

지은이 | 차건환
펴낸이 | 한경준
펴낸곳 | 한국경제신문 i
기획제작 | (주)두드림미디어

주소 | 서울특별시 중구 청파로 463
기획출판팀 | 02-333-3577
영업마케팅팀 | 02-3604-595, 583 FAX | 02-3604-599
E-mail | dodreamedia@naver.com
등록 | 제 2-315(1967. 5. 15)

ISBN 978-89-475-4554-9 (03320)

한국경제신문 *i* 부동산 도서 목록

두드림미디어

경매·경영·재테크·자기계발, 실용서 전문 출판 임프린트

가치 있는 콘텐츠와 사람
꿈꾸던 미래와 현재를 잇는 통로

Tel : 02-333-3577
E-mail : dodreamedia@naver.com